欧阳修传

王水照 崔铭 著

人民文学出版社

图书在版编目(CIP)数据

欧阳修传/王水照,崔铭著.—北京:人民文学出版社,2018(2025.8重印)
ISBN 978-7-02-014718-2

Ⅰ.①欧… Ⅱ.①王… ②崔… Ⅲ.①欧阳修(1007—1072)—传记 Ⅳ.①K825.6

中国版本图书馆CIP数据核字(2018)第267674号

责任编辑　李　俊
装帧设计　刘　远
责任印制　王重艺

出版发行　人民文学出版社
社　　址　北京市朝内大街166号
邮政编码　100705

印　　刷　河北环京美印刷有限公司
经　　销　全国新华书店等

字　　数　347千字
开　　本　890毫米×1290毫米　1/32
印　　张　14.875　插页5
印　　数　54001—57000
版　　次　2019年5月北京第1版
印　　次　2025年8月第17次印刷

书　　号　978-7-02-014718-2
定　　价　50.00元

如有印装质量问题,请与本社图书销售中心调换。电话:010-59905336

修启:多日不相见,诚以区区见发,言曾灼艾不知体中如何,来日修偶在家,或能见过,此中医者常有颇非俗工,深可与之论摧也,亦有闲事思相见,不宜。

修再拜 廿八日

学正足下

[宋]欧阳修 书《灼艾帖》局部
故宫博物院藏

右漢西嶽華山廟碑文字尚完可讀
其述自漢以來六高祖初興改秦淓
祀太宗承俻各詔有司其山川在諸
侯者以時祠之孝武皇帝修封禪之
禮廵省五嶽立宮其下宮曰集靈宮
殿曰存僊殿門曰望僊門仲宗之正使
者持節歲一禱而三祠後不承至於
已新蹄用立虛孝武之元事擧其中
禮微其省但使二千石歲時往祠自是
以來百有餘年所立碑石文字磨滅延
熹四年弘農太守袁逢掲起擖滅延
飾闕會遷京兆尹孫府君到欽若嘉
業遂而成之孫府君諱璩其大略如
此其記漢四嶽事見本末其集靈
宮他書皆不見惟見此碑則余於集
錄可謂廣聞之益矣
治平元年閏月十六日書

[宋]欧阳修 书《集古录跋》局部
台北故宫博物院藏

〔宋〕欧阳修 书《谱图序稿》局部
辽宁省博物馆藏

秋聲賦

歐陽子方夜讀書聞有聲自西南來者悚然而聽之曰異哉初淅瀝以蕭颯忽奔騰而砰湃如波濤夜驚風

醉翁亭記

環滁皆山也其西南諸峰林壑尤美望之蔚然而深秀者琅琊也山行六七里漸聞水聲潺潺而瀉出於兩峰之間者釀泉也峰回路轉有亭翼然臨於泉上者醉翁亭也作亭者誰山之僧智仙也名之者誰太守自謂也太守與客來飲於此飲少輒醉而年又最高故自號曰醉翁也醉翁之意不在酒在乎山水之間也山水之樂得之心而寓之酒也若夫日出而林霏開雲歸而巖穴暝晦明變化者山間之朝暮也野芳發而幽香佳木秀而繁陰風霜高潔水落而石出者山間之四時也朝而往暮而歸四時之景不同而樂亦無窮也至於負者歌於塗行者休於樹前者呼後者應傴僂提攜往來而不絕者滁人遊也臨溪而漁溪深而魚肥釀泉為酒泉洌而酒冽山肴野蔌雜然而前陳者太守宴也宴酣之樂非絲非竹射者中弈者勝觥籌交錯坐起而諠譁者眾賓懽也蒼顏白髮頹然乎其中者太守醉也已而夕陽在山人影散亂太守歸而賓客從也樹林陰翳鳴聲上下遊人去而禽鳥樂也然而禽鳥知山林之樂而不知人之樂人知從太守遊而樂而不知太守之樂其樂也醉能同其樂醒能述以文者太守也太守謂誰廬陵歐陽修也

余於梅韻堂展玩右軍苦筍帖初刻見其筋骨内三者俱備俊人得其一忽其一即唐初諸公說規右宣墨跡不能得何況今日至其水安玉賢完如飛天仙人又如臨波仙子雅天為規撫而舌不能至近余旦屏居梅韻春中意顏日置黄庭經一本展玩逾時便則啜茗數杯引卧再觀數月而右軍運筆之法如一會出味之會永葉為執筆提之終日不成一字近秋初氣裏偶搨開歐陽公文集受其稅逸娟妩丸傳歐陽公浮白黎遺稿于庚書簽中請而心葉之若心探厭至志寢食遂以文章名冠天下予觀有動於中而撫右軍作小楷數百餘字聊以寄意敢云如鳳凰臺之於黄鶴樓也

嘉靖三十年辛亥七月二十四日長洲文徵明書於玉磬山房時年八十有二

秋聲賦

歐陽子方夜讀書，聞有聲自西南來者，悚然而聽之，曰：異哉！初淅瀝以蕭颯，忽奔騰而砰湃，如波濤夜驚，風雨驟至。其觸於物也，鏦鏦錚錚，金鐵皆鳴；又如赴敵之兵，銜枚疾走，不聞號令，但聞人馬之行聲。余謂童子：此何聲也？汝出視之。童子曰：星月皎潔，明河在天，四無人聲，聲在樹間。

夷則為七月之律高僞也
衰戒也物過盛而當殺噫夫
草木無情有時飄零人爲動
物惟物之靈百憂感其心萬
事勞其形有動乎中必搖
其精而況思其力之所不及憂
其智之所不能宜其渥然丹
者為槁木黟然黑者為星
奈何非金石之質欲與草
木而爭榮念誰爲之戕
賊亦何恨乎秋聲童子
莫對垂頭而睡但聞四壁
蟲聲唧唧如助予之歎息

〔元〕赵孟頫 书《秋声赋》
辽宁省博物馆藏

目 录

第一章 一代文宗出孤寒 … 1
从沙滩画荻开始,幼年的欧阳修在母亲引导下读书习字 … 1
崇文抑武的基本国策,深刻地影响了社会各阶层的价值取向 … 5
少年欧阳修显露出颖异的资质 … 7
第一次汴京之行,使欧阳修认识到自己的不足及原因所在 … 8
追随时尚的潮流写作诗文,内心深处却渴望着新变与突破 … 12
由监元、解元而至省元,一年之间,欧阳修三登榜首 … 16

第二章 伊洛群英开新声 … 21
西京留守府人才济济,卧虎藏龙 … 22
浪漫的性情恰与浪漫的生活两相契合 … 26
欧阳修学作古文的引路人与竞争对手 … 29
欧阳修散文创作的第一个小高峰 … 33
欧阳修与梅尧臣迭相唱和 … 38

明道元年初春，为款待好友陈经，欧阳修约杨愈、
　　张谷同游龙门山　　　　　　　　　　　　　　41
三月下旬，欧阳修与梅尧臣、杨愈结伴去嵩山揽胜　　44
"逸老"之名在欧阳修心中激起巨大波澜　　　　　　48
新秋的一天，欧阳修在会隐园为梅尧臣饯行　　　　52
趁着祭告嵩岳山神的机会，谢绛率欧阳修等僚友作
　　数日山水之游　　　　　　　　　　　　　　　55
明道二年春，巨大的灾难降临在欧阳修身上　　　　59
壮丽的黄河开启了欧阳修豪健的胸襟，也成就了他
　　奇丽瑰伟的新诗风　　　　　　　　　　　　　63
明道二年冬，西京留守府充满着离别的氛围　　　　66
欧阳修的刚直、才识与仁厚，给王曙留下了极为深刻
　　的印象　　　　　　　　　　　　　　　　　　67
三月将至，欧阳修西京任满，回首之际，充满了依依
　　惜别的深情　　　　　　　　　　　　　　　　69

第三章　庐陵事业起夷陵　　　　　　　　　　　　74

欧阳修以雷厉风行、敢为天下先的品节与朋友相互
　　砥砺　　　　　　　　　　　　　　　　　　　75
好几位公卿之家看中才具超群的欧阳修，先后托
　　媒人提亲　　　　　　　　　　　　　　　　　80
创作上的日趋成熟，带动了欧阳修对散文理论的
　　深入思考　　　　　　　　　　　　　　　　　84
本着强烈的责任感和积极进取的精神，欧阳修大倡
　　言事之风　　　　　　　　　　　　　　　　　90

欧阳修专注于国家的财政痼疾,范仲淹则着眼于
　　吏治的腐败　　　　　　　　　　　　　　94
欧阳修暗下决心,要将贬谪作为砥砺节操、升华自我
　　人格境界的契机　　　　　　　　　　　100
欧阳修时时提醒自己,不可沉溺于怀旧的伤感与
　　自怜的忧思　　　　　　　　　　　　　104
利用公余之暇,欧阳修勤奋地投入到学术的思考与
　　研究之中　　　　　　　　　　　　　　110
抵达许州,八月举行了成婚大典　　　　　　114
振兴文化传统、拯救世道人心的理想目标在欧阳修
　　心中越来越清晰了　　　　　　　　　　116
对于欧阳修来说,乾德就像一片精神的荒漠　　120
卸去乾德县令之后,欧阳修应谢绛邀请,先往邓州
　　寓居一段时间　　　　　　　　　　　　124
婉拒范仲淹聘请　　　　　　　　　　　　　128

第四章　力振斯文扶新政　　　　　　　　131
欧阳修强烈体会到壮年早衰、时不我待的深沉悲感　131
无缘参与抗敌御侮的军事作战,欧阳修将热情和
　　精力倾注于思想文化研究　　　　　　　134
好友相见,总有说不完的话,但此时,他们的话题
　　格外沉重　　　　　　　　　　　　　　138
欧阳修声望日隆,慕名求教者络绎不绝　　　143
欧阳修成为了革新派的主要代言人　　　　　147
韦城知县的晚宴上,有位美貌的女子格外引人注目　153
对五代时期的忠义之士大书特书,推崇备至　156

吕夷简罢相,欧阳修增补为谏官	159
庆历三年十月,著名的"庆历新政"拉开了帷幕	163
春天的气息、春天的花朵温润了欧阳修的心灵	167
万籁俱寂的深夜,欧阳修奋笔疾书写下了《朋党论》	171
长期以来,欧阳修一直致力于文体文风的改革	175
富弼之命下达不出十天欧阳修也接到了新的任命	179
"进奏院事件"之后,守旧派纷纷占据要职	182
欧阳修早已做好了充分的准备,绝不向守旧势力低头屈服	186
一场政治迫害在意料之中以一种完全意想不到的形式爆发了	190

第五章　与民同乐醉翁情　　195

痛定思痛,欧阳修心中充满了不平和愤懑	195
滁州地僻事简,公余之暇,欧阳修寄情山水,借以排遣忧烦	198
作为一名关爱黎民、喜欢与民同乐的官员,欧阳修主张为政宽简	202
《醉翁亭记》是欧阳修散文风格成熟的标志	204
在苦难中,欧阳修用种种美好事物自我遣玩	209
欧阳修在诗歌创作与理论建树上的尝试与发展	213
欧阳修闻知石介身后奇冤,悲愤难抑	217
对于众多的青年士子来说,欧阳修具有无与伦比的感召力	221
平山堂建成不久,一天,忽有远信寄到	226
怀着深切的哀悼之情,欧阳修撰写了《尹师鲁墓志铭》	231

目 录

又一个不幸的消息传来,刚满四十一岁的苏舜钦
　　在苏州病故　　　　　　　　　　　　　　　　236
初到颍州,欧阳修就深深地喜欢上了这个地方　　241
欧阳修坚持不懈地从事经学与史学的研究　　　　245
几任地方官后,欧阳修对民间疾苦的了解越来
　　越深　　　　　　　　　　　　　　　　　　　249
欧阳修一生交朋结友,无不以"同道"相期,而与
　　"同利"无缘　　　　　　　　　　　　　　　　254
欧阳修极为看重家族世系,也极为关注家族兴旺　259
经过整整十七年的艰苦写作,《新五代史》终于
　　基本完成　　　　　　　　　　　　　　　　　262

第六章　文坛始自嘉祐新　　　　　　　　　　　　267

欧阳修又一次成为了流言与阴谋的受害者　　　　267
欧阳修满怀热情地"付托斯文",王安石却志不
　　在此　　　　　　　　　　　　　　　　　　　272
《范公神道碑铭》写成后,引起了富弼、范仲淹
　　之子范纯仁的极大不满　　　　　　　　　　　275
四五月间发生的一件事情,使欧阳修再次萌生了
　　引退的念头　　　　　　　　　　　　　　　　278
至和二年八月,欧阳修奉命出使契丹　　　　　　283
这年五月,大雨成灾,汴京城里水势汪洋　　　　286
围居省院,诗歌唱和成了调节受困精神的良药　　289
利用科举改革实现自己的文学主张,是欧阳修由
　　来已久的愿望　　　　　　　　　　　　　　　293

5

欧阳修终于将宋代古文运动引入了健康发展的
　　轨道　　　　　　　　　　　　　　　　　297
欧阳修宽广的胸怀、发现人才的识力、提携后进的
　　热忱,令人深深感动　　　　　　　　　　302
欧阳修深感体力渐衰,很希望求得一份闲简差使　306
在欧阳修公正无私的治理下,开封府井然有序　　310
解除了繁重的开封府事务,欧阳修感到轻松了许多　313
《和王介甫明妃曲二首》,是欧阳修平生最得意的
　　作品　　　　　　　　　　　　　　　　　317
《秋声赋》将散文笔法引入赋体,给这种古老的文体
　　注入了新的血液　　　　　　　　　　　　321
除日常工作之外,欧阳修总是"文债"不断　　　326
痛失挚友,欧阳修悲不自胜　　　　　　　　　331

第七章　德隆位高责愈重　　　　　　　　　　336

虽然权位日隆,欧阳修礼贤下士之心丝毫没有
　　改变　　　　　　　　　　　　　　　　　336
嘉祐之政与欧阳修青年时代的理想、抱负相去
　　甚远　　　　　　　　　　　　　　　　　340
朝廷易代的艰危之际,欧阳修尽职尽责地履行了
　　一位宰执重臣的使命　　　　　　　　　　344
欧阳修仕途越来越顺遂,心灵却越来越孤寂　　351
朝廷依然维持着两宫同理朝政的格局　　　　　354
欧阳修不可避免地卷入了一场激烈的朝政斗争　358
经历了太多宦海风波,欧阳修更加敬佩韩琦的
　　光明磊落与胸怀博大　　　　　　　　　　363

治平三年四月,苏洵病逝,欧阳修为之痛惜不已 370
又逢朝廷多事,求退心切的欧阳修只能隐忍待时,
　　却等来一场飞来横祸 374

第八章　颍水西畔六一居 382

在欧阳修心中,颍州是一块永恒的乐土 383
欧阳修倍感生命的脆弱,开始渐渐改变对佛、道的
　　态度 386
移知青州后,欧阳修以惯有的宽简风格,将日常的
　　政务处理得井井有条 391
精心修改《先君墓表》,改题为《泷冈阡表》 395
千里之外的京城,一场轰轰烈烈的变法运动开始了 401
变法运动刚开始时,欧阳修没有发表任何评论 405
神宗皇帝很想让欧阳修出任宰相,曾多次与王安石
　　讨论此事 409
欧阳修写下《六一居士传》,由表及里、由浅入深地
　　解读这一别号 412
年华渐老、衰病侵凌,欧阳修一再上书请求归老 417
欧阳修一身道服,安闲、恬淡地隐居在西湖西畔、
　　颍水之滨 423
深感自己来日无多,欧阳修将引导和统率文学
　　发展的重任托付给苏轼 426
《六一诗话》以漫谈的方式论诗,创立了文学批评
　　史著述的新体裁 431
欧阳修将款待赵概的厅堂命名为"会老堂" 435
熙宁五年闰七月二十三日,一代文豪欧阳修病逝
　　于颍州 439

结束语　风神奕奕立当朝，德业煌煌传万世　　443

附录
　一　欧阳修生平创作简表　　451
　二　欧阳修著作重要版本　　462

后记　　463

第一章 一代文宗出孤寒

这是一座极为偏僻的小城,贫穷而闭塞,虽然早在春秋时代,这里既已号称汉东大国,但是这里的山川土地,既无高深壮厚之势,士庶人众,也无英杰才俊。由于土地枯瘠,人们往往急于生计而失去了舒坦愉悦的心境,即使在丰年吉岁,那些豪门巨室,也无力营造园林池沼,以为岁时休暇之地。不过,与周围那些更为落后的邑县相比较,这里似乎又稍显富庶,所以,宋朝立国之后,在此设州,名为随州(治所在今湖北随县)。

随州地处京西南路①,距离汴京不过千里,"虽名藩镇,而实下州",直到宋真宗大中祥符年间(1008—1016),在国家政治、经济、文化领域都没有值得称道的成绩。然而,当时又有谁能想到,这个贫瘠的地方,正养育着一位能够振起大宋一代文运的文化巨星呢?

从沙滩画荻开始,
幼年的欧阳修在母亲引导下读书习字

秋天,夕阳下,涢水在随州城外缓缓地流淌,微风拂着岸边的杨

---

① 路,宋代行政区划名。宋真宗时,全国共分十五路。

柳,一切都是那样地静谧安宁。这时的欧阳修看起来不过三四岁光景,正在沙地上独自玩耍。他用沙子堆起一座小山,又在旁边挖了一条沟渠,然后在"山"上插一些芦苇、荻草……他一边兴致勃勃地玩着,一边就像唱歌似的快乐地念着:"天、地、人,上、中、下……"他不时得意地回头看看他的妈妈,好像在说:瞧,我多能干!我会堆小山,我会挖小沟,我会种树,最重要的是,我会念字,还会写呢!

他确实是个聪明的孩子,虽然苍白瘦弱,却透着一股引人注目的机灵劲儿,让每个路过的人都忍不住多看他一眼。这些字,是妈妈今天刚教给他的。他们用沙地当纸,用光滑的荻杆做笔,轻轻地,一笔,一笔,再一笔,就写出字来了,而且,每个字都有一个声音,一个意思,他觉得太神奇,太有趣了,所以一学就会。

母亲就在离他大约一丈远的地方,怀中抱着欧阳修那只有几个月大的小妹妹。母亲三十上下,一身素净衣裳。在她端庄沉静的脸上,有种掩饰不住的忧伤。不过,每当她看着在沙滩上嬉戏的孩子,眼神便显得格外柔和……

说起来,这孩子的出生还颇有几分神异呢。四年前,病魔夺去她不满周岁的长子,她伤心欲绝,日夜悲泣,不能成眠。一天夜里,恍惚间,她见祥光耀眼,一位衣袂蹁跹的仙人驾着五彩的云霓落在床前,将一个满身白色毫毛的男婴送到她的怀中。不久,她便怀孕了。让她无比吃惊的是,怀孕期间,她的全身长出无数白毫,孩子生下来以后,白毫才渐渐脱落。那一年是公元1007年,宋真宗景德四年。当时,他们住在绵州(今四川绵阳),丈夫欧阳观任绵州军事推官①。

欧阳修在农历六月二十一日寅时降生,给这个一度愁云密布的

---

① 军事推官:州府幕僚,主管诸案文书,斟酌可否,报告长官,以备参考。

家庭重又带来了阳光和笑语。他们给孩子取名为修,表字永叔,就是取福寿绵长的意思。

现在是宋真宗大中祥符三年(1010),欧阳修刚刚满了三周岁,几个月前,父亲欧阳观突然在泰州(今江苏泰州)军事判官任上病逝,时年五十九岁。身后萧条,家无长物,孤儿寡母顿时失去了生活的依靠,只得千里迢迢来到随州,投奔在这里做州府推官的叔父欧阳晔。幼小的欧阳修懵然无知,还不能意识到发生的一切,所有的凄苦和伤痛都深深地压在他母亲的心里。

欧阳修的母亲姓郑,生长在美丽的江南。郑氏家族源远流长,名人辈出,是当地的世家望族。然而,到她出生时,早已家道中落,只有诗书相传。她秉承父母之命嫁到了欧阳家,丈夫欧阳观比她年长三十。欧阳观四十九岁才中进士,他性情兀傲倔强,长期沉沦下僚,家境也不富有,又患有严重的眼疾,不能远视,读书时眼睛离书本不过寸许。而且,欧阳观此前曾有过妻室,不知什么原因,一纸休书,将前妻逐出家门,连儿子也让她一并带走。对前妻的怨恨似乎始终没有在他心里平息过。多年后,儿子长大成人,千里寻父,勉强相认之后,却将他当下人使唤,至死也没有和颜悦色地跟他说过一句话。这件事在当时颇受世人非议。面对这样一位丈夫,初婚的郑氏想必难免会有几分幽怨。不过,随着日渐深入的了解,她发现,欧阳观不近人情的外表下,掩盖着的是一颗廉洁正直、乐善好施、慈悲仁孝的心灵。最让夫人难以忘怀的是,他在处理刑狱案件时极为审慎的态度。

一天晚上,欧阳观在烛光下批阅案卷,有一卷文书让他倍感踌躇,他拿起来看过一遍,刚放下又重新拿起,如此反复再三,不住地唉声叹气。陪侍在侧的郑氏夫人关切地询问,他说:"这是一桩该判死罪的案子,我极想替这罪犯找一条活路,可怎么也找不到。"

夫人好奇地问:"犯了死罪的人还可以替他找到活路吗?"

欧阳观说:"首先应该极力替他找免于一死的可能性,如果实在找不到,那么死者和我都没有遗憾!有时候还真能在死囚中找到被误判重判的人呐!所以,如果不去找一找,为死囚寻找活路,背冤而死的人难免会心怀怨恨。虽然我常常存心为死囚开脱,希望他们能免于一死,但有时也难免有误判错杀,更何况世上还总有那么一些千方百计想置人于死地的人呢!"

欧阳观不仅自己不遗余力地为罪犯"死中求活",而且常常将这种办案思想教给那些初入仕途的年轻人。

"像这样一位慈悲忠厚的仁者,老天爷一定会让他后继有人的。"凝视着沙滩上嬉闹的孩子,郑氏在心里默默地说。她将家道振兴的希望全部寄托在幼小的儿子身上。

就这样,从沙滩画荻开始,欧阳修在母亲的引导下读书习字。有着良好文化素养的郑氏夫人,十分注意从多方面培养儿子的文化兴趣,不仅辅导他学习童蒙教材,而且鼓励他多多诵读名篇佳作。当时文坛盛行晚唐诗风,文人学士们最喜欢读的是晚唐诗人如郑谷、周朴等人的诗作,以学晚唐诗风而著称的林逋、惠崇等当代隐士、僧人更是名噪一时,以至被雅称为"晚唐体"诗人。他们的诗作虽然气格不高,但构思精巧,多有佳句,平易浅显,特别适合儿童诵习。受此风气的影响,欧阳修在母亲的督促下也认真地揣摩这些作品,许多佳句,如:"风暖鸟声碎,日高花影重"、"晓来山鸟闹,雨过杏花稀";又如:"马放降来地,雕盘战后云"、"春生桂岭外,人在海门西"等等,直到晚年,依然记忆如新。

家中没有余钱买书,郑氏夫人便处处留心,寻找合适的学习资料。一天,她带着儿子去当地孔庙游玩,她惊喜地发现,孔子庙堂的碑文竟是唐代书法大家虞世南的手迹!从此,母子俩就常常盘桓在这块石碑前,心识默记,学习书法。这一段特殊的经历也使年幼的欧阳修对古碑石刻产生了浓厚的兴趣,当他长大成人后,宦游千里,足迹所到之处,总会留意金石遗迹,随手著录,并终于撰著了我国最早的一部金石学巨著《集古录》一千卷(今存《集古录跋尾》十卷)。

崇文抑武的基本国策,
深刻地影响了社会各阶层的价值取向

和以往历朝历代相比较,赵宋王朝是一个典型的崇尚文治的朝代。宋太祖赵匡胤虽然出身武夫,却酷爱读书,即使是带兵打仗,他也总是随身带些书,一有空闲,便手不释卷,如听说谁有"奇书",往往不吝千金买下。宋太祖亲身经历了唐末五代的藩镇之祸,深深懂得马上可以得天下,但不可以马上治天下的道理。建国之后,他采取了振兴文教的政策,礼遇士人,扩大科举取士名额,又把"不得杀士大夫及上书言事人"这句话刻在碑上,立于太庙秘室,垂示后代。朝廷正殿也以"文德殿"命名,"重文抑武"遂成为有宋一代的"祖宗家法"之一。

太宗、真宗先后相承,皆醉心于文化事业的建设。其时大乱初定,图书文献散佚严重,几代统治者采取了种种措施进行寻访、收集,并设置专门机构不断成批抄写、刻板印刷,因此,到太宗太平兴国三年(978)崇文院建成时,虽然距建国不过短短二十年,国家藏书即由一万三千卷增加到八万卷。在搜集、整理和翻印前朝典籍的同时,自太平兴国二年开始,宋太宗又召集天下名士,先后编成了《太平御览》、《太平广记》和《文苑英华》三部大书。《太平御览》是一部大型类书,它是现存古代类书中保存五代以前文献最多的一部;《太平广记》广泛收集汉代至宋初的小说、野史、笔记中的故事,后人称之为"小说家之渊海"(《四库全书总目》);《文苑英华》则收录上起南朝萧梁,下至五代的诸家诗文歌赋,其中绝大部分是唐人著作。随后,景德二年(1005),宋真宗踵事增华,继其父所修三大类书之后,诏令王钦若、杨亿、钱惟演诸人修撰大型政书《册府元龟》,编录历代君臣事迹,"为将来取法"(宋·王应麟《玉海》),全书共一千卷,展示了"盛世修典"的宏伟规模。古籍的保存和流传,对任何一个时代来说,都是一个十分繁难的课题,宋初统治者投入大量人力物力,编撰这四部大书,成功地挽救了大批前代史籍,为后世留下了丰富的文献资料。

这几位创业垂统的皇帝对文化的大力弘扬,深刻地影响了社会各阶层的价值取向。崇尚传统文化,埋头攻读坟典,一时之间蔚为风气,读书成为宋代士人的基本生活方式。读书人的天职是读书,读书是读书人取得社会资格的依据。宋代文学作品中,我们常常可以看到士人攻读的具体情景,亲切、投入,令人动容。王禹偁《清明》诗曰:

> 昨日邻家乞新火,晓窗分与读书灯。

清明有"乞新火"的习俗,乞来新火,首先是点亮"读书灯"。而读书灯在郭震《纸窗》诗中,则比月色更为可亲可爱,需用纸窗特意护卫:

> 不是野人嫌月色,免教风弄读书灯。

读书灯既陪伴了王禹偁的晓读,又为郭震的夜读照明,书真成了宋代士人不可须臾离身的人生伴侣。"自时厥后,子孙相承,上之为君者,无不典学;下之为人臣者,自宰相以至令录,无不擢科,海内文士

彬彬辈出焉。"(元·脱脱《宋史·文苑传》)

少年欧阳修显露出颖异的资质

少年欧阳修就生活在这样一个文化复兴的时代。随着年岁一天天长大,欧阳修的读书面也越来越广。因为家境贫寒,没有藏书,他便经常去当地那些读书人家里借书。每次借来一本好书,他总是如获至宝,立即铺开纸笔,用蝇头小楷悉心抄录,往往是抄录未毕,书中精彩片段都已能倒背如流。他常常因为读书入迷,以至于忘记了吃饭睡觉。

广泛的阅读使欧阳修很早就具备了良好的艺术感悟力和鉴赏力。随州城南有一李姓大户,家道殷实,藏书颇丰,李家的儿子李尧辅十分好学,和欧阳修为儿时好友。他们时常一起读书,一起在李家东园的佳树美草间游玩。欧阳修十岁那年,有一天,他们在李家大屋里捉迷藏,在一堵夹壁间偶然发现一个盛满旧书的破竹筐,几个孩子七手八脚地将筐子抬出来,争先恐后地翻找自己喜欢的书籍。其中一本残破的《昌黎先生文集》引起了欧阳修的注意,虽然此时他已读过不少的书,可"昌黎先生"的名字却还没有听说过。怀着强烈的求知欲和好奇心,他向李家伯伯求得了这本只剩六卷而且"脱落颠倒无次序"(《记旧本韩文后》)的旧书,回到家里迫不及待地闭门攻读。尽管年纪幼小,学识有限,他还不能完全理解韩愈文章丰富而深刻内涵,但韩文浑厚的力度和开阔的境界已经把他深深吸引住了。他将这六卷文稿珍藏在书箱中,一有机会便拿出来欣赏。欧阳修没有想到,这一偶然性的经历,竟是他日后继承韩愈,倡导古文运动的最初契机。

少年欧阳修资质颖异,年纪不大,但"所作诗赋文字,下笔已如成人"(欧阳发等《先公事迹》)。叔叔欧阳晔每次读过他的文章,总是无比欣慰地对郑氏夫人说:"嫂嫂不必因家贫子幼而忧虑,这孩子非同一般,将来不仅能光大我欧阳氏门庭,还必定会名重当世!"

儿子如此聪慧,又是如此地勤奋好学,郑氏夫人倍感欣慰。为了陶冶儿子的人格,她经常跟欧阳修讲述他父亲当年办理刑狱案件的故事,讲他父亲的仁义恻隐之心。

叔叔欧阳晔"为人严明方质,尤以洁廉自持"(《尚书都官员外郎欧阳公墓志铭》),不畏权势,不循私利,临事明辨,长于决断,在外也有很好的名声。郑氏夫人对他十分敬重,她常常对儿子说:"你想知道你父亲样子吗?看看叔叔吧,他的言谈举止、行为风范和你父亲当年是一样的。"

父亲的遗训,叔父的楷模,深深地烙进了欧阳修幼小的心灵。在以后四十多年的从政生涯中,他始终以父亲、叔父为榜样,身体力行他们的为政之道。

对欧阳修人格塑造发生深远影响的,更在于母亲的身教。郑氏夫人"恭俭仁爱而有礼"。丈夫去世后,家"无一瓦之覆,一垅之植",她带着一双儿女来到随州,在小叔欧阳晔的帮助下,勤俭持家,自力衣食,身处忧患之中,而言笑自若(《泷冈阡表》)。这种不怨天、不尤人、倔强奋发、善处逆境的精神气质,给少年欧阳修以潜移默化的熏陶,培养了他良好的心理素质,这也成为他一生最宝贵的精神财富。

第一次汴京之行,使欧阳修认识到自己的不足及原因所在

大兴科举,选拔才俊,是大宋朝廷"右文"政策的重要的内容。宋代科举制在唐代的基础上有了很大的发展。一方面大幅度增加

了录取名额,据统计,北宋一百六十七年间共开科六十九次,取士约六万一千人,平均每年约三百六十人。这种录取力度不仅远超唐代,即使是后来的元、明、清三代,也有所不及。另一方面,宋代还增设了弥封、糊名、誊录等制度,尽可能保证公平竞争,避免势家豪族堵塞孤寒之士的进身之路。"天子重英豪,文章教尔曹。万般皆下品,唯有读书高。"(《神童诗》)科举制的改良极大地刺激了宋代士人的热情,读书应考成为当时知识分子成就人生理想的重要途径。

春去秋来,斗转星移,沙滩上画荻的孩子一晃就变成了十七岁的少年。他朝气蓬勃,他充满雄心与幻想,而这个时代,也为他实现人生理想提供了可能性。十七岁的欧阳修跃跃欲试。

宋仁宗天圣元年(1023)秋,他第一次参加了随州乡试(又称解试),这是科举考试中地方举行的初试。按规定,考试内容包括诗赋、经义和策论,优胜者即由州府送到京城参加第二年春天的礼部试(即省试)。应该说,十七岁就参加科举考试似乎有点太早,可是,常言道:"家贫出孝子。"清寒的家境使欧阳修比同龄的伙伴更加懂事,他知道母亲的艰难,如果能早日挣得一官半职,他就可以用自己的俸禄来侍养母亲,抚育妹妹。

这一年随州州试,有一道考题为《左氏失之诬论》,要求考生评议《春秋左氏传》中荒诞不经之处。欧阳修熟读《左传》,对相关的材料早已了然于胸,提笔之时,《左传》中种种虚妄神异的记载立即纷至沓来:

鲁昭公八年春,晋国有块石头突然说话了;

鲁庄公十四年夏,郑国都城城门边两蛇相斗,城外的蛇咬死了城内的蛇,正预示着郑厉公复辟回国;

鲁庄公三十二年秋七月,神灵在莘地降临;

鲁文公二年秋八月,太庙祭祀时,新近死去的鲁僖公和早已过世的鲁闵公两个鬼魂竟然一大一小地出现在人们面前……

按照当时的风尚,文章应用对偶工整的骈体来写,欧阳修得心应手,挥笔写道:

> 石言于晋,神降于莘;外蛇斗而内蛇伤,新鬼大而故鬼小。

他以极为简练的语言概述了四条材料,对仗精当,一经写出,非常奇警。然而,这次考试,他还是落榜了,因为他的应试诗赋押韵不符合规范。

初战不捷,年少气盛的欧阳修第一次品尝到失败的苦涩。火断烛灭,夜深人静,他无法成眠,索性披衣起床,提笔赋诗:

> 蕙柱炉薰断,兰膏烛艳煎。夜风多起籁,晓月渐亏弦。鹊去星低汉,乌啼树暝烟。惟应墙外柳,三起复三眠。(《夜意》)

这样一个残月疏星的夜晚,乌鹊悲啼,虫鸣凄凄,墙外的衰柳,不时地被夜风惊起,仿佛因牵挂着屋里的少年而不能安寝。心情阴郁的欧阳修不禁取出那本残破的《昌黎先生文集》。多年来,这几乎已经成为他的一种习惯,每当心情不畅时,这六卷文稿便成了陪他排遣的朋友。在一次次阅读中,他越来越能更多地体会到韩愈思想和他文章艺术的精髓。读韩愈的文章,有时会让他获得一种难以言表的审美愉悦。而此时,文坛风靡一时的是以杨亿、刘筠、钱惟演为代表的"西昆体"诗文。"西昆体"以晚唐诗人李商隐为榜样,追求辞采的华丽、属对的精工和典故的丰赡,然而在欧阳修看来,这些多为显示才学的游戏之作,思想和感情常常被绮丽的辞藻与繁缛的故实淹没。这天夜里,欧阳修将六卷韩文再次吟味一遍,心绪重又变得宁

静,他喟然感叹:

"作文章,就应该以昌黎先生为楷模!如果能够达到他这样的境界,我这辈子也就满足了!"

联想到当今文坛,他感到十分困惑,人人都以学习"西昆体"时文为时尚,竟从不见谁谈起过韩文。他真想用自己全部的时间和精力一心一意地追随韩愈的足迹,可一想到清贫的家境,又觉得太不现实了。于是,他暗暗地下定决心,一旦进士及第,"当尽力于斯文,以偿素志"(《记旧本韩文后》)。

新一轮的科考从天圣四年秋天开始。这一次,欧阳修顺利地通过了随州乡试,取得参加第二年春天在京城汴梁举行的礼部考试的资格。这年冬天,他兴致勃勃地打点行装上京赶考。

这是他第一次离开随州独自远行,路上的一切都让他感到格外新奇。在湖阳(今河南唐河西南),他看到了东汉樊安的墓碑立在路边,于是下马细读;在邓州(今河南邓县),他看到一座古墓前石兽臀上有汉代留存的"天禄"、"辟邪"四字,字画古朴天成……从小孤贫力学的经历养成了欧阳修对片言只字皆倍感珍惜的习惯。他将这些见闻留心记录下来,到晚年编撰《集古录》时,都成了珍贵的材料。而最让欧阳修眼界大开的是汴京(今河南开封)。百尺高楼,雕梁画栋,波浪般飘摇的帘影,水流般起伏的碧瓦,如此壮美华丽的都市画卷,让这位来自偏远贫困地区的青年叹为观止:

六曲雕栏百尺楼,帘波不定瓦如流。浮云已映楼西北,更向云西待月钩!(《高楼》)

然而,天圣五年的礼部试,第一次兴奋前来的欧阳修却名落孙山。春末夏初,他怀着黯然失意的心情离开了汴京,他在诗中伤感地写道:"楚天风雪犯征裘,误拂京尘事远游。"(《南征道寄相送者》)回想去年冬天冒着风雪严寒、满怀希望来到京城,而今却受挫而归,真有徒然奔波一场的空虚之感。但是,真的只是"误拂京尘"吗?冷静想想,这次远游应该说还是大有收获的。在随州这个小小的区域内,欧阳修已是远近知名的佼佼者,然而,放眼全国,当时的随州仍是一个贫穷落后的偏僻陋邦。宋朝建立半个多世纪,推行文治,大倡科举,天下文士翕然相从,就连岭南、闽越等边远地区也不断有才智之士蹑登高第,成为朝中的达官显宦,随州虽然离京城不过千里,竟然"几百年间,未出一士"(《李秀才东园亭记》),其文化氛围之稀薄可想而知。这次汴京之行,欧阳修深深地认识到自己的不足,也认识到了造成这一情形的原因所在。山外有山,天外有天,于是,他决心走出封闭落后的随州,外出游学。

追随时尚的潮流写作诗文,
内心深处却渴望着新变与突破

天圣六年(1028)春末,欧阳修打点行装出发了,他的目的地是离随州约三百里地的汉阳(今湖北汉阳)。欧阳修早就听说汉阳知军①胥偃是一个著名的文人,因此他把汉阳作为自己游学的第一站。他认真写好一封自荐信,连同平时创作的诗文,一起呈送到知军府,然后怀着忐忑不安的心情等待着回音。

没想到很快就收到了回信,胥偃不仅高度赞扬了欧阳修的文学才华,而且还预言他必将"有名于世"(《胥氏夫人墓志铭》)。不久,胥偃就在知军府西斋特意备了一桌丰盛的筵席,款待这位前来请谒

---

① 军,相当于州,知军即管理该地区军民政事的行政长官。

的贫寒士子。推杯换盏之际,老少二人亲切交谈,十分相得,令欧阳修喜出望外,无比感动。得知欧阳修自幼失怙,家境清苦,胥偃慷慨地伸出了援助之手,他叫欧阳修搬到知军府来住,专心读书,在政事之暇,也能随时指点。

这年冬天,胥偃调任判三司度支勾院,主管朝廷财政支出事宜,欧阳修以门生的身份随同赴京。此时,天下太平,内外无事。京城的士大夫们大都过着十分精致优雅的生活,每当节假日,可说是家家宴饮,处处笙歌,盛世的光景格外动人。在胥偃的延誉和引荐下,欧阳修结识了许多的名公巨卿。他去参加文人们的雅聚,有时在胥家吟诗,有时在郑府分题,新鲜的、充满浓郁文化氛围的生活中,让他如鱼得水,心情极为舒畅。在交往中,欧阳修大大丰富了学识,扩大了眼界,他的才华也倍受人们瞩目。

一天,雨过天晴,春景明媚,胥偃在自家花园摆酒设宴,邀请朋友聚会,欧阳修陪侍末座。酒过三巡,大家赋诗助兴。园中兰桂嫩叶垂挂的滴滴宿雨,在阳光的映射下熠熠生辉,双双对对的鸳鸯在水池中浮游嬉戏,美丽的翡翠鸟在枝叶间自在翔舞,鹅黄、淡紫的花儿随处开放,惹来蜂萦蝶绕……这一切美得让人心醉、让人感动,更让人怜惜。欧阳修突然觉得万千的情绪涌上心头,他急忙拿过纸笔,低头疾书,以掩饰自己内心情愫的澎湃汹涌:

桂树鸳鸯起,兰苔翡翠翔。风高丝引絮,雨罢叶生光。蝶粉花沾紫,蜂茸露湿黄。愁酲(酲:chéng,形容酒醉后神志不清)与消渴,容易为春伤。(《小圃》)

这是一首体物精细,风格旖旎的作品,颇有晚唐诗人李商隐的余韵,切合当时的时尚。诗人运化典故,不露痕迹。如"兰苔"句其实是晋代郭璞《游仙诗》中的句子:"翡翠戏兰苕,容色更相辉。""愁醒"则出自《诗经·小雅·节南山》中"忧心如醒"一句。最妙的是,《史记》司马相如传说:"相如口吃而善著书,常有消渴疾(即今所谓糖尿病)。"诗人借此点明自己体弱多病的文人身份,更是自然贴切。在座宾客纷纷传阅着诗稿,你一言我一语,叹赏不止。恩师胥偃也感到脸上有光。

又有一次,郑工部家举行雅集,欧阳修也应邀前往,席间所做的《早夏郑工部园池》,再一次受到大家的交口称赞:

夜雨残芳尽,朝辉宿雾收。兰香才馥径,柳暗欲翻沟。夏木繁堪结,春蹊翠已稠。披襟楚风快,伏槛更临流。(《早夏郑工部园池》)

诗人以敏锐的观察力捕捉到季节的迁移所带来的景物的细微变化,用词华美,属对工整,十分符合当时文坛的审美时尚。凭着天分极高的颖悟和才情,把诗歌与文章写得精美绝伦,无懈可击,对欧阳修来说并非难事。但在内心深处,他却始终有一份不满,一份不甘,总觉得当今文坛应该有所新变,有所突破。闲暇的时候,他仍会常常翻阅那几卷残破的韩愈文章。当代文坛的革新是否就应该从学韩开始呢?他仍是迷茫。或许,他还需要一些不同流俗、勇于创新的良师益友。

此时的文坛,"西昆体"虽然是主流时尚,但并没有一统天下。"山东人范讽、石延年、刘潜之徒,喜豪放剧饮,不循礼法"(元·脱脱《宋史·颜太初传》),他们"或作概量歌,无非市井辞,或作薤露唱,发声令人悲"(宋·颜太初《东州逸党》),与时尚大异其趣,令当地的腐儒为之侧目。其中石延年尤其诗格奇峭,气概雄奇。

石延年,字曼卿,比欧阳修年长十五岁。他状貌伟然,以气自豪,"读书不治章句,独慕古人奇节伟行非常之功,视世俗屑屑"(《石曼卿墓表》),天下没有几个人能入他的青眼,他也因此与世相忤,与时不合。他喜欢豪饮。有一次,听说京师沙行王氏新开酒楼,他与好友刘潜相约前往。两人对饮终日,不交一言。店主王氏在一旁越看越奇,以为遇上了异人,急忙亲自出来献上菜肴瓜果,又取出轻易不示外人的上等美酒,恭恭敬敬地为他俩斟上。二人吃喝自若,毫不在乎旁人怎么看,一直喝到黄昏时候,才分别而去。没想到第二天京城四处纷传,说王氏酒楼曾有两位酒仙喝酒,一传十,十传百,酒楼暴得大名,生意骤然红火。

与石延年等人同时,文坛上也还有几个悖逆时尚的文人,他们是穆修(字伯长)和苏舜元(字才翁)、苏舜钦(字子美)兄弟。穆修年纪最长,此时已年过半百。在"西昆体"盛极一时之际,他却特立独行,论文崇儒、道,尊韩、柳,提倡古文不遗余力。穆修性格急躁,又恃才傲物,在官场屡受同僚排挤,甚至一度丢了官职,家境十分清苦。生活虽然窘困,但他仍向亲友募集资金,刻印家藏的《柳宗元集》,并亲自到人来人往的相国寺设摊出售。他这种敢为天下先的精神,深深地影响了二苏兄弟。二苏兄弟出身世家,祖父苏易简曾任参知政事(副宰相),父亲苏耆也颇有才名。苏舜钦"笔力豪隽,以超迈横绝为奇"(《六一诗话》)。穆修、二苏兄弟以狂放的气势与豪迈的风格,冲击日趋柔靡空洞的"西昆体"诗风。尽管舆论嘲笑他们,但他们坦然自若,我行我素。

天圣六年,苏耆叙阶升任朝奉大夫,苏舜钦随父自明州来到汴京,遂得与欧阳修相识。他比欧阳修小一岁,两位年轻人气味相投,一见如故,结下了终生不渝的友谊。天圣七年前后,石延年在朝廷充任馆阁校勘,欧阳修曾慕名拜访,相见甚欢。不过,此时欧阳修并未加入石延年、苏舜钦等人的行列。这是因为贫寒的家境,寄人篱下的处境不允许他这样做。他必须勤奋努力,日夜苦读,以迎合时尚的作品铺垫生活之路。

不久,他就要参加国子学广文馆的入学考试了。

由监元、解元而至省元,一年之间,欧阳修三登榜首

国子学是宋初八十年间独一无二的中央官办学校,下设广文、太学、律学三馆,其中"广文教进士,太学教九经,五经、三礼、三传、学究,律学馆教明律"(元·脱脱《宋史·职官》),科目分别对应礼部贡举的各个门类。宋代科举考试科目虽多,但是最为朝廷与世人重视的其实只要进士一科。广文馆既为应进士考试者而设,专门讲授进士课程,士子自然趋之若鹜,竞争十分激烈。欧阳修没有辜负恩师胥偃的精心栽培,在天圣七年(1029)春天的广文馆考试中荣登榜首。这次夺魁使欧阳修信心大增。回想两年前作为随州贡生初来汴京,真有井底之蛙、自惭形秽之感。如今却能在人才济济的广文馆考试中艺压群英,他仿佛看到了锦绣的前程,情不自禁地期待着秋天的国学解试早日来临。

光阴飞逝,转眼间已是金风送爽的季节,国学解试如期举行。国学解试是宋代贡举考试的方式之一,和州府举行的乡试属同一性质,合格者即被荐名礼部,参加来年春天的省试。这次考试中,欧阳修再次以第一名的成绩取得应试礼部的资格,他的内心虽然无比欣喜,却不敢稍有懈怠,毕竟最后的胜负还得等礼部省试及皇帝殿试之后才能见分晓。

因此,不待休整,欧阳修又夜以继日地投入到紧张的学习之中,

他常常因为过于专注而忘记了时间。有时夜里读书,不知不觉间天色竟已蒙蒙发亮。这时,他放下书本,走到屋外,深吸一口拂晓的清新空气,放眼暗转的星辰,西落的银河,他仿佛听见如车轮般转动的声音:

帘外星辰逐斗移,紫河声转下云西。九雏乌起城将曙,百尺楼高月易低。露裹兰苕惟有泪,秋荒桃李不成蹊。西堂吟思无人助,草满池塘梦自迷。(《晓咏》)

深秋的早晨,不免有几分萧瑟凄迷,欧阳修的内心却充实而愉悦。他独自边走边吟,憧憬着美好的未来,脑海中浮现的早已是"池塘生春草,园柳变鸣禽"(南朝谢灵运诗句)的盎然春光……

天圣八年(1030)正月,早春的气息已在寒风中悄悄涌动。各州县及国子学考试合格的士子云集京城,一场决定命运的大拼搏即将拉开帷幕。受命主持礼部贡举的是著名文学家、资政殿学士晏殊。晏殊素有"太平宰相"之称,他自十四岁以神童召试学士院,赐同进士出身,一直仕途顺遂,倍受荣宠。他的诗文清丽工致,闲雅有情思,以"富贵气象"而著称。此时的欧阳修,经过胥偃指导和在广文馆近两年的严格训练,时文写作已颇为得心应手,加上读书广博,善于思考,应付这样一场考试自然不算难事。

这一年的赋试题目是《司空掌舆地图赋》。司空是古代官职名,舆地图,即地图,又称舆图。赋题出自《周礼》,欧阳修将题目细读一遍,立即产生了疑问。因为周代和汉代均设有司空一职,而据汉代学者郑玄的笺注,汉代司空掌管舆地之图,而周代司空则不仅仅掌管舆地之图,那么这篇文章究竟是应该赋周代司空还是汉代司空呢?按照当时考场规则,考生如有疑问,可至主考官帘前"上请"。

考试开始之后,陆陆续续有多人上请,但他们的问题大多不得要领,令晏殊深感失望。身为主考官,总希望能遴选英才,得人之盛也是知贡举者引为骄傲的事情,可是眼前这些考生……正感失落之际,忽见一位"目眊瘦弱少年"(宋·王铚《默记》)缓缓来到帘前,从容地陈述了自己的疑问,主考官晏殊听后心中暗喜,不禁点头。他说:"我当初出题的意思,就是希望应试者能于细微之处发现问题,这才不算枉读经书。今天这个考场中,只有你一人真正看懂了题目。"

不久省试揭榜,欧阳修一举夺魁。当他以门生的身份前往晏府答谢主考官时,晏殊这才知道,原来本届省元欧阳修正是那个给他留下深刻印象的瘦弱少年。

一年之间,欧阳修由监元、解元而至省元,三登榜首,正可谓所向披靡,意气风发,对于殿试状元也是志在必得。三月十一日,省试合格者四百零一人参加殿试,仁宗皇帝亲临崇政殿主持策问,题目有《藏珠于渊赋》、《溥爱无私诗》、《儒者可与守成论》。欧阳修胸有成竹,一挥而就,尤其是《藏珠于渊赋》,有感于当时弥漫朝野的奢靡之风,欧阳修指出"上苟贱于所好,下岂求于难得?"上行下效,统治者的好恶会深刻地影响整个社会风气。文辞犀利,完全不同于一般中规中矩的应试文章。他日后立朝謇谔,直言敢谏的凛然风骨,于此已可见一斑。

考试之后,欧阳修自忖胜券在握,于是特别置办了一套新衣服,准备殿试唱名时穿。没想到在唱名的前一天晚上,在与几位好友聚会时,他的新衣服被广文馆同学王拱辰穿了出来。王拱辰是太原人,刚十九岁,是一帮朋友中的小弟弟,他生性调皮,好开玩笑。他身材高大,欧阳修的新衣服穿在他的身上显得十分滑稽。看着大家惊异的神情,他故意大大咧咧地摆了个姿势,说:"为状元者当衣此。"

惹得大家一场哄笑。没想到一语成真,第二天,殿试唱名,王拱辰果然名列第一,欧阳修则屈居十四。

虽然没有成为状元,多少有些遗憾,但毕竟已是金榜题名,欧阳修内心还是充满了欢喜。他终于可以用自己的俸禄赡养母亲、照顾妹妹了!他也终于可以无拘无束地师法韩愈、追求自己的文学理想了!

殿试唱名的那天,对每一位及第的进士来说都是终生难忘的。三月的汴京东风骀荡,春意融融,新郑门外的琼林苑更是杂花满树、物以人悦。唱名后,朝廷照例在那里为新科进士举办隆重的"闻喜宴"。席上,皇帝亲赐诗作、袍笏,以示恩宠。宴会之后,气宇轩昂的新进士们纷纷题名刻石,打马游街,前有仪仗开道,后有侍从呼拥,真是气派非常!

  翠苑红芳晴满目。绮席流莺,上下长相逐。紫陌闲随金辔辘。马蹄踏遍春郊绿。(《蝶恋花》)

一时之间,汴京城里万人空巷,人们争先恐后一睹新进士的风采,更有许多达官富室之家,一大早便出动装饰华美的宝马香车,争相选择新科进士做女婿,一日之间"中东床者十八九"(宋·彭乘《墨客挥犀》),真是花团锦簇,风光旖旎。

此时,欧阳修的恩师胥偃府上也是张灯结彩,喜气洋洋。事实上,早在汉阳初识时,胥偃已在心中选定欧阳修做乘龙快婿,只是当时女儿年纪尚幼,欧阳修也功名未遂,故不想以此分散他的注意力。今年女儿已经十四岁,达到了法定的婚龄,正该趁此喜庆气氛将婚事定下来。于是,在"闻喜宴"后紧接着又是订婚喜宴,二十四岁的欧阳修喜上加喜,大有"春风得意马蹄疾,一日看尽长安花"的畅快与淋漓。

　　　　酒美春浓花世界,得意人人千万态。莫教辜负艳阳天,过了堆金何处买。(《玉楼春》)

他尽情地享受着成功带来的喜悦,尽情地品味着千金难买的大好春光!

接下来的一段日子,欧阳修十分忙碌,亲朋故旧、同年好友,各种各样的宴饮、拜会应接不暇。志得意满的欧阳修没有忘记那些相交于寒窗贫贱之中的朋友。旧友方希则三举进士皆不利,暮春时节,在成功者的欢声笑语中,他却要整顿行李,黯然东归。欧阳修听说后,急忙赶去为他送行。觞行酒半之时,为作赠序,慰勉朋友。

忙忙碌碌中,很快就到了五月,朝廷的任命也下来了。欧阳修被授予将仕郎、试秘书省校书郎、充西京留守推官的官职。①离上任还有一些日子,他决定先回随州恭迎母亲,同赴洛阳。

辞别岳父一家,欧阳修怀着愉快的心情踏上回家的路。

---

① 宋代官制分为"官"、"职"、"差遣"三种,前两种是虚位,没有具体实职,为文官迁转官阶,只有差遣才是实际职务。这里的"将仕郎"、"试秘书省校书郎"即属官名。西京留守推官是差遣,即西京洛阳最高长官的僚属,主要负责审讯罪犯等事务。

第二章　伊洛群英开新声

欧阳修于天圣九年(1031)三月来到洛阳,正值春光明媚,万物荣发。伫立城郊,但见清澈的伊水由南向北潺潺流淌,青葱蓊郁的龙门山与香山隔水相对,犹如宫殿前方的左右楼阙。这是一座令他神往已久的城市,走在进城的路上,欧阳修的心情格外轻快:

> 三月入洛阳,春深花未残。龙门翠郁郁,伊水清潺潺。……洛阳古郡邑,万户美风烟。荒凉见宫阙,表里壮河山。……(《书怀感事寄梅圣俞》)

洛阳是一座历史文化名城,钟灵毓秀、人文荟萃之地。东周、东汉、曹魏、西晋、北魏(*孝文帝以后*)、隋(*炀帝*)、武周、后梁、后唐九个朝代先后建都于此,西周、新莽、隋、唐、后晋、后周又曾作为陪都。班固作《汉书》、张衡做天文三仪,均在洛阳;左思作《三都赋》,洛阳纸贵;蔡邕刻熹平石经,沾溉百代……文史盛事,举不胜举。那残破的古宫阙见证着历史的苍凉久远,那壮丽的山川仍焕发出动人的风采!

宋朝定都汴梁,而以洛阳为陪都,号为西京。由于距京师不远,加以物产丰饶、交通便利,缙绅仕宦纷纷定居此地,"贤而有文者,肩随踵接"(宋·司马光《仵瞻堂记》),到宋真宗时代,俨然已是仅次于汴京的政治、经济、文化中心。初入仕途,就能在这样一个有着深厚历史积淀和浓郁文化氛围的地方工作、生活,欧阳修感到十分幸运,而更为幸运的是,他在这里遇到了一群志趣相投的良师益友。

西京留守府人才济济,卧虎藏龙

卸下行囊,稍做安顿,欧阳修便换上官服,依照常规前往留守府[①]拜谒官长。一路上,他信马由缰,欣赏着沿途美景,不知不觉就来到了伊水河畔的午桥庄。这座著名的别墅由唐朝宰相裴度修建。当年裴度因不满宦官擅权,退居洛阳,在午桥建别墅,种植花木万株,名曰绿野堂。公余之暇,便与诗人白居易、刘禹锡酣宴终日,高歌放言,以诗酒琴书为乐。欧阳修怀想昔贤,正流连间,忽听松竹林中有人吟哦诗句:

修禊洛之滨,湍流得素鳞。多惭折腰吏,来作食鱼人。水发粘篙绿,溪毛映渚春。风沙暂时远,紫线忆江莼。

诗歌即事抒怀,清淡娴雅,与当时流行的"西昆体"诗风迥然相异。欧阳修不禁击节叹赏。二人施礼相见,互通姓名。原来,这位身材高大的秀眉男子是新任河南县主簿梅尧臣(字圣俞),适逢修禊之日,在此游玩。刚才他的仆人在湍流之中捉得两尾鳜鱼,引动诗兴,遂脱口吟出这首《上巳日午桥石濑中得双鳜鱼》。河南县是西京的首县,他俩

[①] 宋代在西京洛阳设有西京留守司,负责行宫宫钥及京城守卫、修葺等事务。留守司公事由河南府知府兼任。

算是西京留守属下的同僚。没有更多的寒暄,他们的谈话便直奔主题,由梅尧臣刚刚吟诵的诗篇,谈到当今文坛的风尚,乃至历代的名篇佳作,大有一见如故、相见恨晚之意。欧阳修完全忘记了今天出行的目的,竟听从梅尧臣的建议,趁着天色尚早,结伴去香山游玩:

> 逢君伊水上,一见已开颜。不暇谒大尹,相携步香山。自兹惬所适,恰若投山猿。(欧阳修《书怀感事寄梅圣俞》)

得遇契友,欧阳修喜不自胜,那种称心快意,简直就像投入自然怀抱的猿猴。在野芳竞发的山林间,两人携手漫步,高谈阔论,直到夕阳西下,依然兴味不减。随后,又一同回到梅尧臣家,烹鱼畅饮,赋诗联句。诗借酒力,灵光时时闪现,酒随诗兴,百盏千杯不辞。愉快的相聚直到夜阑方散……

这次戏剧性的相会,开启了他俩终生不渝的友谊,在此后的岁月中,他们将一起"徜徉于嵩洛之下,每得绝崖倒壑,深林古宇,则必相与吟哦其间"(《送梅圣俞归河阳序》),一个崭新的文学时代就在他俩的吟哦酬唱中悄然来临。

天圣、明道年间的西京留守府真可谓是人才济济,卧虎藏龙。

留守钱惟演是吴越王钱俶的儿子,跟随钱俶归顺宋朝。在北宋前期的政坛上,他是一个贪求政治权势的人物。真宗在位时,刘皇后受宠,他积极攀附联姻,将妹妹嫁给刘后之兄刘美;真宗去世后,年仅十二岁的仁宗即皇帝位,真宗遗诏尊刘后为皇太后,垂帘听政,处理军国大事。钱惟演依仗太后的势力,颇为舆论所不齿。仁宗时他官至枢密使[1],位兼将、相、勋、品皆第一,但仍不满足,常感叹道:

---

[1] 枢密使:枢密院长官。宋朝以枢密院为最高军事机关,掌军国机务、兵防边备、军马等政令。

"平生不足者,不得于黄纸书名。"

枢密使可称"使相",但还不是真正的宰相,不能在黄色的诰书上署名,他因此引为终生恨事。

不过,这样一位善于经营的政客,在家庭生活中却又显出十分单纯质朴的另一面。他虽然生长于富贵之中,但生性节俭,所有财务支出都有周密的计划和严格的限制,除非节庆、生辰等特殊日子,儿子们很难得到一分半分的零花钱。家中有一座珊瑚笔格,是钱惟演平生珍爱的宝物,通常摆放在书房的几案上。一天,他的一个儿子急需钱用,万般无奈之下,便打起这笔格的主意来,趁着父亲外出的机会,将笔格偷偷藏起。钱惟演遽失宝物,怅然不已,马上张榜告示:

找回笔格者赏金十千钱。

过一两天,那偷藏笔格的儿子假装意外地找到,拿去献给父亲,钱惟演十分高兴,痛痛快快地付给他十千赏钱。这个诀窍在家中悄悄传授。过了一段日子,又有人如法炮制,将笔格偷去,等重金悬赏的告示贴出之后再拿出来,从而如愿以偿地获得高额赏金。像这样"猫捉老鼠"的游戏一年之中大概要玩五六次,成为阖府上下人人尽知的秘密,只有钱惟演一人始终蒙在鼓里。

钱惟演平生惟好读书,"坐则读经史,卧则读小说,上厕则阅小辞"(欧阳修《归田录》),从早到晚,手不释卷。他博学能文、极富文人气质和高情雅趣。真宗时,以太仆少卿直秘阁[①],参加大型政书

---

① 太仆少卿:宋前期无职事,为文臣迁转官阶,属正六品。直秘阁:掌供进皇帝阅读之典籍,点检、抄写书籍、封锁书库门,出纳公事。

《册府元龟》的编纂。编书期间与同僚唱和,结集成《西昆酬唱集》传世,演成风行一时的西昆体,与杨亿、刘筠并称"西昆三魁"。"西昆体"以精丽繁缛、堆砌典故为特点,历来为文学史家所诟病,但也体现出对形式美的追求和较高的艺术技巧。此外,钱惟演热衷文学,爱惜人材,礼贤下士,具有宽容和奖掖后进的精神。出守西京时,他与通判①谢绛一道,为会聚洛阳的文士们提供了一个宽松闲适、自由浪漫的文化环境。

谢绛字希深,是梅尧臣的内兄,时年三十七岁。大中祥符年间进士及第时,即被主考官杨亿称为"文中虎"。他气质清雅脱俗,以文学知名当时,又喜谈时事,是一位具有良好文化品位的有为官员。

除了钱、谢、梅、欧,当时任职西京的还有著名古文家尹洙和他的兄长尹源;此后成为宋朝一代名相的富弼;儒雅温粹、工书能诗的张汝士;文思敏捷、不修边幅的杨愈;嗜书如命、豁达豪爽的张谷;外表随和而内心正直、临事果决的张先②;长于政事的孙长卿;不同流俗的张太素;学贯流略的孙祖德;以及王顾、张亢、张至等。此外,钱惟演的儿子钱暄、杨愈的弟弟杨辟,西京国子学秀才王复、王尚恭、王尚喆等也常和他们一起游玩,共同构成了一个品味高雅、欢快悠闲的文人群体:

幕府足文士,相公方好闲。(相公,钱惟演)
希深好风骨,迥出风尘间。(希深,谢绛)
师鲁心磊落,高谈义与轩。(师鲁,尹洙)
子渐口若讷,诵书坐千言。(子渐,尹源)

---
① 通判为州府副长官,有监察所在州府官员之权,凡民政、财政、户口、赋役、司法等事务文书,都须知州或知府与通判连署,方能生效。
② 这里的张先与号称"张三影"的著名词人张先不是同一人,虽然他的字也是"子野"。

彦国善饮酒,百盏颜未丹。(彦国,富弼)
几道事闲远,风流如谢安。(几道,王复)
子聪作参军,常跨破虎鞯。(子聪,杨愈)
子野乃秃翁,戏弄时脱冠。(子野,张先)
次公才旷奇,王霸驰笔端。(次公,孙长卿)
圣俞善吟哦,共嘲为阆仙。(圣俞,梅尧臣)
惟予号达老,醉必如张颠。(欧阳修)(《书怀感事寄梅圣俞》)

对文学与文化的共同爱好是他们于政事之余和谐聚合的基础,钱惟演、谢绛等核心人物对人材的钟情和爱护,又为他们的成长发展提供了有利的环境。他们大多年轻勇锐,个性鲜明,在文学上各有所长。谢绛诗词文各体兼擅,尹洙以古文名家,梅尧臣以诗歌独出侪辈,欧阳修则是多种文化学术范围内的全才,几乎涉及经学、史学、金石考古、诗、词、文、文学评论等各个领域,这在洛阳三年生活中已初露端倪,展示出他日后文化创造事业的恢宏格局。

这是一个充满机遇和希望的成才环境,一个颇具互补互动功能、优化选择的文学群体。他们精力旺盛,充满着创作欲望和艺术想象,敏锐地感受着时代氛围和文坛风会,从而在宋初文学的因革嬗变的过程中,发挥了首开风气的作用。

浪漫的性情恰与浪漫的生活两相契合

就这样,欧阳修开始了他充满欢乐、生机和理想的洛中生活,在《七交七首·自叙》中,他写道:

第二章 伊洛群英开新声

> 余本漫浪者,兹亦漫为官;胡然类鸱夷,托载随车辕。时士不俯眉,默默谁与言? 赖有洛中俊,日许相跻攀。饮德醉醇酎(酎 zhòu,美酒),袭馨佩春兰。平时罢军檄,文酒聊相欢。

从小生长在闭塞落后的随州,他深深体会过独行无友的寂寞与孤独,如今能与这样一大群洛中才俊朝夕相处,日夜切磋,怎不叫他欣悦? 领受着良朋益友的言谈容止,使他如饮美酒,不觉自醉;感受着潜移默化的不言之惠,他仿佛身入芝兰之室,馨香溢满襟怀⋯⋯

此时正是有宋一代最为繁荣昌盛的时期。"外平僭乱,无抗敌之国;内削方镇,无强叛之臣。天下为一,海内晏然。"(《本论》)七十余年相对统一安定的局面,使生产和经济得到了迅速的恢复和发展。朝廷无事,郡府多暇。留守府推官只是散官闲职,本无多少具体的政务,加以留守钱惟演"善待士,未尝责以吏事"(《河南府司录张君墓表》),欧阳修整天所见所闻,无非风花雪月;所作所为,亦多赋诗饮酒,轻松愉快的宴集殆无虚日。他们诗酒酬酢、游园登山、访僧谈道、品茗赏花⋯⋯

> 相将日无事,上马若鸿翩。出门尽垂柳,信步即名园。嫩箨筠(箨:tuò,竹笋皮;筠:竹,竹皮)粉暗,渌池萍锦翻。残花落酒面,飞絮拂归鞍。⋯⋯(《书怀感事寄梅圣俞》)

浪漫的性情恰与浪漫的生活两相契合。而每一次聚会,都自然而然地成为一次高品位的文化活动,成为洛中诸子文学创作的触媒,加强了彼此的感情交流和文学艺术的相互影响与提高:

> 河南丞相称贤侯,后车日载枚与邹(枚乘、邹阳,西汉文学家,

这里泛指文学之士)。我年最少力方优,明珠白璧相报投。诗成希深拥鼻吟,师鲁卷舌藏戈矛。(《哭圣俞》)

三月的洛阳,仍是一个花的世界,闻名全国的牡丹,给这个古老的都市更增添了妩媚的风致。大街小巷,男女老幼,无论贫富贵贱,人人簪花为饰,鬓前襟上,各色牡丹迎风摇曳,就连赶车挑担的老百姓也不例外。古寺废宅,池台亭馆,一时间都成了热闹非凡的花的集市,花农们大张帷幕,盛列笙歌,吸引了众多的游客前来赏花购花……

忆昔进士初登科,始事相公沿吏牒。河南官属尽贤俊,洛城池御相连接。我时年才二十余,每到花开如蛱蝶。(《谢观文王尚书举正惠西京牡丹》)

年轻的欧阳修深深地沉醉其中,就像那翩翩的蝴蝶迷失在花丛。盛开的牡丹使他酒兴倍增:

念昔逢花必沽酒,起坐欢呼屡倾榼(kē,古代盛酒或水之器皿)。(同上)

盛开的牡丹为他驱遣愁怀:

愁来欲遣何可奈,时向金河寻杜家。杜家花虽非绝品,犹可开颜为之饮。少年意气易成欢,醉不还家伴花寝。(《送张屯田归洛歌》)

而当春光暂歇,飘落的牡丹又带给他韶华易逝不复、世事盛衰变幻的人生警示:

> 残春一夜狂风雨,断送红飞花落树。人心花意待留春,春色无情容易去。(《玉楼春》)

景祐元年(1034),当他西京任满离开洛阳时,还专门撰写了《洛阳牡丹记》一文,这是我国现存最早的关于牡丹的专著,全文分为《花品序》《花释名》《风俗记》三部分,详细记叙了各种牡丹品种的特色和得名的由来,描述了洛阳赏花的风俗与盛况,以及牡丹的种植方法、栽培技术等。在他的心目中,牡丹和洛阳已牢固地合而为一,不可分离。洛阳牡丹已是他至为亲密的朋友,陪伴他走过生命中最美好的一段年华,不论时间怎样流逝,都让他追忆,让他怀想:

> 常忆洛阳风景媚,烟暖风和添酒味。莺啼宴席似留人,花出墙头如有意。　别来已隔千山翠,望断危楼斜日坠。关心只为牡丹红,一片春愁来梦里。(《玉楼春》)

此后,"洛阳花"也成为欧阳修创作中反复出现的一种极具生命力的意象符号,成为他青春岁月的象征,串起荣枯顺逆,连接现在往昔。

欧阳修学作古文的引路人与竞争对手

春芳尽谢,绿荫满地,倏忽之间已是六月炎蒸的季节。这天,骄阳炫目,长虹垂天,一场阵雨过后,暑气蒸腾,更觉酷热难当,欧阳修与诸位僚友相会于普明寺后园大字院。园中翠竹亭亭,龙吟细细,清澈的泉流从林间穿过。他们在水边林下铺席置酒,或临风赏竹,泉边戏水;或品酒清谈,棋枰对弈,尽得闲雅自适之乐。

普明寺后园是唐代诗人白居易的故园。当年,年过七十的白居易退隐洛阳,创"九老会",在履道里宅第的苑囿,与八位和他一样高年致仕的寿星耆老同聚共欢,"文之以觞咏弦歌,饰之以山水风月"(唐·白居易《序洛诗》),流风余韵,至今令人追慕。

欧阳修等人熟习洛地习俗,深受白氏风仪陶冶,徜徉其间。自然与人生冥然相契,历史与现实悠然相融,耳目所及的自然景观中所蕴藏的各种轶事、典故,不免油然浮现脑际,仿佛置身于前贤时流所共同营造的文化氛围之中,逗引起种种感受、情怀和思绪,顿觉"非有清吟啸歌不足以开欢情"。于是以五律为体,相约分题赋诗。张太素饮酒最少,而诗独先成,在座各位欣然继之。欧阳修《普明院避暑》一诗写道:

> 选胜避炎郁,林泉清可喜。拂琴惊水鸟,代麈折山花。就简刻筠粉,浮瓯烹露芽。归鞍微带雨,不惜角巾斜。

梅尧臣、王复等也各有题咏。诗成之后,他们挥毫泼墨,将诗歌题写在院壁,一时没能做出诗来的,也纷纷题名壁间,留作日后美好的回忆。酒阑人散,回到家中,欧阳修意犹未尽,又提笔写下《游大字院记》一篇短文:

> 六月之庚,金伏火见,往往暑虹昼明,惊雷破柱,郁云蒸雨,斜风酷热,非有清胜不可以消烦炎,故与诸君子有普明后园之游。春笋解箨,夏潦涨渠,引流穿林,命席当水,红薇始开,影照

波上,折花弄流,衔觞对弈,非有清吟啸歌不足以开欢情,故与诸君子有避暑之咏。太素最少饮,诗独先成,坐者欣然继之。日斜酒欢,不能遍以诗写,独留名于壁而去。他日语且道之,拂尘视壁,某人题也。因共索旧句,揭之于版,以志一时之胜,而为后会之寻云。

文章先写因酷热寻找胜地避暑,再写因胜地而引发作诗,末记后会有期,欢情不断,完整记叙这次雅聚的全过程。语言清丽,骈散夹杂,极富情韵,初步显露出欧阳修独特的散文风格。

洛中三年,对欧阳修的散文创作道路发生了一锤定音的重要作用。在这里,他拿出珍藏多年的《昌黎先生文集》,在朋友们的帮助下,访得人家所藏旧本加以补缀校订,从此一心一意效法韩愈,学作古文,摒绝骈文。他说:

今世人所谓四六者,非修所好。少为进士时,不免作之。自及第,遂弃不复作。(《答陕西安抚使范龙图辞辟命书》)

作为西京留守推官,常须用四六文起草公文,但他也极力回避,尽量不作。

古文是与骈文相对而言的概念,散行单句,不拘形式,便于自由地表达思想感情。中唐古文运动,在柳宗元、韩愈相继去世之后后继乏人,晚唐五代时期,骈文重新占据文坛。宋朝建立以来,复兴"古文"的思潮此伏彼起,先有柳开、王禹偁等人对浮艳空泛的"五代体"的攻击,后有孙复、石介、穆修等人对西昆体时文的反对。天圣七年、明道二年,仁宗皇帝两次亲下诏令戒除文弊,行政措施与文坛发展要求完全吻合,因而产生了重大的社会影响。"由是其风渐息,而学者稍趋于古焉"(《苏氏文集序》)。但是积重难返,文坛风气的大转变还有待于欧阳修等新一代作家的进一步努力。

在学作古文的过程中,尹洙、谢绛等既是欧阳修的引路人,又是他的竞争对手。他们年岁既略长于欧阳修,在文学领域也已有所建树。尤其是尹洙,他早年从穆修游,打下了古文写作的深厚基础。穆修虽为提倡古文的先驱,不过,他的文章重在说理,具有文学形象性的作品很少。尹洙得穆修亲传,就职洛阳时期,他的古文作品已流布四方,大都简洁明快,章法谨严,吐属饶有新意,比穆修所作高出一头。因此,欧阳修初学古文,深受尹洙影响。最为后人津津乐道的是他俩同作《双桂楼临辕阁记》的故事。

那是明道元年的事情。洛阳新建一座大型驿舍,钱惟演为之题名"双桂楼"。另有一阁名为"临辕阁",落成之日即率领众多僚属前往剪彩,并嘱咐谢绛、尹洙、欧阳修各撰一记,他说:"与各位约定三日之期,三日后请到府衙水榭小饮一杯,届时望能示及。"

三人受命回家,冥搜苦思,各自为文。写成后,先彼此交流,互相指正。谢绛的文章五百字,欧阳修的文章五百多字,唯有尹洙的文章仅用了三百八十字,而语简事备,典重有法。谢绛与欧阳修心悦诚服,连忙将自己的文稿收起,说:"只将师鲁之作呈交给相公就可以了,我俩就免了罢!"

到了约定的日子,钱惟演果然召请,只有尹洙一人的文章献上,谢绛和欧阳修各以理由搪塞。钱惟演颇感不悦,责备道:"二位怎能如此轻视,老夫可是早就准备好三石大米作为奖赏啊!"

万般不得已,二人才将所作呈献出来。

但是年轻好胜的欧阳修终究不甘心居于下风,当天晚上就带了一壶酒到尹洙家,与他通宵切磋。尹洙说:"写作古文最忌讳的是格弱字冗,你二位文格诚高,不足之处在于字冗。"

欧阳修心识默记,仔细揣摩,回到家中又另写了一篇,比尹洙的文章更减了二十字,而且完粹有法。尹洙读罢,赞叹不已,逢人就说:"欧九真是一日千里啊!"

朋友间的相互交流、砥砺,使欧阳修受益匪浅,直到晚年,他还常常深情地回忆这段难忘的日子:

> 昔在洛阳,与余游者,皆一时豪隽之士也。而陈郡谢希深善评文章,河南尹师鲁辨论精博,余每有所作,二人者必伸纸疾读,便得余深意。以示他人,亦或时有所称,皆非余所自得者也。(《集古录目序》附跋)

欧阳修散文创作的第一个小高峰

一切文学作品只有被人阅读时才取得其实际意义的存在。群体的交游加强了这种文学交流的过程,扩大了作品的影响,也使作者获得社会的认可。正是这样一群志趣相投的朋友,正是这样一个催人奋进的环境,极大地激发了欧阳修的创作热情,文学创作就在不知不觉间成为他日常生活中一个不可或缺的部分,任何一件细小的事情都会引发他的思考,促使他拿起笔来,自由抒写。

仲夏之夜,独坐树间,仰观星月之行,俯听百虫之声,心有所感,情动于中,他援笔写下《杂说三首》。其一曰:

> 蚓食土而饮泉,其为生也,简而易足。然仰其穴而鸣,若号若呼,若啸若歌,其亦有所求邪?抑其求易足而自鸣其乐邪?苦其生之陋而自悲其不幸邪?将自喜其声而鸣其类邪?岂其时至气作,不自知其所以然而不能自止者邪?何其聒然而不止

也！吾于是乎有感。

从蚯蚓的鸣声发出一连串问题，设想蚓鸣或是自有所求，或是自鸣其乐，或是自悲不幸，或是寻求同类应和，或是出于本能所致，体现出作者的发散性思维和对事物的多元性思考，引人遐思。

州衙东面有一座园子，杂草丛生，荒瘠不堪。欧阳修率领几名仆役锄草施肥，"为蔬圃十数畦，又植花果桐竹凡百本"。园中旧有一株樗树（臭椿）和一株杏树，皆根壮叶大，占地数尺。考虑到樗树木质疏松、拳曲臃肿，无所可用，而杏树木质坚密，且即将开花结果，欧阳修遂命园丁砍掉樗树留下杏树。这件事情使他忽有所悟，联想到战国时代的著名哲学家庄子《山木》篇中记载的一段故事：

> 庄子行于山中，见大木，枝叶盛茂，伐木者止其旁而不取也。问其故，曰："无所可用。"庄子曰："此木以不材得终天年夫！"

在《人间世》中庄子也曾记录下另一些类似的事情：

> 山木自寇（自招砍伐）也，膏火自煎（自招煎熬）也。桂可食，故伐之；漆可用，故割之。

从自然观察出发，庄子进一步推论，在社会生活中，也是"材者死，不材者生"，因而主张以"无用"来保全自我。可是欧阳修发现，眼前的事实正好相反，杏树有用而幸存，樗树无用而遭伐，看来，事物遭遇的祸福并不完全取决于本身的有用或无用，而是由所处的环境、条件及其与周围其他事物的关系所决定的。在随后所作的《伐树记》

一文中,他写道:

> 夫以无用处无用,庄周之贵也。以无用而贼有用,乌能免哉?

文章将庄子的"无用"说做了别有会心的引申发挥,认为庄子所推崇的是自己无用就应当甘于处在无用的地方,如果自身无用反而去妨碍有用的东西,又怎么能免于灾祸呢?

> 彼杏之有华实也,以有生之具而庇其根,幸矣。若桂、漆之不能逃乎斤斧者,盖有利之者在死,势不得以生也。与乎杏实异矣。今樗之臃肿不材,而以壮大害物,其见伐诚宜尔。与夫才者死、不才者生之说,又异矣。

那杏树能开花结果,正是以这种本身具有的生存条件保护了它的树根,得以幸存。而桂树和漆树不能免于被伐,是因为它们被砍死时才是有用的,这样的形势使它们不得不死,和杏树是完全不同的。至于樗树本身臃肿不材,还因它根壮叶大妨碍园中其他植物的成长,被砍掉是理所当然的。这与"才者死、不才者生"的说法又有不同。因此,文章最后得出结论:

> 凡物之幸与不幸,视其处之而已。

事物遭际的幸与不幸,不在于本身的有用或无用,而在于它的主观条件与周围环境之间的关系。这篇文章曲折地表达了欧阳修初入仕途,积极进取,力求有用于世的人生态度。

河南府官署的西边有一座厅堂,门朝北,窗朝南,周围植满丛竹,屋内有一几一榻和数百卷书籍。这是欧阳修日常办公和读书的地方,他将这屋子命名为"非非堂",作《非非堂记》。

这是一篇富含哲理的小品文,解释了将书房命名为"非非"的缘由。文章开篇,作者连用"秤"、"水"与"人的耳目"三个比喻,形象地阐述他"尚静"的思想:

> 权衡之平物,动则轻重差,其于静也,锱铢不失。水之鉴物,动则不能有睹,其于静也,毫发可辨。在乎人,耳司听,目司视,动则乱于聪明,其于静也,闻见必审。处身者不为外物眩晃而动,则其心静,心静则智识明,是是非非,无所施而不中。

他说,用秤称物,如果动来动去,就难免会有误差,一旦静下来,那么最微小的差失也不会有;水也是如此,用水照物,如果水波荡漾,就什么也无法看清,一旦风静水平,毫毛、发丝就一一可辨了;同理,对于人来说,耳朵管听觉,眼睛管视觉,心思动荡必会扰乱视听,心思沉静则所见所闻就会非常清楚。为人处世如能不为身外的名利荣辱所迷惑而动摇,他的心才会沉静,心静则对外物的是非判断便准确明晰。在此基础上更进一步,我们就可以说:

> 夫是是近乎谄,非非近乎讪,不幸而过,宁讪无谄。是者,君子之常,是之何加?一以观之,未若非非之为正也。

在是与非的问题上,批评错误比表扬正确更为重要,暴露黑暗比歌颂光明更为有益。一味肯定和歌颂往往近于谄媚,一味否定和暴露又难免有讪谤之嫌。但是,如果不能做到准确中庸,则"宁讪无谄"。因为言行正确原是君子做人的本分,纠正错误才能扶植正气。这番议论显然不完全是空穴来风,而是针对真宗以来朝廷文恬武嬉,阿谀成风的现实而生发的。在此后的人生道路上,欧阳修一直坚持"宁讪无谄"的是非原则,在重大问题上不随波逐流,屡遭贬谪而不悔。

从非非堂出来,沿着屋檐下弯弯曲曲的回廊,眼前便出现一片四五丈见方的空地,四周修竹环绕,没有种其他植物。欧阳修请人将它挖成一个水池,不方不圆,任它呈现出原来的地形,也不用砖石堆砌池岸,保持它自然的样子,然后再引来井水将它灌满,于是,又是一处小巧可爱的景致。每当读书疲累,他总是习惯性地走到池边,玩味这一池净水:

湛乎汪洋,晶乎清明。微风而波,无波而平。若星若月,精彩下入。(《养鱼记》)

池水清澈浩渺,晶莹闪亮,微风吹起阵阵涟漪。风静之时则波平如镜,而到夜间,星星和月亮在水中若隐若现,闪烁的光彩辉映着池底。这景象使他悠然遐想,仿佛身处在烟波浩森的江湖之上,足以驱忧解闷,安慰那处境窘困而独善其身的人。

一天,他从市场上买了十几尾鱼儿,叫书童养在池中,没想到书童只将小鱼放进池中,却将大鱼扔在一旁。欧阳修非常奇怪,书童说:"池里水太少,又没法再加,只能养些小鱼。"

看着大鱼在外干渴难受,一群小鱼却在又浅又窄的池子里欢快地游戏,欧阳修若有所思,于是回到书房,写下这篇《养鱼记》。文章简约流利,篇幅十分短小,大鱼"不得其所",小鱼"有若自足"的鲜明对比,其实是对现实的影射,也含蓄地表达了作者内心的不平与不甘,虽未明言而妙在不言之中。

总之，洛中三年是欧阳修散文创作的第一个小高峰。现存这一时期各类文章三十多篇，其中有不少富于文学性的散文，大都篇幅短小，文字洗练，意味深婉。虽然还处在练笔阶段，但已初步显露出构思运笔的较高才能和自己的独特风格。

欧阳修与梅尧臣迭相唱和

如果说，与尹洙等人的切磋砥砺，使欧阳修迈出了古文写作的第一步，从而开启了宋代散文的新声；那么，在与梅尧臣诸友的酬答探讨中，欧阳修则开始了诗歌创作的多种尝试，共同孕育了宋代诗歌的新貌。

梅尧臣比欧阳修年长五岁，任职洛阳时即以诗歌才能称誉遐迩，留守钱惟演特别欣赏他，与他结为忘年交。在《七交七首·梅主簿》一诗中，欧阳修曾写道：

> 圣俞翘楚才，乃是东南秀。玉山高岑岑，映我觉形陋。《离骚》喻香草，诗人识鸟兽。城中争拥鼻，欲学不能就。平日礼文贤，宁久滞奔走？

梅尧臣是宣州宣城人，诗歌称赞他为东南人杰，状貌魁伟，以诗名世，兼擅《诗》《骚》，学者如云，而自叹弗如。"拥鼻"，即拥鼻吟。东晋谢安"能作洛下书生吟，而少有鼻疾，语音浊。后名流多学其咏弗能及，手掩鼻而吟焉"（唐·房玄龄等《晋书·谢安传》）。这里以谢安喻梅尧臣，兼切洛阳本地故实。

午桥相会，欧阳修与梅尧臣一见如故，从此结为挚友，迭相唱和，无一日不相从，而诗歌则是他俩永不厌倦的话题。作为一名初学者,欧阳修虚心地向梅尧臣学习,不仅就诗歌"声律之高下"、"文语之疵病"(《书梅圣俞稿后》)等问题向他请教,而且涉及"心得意会"的深层次艺术奥妙的探讨。

一天,竹影扶疏,清茶在手,几个朋友又在一起切磋诗艺。欧阳修说:"唐代诗人大多穷困潦倒,最近读孟郊、贾岛诗,发现他们都很擅长写穷苦之句。像孟郊《移居》'借车载家具,家具少于车',家无长物,说得极为真切。又如《谢人惠炭》'暖得曲身成直身',这样的好句子,倘若没有亲身体验,怎么能写得出来?"

梅尧臣连连点头首肯,并说:"贾岛'鬓边虽有丝,不堪织寒衣',即使能织,又有多少? 又比如《朝饥》'坐闻西床琴,冻折两三弦',也真是饥寒交迫,让人不忍卒读。"

"那么二位以为,贾岛、孟郊谁更穷困?"王复冷不丁地插话。

"当然是贾岛贾阆仙更穷啰!"欧阳修抢先答道。

"何以见得?"

"孟郊说:'种稻耕白水,负薪斫青山。'而贾岛则是'市中有樵山,我舍朝无烟。井底有甘泉,釜中乃空然'。可见孟郊家里柴米自足,贾岛家里柴水俱无。"

大家听罢,哄然大笑,同时也佩服欧阳修博识与机敏。略停了一停,欧阳修又道:"贾岛虽然写了不少好诗,但是有时为了贪求好句,不顾义理不通。他《哭柏岩禅师》有'写留行道影,焚却坐禅身',乍一看,真是吓人一跳,这岂不是烧杀了活和尚?"

梅尧臣笑道:"这样的例子,不止贾岛。以前也有人写'袖中谏草朝天去,头上宫花侍燕归',好虽好,但进谏哪有用草稿的道理!"

"不过,"他接着说:"有的诗,义理虽通,但太浅俗,也是可笑,是另一种诗病。"他举例道:"记得有一首《赠渔父》诗,其中两句说'眼前不见市朝事,耳畔惟闻风水声',有人就开玩笑地说这人是得了

39

'肝肾风'。又有人写《咏诗者》,说'尽日觅不得,有时还自来',本意是说好句难得……"

欧阳修笑着打断了他:"依我看呀,是哪家的猫儿丢了吧!"

话音刚落,众人为之绝倒。

梅尧臣边笑边说:"诸如此类,传为笑谈。所以,写诗虽然应该各出己意,但遣词造句仍不简单。只有做到意新语工,道前人之所未道,同时又能状难写之景,如在目前;含不尽之意,见于言外,才算是最高的境界。"

谢绛点头说道:"以此看来,贾岛'竹笼拾山果,瓦瓶担石泉',姚合'马随山鹿放,鸡逐野禽栖',描写山邑荒僻,官况萧条,就不及'县古槐根出,官清马骨高'新颖工致了。"

欧阳修听罢若有所思,过了一会儿,他说:"语言工致者固应如此。那么,状难写之景,含不尽之意,又有哪些诗句呢?"

梅尧臣说:"作者得于心,览者会以意,似乎很难一一明言。真要说起来,严维的'柳塘春水漫,花坞夕阳迟',天容时态,融和骀荡,岂不是如在目前?温庭筠'鸡声茅店月,人迹板桥霜',贾岛'怪禽啼旷野,落日恐行人',道路辛苦,羁旅愁思,岂不见于言外?"

这样的聚会清谈让欧阳修受益匪浅,在《再和圣俞见答》诗中他深有感慨地写道:

> 嗟哉吾岂能知子,论诗赖子初指迷。

当然,欧阳修毕竟不是一般的初学者,他是一位早有创作准备的作家。国子监试、国学解试和省试均为第一,已能见出他非同一般的文字驾驭能力。他性格磊落豪宕,富有艺术感受的禀赋。因此,他对诗歌的品赏、选择以及自己的诗歌创作,也会影响到他的诗歌启蒙者梅尧臣。他们之间的诗歌交往关系,不是单向的施受,而是双向的交互影响。诗赋往来之际,互相激励,互相浸润。此时,梅尧臣诗的基本风格是平淡隽永,但日后逐渐发展出古硬奇瑰、琢剥怪巧的一面,就是受了欧阳修的影响。

欧阳修对梅尧臣的影响还通过他对梅尧臣诗歌的评赏表现出来。在《书梅圣俞稿后》他不无自豪地说:

> 然夫前所谓心之所得者,如伯牙鼓琴、子期听之,不相语而意相知也。余今得圣俞之稿,犹伯牙之琴弦乎!

他以钟子期自喻,表达了对梅尧臣诗歌艺术的相契之深。尽管此时梅尧臣诗歌创作尚处于发轫期,个性特点还不很突出,欧阳修也只有二十六岁,对诗歌艺术的认识还有待深入,但他对梅诗的激赏和全身心的投入,必然换来梅尧臣诗歌创作的热情反应。这种互动互补的效应促成了梅尧臣诗歌艺术的完成。

明道元年初春,为款待好友陈经,欧阳修约杨愈、张谷同游龙门山

形影不离、朝夕切磋的日子很快就告一段落。天圣九年秋,梅尧臣调任河阳县(今河南孟县)主簿,虽然两地相距不远,梅尧臣因公事仍可常常往来于洛阳、河阳之间,但毕竟不似同在一地,可以随时会面、随时交流。在欧阳修看来,"圣俞志高而行洁,气秀而色和,崭然独出于众人中"。与他相处,"始则欢然以相得,终则畅然,觉乎熏蒸浸渍之为益也。故久而不厌"(《送梅圣俞归河阳序》)。送别挚友,欧阳修不禁有些怅然。

转眼就到了明道元年(1032)初春,好友陈经①路过洛阳,久别重逢,格外亲切。为了款待陈经,这天,欧阳修特意约上杨愈、张谷同往龙门山游玩。他们自城南长夏门外乘舟而行。此时,春回大地,山溪渐涨,两岸山麓间不时有小股的泉水潺潺流淌,水面上鸥鹭点点,每当他们的船只快要接近时,这机敏的鸟儿便振翅飞起,消失在岸边的树林之间。伊水清浅,水鸣溅溅,刺舟随波,钓鱼烹鲜……

就这样舟行十八里,他们来到了龙门山。登山探幽,近见涧草繁茂,远眺伊阙开阔,山路曲折,林穷路失,惟闻樵歌声声。他们全身心地陶醉在这旖旎秀美的自然景色之中,待到下山之时,已是夕阳返照,飞鸟归巢。

这天晚上,他们投宿在龙门山上的广化寺。晚饭过后,几位年轻人意兴犹浓,于是趁着月色去山上菩提寺的上方阁游玩。晚钟悠扬,禅诵清幽,站在上方阁朝洛阳城方向游目远眺,暮色苍茫中,唯有那通往都门的山路依稀可辨:

野色混晴岚,苍茫辨烟树。行人下山道,犹向都门去。(《游龙门分题十五首·登上方阁》)

他们在松林间步月闲行,路穷而返。这时月上中天,银色的光辉洒满山间,泉水淙淙,更衬出夜的宁静,月融山色,泉鸣静夜,一切是如此的清幽明净。

春岩瀑泉响,夜久山已寂。明月净松林,千峰同一色。(《游

---

① 陈经,字子履,本姓陆,其母改嫁陈氏,因随继父姓陈,后改复本姓。故欧阳修集中时而称陈经,时而称陆经。

第二章　伊洛群英开新声

龙门分题十五首·自菩提步月归广化寺》)

第二天,欧阳修一行便直奔香山。与龙门山相比,香山的魅力不只在于自然风光,更在于山水之中所融合的历史文化积淀。唐代诗人白居易晚年退居洛阳,笃信佛教,与香山僧如满结香火社,自称香山居士,还曾在山上造了石楼,疏浚八节滩。远望石楼遗迹,欧阳修仿佛听到了光阴之水淌过的声音,当年独领风骚的诗人,已消失在历史的滚滚波涛之中,依然如昔的只有那陪伴过他清吟雅思的夕阳、洲渚和白鸥。

黄昏时分,他们登上香山石楼,在楼中饮酒放歌,聆听八节滩的飞流跳波,望那浮云散尽,才"傍山足夷犹(从容)而下"(《送陈经秀才序》),乘舟玩月：

乱石泻溪流,跳波溅如雪。往来川上人,朝暮愁滩阔。更待浮云散,孤舟弄明月。(《游龙门分题十五首·八节滩》)

龙门之游后三天,陈经就离开了洛阳,欧阳修特意为他写下《送陈经秀才序》一文,记叙这次难忘的相聚。文章先以简洁而精妙的笔墨,渲染出龙门之游的恬适愉悦,然后文意陡转：

然洛阳西都,来此者多达官尊重,不可辄轻出。幸时一往,则驺奴(驺,zōu,驺驭,即贵官出行时牵马的奴仆)从骑,吏属遮道,唱呵后先,前傧(bīn,引路的人)旁扶,登览未周,意已怠矣。故非有激流上下,与鱼鸟相傲然徙倚之适也。然能得此者,惟卑且闲者宜之。

43

达官贵人出行时的盛大排场,只能导致游兴索然,只有那具有闲情逸致的普通人,才能真正欣赏自然的大千世界,才能获得"欣然之乐"、"徙倚之适"。

三月下旬,欧阳修与梅尧臣、杨愈结伴去嵩山揽胜

陈经走后不久,分别将近半年的梅尧臣又因公事来到洛阳,欧阳修兴奋不已。正值阳春三月,惠风和畅,两位好友痛饮狂欢,畅谈终宵,并于政事之暇遍游洛阳名胜:午桥庄、上林院、铜驼巷、金谷园……处处留下他们的足迹,处处留下他们咏唱的诗篇。

"寻尽水与竹,忽去嵩峰巅。"(《书怀感事寄梅圣俞》)他们约同杨愈趁着风轻日暖,一起去嵩山览胜。

嵩山位于洛阳东南百余里之处,为五岳之中,由太室、少室二山组成。太室有二十四峰,少室有三十六峰,两山相对,峰势峭拔。行走其间,但见云环雾绕,树密林深,仿佛步入了瑶池仙境,似乎随时都有可能遇上采食灵芝的上界仙人,令人油然兴起超尘出世之想:

> 二室岧峣对,群峰耸崝直。云随高下起,路转参差碧。春晚桂丛深,日下山烟白。芝英已可茹,悠然想泉石。(《嵩山十二首·二室道》)

三位年轻人同样豪爽,同样浪漫:

> 各具一壶酒,各蜡一双屐。登危相扶牵,遇平相笑噱。(梅尧臣《永叔内翰见索谢公游嵩书感叹希深师鲁子聪几道皆为异物独公与余二人在因作五言以叙之》)

第二章 伊洛群英开新声

一路之上,但有胜境,绝不放过:

> 青苍缘万仞,杳霭望三川。花草窥涧窦,崎岖寻石泉。(《书怀感事寄梅圣俞》)

倚天而立的万丈高山,一望无际的三川大地(东周以伊水、洛水、黄河为三川),使他们胸襟开阔,壮思飞动;溪涧的奇花异卉,崎岖的怪石,逗引起幽思逸怀;而更让人感到神奇的是那些缭绕在山山水水之间的历史故事、神话传说。

公路涧,曾是曹操、袁绍必争之地,演出过多少斗智斗勇的场面,如今,在永恒不变的自然万物中,只有以袁绍的字命名的断涧和几座残破的古堡依稀诉说着历史的沧桑:

> 驱马渡寒流,断涧横荒堡。槎危欲欹岸,花落多依草。击汰(同"汱"[dài],水波)玩游鲦(tiáo,白鲦鱼),倒影看飞鸟。留连爱芳杜,渐下西峰照。(《嵩山十二首·公路涧》)

拜马涧,周灵王太子王子晋曾在这里随道士浮丘公乘鹤升仙,这位"好吹笙作凤凰鸣"(汉·刘向《列仙传》)的太子,驾着白鹤挥手而去之时,"弃所乘之马于涧下"(同上),供红尘俗世的凡人顶礼膜拜:

> 昔闻王子晋,把袂浮丘仙。金骏于此堕,吹笙不复还。玉蹄无迹久,涧草但荒烟。(《嵩山十二首·拜马涧》)

45

曲折盘旋的山路,星罗棋布的景点,一路游来,真有目不暇接之感:

幽洁的玉女洞令他们徘徊良久,这个天然的洞穴,"上通日月,朗然如窗"(《嵩高志》)。洞中石笋垂挂,宛如帘幕重重,那传说中的仙女早已驾凤骖鸾而去,不再回返,空留洞前她曾经轻捣仙衣的山石,让多情的诗人骋怀追想:

> 玉女捣仙衣,夜下青松岭。山深风露寒,月杵遥相应。灵踪杳可寻,片石秋光莹。(《嵩山十二首·玉女捣衣石》)

苍苔古壁、豁然开朗的天门山让他们嗟叹不已。伫立其间,但见双峰中断,青天乍现,多姿多变的云霞在天际飘舞,仿佛伸手可触:

> 石径方盘纡,双峰忽中断。呀豁青冥间,畜汇烟云乱。杉萝试举手,自可阶天汉。(《嵩山十二首·天门》)

太室山顶著名的天池使他们心醉神迷。池水清浅,倒映着天上朵朵白云,而当山风乍起,倏忽之间寒波汹涌,静夜细听,直叫人疑心是藏于池底的神龙骤然兴起了一场风雨:

> 高步登天池,灵源湛然吐。俯窥不可见,渊默神龙护。静夜天籁寒,宿客疑风雨。(《嵩山十二首·天池》)

天池附近的三醉石,则让他们充分领略了飘飘若仙的超凡境界。这块天然大石,"南临巨崖,峰岫迤逦,苍烟白云郁郁在下"(《嵩

山十二首·三醉石》题下注)。三人箕踞石上,开怀畅饮,"坐石欹醉、似非人间"(同上):

> 拂石登古坛,旷怀聊共醉。云霞伴酣乐,忽在千峰外。坐久还自醒,日落松声起。(《嵩山十二首·三醉石》)

而最让他们难忘的恐怕还是登上太室中峰的那一刻,那时,夕阳的余辉正映照着峰端,千岩万壑,阴晴各殊,极为壮丽辉煌!一路艰辛之后,终于可以"一览众山小"(杜甫诗句)了,三人兴奋不已:

> 望望不可到,行行何屈盘。一径林杪出,千岩云下看。烟岚半明灭,落照在峰端。(《嵩山十二首·中峰》)

带着醺醺醉意,他们情不自禁手舞足蹈,对着远山高歌醉吟:

> 君吟倚树立,我醉欹云眠。子聪疑日近,谓若手可攀。(《书怀感事寄梅圣俞》)

这是一次真正的文学之旅。晚上歇宿嵩顶的峻极寺,清风明月之中,回顾一天的游程,他们共同拟定了十二个题目,相互唱和:

> 夜宿岳顶寺,明月入户白。分吟露气冷,猛酌面易赤。(梅尧臣《永叔内翰见索……因作五言以叙之》)

白天游山,夜晚吟咏,如此氛围,自是最佳的创作环境。诗篇写就之后,三人互相欣赏,互相品评,大家都以诚相见,直言不讳:

> 誓将新咏章,灯前互诋摘。杨生护已短,一字不肯易。
> (同上)

坦率的批评,热烈的争辩,活跃了彼此的思想,有助于诗艺的提高,也增添了这次旅行的文学性质。就这样一路行吟,他们漫游了太室、少室、猴氏岭、石唐山、紫云洞……

踏上归途,已是春末夏初时节。

"逸老"之名在欧阳修心中激起巨大波澜

悠长而炎热的夏季对于欧阳修来说却并不寂寥,因为洛阳的夏季也是分外美丽,尤其是在阵雨过后,山色苍翠,雾气明灭,气象万千。他喜欢独自漫步,听蝉鸣雀噪,看云卷云舒,静静地领略这夏日黄昏之美:

> 北阙望南山,明岚杂紫烟。归云向嵩岭,残雨过伊川。树绕芳堤外,桥横落照前。依依半荒苑,行处独闻蝉。(《雨后独行洛北》)

而府中依旧雅集频仍,有时在钱惟演相府南庄欣赏柘枝舞,有时在谢绛西斋举行文会,有时避暑于香山寺,有时放舟于月夜伊川……诗情画意时时充盈于日常生活之中。

一天,梅尧臣与尹洙、杨愈、王复、张先、王顾、张汝士在庭中纳凉,独欧阳修有事未到。坐间他们谈及白居易当年在洛阳与高年者八人雅集,后来有人画了一幅《九老图》传世的旧事,梅尧臣忽然心

第二章 伊洛群英开新声

有所感。眼前一帮诗朋酒侣,真是极为难得的聚会,何不效仿前贤,各以雅号相互品题?此言一出,满座叫好,当即按各人的性情与特长,一一引经据典,奉送雅号。钱惟演、谢绛既为郡府长官,自有尊卑之序,不宜列入其中,其余寄情文学、往来频密者共八人,各有命名:尹洙辩论精博,得名"辩老",杨愈才思俊发,得名"俊老";王顾明哲聪慧,得名"慧老";王复深沉澹泊,得名"循老";梅尧臣志行高洁而文辞清丽,得名"懿老";欧阳修才华超轶而豪健放旷,得名"逸老";张汝士、张先秉性沉静慎言,于众人"饮酒歌呼,上下角逐,争相先后,以为笑乐"之中,独能"退然其间,不动声色"(《张子野墓志铭》),故分别得名"晦老"、"默老"。一番品评停当之后,梅尧臣兴致勃勃地写了一通书简派人送到欧阳修家中,将事情经过详细告知。

欧阳修接读来信,先是一喜,接着便有一腔不快涌上心头。所喜者,踵武前贤,乃是一时雅事;所不快者,则是不满于自己"逸老"之号。所谓"逸",固然有"超轶"之义,却也是"放纵"之意。欧阳修不禁联想起去年夏天一件令他汗颜的事来。

作为一位性格浪漫、情感丰富的青年才士,过去多年孤贫力学的经历使他从未有时间也没有能力享受生活的乐趣,或许是长期压抑之下的一种突然释放,来到洛阳以后,他游饮无节,沉溺于声色歌舞。频繁的宴乐之中,自然也免不了与一些色艺俱佳的歌伎发生些不会有任何结果的风流韵事。

一个阵雨初霁的黄昏,欧阳修与一位相好的歌伎偷偷约会,两情缱绻之际,竟忘了时间的流逝,而那天晚上,留守钱惟演大宴宾客,欧阳修与这位歌伎都该赴会。待他们突然想起匆匆赶到时,已迟到了整整一个时辰。在座各位虽不言语,却都心下了然。众目睽睽之下,钱惟演不便批评欧阳修,转而责问那歌伎道:"怎么才到?"

歌伎低头答道:"我今天不小心中了暑热,不舒服,不知不觉就

49

在凉堂睡着了,醒来时,发现头上的金钗丢失,找了好半天也没找着,所以来迟了。"

钱惟演听罢,明知是托词,也只是微微一笑,说:"若能向欧阳推官求得一首小词歌咏此事,我就赔给你那丢失的金钗。"

歌伎手捧文房四宝,含羞上前,欧阳修略一思索,执笔写道:

> 柳外轻雷池上雨,雨声滴碎荷声。小楼西角断虹明。阑干倚处,待得月华生。　　燕子飞来窥画栋,玉钩垂下帘旌。凉波不动簟纹平。水精双枕,傍有堕钗横。(《临江仙》)

词作描写那跟情人私下相约的少女,从听到柳外隐隐的雷声起,就怀着焦急的心情期待着。她倚着小楼的栏杆,听着雨打莲荷的滴沥声渐渐停止,看着雨后的彩虹渐渐消失,直等到皎洁的明月升起,才在那只有燕子能窥见的地方与心上人甜蜜相聚。此词虽写艳情,而遣词雅洁,不堕俗趣,又切合眼前情事。一经写出,举座称善。钱惟演也频频点头,赞赏不已,于是命歌伎献酒,以示奖励,又命人从官库拿出一副金钗赔给那歌伎。不过,事后还是告诫欧阳修应该稍有收敛。

这类事情在享乐之风弥漫朝野的北宋社会虽然并非大逆不道,但若想成为一世伟人,道德上的自律还是必须的。因此,年轻的欧阳修一方面虽免不了时时风流放逸,另一方面立德、立功、立言的宏伟目标也始终激励着他,从未偏离。这迫使他不能不在意外界对自己的看法。正因为如此,朋友们以"逸老"之名品题,会激起他内心如此巨大的波澜。他立即写了一封言辞颇为激烈的回信,拒绝这一称号。他觉得大家给他取名"逸老",是看不起他这个"寒乡下流,后进初学"之人,认为他配不上"纯雅沉实"之名,"特以轻隽裁之"。这也说明,"是诸君待我素浅可知也"。而他"所以孜孜不能默受者",是担心"诸君当世名流,一言之出,取信将来",从而"使后世知诸君子以轻逸名我"。他不无激愤地说:

> 夫《大雅》之称老成人重于典刑,而仲尼谓"三十而立"。某年二十有六,尚未能立,敢当老邪?又今日不在会中,自可削也。(《与梅圣俞》其二)

梅尧臣立即回信再三解释,之所以取名为"逸老",原是取辩博文才超轶群伦之义,切不可疑神疑鬼,曲解众人的意思。

读过此信,欧阳修心中略觉舒坦,他说:

> 前承以"逸"名之,自量素行少岸检,直欲使当此称。然伏内思,平日脱冠散发,傲卧笑谈,乃是交情已照外遗形骸而然尔。诸君便以轻逸待我,故不能无言。今若以才辩不窜为"逸",又不足以当之也。(《与梅圣俞》其三)

他承认是自己多心,但也不敢当"辩博文才"之美誉,故而自请名为"达老",并要求烧毁讨论此事的所有往来信件,以便让后人相信,"达老"之名是由梅尧臣等人所取,"而非苦求而得也"(同上)。这场风波才告平息。

一字之品,确能概括每人的主要文化性格。欧阳修对"逸"、"达"之争,也说明他对此事的重视。而"八老"的品题,使每位当事人意识到一种入品的荣誉感,对获得某种社会承认的喜悦,无疑会刺激他们对于群体活动的全力投入;而相互标举,交通声气,又使这个文化性格各显异采的共同体更具有号召力和影响力。

新秋的一天,欧阳修在会隐园为梅尧臣饯行

时光暗转,秋风渐起,梅尧臣在洛阳的公务已告结束,很快就要北归河阳。在这即将离别之际,欧阳修计划选一风景绝胜之处,邀二三好友为梅尧臣饯行。

洛阳盛产竹子,城里城外,最多的莫过于竹园。洛阳竹园出产,每年高达十余万贯钱,不少民众以此为生,乃是当地十分重要的民生资源。竹林深处,小斋闲馆,又是天然风景胜地。民风好客,所有竹园皆任人游赏,不加限制,绿竹景观成为洛阳园林的一大特色,因而又在牡丹之外,赋予洛阳以别样动人的风姿。秋凉初至,清幽的竹林自是最佳去处,欧阳修决定将饯别的宴席设在洛阳最大的竹园会隐园的竹林之中。

会隐园即大字寺园,原是白居易旧园,"水竹树石,亭阁桥径,屈曲回护,高敞荫蔚,邃极乎奥,旷极乎远,无不称者"(宋·尹洙《张氏会隐园记》)。这天,秋高气爽,清风习习,一群朋友"酾酒竹林间,少长环席",大家不拘俗礼,"和然啸歌,趣逸天外"(宋·梅尧臣《新秋普明院竹林小饮诗序》)。酒过三巡,欧阳修想起王羲之"茂林修竹"、"曲水流觞"之饮,又想起白居易"诗吟两句神还王,酒饮三杯气尚粗"的"九老"之会。饮美酒,赏佳景,道别情,往往伴之以诗歌创作活动。前贤往哲的欢聚畅饮之所以令后人追慕不已,就在于伴随其中的高雅的文学活动。想到这里,他起身举杯说道:"今日之乐,无愧于往古贤哲,乘美景,远尘俗,畅所欲言,达则达矣,文事之胜则尚有所未逮。"

众人听罢,纷纷点头,道:"永叔所言极是,不然,后人将以我辈为酒肉狂人。"

遂命人取纸写昔贤佳句,置于座上,各人随意抽取一句,字字为韵,赋诗成篇,以纪念这次愉快的聚会。梅尧臣得"高树早凉归",欧阳修则得"亭皋木叶下",各作绝句五首。

不一会儿,大家的诗都写好了,于是各人吟咏一过,又痛饮数杯,尽醉而归。第二天,遂将席间所作诗歌编辑成册,由梅尧臣撰序于前。显然,会隐园清谧高雅的丛竹,极大地激发了他们的诗兴,启发了他们的才思。欧阳修诗中写道:

野水竹间清,秋山酒中绿。送子此酬歌,淮南应落木。(《初秋普明寺竹林小饮饯梅圣俞分韵得亭皋木叶下绝句五首》其三)

梅尧臣诗中云:

池上暑风收,竹间秋气早。回塘莫苦留,已变王孙草。(梅尧臣《得高树早凉归》其三)

"竹"是贯穿两诗的关联性意象。洛阳的竹林给这批洛中文士留下了极为深刻的印象,并进入了他们的艺术视野。在他们的反复描写下,绿竹由诗文主题的背景,逐渐成为正面吟咏的对象,并日趋喻象化、道德化,经过以后多方面的发展和丰富,绿竹成为宋人理想人格最高型范的象征,也是体现宋诗理性化特征的一大题材。以后梅尧臣的"爱此孤生竹,碧叶琅玕柯"(《和王景彝省中咏孤竹》),欧阳修的"虚心高自擢,劲节晚愈瘦"(《初夏刘氏竹林小饮》)等,都是吟咏洛竹的延伸。

然而一个多月之后,这令文士钟情、给民众带来福祉的洛竹,却突然遭受了一场灭顶之灾。

　　这年八月,汴京皇宫失火,烧毁了崇德、长春、滋福等八座宫殿。为了修复殿宇,朝廷下令全国供给建筑材料。对于西京各级地方官员来说,这可是邀功请赏的最好机会,他们不问实际的需要,也不管时间是否合适,层层加码,敛取无度,"樊圃棋错"的竹园,数日之间便"地榛园秃",一片荒芜。结果却是所取大大超过了所需,大批竹子堆积野外,任其腐烂。这种不顾实际情况、横征暴敛的做法,令欧阳修十分愤慨,遂作《戒竹记》严加痛斥。文章开头部分描述了洛阳竹林之盛、风俗之美,与第二部分"地榛园秃"的浩劫形成强烈对比。他说:

　　《书》不云:"不作无益害有益"?又曰:"君子节用而爱人。"天子有司所当朝夕谋虑,守官与道,不可以忽也。

远古圣贤留下的《尚书》不是说过吗?不做以无益妨害有益的事情。《论语》也曾说:君子应该节约费用,爱护人民。执政者应该日夜牢记先贤的教导,使民以时,而不是残民以逞,玩忽职守。文章结尾宕开一笔,再加生发:

　　推类而广之,则竹事犹末。

在诸多类似的事件中,"戒竹"还不过是小事一桩而已。由小引大,含意颇深。将读者的思维引向更为严重的政治弊病,加深了批判的深度和广度。

　　宽简爱民,注重实际,是欧阳修奉行一生的为政主张;而议论时事,干预现实,则是他此后领导北宋古文运动的重要文学思想。对于二者,《戕竹记》一文均有充分体现,是他仕途与文坛起步之初的一篇重要作品。

趁着祭告嵩岳山神的机会,
谢绛率欧阳修等僚友作数日山水之游

重阳刚过,便有使者从汴京来,带着皇帝的诏书并御祝封香,命河南府代朝廷祭告嵩岳山神,祈求风调雨顺。根据太常寺①的文书,祭祀仪式由州府长官主持,另需一名属官诵读祝辞,一名属官奉持祭礼。郡府即委派谢绛主祭,欧阳修、杨愈分摄读祝、捧币。谢绛早有漫游嵩山的计划,只因公务缠身,一直未能如愿,得此差事,正是公私两便,十分高兴。已有欧阳修、杨愈同行,又约上刚从缑氏县(今河南偃师东南)回来的尹洙、王复,当下商议行程,个个喜形于色。

九月十二日,谢绛带着所有参加祭祀的随从人员浩浩荡荡自建春门出发。深秋的郊野,树木开始凋零,袅袅炊烟中,鸦雀在日光下自在飞翔。农忙季节已经过去,田间陌上只偶尔看到一两个打柴、锄地的农民,他们一边劳作,一边唱着乡野的小调。新米已出,家家户户飘出新酿的醇香……一切都是那样的闲适和安宁。

> 寒郊桑柘稀,秋色晓依依。野烧侵河断,山鸦向日飞。行歌采樵去,荷锸刈田归。秫酒家家熟,相邀白竹扉。(《秋郊晓行》)

一路上,欧阳修的心情十分轻松愉快,宁静的氛围、悠闲的情

---

① 官署名,掌礼乐、郊庙、祭祀、陵寝等事务。

调,引发他对农居生活的向往:

> 亭候彻郊甸,人家岭坂西。青山临古县,绿竹绕寒溪。道上行收穗,桑间晚溉畦。东皋有深趣,便拟卜幽栖。(《缑氏县作》)

当晚歇宿在十八里河。第二天过缑氏县,入登封,在庙中斋戒沐浴。这一天,他们仍忙里偷闲,浏览了历代文人留下的游嵩诗碑,又登上缑氏岭寻找仙人王子晋的祠庙。十四日五更即起,祭告嵩岳。仪式过后,又往新建宫拜谒真宗像。到峻极中院,这才换下朝服,遣返同来的车骑吏属,只带了十余名随从轻装游山。

时隔半年,重游嵩岳,展现在欧阳修眼前的又是另一番景色:

> 秋色满郊原,人行禾黍间。雉飞横断涧,烧响入空山。野水苍烟起,平林夕鸟还。嵩岚久不见,寒碧更屠颜。(《又行次作》)

与春日的盎然生趣相比较,此时的山野多了几分苍凉的意味。不过,一行人皆正当青壮之年,又有友朋谈谑之乐,因此升高陟险,兴致高昂。每遇巨石大树,便停下来酌酒品茗。一路上窥玉女窗、捣衣石,迤逦至八仙坛,憩于三醉石。欧阳修、梅尧臣与杨愈三人暮春时留题石上的墨迹,早已被山雨冲洗殆尽。到达峻极院已是中午时分。尹洙体力最健,第一个抵达,欧阳修在五人中年纪最轻,但身体最弱,反而落在了后面。

大家洗漱饮食,略略休整一番之后,便从从容容地登上古代帝王祭祀天地留下的封禅坛。伫立封禅坛上,俯瞰群峰,那些在山下看来高大险峻的峰峦,此时都变成了一个个小小的土堆,至于城市房屋、楼观人物,更是宛如蚂蚁一般微不足道。谢绛不禁喟然长叹道:"世人传说的神仙到底有没有?如果真有,那人世不得不为其所轻蔑啊!"

一时引发人生虚缈之感。谢绛想起太室山上有位以持诵《法华经》而著称的俗姓为汪的僧人,便想邀大家一同前去拜访。此时的欧阳修年少气盛,充满了积极用世的儒家精神,对以勘破人生虚妄、体认生命的渺小与无常而见长的佛学十分排斥,因此极力反对,他说:"早听圣俞说过,此人见识鄙陋,不值一访。"

谢绛再三坚持,欧阳修不得已才一同前往。他们自峻极中峰东南沿着险峻的山路向下走了三四里,来到那位僧人栖居的石洞。但见此人天姿自然,略无修饰,以山泉为饮,野蔬果木为食。谈禅论道,神清气和,应对从容,对于佛法确有精深体悟,至言妙论时时迸现。大家都被他的言谈深深吸引,就连一贯尊儒贬佛的欧阳修、尹洙,此时也禁不住心醉神迷,钦叹忘返。

事实上,欧阳修、尹洙等人坚不信佛,对佛法僧徒痛加贬斥,乃是以儒家封建伦常、实际人生为立足点,实未涉及形而上之学。儒家罕言怪力乱神的理性态度,未能解答命运的神秘性和无常性,未能最终摆脱人生空漠之感。因而他们一旦接触佛理的玄妙思辨,就容易被解除儒学武装,成为佛学俘虏。这次汪僧的说道,可能是他们最早接受的佛学洗礼,以后尹洙受到更深刻的佛学熏陶,主动附和三教合流的社会思潮,欧阳修也从壮年的排佛健将,变成了晚年的"六一居士"。

这天晚上,他们投宿在山顶的寺庙。此时已近月圆之夜,皓月当空,万里无云,清露山风,冷透骨髓。室外不宜久留,五人便回到客房,散发脱冠,环坐饮酒,"赋诗谈道,间以谑剧,洒然不知形骸之累、利欲之萌为何物也"(谢绛《游嵩山寄梅殿丞书》)。

此后几天,他们又先后游玩了少室山、石堂山紫云洞等。一路上,虽山高路险,难免疲累,但不时"有师鲁(尹洙)语怪,永叔(欧阳修)、子聪(杨愈)歌俚调,几道(王复)吹洞箫,往往一笑绝倒,岂知道路之短长也"(同上)。

十七日踏上归途,沿伊水逆流而上,黄昏时抵达香山,登上方阁,饮八节滩上。此时暮雪纷纷,凭栏远眺,各有所怀,于是趁着酒兴赋诗吟对。

说来也巧,正当大家游兴方浓、归意全无之际,忽见烟霭之中一行人策马渡伊水而来,走近才知道,原来是留守钱惟演特意派厨师和歌伎前来慰劳,并命小吏传话:"各位劳苦,当稍留龙门赏雪,府中吏事清简,不必急着回来。"

当下一片欢呼,重又摆酒设宴,歌伎们轻啭歌喉,缓调弦管,殷勤献艺:

> 飞琼始十八,妖妙犹双环。寒篁暖凤嘴,银甲调雁弦。自制白云曲,始送黄金船。珠帘卷明月,夜气如春烟。灯花弄粉色,酒红生脸莲。(《书怀感事寄梅圣俞》)

这些美如天仙的妙龄女子,身材窈窕,发结双环,有的吹奏管乐,有的弹奏弦琴。她们一边浅唱低吟着自己新作的小曲,一边用镶金嵌玉的酒杯频频地给在座各位劝酒。虽然屋外秋去冬来,寒气逼人,屋里却是春意融融,花团锦簇:

> 歌檀敛袂,缭绕雕梁尘暗起。柔润清圆,百啭明珠一线穿。　樱唇玉齿,天上仙音心下事。留住行云,满座迷魂酒

半醺。(《减字木兰花》)

在那婉转圆润、余韵悠长的动人乐音中,年轻的欧阳修完完全全陶醉了,不知今夕何夕……多年以后,当他回首往事,对这段沉溺于歌舞宴乐的生活深感愧悔:

> 仆知道晚,三十以前尚好文华,嗜酒歌呼,知以为乐不知其非也。及后少识圣人之道,而悔其往咎。(《答孙正之第二书》)

不过,悠闲率性的生活于修身进道固然无益,但对于自由自在、浪漫易感的文士性格的养成却仍是有助的。正是这段舒心惬意、放浪形骸、摆落羁绊、生气勃勃而又弥漫着浓郁文化艺术氛围的洛阳生活,带来了欧阳修文学创作的初步丰收,更成就了他作为一位文学家所必有的情韵意趣与心灵素质。

明道二年春,巨大的灾难降临在欧阳修身上

游嵩归来之后,由于东都汴京正紧锣密鼓地修葺被火焚毁的殿宇,"日有须求",即需各地输送。欧阳修被临时抓差,参与供办建筑材料,每日奔忙。此事好不容易告一段落,不幸又逢严重的旱蝗灾害。每当天灾人祸之年,官府便派人去受灾地区视察、赈灾,这是历朝历代传下来的成例。因此,来不及休整,欧阳修即受命视察河南府属县:

> 周礼恤凶荒,轺(yáo)车出四方。土龙朝祀雨,田火夜驱蝗。(《被牒行县因书所见呈僚友》)

他乘着轻便的马车四处奔走,每天不是去龙王庙求雨,便是在田间地头与百姓一道举火驱蝗。就这样,足足忙了一个冬天。

如前所述,欧阳修于天圣八年进士及第,遂与恩师胥偃之女订婚。天圣九年赴洛阳上任,一切安排停当,他便奉母命前往东武迎娶新娘。胥小姐秉性贤淑,作为官宦小姐,她虽长于富贵之家,娇生惯养,但离开父母嫁到欧阳家,却能安于清贫,恪守妇道,尽心侍奉婆母,操持家务。全家大小,无不欢喜。小夫妻俩更是相亲相爱,情意相投。欧阳修《南歌子》一词,生动记叙了他俩燕尔新婚之时的甜美片段:

凤髻金泥带,龙纹玉掌梳。走来窗下笑相扶。爱道画眉深浅、入时无。　弄笔偎人久,描花试手初。等闲妨了绣工夫。笑问双鸳鸯字、怎生书。

这是一个清新的早晨,美丽的新嫁娘正在对镜梳妆,她在彩凤般翘起的发髻上束上撒满金屑的饰带,又在如云的鬓间插上刻着龙纹的掌形玉梳。当她迈着轻快的脚步从书房的窗下经过时,年轻的丈夫情不自禁地跑了出来,两人执手相对,情意绵绵……她含羞带娇柔声问道:"眉毛画得可好?符不符合时尚?"

她偎在夫君的身边,时而摆弄着桌上的笔砚,时而要学着描花,还故意问他:"鸳鸯两字是怎么写的?"甜蜜的爱情使他们完全忘记了外界的存在……

一年以后,生活甜蜜的胥夫人怀孕了,这真是一个特大的喜讯。欧阳修的母亲整天高兴得合不拢嘴。现在儿子已经成家立业,她最大的心愿就是盼望着能够早点抱上孙子。

第二章　伊洛群英开新声

明道二年(1033)正月,欧阳修因公事出差汴京。事情办完后,又前往随州,探望叔父一家。不知为什么,这次外出,欧阳修的心中总有几分不踏实的感觉。对家的深切思念牢牢地牵系着他,外面的一切都不能使他开怀展颜。在路上,他写道:

> 楚色穷千里,行人何苦赊。芳林逢旅雁,候馆噪山鸦。春入河边草,花开水上槎。东风一樽酒,新岁独思家。(《早春南征寄洛中诸友》)

在叔父家逗留数日后,欧阳修便踏上归途。寒食那天到达花山,正值凄风苦雨,满目苍凉,独宿客店,他备感孤寂和飘零:

> 客路逢寒食,花山不见花。归心随北雁,先向洛阳家。(《花山寒食》)

敏感的诗人感到有种不祥之兆,他恨不能如北归的鸿雁,凌空疾飞……果然,千里之外的洛阳,一场沉重的灾难正悄悄降临他的家中。

三月,胥氏夫人生下一个男婴,可是产后大疮不愈,生命垂危。欧阳修在路上得到报信,心急如焚。当他日夜兼程赶回洛阳时,夫人已是奄奄一息,不久便留下尚未满月的儿子撒手西去了,年仅十七岁。欧阳修悲痛欲绝,他无法相信生命竟是如此脆弱,可爱的妻子就这样一去不返!"死不可复,惟可以哭"(《述梦赋》),那些日子他整天以泪洗面,寻寻觅觅,时时幻想这只是噩梦一场而已。说不定什么时候夫人就会出现在眼前,可是,"行求兮不可遇,坐思兮不知处"(同上)。偶一梦见,又倏来倏去,杳不可凭。失去至爱的欧阳修,心灵渴求慰藉,他祈求上苍垂怜,让他长梦不醒。每天办公回来,他就独自待在那间留下两人美好回忆的书房里,让回忆无边无际地从过去淹没现在:

> 忆予驱马别家去,去时柳陌东风高。楚乡留滞一千里,归来落尽李与桃。残花不共一日看,东风送哭声嗷嗷。洛池不见青春色,白杨但有风萧萧。姚黄魏紫开次第,不觉成恨俱零凋。榴花最晚今又拆,红绿点缀如裙腰。(《绿竹堂独饮》)

初春离别之时,夫妻二人相偎相依,一同期盼着孩子的降生,商量着孩子的小名,那时春光初绽,种种温馨;春末归来之际,却是生死异路,幽明两隔,素手难携。在伤心人眼中,洛水春波是如此惨淡,杨树当风又是那样地凄苦;名贵的牡丹次第开放又凋零,使他联想到妻子年轻宝贵的生命的殒落;碧绿的石榴红英点缀,更使他无法遏止地怀想她身着裙衫的窈窕身影……

朋友们纷纷来慰问,与他谈古论今,希望能转移他的心情,而他又何尝不想从痛苦中解脱?尽管他一向自许刚强洒脱,但遭此巨痛,又有几人能真正勘破?

> 吾闻庄生善齐物,平日吐论奇牙聱。忧从中来不自遣,强叩瓦缶何哓哓。伊人达者尚乃尔,情之所钟况吾曹。(同上)

就连主张"一生死"、"齐万物"的诗哲庄子,平日里虽然高谈阔论,议论锋发,遭遇丧妻之痛时也同样无法自遣,鼓盆而歌不过是以一种极端的方式抒发内心深藏的痛苦。通达的哲人尚且如此,更何况我辈凡夫俗子?

第二章 伊洛群英开新声

老、庄视天地如逆旅、死生如昼夜的理论不能予他以心灵的安慰,佛家梦幻泡影之说也不能使他忘却悲愁:

又闻浮屠说生死,灭没谓若梦幻泡。前有万古后万世,其中一世独蚵蝤(diāo láo,蟪蛄)。安得独洒一榻泪,欲助河水增滔滔。(同上)

在永恒无尽的时间之流中,人的一生就像春生夏死的昆虫蚵蝤一样短暂,又如晨露、闪电、梦幻、泡影一般虚幻。可怀念是如此固执地占据心灵,他无法止住悲伤的泪水,一任其滔滔滚滚,溢满江河……有太多美好的回忆,太多鲜活的细节让他触景生情:

去年秋晚此园中,携手玩芳丛。拈花嗅蕊,恼烟撩雾,拼醉倚西风。　今年重对芳丛处,追往事、又成空。敲遍阑干,向人无语,惆怅满枝红。(《少年游》)

小园依旧、芳丛依旧,那携手相伴、同醉西风的人儿却永远地逝去了。那烟笼雾绕中手拈花枝、细品清香的倩影从此定格在永久的往昔。

他只有借酒浇愁,麻醉自己。

或许,心灵的伤痛只能等待时光之水日复一日地慢慢抚平……

　　　　壮丽的黄河开启了欧阳修豪健的胸襟,
　　　　　　也成就了他奇丽瑰伟的新诗风

夏秋两季就这样在悲伤中悄悄地过去了。这年十月,宋仁宗嫡

母章献刘太后、生母章懿李太后祔葬宋真宗永定陵,欧阳修受命前往巩县陪祭。在这里,他第一次见到了波澜壮阔、一泻千里的黄河:

> 河决三门合四水,径流万里东输海。巩洛之山夹而峙,河来啮山作沙嘴。山形迤逦若奔避,河益汹汹怒而詈。舟师弭楫不以帆,顷刻奔过不及视。舞波渊旋投沙渚,聚沫倏忽为平地。下窥莫测浊且深,痴龙怪鱼肆凭恃。(《巩县初见黄河》)

黄河从险峻的三门峡奔腾而出,汇聚了伊水、洛水等四条支流,以雷霆万钧之势东流入海。两岸群山夹峙,汹涌的河水拍击着山崖,留下无数诙诡奇谲的嶙峋怪石。山形迤逦,势若奔走,仿佛被凶猛的河水紧紧追逼;河水喧腾,动地惊天,好似在发出阵阵咆哮。骁勇的黄河船夫停桨息帆,任由船只在巨浪回流中起伏跌宕。河水浑浊深不可测,不知隐藏着多少长龙怪鱼……

眼前壮美的景色使欧阳修心境明朗,眼界开阔,一扫数月来的沉郁悲哀。伫立河岸,他联想起《禹贡》一书所记载的远古传说:尧帝统治晚期,洪水泛滥,民不聊生,大禹的父亲鲧受命治水,九载无功,被赐死在羽山之野。大禹含羞忍悲,继承父亲的事业,凿山疏流,分枝擘派,终于成就了沾溉百代的丰功伟绩。从此以后,九州大地上,江、海、淮、济等大江大河,都不再逞凶肆虐,但唯有黄河之水没能驯服,直到现在仍然危害甚大:

> 惟兹浊流不可律,历自秦汉尤为害。崩坚决壅势益横,斜跳旁出惟其意。(同上)

这首七言古诗共七十句,达四百九十字,是欧阳修集中少见的长篇。诗歌从景物描写入手,继而远搜历史传说,最后回到现实"河患"的深重,援经据典,纵横捭阖,其手法、句法和写作风格逼近韩愈。

其实,在此之前,围绕黄河,欧阳修与梅尧臣之间曾有过一番唱和。

事情要追溯到天圣九年秋季,当时梅尧臣调任河阳主簿,初见黄河汹涌澎湃之势,不禁发为高吟。诗歌以劲健挺拔的语句,凸现黄河奔腾咆哮的险状。一改其平淡隽永的风格,放笔挥洒,舒展自如,颇有韩愈古硬奇崛之风。欧阳修是宋代诗人中学韩较为突出的作者,接读来诗,赏玩不已,立即被诗中这种不同其往常的异质因素所吸引。遂于次年(明道元年,1032)作《黄河八韵寄呈圣俞》,无疑是对这种雄健风格的鼓励和肯定,同时也是一种挑战。两首诗歌在描摹水势的汹涌上可说是旗鼓相当,都不失为佳作。但欧阳修那时并未亲见黄河,只是凭借梅诗的启迪想象得之,并把诗歌的重点转向"河患"。梅尧臣随后又作《依韵和欧阳永叔黄河八韵》诗,转而沿承欧阳修述说"河患"的主旨,发挥"岁时忧漾溢,日夕见奔流"的忧患意识。

这一番诗筒往复,既互相感发,又彼此竞争,可谓倾尽全力,传达出共同学韩的信息,显示出宋诗改革先行者的创作方向。

这次来到巩县,欧阳修亲身感受到黄河的雄伟气魄,其豪宕磊落的精神气质与审美追求,兼得江山之助,一气呵成长诗《巩县初见黄河》。之后,意犹未尽,又作《代书寄尹十一兄杨十六王三》,其中大段关于黄河的描绘,也俨然一副韩诗笔墨。这些诗歌在艺术上都承续着一年多前的探索。壮丽的黄河开启了欧阳修豪健的胸襟,也成就了他奇丽瑰伟的崭新诗风。

明道二年冬,西京留守府充满着离别的氛围

明道二年冬,西京留守府充满着离别的氛围。钱惟演罢西京留守之职,移镇汉东(即随州)。这一人事变动与当时朝廷政局的变化有着极为密切的关系。作为一位有着强烈权力欲望的人物,钱惟演终生处心积虑,谋取私利。明道二年(1033)春,太后病危,惟演请求以景灵宫使入京侍祠,希图固宠。三月二十九日,刘太后辞世,仁宗亲政,朝廷大政急遽变化。钱惟演因为后党的关系,受到御史中丞范讽的弹劾,不但没能回到汴京,反被调往落后偏僻的随州。这是他仕宦生涯中最大的失败。以垂暮之年,远离政治文化中心,就任于穷乡下邑,其心境之凄苦可想而知。

腊月的一天,钱惟演黯然启程,留守府诸位僚友依依送别:

> 诏书走东下,丞相忽南迁。送之伊水头,相顾泪潸潸。(《书怀感事寄梅圣俞》)

大家一直送到了离城几十里地的彭婆镇。当时细雨蒙蒙,寒风阵阵。饯别宴上,众人照例即席赋诗。欧阳修"路识青山在,人今白首行"(《留守相公移镇汉东》)两句化用钱惟演早年诗句,切合当前情境,格外触动伤离情怀。抚今追昔,钱惟演作长短句付歌伎演唱,其辞悲凉,其声哀婉,令人潸然泪下,在座各位无不唏嘘……

在洛阳三年,作为一府之长,钱惟演爱惜人才,与后进平等相处,共同沉浸于文酒诗会的游乐生活之中。他为文士们提供了必要的"社会闲暇"。文学的历史表明,文学的成熟和繁荣与社会分工的发展,即一部分专门制作精神产品的社会阶层的形成直接相关。而

"社会闲暇",是文士们进行文学创作、展开文化活动的前提,是促使艺术创作专门化和精细化的必要条件。钱惟演对欧阳修、梅尧臣等"器其材,不攖以吏事"(《四朝国史·欧阳修本传》),使他们得以尽力于学。我们今天检视欧阳修自订的《居士集》和梅尧臣的诗集,都是从天圣九年开始正式著录作品的。洛阳时期是他们创作的共同发轫阶段。此外,钱惟演具有文学上的宽容和奖掖后进的精神。作为"西昆体"作家,他并不强制推行"西昆体"诗文,使新的文学风尚得以在宽松的环境中萌芽生长,这对宋代文学的发展无疑起到了积极的推动作用。他还常常告诫年轻的僚属"当用意史学"(宋·邵伯温《邵氏闻见录》),以古鉴今,培养自己的远见卓识,并组织大家集体撰写了《都厅闲话》一书。这部带有练笔性质的同仁著作,今天已不复可见,但也可以看出他对后辈文史才能的重视、培养和勉励。他在洛阳文人群体中所起的核心作用是别人无法代替的。

钱惟演走后不久,王顾、杨愈、谢绛也先后任满离开洛阳。梅尧臣原是以叔父梅询门荫入仕,尚未取得进士资格,明年适逢大比,故而也于此后不久卸下河阳主簿之任前往汴京,准备参加来春的礼部省试。同行的还有王复、王尚恭、王尚喆。朋辈星散,盛事难继,欧阳修心中无限伤感:

> 岁暮寒云多,野旷阴风积。征蹄践严霜,别酒临长陌。应念同时人,独为未归客。(《别圣俞》)

欧阳修的刚直、才识与仁厚,给王曙留下了极为深刻的印象

继任西京留守的是王曙。王曙字晦叔,是宋朝著名宰相寇准的

女婿。他品格端方,个性谨严,在朝野之间享有盛誉。上任伊始,即以他惯有的作风修明风纪,严格考勤,无论有事没事,所有官吏都须按时到府衙上班,早出晚归,不得缺席。习惯了自由宽松的洛阳文士们个个怨声载道,却又无可奈何,当然,有时也免不了故态复萌,令一丝不苟的王曙颇感不悦。他曾十分沉痛地对大家说:"各位可知英名一世的寇莱公(即寇准,封莱国公)晚年之祸是怎么酿成的?就因为奢华纵乐,饮酒过度,所以才取祸贬死!"

众人低头不敢做声,年少气盛的欧阳修却起身答道:"以晚辈的看法,莱公之祸,不在杯酒,在老不知退而已!"

欧阳修此言显然是借题发挥,语含讥刺。王曙年过七十,年高位重,未料这样的训话,竟有人起来反驳,一时不知所措,竟无言以对。

随后又发生了一件事情,更令王曙对欧阳修刮目相看。

一天,一个被抓到的逃兵被送到推官厅。通常来说,兵卒潜逃应处死刑。欧阳修想起他父亲遗训,审慎地对待这桩案子,仔细讯问之后,他觉得还有必要做进一步调查,因此没有做最后判决。王曙听说之后,严责欧阳修:"那个兵士为何还不判决?"

欧阳修答道:"我认为应该送回服役地复审。"

王曙略感不快,于是不无轻蔑地道:"这样的案子,我断过不知多少!像你这样办案,经验恐怕还缺些!不要这么畏首畏尾!"

欧阳修昂首答道:"此案倘由相公亲自处理,尽可将他斩首。现在既然是由下官负责,恕难从命!"

没想到欧阳修这么倔头倔脑,竟会公然顶撞。好在王曙久历官场,尚能持重不发。他要看看欧阳修到底如何。几天之后,王曙突然接到兵士服役地公函,这名兵士果然是情有可原,罪不当死。看来欧阳修做事慎重,还是有道理。于是,王曙连夜召见欧阳修,得知兵士还在狱中,不禁连连高兴地说:"几至误事!几至误事啊!"

不久，王曙奉调回京任枢密使。虽然共事不过两个多月，欧阳修刚直敢言，处心仁厚，给他留下了极为深刻的印象。临行前，他郑重地对欧阳修说："朝廷近有新令，大臣可举荐德才兼备者应试学士院①。待老夫回京，定当保奏。"

三月将至，欧阳修西京任满，
回首之际，充满了依依惜别的深情

新年一过，朝廷下诏改元景祐。正月，欧阳修的岳父知制诰②胥偃与翰林学士章得象同知贡举。二月省试放榜，王复、王尚恭、王尚喆皆榜上有名，诗名远播的梅尧臣却落选了。得知这一消息，欧阳修非常震惊、难过，一连数日与尹洙相对叹息。他实在想不通，为什么出类拔萃的梅尧臣会名落孙山，而"平昔并游之间有以处下者，今反得之"（《与谢舍人绛》）。他甚至想写信给主考官、岳父胥偃理论，但又担心也许是梅尧臣在考试时发挥不佳，所以未敢轻发。梅尧臣的落榜使欧阳修开始质疑科举考试选拔人材的合理性。

"科场果得士乎？登进士第者果可贵乎？"（《与谢舍人绛》）他深知梅尧臣的实力所在，虽然功名未遂，但才华是罕有其匹的。在《赠梅圣俞·时闻败举》一诗中，他写道：

    黄鹄刷金衣，自言能远飞。择侣异栖息，终年修羽仪。朝

---

① 学士院：即昭文馆、史馆、集贤院、秘阁的总称。其职能为掌管禁中图书，负责编书、校书等工作。乃储养名流贤俊、以备咨询访问之地。当时两制、执政以至宰相等高级官僚多出于此。

② 知制诰：官名，负责起草皇帝诏令，与翰林学士对掌内制、外制。内制指敕书、德音、册文、制书、制诰等，外制为百官封拜的诏令。

下玉池饮,暮宿霜桐枝。徘徊且垂翼,会有秋风时。

诗歌将梅尧臣比喻为传说中志趣高远、非醴泉不饮、非梧桐不栖的高贵的神鸟,虽然暂时遭受挫折,但一定会有乘风翱翔、搏击长空的一天!

这次的科考失利对梅尧臣打击很大。此时他已三十二岁,屡试不售的经历已使他身心俱疲。作为一名富有创造力的文人,压抑着自己的个性,一次一次为应试做准备,也非常难受。从此之后,梅尧臣再也没有参加过科考,直到五十岁那年,才由宋仁宗赐进士出身。宋代是一个重视科举的时代,即使可由门荫入仕,如果不能得到进士资格,便只能沉沦下僚。

这真是一个闷闷不乐的早春,欧阳修的心情是那样地沮丧、落寞:

寒川消积雪,冻浦渐通流。日暮人归尽,沙禽上钓舟。(《晚过水北》)

诗酒相酬的朋友离散了,相亲相爱的娇妻逝去了,没有了欢乐的聚会,没有了甜蜜的絮语,甚至没有一个可以慰藉人心的消息。他常常孤独地漫步在寒冷的洛川,看日暮人归,与沙禽为伴。晴朗明媚的日子,和煦的东风吹来,在他心中激起的也总是抚今追昔、沉吟哀乐的深沉感慨:

把酒祝东风,且共从容。垂杨紫陌洛城东。总是当时携手处,游遍芳丛。 聚散苦匆匆,此恨无穷。今年花胜去年红。可惜明年花更好,知与谁同?(《浪淘沙》)

前欢寂寂,后会悠悠,人生啊,为什么总是充满了离合、悲欢与无常!

在抑郁寂寥的情绪中,体质本就孱弱的欧阳修病倒了,卧床好久未起。这天,他收到一封远方的来信,是钱惟演的儿子钱暄所寄,信中充满了对洛阳春光的无限眷顾和深深关切。读罢来信,欧阳修强支病体来到窗前,他发现水边泽畔,早已是芳草如茵,林木葱茏,一时心有所感,遂提笔写道:

之子问伊川,伊川已春色。绿芷杂芳浦,青溪含白石。山阿昔留赏,屐齿无遗迹。惟有岩桂花,留芳待归客。(《答钱寺丞忆伊川》)

人事更变,风景依旧,而昔时游踪已然无迹可寻,真是山水无情!可是多情的诗人却不愿这么想,你看,那岩前的丹桂不是还没有开放吗?它仿佛在等待着那些远去的人们归来呢!

三月将至,欧阳修的任期也要满了,他也要离开这座留下无数美好回忆的城市了。同僚故旧依依不舍,一次次饯别的筵席,将离别的感伤一次次推向高潮:

春山敛黛低歌扇,暂解吴钩登祖宴。画楼钟动已魂销,何况马嘶芳草岸。　　青门柳色随人远。望欲断时肠已断。洛城春色待君来,莫到落花飞似霰。(《玉楼春》)

中唐诗人李贺曾说:"男儿何不带吴钩,收取关山五十州。"(《南园》)好男儿志在四方,正值壮年的欧阳修又何尝不是如此?画楼的钟声,岸边的马嘶,似乎在催促他踏上征程。可是,人非草木,孰能无情? 黛眉紧敛的美丽歌女,婉转忧伤的阵阵离歌,又让他欲去还留……离别的日子在一天天临近,伤痛的感情也在一点点加剧:

> 尊前拟把归期说,未语春容先惨咽。人生自是有情痴,此恨不关风与月。 离歌且莫翻新阕,一曲能教肠寸结。直须看尽洛城花,始共春风容易别。(《玉楼春》)

酒筵歌席上欲语还休之际,敏感多情的诗人不愿一味沉溺于忧伤,他试图用理性的精神约束自己那激浪奔涌的情怀。是的,人免不了会分离,花总是会凋零,可是今天,人还在,花正开,我们就要好好珍惜,尽情享受! 诗人决绝的态度,看似意兴豪宕,实则隐含着深沉的悲慨。所以王国维《人间词话》说:

> 永叔"人间自是有情痴,此恨不关风与月"、"直须看尽洛城花,始共春风容易别",于豪放之中有沉著之致,所以尤高。

洛阳的生活既充实又浪漫,洛阳的山水既柔美又壮丽,频频回首之际,诗人充满了依依惜别的深情:

> 洛阳正值芳菲节,秾艳清香相间发。游丝有意苦相萦,垂柳无端争赠别。 杏花红处青山缺。山畔行人山下歇。今宵谁肯远相随,惟有寂寥孤馆月。(《玉楼春》)

在这里,他度过了一生中最为快意的三年;在这里,他得到众多良师益友的提携与砥砺;在这里,他迈出了文学历程的第一步;在这里,他赢得了当代文坛的最初声誉。

　　洛阳,这座风情旖旎的美丽城市,这座充满了历史底蕴与文化内涵的古都,将成为欧阳修此后魂牵梦萦的地方。对洛阳乃至洛阳文人群体的追念,也将成为他一生巨大的精神财富。

第三章　庐陵事业起夷陵

景祐元年（1034）春。欧阳修离开洛阳后，先往襄城（今河南襄城）小住。几年前，他妹妹嫁给了襄城县张龟正，因着亲戚的便利，遂将俸禄之余，在此地略置了几间房舍。襄城属汝州，距离洛阳一二百里地。在亲友们热情的欢呼声中，欧阳修开始了一段悠闲适意的田园生活：

>　　儿童戏竹马，田里邀篮舆。春桑郁已绿，岁事催农夫。朝日飞雊雏，东皋新雨余。植杖望远林，行歌登故墟。（《罢官后初还襄城弊居述怀十韵回寄洛中旧僚》）

阳春三月，风调雨顺，天气宜人，景色如画。他有时在房檐下看孩子们嬉戏，有时与乡亲们相邀喝酒，有时策杖远足，有时放声高歌……欣欣然真有点陶渊明当年作《归园田居》时的意思了。

不过，这年四月，朝廷宣布选拔文才杰出者充实馆阁[1]，枢密使王曙推荐了他。得知这一消息，欧阳修连忙打点行装前往汴京。

---

[1] 宋初以史馆、昭文馆、集贤院为三馆，后又建秘阁，合称馆阁，共置皇家藏书处崇文院中，掌修史、藏书、校书。三馆秘阁设修撰、直馆阁、校理、校勘等职，统称馆职。

第三章　庐陵事业起夷陵

欧阳修以雷厉风行、敢为天下先的品节
与朋友相互砥砺

　　五月的汴京已是一片盛夏的光景，一大帮朋友正翘首以待。原来，苏舜钦、王复、陈经、王尚恭、王尚喆等都在本年进士及第，刚刚授予了官职，即将各自回乡，准备赴任，临行前都希望与欧阳修在汴京一聚，做数日之游。此外，谢绛、石延年、杨愈在朝任职，富弼、梅尧臣也在汴京等候新的任命。于是，又是一连串久别重逢的彻夜倾谈，又是一次次诗酒相酬的欢乐聚会。

　　六月，朋友陆续离去，欧阳修也该静下心来准备学士院的考试了。偏偏这时身上长了一个大的毒疮，二十多天不能下地行走，十分痛苦，但他还是咬紧牙关，伏案攻读。

　　因为去留未定，还不能把家搬来，母亲也暂在襄城居住。他独自一人寄居驿舍，梅尧臣放心不下，隔三差五过来探望，顺便带来远方朋友寄来的诗书。

　　这天，王复又寄来了新作，但见他下笔清远，韵致动人。梅尧臣读罢大喜，高兴地说："我们的队伍越来越强了，如今有多了一员健将，只是微有饿相。"

　　欧阳修也很高兴，他在回信中开王复的玩笑，说："几道未尝为此诗，落意便尔清远，自古善吟者益精益穷，何不戒也？"（《与王几道》）

　　朋友不在身边，但有邮筒来往，并不觉得寂寞。只有富弼，不知为何，一去之后，杳无音讯。想当初，他可是再三再四地说，朋友们一定要保持密切的联系啊！他曾说："朋友之间，虽然不能以通信多少来衡量友谊的深浅，但书来信往，足以通相思、知动静，哪怕只有

寥寥数语,也是好的。"

如此恳切的话,字字句句,音犹在耳,没想到他却自食其言!为人直率而又十分看重友情的欧阳修忍不住写信去责备他:

> 当时相顾切切,用要约如此,谓今别后,宜马朝西而书夕东也。不意足下自执牛耳登坛先歃,降坛而吐之,何邪?平生与足下语,思欲力行者事何限?此尺寸纸为俗累牵之,不能勉强,向所云云,使仆何望哉?(《与富文忠公》其一)

透过这件小事,欧阳修想要告诫朋友的是,为人处事,应该言必信,行必果。他们都是有志的青年,如今既已为官四方,将来还要以天下之事自任,如果养成怠惰、无信的不良习气,对个人必然是有害无益的。

欧阳修初入仕途,还没有机会接触实际事务,但他怀有"以天下为己任"的责任感和使命感,很注意培养自己雷厉风行、敢为天下先的勇气与品节,并以此砥砺朋友。他与范仲淹的最初相识,也是从一封直言不讳的书信开始的。

那是明道二年(1033)的事情,当时欧阳修还在西京任上。这年三月,刘太后病逝,二十二岁的宋仁宗亲临大政,决心起用一批有识之士,刷新朝政,全国士大夫无不拭目以待。四月十八日,陈州通判范仲淹被诏入京。

范仲淹,字希文,宋真宗大中祥符八年(1015)进士,他外和内刚,少有大节,慨然以佐君治政为己任。他经常说:"士当先天下之忧而忧,后天下之乐而乐也!"(《资政殿学士户部侍郎范公神道碑铭》)在政治上,他崇尚气节,"每感激论天下事,奋不顾身"(元·脱脱《宋史·范仲淹传》),例如天圣七年(1029),刘太后预备在冬至日接受朝拜大礼,届时仁宗皇帝将亲自率领文武百官为太后上寿。时任秘阁校理的范仲淹上书谏阻。他认为,如果是在内宫,皇帝作为儿子侍奉母亲,自当用家人的礼法,但如果在朝廷之上,皇帝也和百官站在一起朝拜母后,那就十分不妥。不仅如此,他又进一步指出,如今皇帝已经十八岁了,太后应该撤帘还政!太后撤帘还政是非常敏感的大事,朝中几乎无人敢提。曾经举荐范仲淹的兵部侍郎、翰林侍读学士晏殊,听说此事后,十分震恐,急忙将范仲淹召到府上,严加训斥:"你这是狂率邀名,我这个推荐人也会被你连累的!"

"仲淹蒙您荐举,常常担心自己才德不称,给知己者蒙羞,没想到今天反而因为忠直而受到您的责备。"范仲淹正色抗言道。

一句话把晏殊挪得无言以对。事后,范仲淹又写了一封长信,向晏殊申述自己上书的理由,丝毫不肯妥协。晏殊读罢,既惭愧,又感慨佩服,于是亲自登门道歉。

不久,范仲淹被调往河中府任通判,随后又调到陈州。当时朝廷大兴土木,建设寺观,他又上书反对:"如今大兴土木,让老百姓破产倾家,不顺人心,不合天意。"

他还对刘太后不经吏部、中书省等机构审核,直接降诏用人提出激烈的批评。范仲淹遇事不惧,侃侃而论,朝野上下,无不钦佩他的勇气和忠诚。

这次范仲淹自陈州被召进京,士大夫们奔走相告,有人说:"我识范君,知其材也。其来不为御史,必为谏官。"

不久,朝命下来,果然,范仲淹被任命为右司谏。大家都非常高兴,又相与议论,有人说:"我识范君,知其贤也。他日闻有立天子陛下,直辞正色、面争庭论者,非他人,必范君也。"

司谏一职,从级别来说,仅为七品,位虽不尊,在赵宋王朝的权力结构中,却具有非同一般的重要作用。谏官由皇帝亲自除授,主掌规谏讽谕,"凡朝政阙失,大臣至百官任其非人,三省至百司有违失,皆得谏正"(元·脱脱《宋史·百官志》)。并可直接向皇帝建言,议论朝政。

欧阳修对国家表面繁盛下的危机早已心怀忧虑,对弥漫朝廷的沉闷与暮气十分不满。如今,这样一位在士林中享有崇高美誉的才德之士被擢为谏官,他感到由衷地高兴,并寄以重望。虽然与范仲淹素不相识,但出于对朝政的关切和改革的热望,在范仲淹任职一个月之后,欧阳修便提笔写下《上范司谏书》托驿使寄往东京。这是一封热情洋溢的私人信件,同时也是一篇言词剀切的政论文章。他说:

> 谏官虽卑,与宰相等。天子曰不可,宰相曰可;天子曰然,宰相曰不然;坐乎庙堂之上与天子相可否者,宰相也。天子曰是,谏官曰非;天子曰必行,谏官曰必不行;立殿陛之前与天子争是非者,谏官也。宰相尊,行其道;谏官卑,行其言,言行,道亦行也。

谏官和宰相一样,身"系天下之事"、"亦任天下之责",一旦失职,将"取讥于君子"。"著之简册而昭明,垂之百世而不泯",责任之重大,"非材且贤者不能为也"。

接着,他又援引唐代韩愈批评阳城一例,抨击"待机进谏"论。阳城是唐德宗时的谏议大夫,任事五年,不曾言事,韩愈激于义愤,作《争臣论》讥刺他尸位素餐。后来,德宗宠信奸臣裴延龄,贬黜名臣陆贽。满朝大臣,无人敢言,唯有阳城挺身而出,当庭直论。德宗想任命裴延龄为相,阳城坚决反对,他公开表示,若有此命,定将白麻纸书写的任命书撕得粉碎。他因此而被改任国子司业,随后又贬为道州刺史,被后世誉为直言敢谏之士,认为他任职五年不言一事,乃是"有所待",而韩愈不识其意,妄加讥议。欧阳修则认为:

> 当德宗时,可谓多事矣;授受失宜,叛将强臣罗列天下,又多猜忌,进任小人。于此之时,岂无一事可言?……宜朝拜官而夕奏疏也。幸而城为谏官七年,适遇延龄、陆贽事,一谏而罢,以塞其责;向使止五年六年而遂迁司业,是终无一言而去也,何所取哉!

紧接着,欧阳修就对范仲淹就职一个月来未对朝政发表意见提出责难:

> 今之居官者率三岁而一迁,或一二岁,甚者半岁而迁也,此又非更可以待乎七年也。今天子躬亲庶政,化理清明,虽为无事,然自千里诏执事而拜是官者,岂不欲闻正议而乐谠言乎?然今未闻有所言说,使天下知朝廷有正士而彰显吾君有纳谏之明也。
>
> 夫布衣韦带之士,穷居草茅,坐诵书史,常恨不见用。及用也,又曰"彼非我职,不敢言";或曰"我位犹卑,不得言";得言矣,又曰"我有待"。是终无一人言也,可不惜哉!

他热切地期望范仲淹能"思天子所以见用之意,惧君子百世之讥,一陈昌言,以塞重望"!

范仲淹接读来信,激赏不已。尽管他比欧阳修年长十八岁,但二人从此书来信往,成为志同道合的至交。

好几位公卿之家看中才具超群的欧阳修，先后托媒人提亲

景祐元年（1034）闰六月，欧阳修顺利地通过了学士院考试。二十八日授宣德郎、试大理评事兼监察御史，充镇南军节度掌书记、馆阁校勘。①和他同时入馆的还有尹洙。馆阁之职，虽无实权，但十分清要，跻身其中的多为社会名流，实为朝廷养士之所。任职馆阁，可以在崇文院内尽情浏览皇室收藏的珍本图书，对于酷爱读书的欧阳修来说，真是一份难得的美差。

宋朝建国以来，统治者极为重视图书的收集整理工作，到宋真宗时代，皇家藏书已十分丰赡，规模大备。但是，真宗大中祥符八年（1015），荣王宫失火，延及崇文院，"书多煨尽，其仅存者，迁于右掖门外，谓之崇文外院"（元·脱脱《宋史·艺文志序》），藏书受到严重损失。随即又以各种方式重新收集，宋仁宗即位后，乃重建崇文院。鉴于三馆、秘阁所藏书籍多脱误讹谬，景祐元年七月十七日，仁宗诏令将馆阁正副本图书进行审核。"定其存废，伪谬重复，并从删去；内有差漏者，立补写校对"（宋·王应麟《玉海·庆历崇文总目》），仿唐代《开元四部录》的体例，著为总目，名《崇文总目》。全书共六十六卷，收书三万零六百六十九卷，分四部四十五类，所著录的每一种书都有提要。刚入馆阁的欧阳修有幸参与了这次盛举。

此时母亲还在襄城，因公务在身不便离京，欧阳修即派人前往迎接。独自在京城，有时不免情意萧索。一天晚餐过后，他踱出门

---

① 前三种为虚衔，不任具体实职，为文官迁转官阶。馆阁校勘才是实际职务，负责宫廷的图书校对，为馆职中最低等。

第三章　庐陵事业起夷陵

外,漫步城郊,忽然被一阵扑面的落花惊起,抬头看时,原来他刚好走到人家的院墙外面。墙内莺音燕语,一群丫鬟、小姐正欢欢喜喜地打秋千呢,绿色的秋千索上装饰着红色的绸带,在晚风中猎猎飘舞,十分动人。此情此景更触动了欧阳修鳏居的落寞情怀,他写道:

  红粉墙头花几树,落花片片和惊絮。墙外有楼花有主,寻花去,隔墙遥见秋千侣。　　绿索红旗双彩柱,行人只得偷回顾。肠断楼南金锁户。天欲暮,流莺飞到秋千处。(《渔家傲》)

好在汴京城里,"举目则青楼画阁,绣户珠帘"(孟元老《东京梦华录》),公余之暇不难找到消遣行乐之处。夏季悠长的白昼,他喜欢与二三好友携歌姬、载美酒,乘着画舫作环湖之游:

  永日环堤乘彩舫,烟草萧疏,恰似晴江上。水浸碧天风皱浪,菱花荇蔓随双桨。(《蝶恋花》)

水雾笼罩着远处湖岸的草丛,稀疏清丽,恰似谢灵运笔下"云日相辉映,空水共澄鲜"的晴江美景;蓝天倒映在清澈的水里,微风吹拂着平静的水面,像绸缎般轻轻舒卷;更有那各色水草,随着双桨的划动,柔柔地飘摇……欧阳修沉醉于大自然的恩赐之中,心中充满了欢愉……可是,歌女们浅唱低吟惊起的对对鸳鸯,搅乱了他的心。他强作镇定,举杯豪饮,不让往事占满心头:

  红粉佳人翻丽唱,惊起鸳鸯,两两飞相向。且把金尊倾美酿,休思往事成惆怅。(同上)

81

更多的时候,他喜欢约梅尧臣一道去酒楼闲坐,一边品酒,一边听歌女们演唱最流行的新声小调:

> 帘下清歌帘外宴,虽爱新声,不见如花面。牙板数敲珠一串,梁尘暗落琉璃盏。　桐树花深孤凤怨,渐遏遥天,不放行云散。坐上少年听未惯,玉山将倒肠先断。(《蝶恋花》)

那婉转圆润的歌声是如此动人,令行云不散,梁尘暗落。歌中抒发的孤鸾寡凤的幽怨与伤感,令欧阳修感叹唏嘘、愁肠寸断。

其实,自来汴京后,已有好几位公卿之家看中才具超群的欧阳修,先后托媒人前来提亲。可是欧阳修他有自己的想法,他倾向于选择已故谏议大夫杨大雅的女儿。尽管对于杨小姐本人,他无法有更多了解,但杨大夫生前履身俭约,好古有文行,不妄自营谋进取,时人"以有德君子名之"(《谏议大夫杨公墓志铭》),在士林中颇有声望。欧阳修相信,在这样的家庭背景下成长的杨小姐一定品性贤良,富有教养。不过,他要等母亲来京后再做定夺。

秋风渐起,玉簟微凉,梅尧臣也得到了新的任命,他将以德兴县令知建德县事。①中秋一过,就回宣城老家去了。不久,欧阳修的母亲和家中仆婢到达汴京,母子二人久别重逢,十分欢悦。在母亲的主持下,很快便开始和杨家议婚。宋代礼俗已无中古繁琐,但仍有草帖、细帖、相亲、插钗、下定等过程,这样足足忙了两个多月,到十二月才正式举行成婚大礼。

---

① 朱东润:"宋代官制是一个复杂的制度。当时一县的长官是县令,但是常常会调来一个非县令的人来管这县的事,称为知某某县事。尧臣就是以这个身份到建德去的,其实和德兴县无关。"参见《中国历代著名文学家评传》第三卷《梅尧臣》,山东教育出版社1984年。

第三章 庐陵事业起夷陵

杨小姐果然是孝顺勤勉,温雅清和,虽然出身显宦之家,但丝毫不在意夫家的贫寒,她常说:"我父亲当年也常以布衣蔬食为乐。"

她特别喜欢看丈夫读书著文,这是她从小极为熟悉的场景,那时父亲也总是手不释卷,还鼓励她读书习字。

每到月底,家有盈余,她总不忘亲自到市场上选购一些时鲜瓜果、美味佳肴给婆婆品尝。她觉得婆婆年纪大了,一辈子吃苦耐劳,真是太不容易。

和谐的家庭生活令欧阳修十分满足。

转眼就到了景祐二年(1035)正月,初三一过,家家户户的祭祖迎神活动都已告一段落,街市上欢闹喜庆的气氛越来越浓郁了。自岁前冬至后,开封府即派工在大内宣德楼前,用五彩的绸缎扎起一座如峰岭般横空绵亘的彩楼。彩楼上缀满各色各样的华美灯饰,有的描绘山水人物、神仙故事,有的做成龙凤虎豹、花鸟虫鱼的形状……"又于左右门上,各以草把缚成戏龙之状,用青幕遮草龙上,密置灯烛数万盏,望之蜿蜒如双龙飞走"(宋·孟元老《东京梦华录》)。自彩楼至宣德楼横大街,约百余丈,也沿街架起高达数十丈的长竿,用彩绸装饰的纸糊百戏人物,"悬于竿上,风动宛若飞仙"。其他大街小巷、寺院店铺以及家家户户的宅院门廊,也都各出新奇,挂起绣额、珠帘和彩灯,竞比豪奢。从正月初七晚上开始,渐次张灯,到十四、十五、十六、十七、十八五天达到高潮,一时华灯齐放,火树银花,金碧相射,锦绣交辉,又当月圆之夜,整个东京城万人空巷,热闹非凡。

正月十五这天,欧阳修在崇文院当值,申时过后才有同僚前来换班。早上离家时,已和夫人约好今晚要同去观灯,为了节省时间,他们相约在宫城南面的宣德门会面。此时夜幕降临,月在林梢,夫人早已等在那里。两人手牵着手,很快就融进了欢乐的人群之中:

>青春何处风光好,帝里偏爱元夕。万重缯彩,构一屏峰岭,半空金碧。宝檠银釭,耀绛幕、龙虎腾掷。沙堤远,雕轮绣毂,争走五王宅。(《御带花》)

这真是一个狂欢的夜晚,除了五彩的灯饰让人目不暇接,还有许多衣饰鲜丽的舞队、杂耍队、乐队,各动笙簧琴瑟,清音嘹亮,当街嬉戏:

>雍容熙熙作昼,会乐府神姬,海洞仙客。拽香摇翠,称执手行歌,锦街天陌。月淡寒轻,渐向晓、漏声寂寂。当年少、狂心未已,不醉怎归得?(同上)

游人如织,翠袖飘香,彩灯使满月失色,欢乐的人群汇聚成暖流,驱散了早春的寒意。他们一直玩到天色渐晓,仍是意犹未尽……

创作上的日趋成熟,带动了欧阳修对散文理论的深入思考

馆阁校勘的职事颇为清闲,公余之暇,欧阳修便与尹洙合撰《十国志》,两人也常常就散文创作的有关问题相互交流切磋。自天圣九年至今,欧阳修致力于散文写作已是第五个年头了,创作上的磨炼,也促使他深入思考散文理论。作为一名热心政治、关怀现实的士大夫,欧阳修强调文章与社会教化的密切关系,他十分赞成范仲淹在天圣三年的《奏上时务书》中所提出的观点:

> 国之文章,应于风化;风化厚薄,见乎文章。

主张在政治改革的同时"兴复古道","救斯文之薄"。

文以明道、文道合一是唐代古文运动的理论基石,欧阳修对此既有继承又有发展。韩愈论"道",主要指儒家的礼治秩序、伦理关系,高言宏论,神圣莫犯。欧阳修却强调"切于事实",突出"道"的实践性品格,大大缩短了"道"和人们的心理距离。明道二年,在写给求教者张棐的《与张秀才第二书》中曾指出:

> 君子之于学也务为道,为道必求知古。知古明道,而履之以身,施之于事,而又见于文章而发之,以信后世。

又说:

> 孔子之后,惟孟轲最知道,然其言不过于教人树桑麻、畜鸡豚,以谓养生送死为王道之本。……而其事乃世人之甚易知而近者,盖切于事实而已。

景祐元年所作的《与黄校书论文章书》,更进一步指出,文章应该"中于时病而不为空言"。对于当时文人空谈性理或放言圣道的风气十分厌弃,表现出贴近现实政治和实际生活的思想倾向。

对于"文"与"道"的关系,欧阳修也有自己的独特见解。当时的古文家中有不少人漠视甚至否定文学的独立价值,他们崇奉道统文学观,仅仅着眼于从文体上恢复"古文",宣扬充斥着功利主义色彩的文学工具论。对此欧阳修不能赞同。在景祐元年所作的《代人上王枢密求先集序书》中,他明确地阐述了自己的观点:

>　　某闻《传》曰:"言之无文,行而不远。"君子之所学也,言以载事,而文以饰言,事信言文,乃能表见于后世。

他既认识到了文与道的联系,又认识到了文与道的区别,尽管此时还未能在理论上做更深入的探讨,但这种文道并重的思想观念,促使他在鼓吹"古道"的同时,极力追求古文的写作技巧和审美价值,从单纯文体的改革扩大到文风、文学语言等多方面的改革和创新。

此时,在文学观念上,欧阳修仍与尹洙基本上一致,但与同年好友石介,则旨趣大异。石介字守道,一字公操,兖州奉符人,天圣八年与欧阳修同年进士及第。他"笃学有志尚,乐善疾恶,喜声名,遇事奋然敢为"(元·脱脱《宋史·石介传》),在思想上崇尚儒学正统,力斥佛、老虚妄;在文学上倡言古文,激烈抨击西昆体时文的流弊,尝作《怪说》《中国论》,认为"去此二者,可以有为"。石介时任南京(今河南商丘)留守府推官,是当时思想文化领域的一名健将,他的这些文章影响很大。

一天,欧阳修在王拱辰家品茶,拱辰拿出石介刚寄来的书信和随信附寄的《二像记》石刻本,请大家欣赏。欧阳修接过一看,竟是满纸乌黑,几不可识,反复细辨点画,才慢慢看明白他写的内容,心中不由暗暗吃惊。回想前年在洛阳时,他收到的石介来信,那时字迹并不如此怪异。当时在座的还有蔡襄,同辈中书法最精,遂将书信递给他,问道:"君谟(蔡襄字),你看这字迹,是因为不懂书法才写成这样吗?"

蔡襄仔细看了看说:"不是。"

"那么,是书法的规则本来应该如此?"欧阳修一脸困惑。

蔡襄摇摇头说:"也不是。"

"或者,"欧阳修想了想:"是不是古代书法史上曾有过这么一种字体?"

蔡襄笑道:"没有。"

"现代还有谁这样写字吗?"

蔡襄仍是摇头。

"那么,守道为什么非得这么写呢?"

蔡襄回答说:"我看呀,他这是故意标新立异,显示自己与众不同。"

欧阳修联想起最近读到的石介的几篇新作,其好古悯世之意固然令人感动,但自许太高,诋时太过,对所论述和批判的事情又没有深入地追源溯流,在文章风格上也是求新求怪,不讲究文学的审美价值,这些倾向与他习字的偏向显然是同出一辙。本着朋友之间相期于道的想法,欧阳修决定给石介写封信,直言规劝。他说:

> 修闻君子之于学,是而已,不闻为异也。好学莫如扬雄,亦曰如此。然古之人或有称独行而高世者,考其行,亦不过乎君子,但与世之庸人不合尔。行非异世,盖人不及而反弃之,举世斥以为异者欤?及其过,圣人犹欲就之于中庸。(《与石推官第一书》)

追求真理,是君子求学致道的目的所在,即使是那些在历史上被称为特立独行的人,如果细考其行迹,也不会越出君子的行为规范,只是与当时那些得势的庸俗之辈不相符合罢了。因此,求异取奇并不是君子所当为。而石介的书法,"前不师乎古,后不足以为来者法","天下皆非之",却"昂然自异,以惊世人",对于这种做法,欧阳修觉

得很不可取,而且他见微知著,敏锐地察觉到石介这种"好异以取高"的习尚,将有可能把一代青年学子引入歧途:

> 今足下端然居乎学舍,以教人为师,而反率然以自异,顾学者何所法哉?不幸学者皆从而效之,足下又果为独异乎!今不急止,则惧他日有责后生之好怪者,推其事,罪以奉归,此修所以为忧而敢告也,惟幸察之。(同上)

这些推心置腹的话语,倔强劲直、性格偏执的石介却听不进去,他在回信中表示,自己本不善书,更不屑以此"特异于人以取高"。因为他所留意的是尧、舜、周、孔之道,这才是匡时济世的根本,而书法只是用来传播圣人之道的一种工具,"能传圣人之道足矣",又何必孜孜于此?更何必古有法、今有师?他说自己真正有异于众人之处乃是排摒为害儒学正统的佛老思想,诋斥雕章琢句的西昆体时文,但也并非是"特为取高于人",确实是出于卫道的需要。他尤其不能接受的批评是,自己可能给青年学子带来不良影响,他在信中反驳道:

> 国家兴学校,置学官,止以教人字乎?将不以圣人之道教人乎?将不以忠孝之道教人乎?将不以仁、义、礼、智、信教人乎?永叔但责我不能书,我敢辞乎?责我以此,恐非我所急急然者。(《答欧阳永叔书》)

接读来信,欧阳修觉得石介并没有真正理解自己的意思。书法固然只是一种工具,好与不好无关乎国计民生,但他所忧虑的是,这一看似无足轻重的现象背后所隐藏的不良的思想倾向,恐怕会让正

第三章 庐陵事业起夷陵

在兴起的思想、文化与文学革新走一段本可避免的弯路。是的,我们要求新求变、破除陋习,但并不意味着不分良莠,全盘否定。批判传统,同时也应该尊重传统,这样才能去芜存精,站在前人的肩膀上看得更高更远。因此,他又提起笔来,再陈其辞:

> 然至于书,则不可无法。……今虽隶字已变于古,而变古为隶者非圣人,不足师法,然其点画曲直犹有准则,如毋母、亻彳之相近,易之则乱而不可读矣。今足下以其直者为斜,以其方者为圆,而曰我第行尧、舜、周、孔之道,此甚不可也。(《与石推官第二书》)

他认为,这就好比在日常生活中,人们都是头戴帽子,而你偏要将帽子戴在脚上,人们都用碗吃饭,而你却偏要用酒杯盛饭。所以"书虽末事,而当从常法,不可以为怪,亦犹是矣。然足下了不省仆之意。凡仆之所陈者,非论书之善不善,但患乎近怪自异以惑后生也"(同上)。

至于石介以"疾佛、老,斥文章之雕刻"为自己异于众人之处,欧阳修认为这正是他"自许太高,诋时太过"的表现,他认为:

> 仲尼曰:"后生可畏,安知来者之不如今也。"是则仲尼一言,不敢遗天下之后生;足下一言,待天下以无君子。(同上)

事实上,当时已有不少士大夫投身到这一场思想文化与文学的革新运动之中,此时此刻,无论是石介还是欧阳修都不是孤军奋战,独自前行。

这一番书来信往,唇枪舌剑,可惜谁也没能说服谁,此后历史发展表明,欧阳修的认识更加切合实际。不过,对于他们两人来说,尽管意见相左,但私交仍然很好,他们在复儒卫道、诋斥时文的大方向上,仍是携手并进的同道诤友。

本着强烈的责任感和积极进取的精神,欧阳修大倡言事之风

馆阁之职虽然清闲,却也清苦,俸禄微薄,而京城物价又高。在写给梅尧臣的信中,欧阳修坦陈窘迫之状:

> 京师侍亲,窘衣食,欲饮酒,钱不可得。闷甚,时与师鲁(尹洙)一高论尔。子渐(尹源)在此,每相见,欲酤酒饮,亦不可得。(《与梅圣俞》其六)

尽管如此,毕竟君子忧道不忧贫,欧阳修仍是心境明朗,积极向上。夏秋之际,好友张先(子野)来京,不久改官监郑州酒税,立秋之日离京赴任。欧阳修、尹洙、尹源等为他送行。席间赋别,欧阳修一反历代文士悲秋的传统,挥笔写道:

> 四时惨舒不可调,冬夏寒暑易郁陶,春阳著物大软媚,独有秋节最劲豪。(《送子野》)

这首七言长诗,以无比豪迈的语调尽情地歌颂秋天:这是一个振奋人心的季节!暑气消退,天朗气清,皓月当空,江潮澎湃……它就是正当壮年的欧阳修心情的写照。

正当欧阳修专心致志地从事于思想文化事业的开拓与创新时,

第三章　庐陵事业起夷陵

一连串的不幸又降临到他的身上。

七月的一天,有消息从襄城传来,妹夫张龟正病逝。母亲郑氏夫人闻此噩耗,想到女儿孤苦伶仃,悲不自胜。欧阳修一边安慰母亲,一边急忙向朝廷告假,赶往襄城处理丧事。张龟正没有子嗣,只有前妻所生的女儿,年方七岁,欧阳修可怜她无依无靠,遂决定将她与妹妹接往汴京,一起生活。

九月,欧阳修携寡妹孤甥回到汴京,不料祸不单行,夫人杨氏已卧病在床。一家人全力求医问药,杨氏的病却日见沉重,不久便玉殒香消。欧阳修原本体质孱弱,长途奔波之后又继之以丧妻之痛,终于病倒了。

这一病就是一月有余,对花垂泪,见月伤怀,心衰面老,瘦骨如冰。病中的他拿出家藏的晋人永和十三年所书《黄庭经》石本解闷,希望从中学一些养生之道,慢慢地调理身体。《黄庭经》是魏晋间道士养生之书,当时在士大夫中颇为流行。欧阳修本不信神仙道术,为此他还给自己取了"无仙子"的雅号,但是他也知道养生之术多少还是"可以养内以却疾,犹愈于肆欲称情以害其生者"(《删正黄庭经序》)。《黄庭经》也不是一无是处,养病多暇,于是他便以永和石本为标准,对市面上流行的各种新本《黄庭经》加以勘正,并对其中难以理解的话做注释。

欧阳修还听说弹琴可以养中和之性、禁忿欲之心,于是他就跟善于操琴的朋友孙道滋请教。几支乐曲学下来,果然能够吸引人的注意力,使人忘记身上的病痛。

十一月,仁宗祭天地于圜丘,下诏大赦,录用五代及诸国宗室。这时石介因御史中丞杜衍的荐举为御史台主簿,还没到任,便上书反对,一下子激怒了仁宗,于是革职不用。当时大臣们也认为石介做得不对,他地位低微,竟对皇帝已行之事妄加谏阻,革职是罪有应

91

得。欧阳修病体刚愈,回崇文院上班,听说此事后,甚觉舆论不公。他觉得石介之论,并无过失,"足未履台门之阈,而已因言事见罢,真可谓正直、刚明、不畏避矣",如此好义之士,不仅可为主簿,甚至可以直接做御史。而作为石介的荐举者杜衍,却屈从皇帝的意旨,不能坚持原则为石介辩护,实在令人遗憾!

初入馆阁时欧阳修便与杜衍相识。作为长辈,杜衍对他多有奖掖,二人私谊不可谓不好。但此时欧阳修激于义愤,骨鲠在喉,不吐不快,于是连夜写下《上杜中丞论举官书》一文,坦率地陈述了自己的看法。他认为,官员的任免,应该考察其人才德是否胜任所担负的职务,而不能听任皇帝的喜怒,"上虽好之,其人不肖,则当弹而去之;上虽恶之,其人贤,则当举而申之"。当年赵普担任太祖的宰相时,曾为某事择官,赵普列出两位大臣的姓名,太祖不肯用。过了几天,太祖又问,他又提出这两人的名字,太祖依旧不用。又过了几天,太祖再次问起,他仍是提出这两人的名字,太祖一怒之下将他的奏章撕碎,扔在地下。赵普从容不惧,将笏板插在腰间,慢慢将碎纸一片片捡起,带了回去。过了几天,他又把这撕碎的奏章重新粘贴起来呈给皇上,太祖大悟,终于起用了那两位大臣。赵普之所以敢如此作为,就在于他早已"审知其人之可用,然后果而不可易也"。而眼前的事实却正好相反,杜衍"始举介曰能,朝廷信而将用之,及以为不能,则亦曰不能",这说明杜衍"自信犹不果",不能承担自己应该担当的责任!文章最后指出:

> 况今斥介而他举,必亦择贤而举也。夫贤者固好辩,若举而入台,又有言,则又斥而他举乎?如此,则必得愚暗懦默者而后止也。

就这样,年轻气盛的欧阳修本着强烈的责任感和积极进取的精

第三章　庐陵事业起夷陵

神,大倡言事之风,甚至不惜开罪于年高德劭的前辈长者。而杜衍亦不愧为一代名臣,对欧阳修如此尖锐的批评,坦然接受,心无芥蒂,二人之间的忘年之谊,久而愈笃。

倏忽又是严冬季节,凛冽的北风吹来了片片雪花,早上起床拉开窗帘,只见园中树木都如玉琢琼雕一般。欧阳修一早从邸报上读到一条消息,朝廷任命范仲淹以吏部员外郎权知开封府。①

原来,范仲淹于明道二年四月官拜右司谏后,当年十二月就因言事触忤仁宗和宰相吕夷简而外放知睦州(今浙江建德梅城镇),随后又移知苏州,今年三月才被诏还朝,拜尚书礼部员外郎、天章阁待制,判国子监。②虽然已经是几进几出,范仲淹的风格一如当年。重回朝廷后,他一有机会便和皇帝讲古今治乱之道,但凡朝政有失,决不三缄其口。这让因循守旧的吕夷简感到很不习惯,吕夷简唯恐惹出乱子来不好收拾。他曾暗地里托人对范仲淹说:"天章阁待制是皇帝的文学侍从,并非台谏之官,你何必言事不休?"

范仲淹回答道:"向皇帝进言,正是侍从官的职责,我怎敢不尽职尽责?"

吕夷简知道没有办法阻止他,便命他权知开封府。开封府乃京畿重地,长官例由待制以上官员充任,职权之重,远胜于其他州府长官,而政务之繁杂也是他州所不能比拟的。吕夷简实际上是想用繁

---

① 吏部员外郎:吏部负责主持文武官吏的选试、考核并提出升迁意见等事,员外郎是该部正副长官(尚书、侍郎)以下的高级部员。权知开封府:宋代以汴梁为东京,在京畿设开封府,其辖境相当于今河南原阳、鄢陵以东,延津、长垣以南,兰考、民权以西,太康、扶沟以北等地区。"权知开封府",即开封府知府,权,是暂理的意思。

② 尚书礼部员外郎:中央行政机关尚书省下属的礼部官员。礼部掌管朝廷礼乐、祭祀、宴会、学校贡举等政令。天章阁待制:文学侍从顾问官,从四品。天章阁是仁宗存放真宗御集的殿阁。判国子监:即判国子监事的简称,是国子监各种事务的总负责人。

复的地方事务牵制范仲淹,使之无暇他顾,同时也希望他最好能在工作中出一点岔子,可借机将他调离京城。

可是范仲淹明敏周全,决事如神,就任一个多月后,"京师肃然称治"(宋·李焘《续资治通鉴长编》)。民间流传的歌谣唱道:

朝廷无忧有范君,京师无事有希文。(宋·王称《东都事略》引)

当时欧阳修的岳父胥偃正担任纠察在京刑狱之职,负责监察在京各监狱每天决断在押犯人的情况。和吕夷简一样,胥偃对范仲淹也颇不以为然。在公事上,两人常常发生冲突,胥偃曾多次弹劾范仲淹标新立异,不顾法律的严谨,擅自改判狱案。胥偃的做法令欧阳修十分不满,从此翁婿二人话不投机,彼此间矛盾日深,渐渐冷淡疏远。曾经情亲一家的两人,走到这种地步,欧阳修内心十分难过。事实上,他从来也没有忘记过胥偃的知遇之恩,但他不愿效仿世间俗子,"一遭人之顾己,不以至公相期,反趋走门下,胁肩谄笑,甚者献谗谀而备使令、以卑昵自亲"(《与刁景纯学士书》)。他认为这样的行为名为报德,实则自私,甚至可以说是对知己者的不敬。而他更愿修养品格,砥砺节操,有所作为,不辜负的他们的殷切期待。可惜他的这一番曲衷,胥偃永远没能谅解。

欧阳修专注于国家的财政痼疾,
范仲淹则着眼于吏治的腐败

景祐三年(1036)正月显得特别寒冷,就像欧阳修的心境一样。上元佳节快要到了,满街满巷都装扮得花团锦簇、金碧辉煌,可是这属于别人的热闹喜庆带给他的只是感怀与伤痛:

第三章 庐陵事业起夷陵

　　去年元夜时,花市灯如昼。月上柳梢头,人约黄昏后。　　今年元夜时,月与灯依旧。不见去年人,泪满春衫袖。(《生查子》)

昔与今的对比,乐与悲的反差,在灯与月的交相叠映中竟是如此地强烈!沧海桑田,物是人非,为什么美好的一切总是稍纵即逝?

不过,此时的欧阳修不再是闭门苦读、求取功名的贫寒秀才,也不再是倒冠落佩、诗酒风流的洛阳才子,他已经逐步成长为一名关怀现实、目光远大的思想先驱者,因此,他不允许自己长时间地沉溺在感伤一己的狭小天地,而是用坚强的理性使自己振作起来,投身社会政治的研究与思考。

其时,宋朝立国七十余年来所累积的社会危机似乎已渐成燃眉之势,许多的矛盾纠结在一起,难解难分,其中最为突出的是吏治腐败与财政痼疾。

宋代是高度中央集权制的时代,皇权得到空前加强,同时又引进了多种平衡机制,既有相权对皇权的牵制,又有台谏对相权的抑阻,政治体制与官衙设置比前代更趋规范与完备,科举入仕的全面推广也促进了官员素质的普遍提高。但专制制度与分化事权互相牵制的措施,又影响了办事效率,助长了因循苟且、人浮于事、互相推诿的官僚作风,以及唯唯诺诺、敷衍行事、不求有功但求无过的不良习气,同时也导致了官僚机构的庞大臃肿。而在经济上,宋初君主十分注意发展生产,制定"不立田制"和"不抑兼并"的土地政策,使贫富变迁有可能通过自我的努力而实现,从而大大提高了农民的生产积极性;在商品经济方面也采取了较为宽松的管理和调控,促进了经济的繁荣发展。可是较为自由的经济政策,又带来了土地兼并、贫富分化的弊端,"贫者愈贫,富者愈富",社会矛盾由此激化。与此同时,重于"安内"而疏于"攘外"的基本国策,使宋朝缺乏抵御外来侵扰的能力,在周边少数民族政权不断威胁下,为了换得暂时的和平,不得不输纳大量"岁币",也给财政造成了沉重的负担。

经过长期的深入研究,欧阳修撰写了长篇论文《原弊》。原,是推究事物本源之意,此文的中心论旨就是推究时政弊端的根源。文章就农本思想立论,以真切恳挚的笔触揭露了当时普遍存在的"诱民之弊"、"兼并之弊"、"力役之弊"以及"不量民力以为节"、"不量天力之所任"等等弊端。正是这些弊政严重损害了农业生产,导致了财政危机的日益加剧。文章有理有据、切中时弊,充分体现了欧阳修对社会民生问题的深切关注与了解,在士大夫中产生了很大影响,为正在酝酿中的政治革新运动提供了舆论准备。

当欧阳修专心研究国家财政痼疾时,范仲淹则将他的着眼点集中于吏治腐败上。这时宰相吕夷简执掌朝政已经十多年,受到重用和提拔的官员,大都是他的追随者。于是,范仲淹向仁宗呈上一份"百官图",详列朝廷各职能部门的主要长官名单,一一点评,哪些是循序升迁,哪些是越级提拔,哪些是出于公道,哪些是出于私意。最后他告诫仁宗:"天子身边的近臣,无论是破格提拔,还是撤职贬降,臣以为不宜全都交付宰相办理。"

吕夷简针锋相对,深诋范仲淹务名无实。范仲淹又连上四篇奏章——《帝王好尚》、《选贤任能》、《近名》、《推诿》,全面剖析当时朝廷的状况。

还有一次,范仲淹跟仁宗谈前代兴衰的历史,他说:

"汉成帝永始、元延年间,经常出现日蚀、地震等灾异,当时很多人纷纷上书,认为是上天对成帝舅家王氏专政的警示。汉成帝半信半疑,无法判断,于是驾车亲往宰相张禹的府中听取意见。张禹出于私利,阿附王氏,自然不肯顺从舆论指斥王氏,他只说:'灾变之意,深远难见,这些捕风捉影的话,不应信。'成帝十分信任张禹,大小事情都让他定夺。现在听他这么一说,也就放下心了,从此不再怀疑王氏,最后招致了王莽篡位的祸事。"

说到这里,范仲淹加重语气道:"臣恐今日朝廷亦有张禹坏陛下家法,以大为小,以易为难,以未成为已成,以急务为闲务,不可不早辨啊!"

这些话很快就传到吕夷简的耳中。吕夷简一听,便怒不可遏,立刻弹劾范仲淹越职言事,荐引朋党,离间君臣。范仲淹也不甘示弱,交章对诉,用词愈发尖锐激烈。

自仁宗登基十余年来,吕夷简执掌国政最久,"其于天下事屈伸舒卷,动有操术"(元·脱脱《宋史·吕夷简传》),素称天下太平,仁宗皇帝也习惯了事事依赖于他。于是,吕夷简借机提出辞职,要挟皇上。仁宗权衡再三之后,最终还是罢免了范仲淹天章阁待制、权知开封府之职,外放知饶州。

政争中,吕夷简占了上风,这时殿中侍御史韩渎立刻奉迎,奏请严查范仲淹同党,并要求张榜朝堂,警告百官不得越职言事。在吕夷简的推动下,韩渎的请求很快获得批准。摄于宰相威权,满朝谏官、御史,竟无人敢发表不同意见,不仅如此,连送范仲淹的饯别宴也不敢去。倒是天章阁待制李纮、集贤校理王质敢作敢为,坦然前去给范仲淹送行,王质还特意在范家留宿了几晚。有人提醒王质,说:"一旦发生朋党大案,您就是第一个要被治罪的人。"

王质愤然答道:"范希文乃贤德之士,倘若能成为他的同伙,本人深感荣幸!如果有人能把我与范公数夕谈话记录下来,进呈皇上,未必不是苍生之幸!"

秘书丞、集贤校理余靖也不顾禁令,上书说:"仲淹以一言触忤宰相,即遭重谴,恐非太平之政,请追改前命。"

太子中允、馆阁校勘尹洙主动上书"检举"自己,称自己与范仲淹义兼师友,而且还曾受到范仲淹荐举,情愿一同被罚。

于是,余靖、尹洙相继被贬。余靖贬监筠州酒税,尹洙贬监郢州酒税。

十天之内,余靖、尹洙二人以言事被贬,而以规谏朝政得失为职责的台谏官员们反而缄默无语,欧阳修对此心里甚不痛快,尤为可气的是,左司谏高若讷还在某次聚会上高调非议范仲淹,认为罪有应得。欧阳修立即挺身反唇相讥,但是碍于主人的面子,许多话冲到嘴边又忍了下去。回到家中,欧阳修越想越气,于是铺开纸笔,慷慨陈词,写下《与高司谏书》一文。

他说,人的性格有"刚果懦软"之别,如果谏官因"身惜官位,惧饥寒而顾利禄"不敢言事,不过是庸人失职,尚可理解与原宥;倘若"昂然自得,了无愧畏",非毁贤者,企图以此文过饰非,则是君子中的败类!针对高若讷的有关言论,就范仲淹贤与不贤的问题,文章展开一反一正的假设论证:

> 且希文(范仲淹字希文)果不贤邪?……足下身为司谏,乃耳目之官,当其骤用时,何不一为天子辨其不贤,反默默无一语,待其自败,然后随而非之?若果贤邪,则今日天子与宰相以怫意逐贤人,足下不得不言。

总之,无论范仲淹贤与不贤,作为谏官,高若讷都难逃其咎。随即欧阳修又援古论今,指出这种企图颠倒黑白、混淆是非的行径,"是直可欺当时之人,而不可欺后世也",实则是"况今之人未可欺也"。他越说越激动,最后几乎拍案而起:

第三章　庐陵事业起夷陵

> 足下在其位而不言，便当去之，无妨他人之堪其任者也。昨日安道(余靖)贬官，师鲁(尹洙)待罪，足下犹能以面目见士大夫，出入朝中称谏官，是足下不复知人间有羞耻事尔！所可惜者，圣朝有事，谏官不言，而使他人言之。书在史册，他日为朝廷羞者，足下也。

在当时如此严峻的政治背景下，欧阳修深知这样一封书信将给自己带来怎样的后果，在文章的最后，他大义凛然而又语带讥讽地写道：

> 若犹以谓希文不贤当逐，则予今所言如此，乃是朋邪之人尔。愿足下直携此书于朝，使正予罪而诛之，使天下皆释然知希文之当逐，亦谏臣之一效也！

高若讷接读此信，果然暴跳如雷，立即将信件交付朝廷，并说欧阳修攻击天子以忤意逐贤人，惑乱众听。仁宗震怒，下旨将欧阳修逐出朝廷，贬为夷陵(今湖北宜昌)县令，而台谏官吏更是落井下石，责令他立即起启，不得逗留。

消息传出，舆论哗然。馆阁校勘蔡襄作《四贤一不肖诗》，四贤指范仲淹、余靖、尹洙、欧阳修，一不肖指高若讷。"布在都下，人争传写，鬻书者市之，颇获厚利"(宋·王辟之《渑水燕谈录》)，就连契丹来朝的使者也偷偷买了一些带回去。多年以后，还有人看到幽州驿舍的墙壁上张贴着当时市面上印行的诗稿。正在长安守父丧的苏舜钦也驰书汴京，对禁止越职言事的诏令提出质疑，认为范仲淹等人相继被贬，"使正臣夺气，鲠士咋舌，目睹时弊，口不敢论"，"窃恐指鹿为马之事，复见于朝廷矣"。(宋·苏舜钦《乞纳谏书》)

欧阳修暗下决心，
要将贬谪作为砥砺节操、升华自我人格境界的契机

自五月二十一日谪命下达，台吏日日上门催逼。欧阳修一家老少慌忙收拾行李，四天后即出汴京东水门外准备登舟离开。亲朋好友纷纷临舟话别，不免又停留了两天，二十八日一早正式启程。

夷陵地处偏远，距离京师陆路一千六百里，若走水路，则需绕行五千五百九十余里。欧阳修本想从陆路行走，但时值酷暑，又无马匹车辆，只得作罢。坐船过去，旅途漫长艰辛，好在随处还有亲旧照拂。梅尧臣、苏舜钦、石介、谢绛等都有诗书寄来，慰其远行之苦。梅尧臣赠诗曰：

共在西都日，居常慷慨言。今婴明主怒，直雪谏臣冤。谪向蛮荆去，得当雾雨繁。黄牛三峡近，切莫听愁猿。（宋·梅尧臣《闻欧阳永叔谪夷陵》）

对于欧阳修此番的表现，梅尧臣丝毫不觉得意外。他深知欧阳修在走上仕途之初就已立下了舍身报国的志向。此时他所担心的是刚者易折，不知友人是否能经得住逆境的考验？因此，他殷殷地告诫朋友，在凄风苦雨的贬谪生涯中，千万不要陷溺在穷愁悲抑的自怨自艾中不能自拔。

梅尧臣所担心的事情，欧阳修连日来也一直在反复思考。逆境之中该如何自处？前辈文人似乎没有多少值得效仿的榜样，即便他最景仰的唐代文学家韩愈，平时正色立朝，抗疏极谏，颇有杀身成仁的气概，而一经贬谪，则忧愁惶恐之情尽见于诗词。于是，欧阳修暗

第三章　庐陵事业起夷陵

下决心,一定要善处逆境,对贫贱悲戚以平常心处之,将贬谪作为砥砺节操、提升修养境界的一个契机。

六月十二日抵达楚州(今江苏淮安),正好遇到早于他踏上旅途的余靖。意外相逢,两人又惊又喜,连忙移舟置酒长谈。推杯换盏之际,欧阳修遂将连日的思考一一道出,余靖十分赞赏。后来,他写信给尹洙,还讲了这件事情。

> 安道(余靖)与予在楚州,谈祸福事甚详,安道亦以为然。……又常与安道言,每见前世有名人,当论事时,感激不避诛死,真若知义者,及到贬所,则戚戚怨嗟,有不堪之穷愁形于文字,其心欢戚无异庸人,虽韩文公不免此累。用此戒安道,慎勿作戚戚之文。(《与尹师鲁第一书》)

鉴于近世有的人因言事被贬之后,往往傲逸狂醉,却自我标榜说为大事者不拘小节。欧阳修还与尹洙约定,到达贬所后,一定要忠于职守,勤于公务,绝不酗酒放纵,散漫度日。

心念已定,欧阳修就更加从容淡定了,便将这漫漫迁谪之旅看成是一次难得的长途旅游,闲坐船头,欣赏那变化无穷的江上美景:

> 孤舟日日去无穷,行色苍茫杳霭中。山浦转帆迷向背,夜江看斗辨西东。潋田渐下云间雁,霜日初丹水上枫。蓴菜鲈鱼方有味,远来犹喜及秋风。(《初出真州泛大江作》)

此时,酷暑已经过去,秋风送爽,枫叶初丹。蔚蓝的天空上,一群群大雁展翅高飞。这志薄云天的鸟儿排成雁阵,自北向南倔强地飞翔。忽然,不知从哪里射来一支暗箭,雁阵出现短暂的混乱,但很

快又调整队形继续前行。眼前的情景令欧阳修浮想联翩,他写道:

  云间征雁水间栖,矰缴方多羽翼微。岁晚江湖同是客,莫辞伴我更南飞。(《江行赠雁》)

  九月,欧阳修到达岳州(今湖南岳阳)。夷陵县派来迎接的官吏已经等候在这里,他们还带来了峡州军事判官丁宝臣的来信。丁宝臣,字元珍,景祐元年进士,与欧阳修相识在汴京,两人交往甚密。元珍离京赴任时,欧阳修还曾作诗相赠,不想两年之后,又将在夷陵相会。欧阳修被贬而来,丁宝臣"不徒不恶之,而又加以厚礼","言文意勤"(《回丁判官书》),这令欧阳修十分感动。
  泊舟岳阳城外。风朗气清,云水苍茫,柔美的月光下,轻舟短楫来去如飞,船上渔人唱晚的歌声很快消逝在夜空,只有岳阳城里的钟声悠悠地回响,更衬出夜的宁静。欧阳修诗兴大发,随口吟道:

  卧闻岳阳城里钟,系舟岳阳城下树。正见空江明月来,云水苍茫失江路。夜深江月弄清辉,水上人歌月下归。一阕声长听不尽,轻舟短楫去如飞。(《晚泊岳阳》)

  岳阳距夷陵仍有七八百里路程,舟中无事,他又重新读《李翱文集》。李翱是韩愈的弟子,中唐古文运动的重要作家之一。早在任西京留守推官时期,欧阳修就已读过李翱的集子。最先读的是他的名作《复性书》。这是一组研究人性的系列论文,分上、中、下三篇,主张"性善情恶",认为人的本性都是善的,但善的本性容易受到"接物而生"的情(喜、怒、哀、乐、惧、爱、恶、欲)的迷惑,因此应该去情复性,便可达到圣人的境界。欧阳修觉得这篇文章的观点并无新意,

第三章 庐陵事业起夷陵

不过是对《中庸》思想的引申和发挥而已。后来,他又读了李翱的《答韩侍郎书》,文章反复叮咛,声情并茂,但给人感觉是李翱本人处世窘迫、无人引荐,因而愤世嫉俗,没有超拔常人的境界和眼光;不过文章说韩愈只对"甚有文辞,兼能附己顺我之欲"者极力荐举,与秦汉间尚侠行义的豪隽之士没什么两样,这一意见倒是十分中肯。总的说来,对于李翱其人其文,欧阳修印象平平。然而,这次重读,不经意间翻到李翱的《幽怀赋》,刚读了第一行,便眼前一亮:

众嚣嚣而杂处兮,咸嗟老而羞卑;视予心之不然兮,虑行道之犹非。

唐代自德宗、顺宗以后,政治形势江河日下,朝廷已失去了对全国的有效控制,战乱不息,人民生活极其困苦,文人学士大多意志消沉,所关注的只是个人的得失与悲欢。李翱生当此时,卑微老迈,却反对为个人的不幸而哀鸣,提出应为国家、为民族的前途与命运而担忧。这种深刻的时代忧患意识,与欧阳修此时的思想深深地契合。读罢全文,他不禁"置书而叹,叹已复读"(《读李翱文》),反复再三,不能自已,竟然生出一种"恨翱不生于今,不得与之交;又恨予不得生翱时,与翱上下其论也"(同上)的感觉。他想,"使当时君子皆易其叹老嗟卑之心为翱所忧之心,则唐之天下岂有乱与亡哉"(同上)!然而当时之人,即便是"有道而能文"的韩愈也没有李翱这样的境界。韩愈曾作《感二鸟赋》,借有人向德宗献白乌、白鹦鹉之事,抒发自己怀才不遇的感慨。欧阳修认为其主旨不过是羡慕二鸟的荣宠而已,仍没有跳出个人的狭小圈子。联想到当今社会,他深深地体会到两百年前李翱那种"众人皆醉而我独醒"的孤独感:

余行天下,见人多矣,脱有一人能如翱忧者,又皆贱远,与翱无异;其余光荣而饱者,一闻忧世之言,不以为狂人,则以为病痴子,不怒则笑之矣。呜呼,在位而不肯自忧,又禁他人使皆不得忧,可叹也夫!(《读李翱文》)

欧阳修时时提醒自己,
不可沉溺于怀旧的伤感与自怜的忧思

经过整整五个月的水上漂泊,十月二十六日,欧阳修一家终于抵达夷陵(湖北宜昌)。

夷陵,地临长江,潮湿多雾,虽为峡州州治,但极为贫薄俭陋。四周没有城墙,大街狭窄得容不下车马,街市上没有百货陈列,小商铺里只卖些干菜咸鱼,因为当地人都喜欢吃这类东西。这些咸鱼店发出的气味臭不可闻,即使是知州路过,也顾不得体面,捂着鼻子一溜小跑。当地人的住处,往往锅灶、仓库、厕所、水井混杂一处,一间屋子里上面住人,下面养猪。房顶都用茅草、竹子来盖,所以很容易发生火灾,而当地人都认为盖瓦屋是不吉利的。

虽然欧阳修已有心理准备,但眼前的情形仍就让他大吃一惊。他开始担心年迈的母亲无法适应,母亲一眼看出了他的心事,反过来安慰他说:"欧阳家素来清寒,我早已习惯了艰苦的生活。只要你身心安泰,我也就甘之如饴了。"

峡州知州朱正基是欧阳修的老朋友,他于景祐二年来到夷陵,即致力于整治环境、移风易俗。在城区种植树木,修建城墙,铺设街道,教老百姓人畜分住,将锅灶、仓库、厕所、水井等分隔开来,同时又指令当时的夷陵县令整修县衙,新建官吏宿舍。得知欧阳修远道前来,他特意选择县衙大堂东面的地方,修建了一座宽敞整洁、高大明亮的住宅,令欧阳修喜出望外,遂题其名曰"至喜堂",意为"既至而后喜也",并作《至喜堂记》,记录当地民情风俗及近一年来的变化。

参拜过州府长官之后,欧阳修便开始正式履行县令的职责。夷陵虽小,民间争斗诉讼之事却十分多见,多是因为田契不明而打官司;偏远之地,县吏朴实耿直,但大都不识文字,官书簿籍也不完整。欧阳修上任伊始,即着手整顿吏治,健全规章制度,其间百事烦杂,无不躬亲。足足忙到年终岁暮,这才诸事就绪,稍见清闲。有时独坐官厅,没有紧急的公务办理,他便将架阁上的陈年公案取来阅读,发现其中枉直乖错之处不可胜数,以无为有、以枉为直、违法徇情、灭义害亲之事无所不有。他总是一边翻阅,一边感叹,夷陵荒远偏小尚且如此,以天下之大,又将如何?真是不堪设想。他认识到,"大抵文学止于润身,政事可以及物",虽然只是一个小小的县令,一举一动,都关系到多少老百姓的生存命运!"当时仰天誓心,自尔遇事不敢忽也。"(宋·吴曾《能改斋漫录》)

在夷陵这样的偏僻小城,生活是极端地枯寂乏味。没有了诗酒文会,也没有歌舞游宴,终日相对的只是江上寒山与岩壁的野花,愁云惨淡,山雾迷蒙。凄厉的猿声与怪异的鸱鸣不时刺破深秋的长空,让人毛骨悚然。

> 光阴催晏岁,牢落惨惊飙。白发新年出,朱颜异域销。(《初至夷陵答苏子美见寄》)

欧阳修情不自禁地思念朋友,回想过去快乐的生活,不时地将夷陵与京洛两相对比,想从中找到一些可亲可近的相似之处,给孤寂的心灵一丝慰藉:

晓鼓潭潭客梦惊,虎牙滩上作船行。山形酷似龙门秀,江色不如伊水清。平日两京人少壮,今年三峡岁峥嵘。卧闻乳石淙流响,疑是香林八节声。(《初至虎牙滩见江山类龙门》)

但他也时时用坚强的理性提醒自己,不可沉溺于怀旧的伤感与自怜的忧思,要求自己用一种全新的眼光来赏爱这片陌生的土地。

夷陵山谷间多黄杨树子,这是一种普通的常绿灌木。多少年来,它们生长在沿江的山崖险绝之处,既不为文人墨客所赏爱,也不为樵夫野老所怜惜,却始终盘根屈节,蓊蓊郁郁,表现出极其顽强的生命力:

落落非松,亭亭似柏,上临千仞之盘薄,下有惊湍之溃激。涧断无路,林高暝色,偏依最险之处,独立无人之迹。……日薄云昏,烟霏露滴,负劲节以谁赏,抱孤心而谁识?……节既晚而愈茂,岁已寒而不易。(《黄杨树子赋》)

每次沿江散步,看着那苍崖翠壁上的青枝绿叶,欧阳修的心中总是有一种很深的感动,觉得这平凡的小树,真是堪为君子的良友、士人的榜样。

他慢慢地喜欢上夷陵的山山水水,从一草一木中体会出无穷的乐趣。常和他结伴出游的是峡州军事判官丁宝臣(字元珍)和州府推官朱处仁(字表臣)。有时他们一起去山中踏雪寻梅,有时在龙兴寺饮酒行令,有时则往县衙对面的山上寻幽揽胜。这里地气温燠,水雾氤氲,即使在隆冬季节,只要有几天晴暖的日子,处处便可见鸟语花香的春明景色。每一次出游,他们总是兴致勃勃,流连忘返。

他们都一样地喜欢山水自然,一样地喜欢探寻那些湮没在时光尘埃中的久远史事与传说。

山上有一泓清泉,当地人传说是"姜诗泉",并在泉旁建有姜诗祠。姜诗是东汉时有名的孝子,据说他母亲喜欢吃鱼脍,姜诗夫妇努力劳作,保证母亲天天都能吃到喜爱的食物。因为母亲不喜欢独自享用,夫妇俩便将邻居家的老妈妈请来同吃。一天,他家旁边忽然冒出一眼清泉,从此每天早上都有一对鲤鱼从泉中跳出,供两位老人食用。这个故事记载在《后汉书·姜诗传》中,不过欧阳修清楚地记得,《后汉书》记载的姜诗泉在广德(今四川梓潼县),怀疑这里的泉名出于当地人的附会。不过倒也体现出人心向善,真假自是无须深究。

而对当地的民风古俗、遗闻轶事知道最多的,是一位名叫何参的老人。何参住在县衙西邻,以博学孝义著称,性格散淡,不求闻达,当地人称为何处士。欧阳修常去他家闲坐,听他讲论荆楚旧事:

> 西邻有高士,坎坷卧蓬荜。鹤发善高谈,鲐背(古称老人背上生斑如鲐鱼之纹为高寿之征)便炙熨。披裘屡相就,束缊亦时乞。传经伏生老,爱酒扬雄吃。晨灰暖余杯,夜火爆山栗。无言两忘形,相对或终日。(《新营小斋凿地炉辄成五言三十九韵》)

这位鹤发鲐背的老人,在欧阳修眼中,就像汉代有名的学者伏生、扬雄一样博学。老少两人常常一边在炉火旁温米酒、烧山栗,一边不紧不慢地谈天说地,即便是无言相对,也觉得自在无拘。

夷陵在春秋时代,原是楚国先王的墓名,秦楚之战时,陵墓被秦国大将白起烧毁,而夷陵之名却一直沿用至今。它地处长江西陵峡口,湍急的水流由此出峡,遂变得平缓宽阔。三国时代,这里是吴蜀

争夺的战略要地,曾发生过著名的夷陵之战。不过这一切如今都已成为久远的传说,依然完整保存着的只有那些古朴的民间风俗:

> 时节同荆俗,民风载楚谣。俚歌成调笑,擦鬼聚喧嚣。(《初至夷陵答苏子美见寄》)

夷陵土人迷信鬼神、崇尚巫祭,每遇节庆,必作歌舞鼓乐取悦诸神,岁暮尤甚。当然,这些娱神的歌舞,也成为乡民们难得的娱乐活动。在此期间,男女可以不遵礼法,自由往来,自主结合。因此,岁暮祭鬼之时,常常是男女数百人一起饮酒作乐,姑娘媳妇们穿戴着古朴的衣饰追随着巫祭的队伍走街串巷,尽欢而散。这一切,让初来乍到的欧阳修感到十分隔膜而又新奇,在《夷陵岁暮感事呈元珍表臣》一诗中他写道:

> 萧条鸡犬乱山中,时节峥嵘忽已穷。游女髻鬟风俗古,野巫歌舞岁年丰。平时都邑今为陋,敌国江山昔最雄。荆楚先贤多胜迹,不辞携酒问邻翁。

趁着腊日的三天假期,欧阳修与丁宝臣、朱处仁商议,一同去州西九十里外的黄牛峡游玩。一行人天明出发,逆水上行,直到月明时分,才到达黄牛峡附近的黄溪。他们停船夜泊,临舟赏月,只见星月微茫,苍烟四起,两岸嶙峋的怪石与丛生的林木,都笼罩在夜幕的暗影之下,形成黑漆漆的一片。猿猴的悲啼,在峡谷间久久回荡……此情此景又触动了欧阳修的百转愁思,他想起战国末年楚国文学家宋玉,"憭栗兮若在远行,登山临水兮送将归……"这篇抒写忠而见谤、贫士失职的悲愤与忧伤的《九辩》,此时深深地扣动他的

第三章　庐陵事业起夷陵

心弦：

> 楚人自古登临恨,暂到愁肠已九回。万树苍烟三峡暗,满川明月一猿哀。非乡况复惊残岁,慰客偏宜把酒杯。行见江山且吟咏,不因迁谪岂能来?(《黄溪夜泊》)

天涯漂泊,年华渐逝,时不我予……他无可奈何,无能为力,只能借酒浇愁,依靠坚忍的意志和旷达的情怀来支撑自己,走过这一段艰难的岁月。

由于江行劳累,这天晚上他们很早就睡了。第二天拂晓继续乘舟西上,不久便于彩云间看到一块巨大的石壁矗立于群峰之巅。大石壁上是一幅天然的彩画:一位粗黑的壮士,背负大刀,手牵黄牛,昂首向前。这便是著名的黄牛岩。黄牛峡由此得名。岩石既高,江流纡回,加以水流湍急,礁石丛生,船行至此,必须分外小心。上行船只往往航行多日,仍能见到这横空出世的石壁,因此歌谣唱道:"朝见黄牛,暮见黄牛,三朝三暮,黄牛如故。"欣赏着大自然的杰作,三人惊叹不已。

黄牛岩下,有九条蜿蜒下垂的山脊,宛如九龙下水,十分壮观。九龙山麓南岸的黄牛山下,坐落着一处古庙,当地人称为黄牛祠,传说此庙是春秋时期为纪念助大禹开峡治水的神牛而建的。尽情观赏过峡中的景色后,三人决定舍舟登岸。

刚进庙门,丁宝臣突然一声惊呼,把欧阳修和朱处仁吓了一跳。原来,景祐元年,丁宝臣曾做过一个怪梦,梦见自己与欧阳修同舟溯江进入一座庙中,参拜庙神时,欧阳修位列其下。而按尊卑之序,刚刚进士及第的丁宝臣当列下位,因此他再三推辞,但欧阳修坚执不肯。二人正行跪拜之礼时,神像忽然起身,向堂下鞠躬,又叫人邀欧阳修上堂,与他耳语了很长一段时间。丁宝臣心想,原来神灵也和世俗之人一样,对馆阁之臣格外尊重。随后他们出了庙门,看见一匹马只有一只耳朵……当时梦醒之后,只觉得荒唐怪异,还曾和欧阳修一起反复推求,不知有何寓意。不久,丁宝臣除峡州判官,随后欧阳修贬居夷陵,两人虽朝夕相处,但早已忘了那个怪梦。今天一进庙门,见庙中陈设,历历皆如梦中所见,不免惊诧万分!此时欧阳修为县令,位在丁宝臣之下。而黄牛庙门外立着一匹石马,缺了一只耳朵……旧梦今事,合若符契,两人相顾惘然,一向不喜欢谈怪力乱神的欧阳修此时也不禁掩口称奇。

利用公余之暇,
欧阳修勤奋地投入到学术的思考与研究之中

伴随着当地人祭鬼礼神的歌舞喧嚣,欧阳修迎来了新的一年。不过,绵绵不断的雨雪减缓了春天来临的脚步,春寒料峭中,他生了一场不大不小的病。人在病中,情感便不免有些脆弱,每当夜晚辗转难眠之际,听着窗外北归的雁群忽远忽近的鸣声,心里就忍不住一阵阵伤感。此时,他是多么想念那留下过他青春欢笑的西京洛阳,又是多么想念那寄托着他所有理想与抱负的东京汴梁啊!如果说,洛阳是他梦想的摇篮,汴梁则是他心灵的家园、精神的归宿。然而,天意难测,不知何时朝廷的恩赦才能降临到他的身上,也不知何时才能结束这寂寞无为的贬谪生活?但是,他不允许自己一味地放纵这种无益的愁思,即使是在病中也不允许,他要求自己像山麓间经冬犹绿的橘树、劲节挺拔的竹林,在最恶劣的环境下,依然保持旺盛的生命活力。

因为多日不曾相见,这天,丁宝臣派府衙送来一封书信殷勤存

问。欧阳修作诗相答,遂将这数日来的心灵波动写入诗中:

> 春风疑不到天涯,二月山城未见花。残雪压枝犹有橘,冻雷惊笋欲抽芽。夜闻归雁生乡思,病入新年感物华。曾是洛阳花下客,野芳虽晚不须嗟。(《戏答元珍》)

诗歌首句化用王之涣"春风不度玉门关"之意,暗寓皇恩不到,逗出谪居的抑郁情绪;结尾则以诙谐的语句自我宽解,显示出顽强、乐观的精神境界。诗成之后,欧阳修自觉十分得意,吟咏再三,又提笔写道:

> "春风疑不到天涯,二月山城未见花。"若无下句,则上句何堪?既见下句,则上句颇工。文意难评,盖如此也。(《笔说·峡州诗说》)

身体稍微安适之后,欧阳修便利用公余之暇,勤奋地投入到学术的思考与研究之中。五代十国是一个混乱分裂的时期,宋朝建立后,为了吸取前代的历史教训,建国之初就曾命薛居正等编纂《五代史》(《旧五代史》)。欧阳修认为,"史者国家之典法也"(《论史馆日历状》),旧史有繁猥失实之处,不能很好地"垂戒劝示后世"(同上),于是他决心重新编写。前年开始着手与尹洙合作撰写《十国志》,未及完成即遭变故,一夜之间,两人各奔东西,天各一方,写作也因此中断。来到夷陵后,欧阳修将旧稿重新理出,继续当年的工作,并写信与尹洙约定,由他撰写后梁、后汉与后周部分,后唐、后晋的史事则由尹洙来写。

与此同时,他还重读《易经》、《诗经》、《春秋》。人们解读先秦儒家经典,历来都是依据前代经学家的注疏,不敢越雷池一步。唐代中期,曾有少数学者提出应"舍传求经",但附和者寥寥。直到欧阳修生活的时代,笃守注疏读经解经仍是一股很强的传统。而此时的欧阳修,僻居夷陵,不再抱有当年应试科举时的功利目的,完全是为了追求真理与真知来重读经典。自由的思想,独立的精神,使他换了一副心眼来审视这些早已烂熟于胸的篇章。他惊讶地发现,前人的注疏,竟有那么多令人生疑之处。有的句读文理不通,有的解释自相矛盾,有的失于疏略,有的失于谬妄……由此穷究下去,他甚至怀疑有的经典本身的真实可信性。他将自己读书的疑惑和感想,先后写成《易童子问》《易或问》《诗解》《春秋论》《春秋或问》等专题论文。这些论文最初只在朋友之间辗转传阅,随后不胫而走,士人无不争睹。欧阳修挑战权威、自信果决的精神,给人们极大的冲击,并由此开创了疑古惑经的新学风,对当时思想文化界突破樊篱、解放思想产生了十分深远的影响。从此以后,怀疑之风日著,治学之道愈新,义理之学取代注疏之学,"新儒学"即在此基础上形成和发展起来。

  专心致志的求知问学中,时光不知不觉地流逝。这天,当他偶尔推开窗棂,发现室外的空气已不再有刺骨的寒意。抬头看时,阴沉沉的云层已经散开,变成了一朵一朵柔软的白云在蔚蓝的天空涌动,显出春天特有的温馨。明媚的阳光映照下,一切景物都让人赏心悦目:梅树上朝北的花蕊已冒着余寒绽放,南边的水面上也泛起了清澈的绿波……一个姹紫嫣红的春天很快就要到了!欧阳修不禁精神振奋。由于夷陵没有歌姬乐工,也没有那种金樽檀板的宴乐场合,欧阳修已经很久没有写作歌词了。不过,今天,在春意的激发下,一首新词脱口而出:

第三章　庐陵事业起夷陵

> 雪云乍变春云簇。渐觉年华堪送目。北枝梅蕊犯寒开,南浦波纹如酒绿。　芳菲次第还相续,不奈情多无处足。尊前百计得春归,莫为伤春歌黛蹙。(《玉楼春》)

他怀着欣喜的心情欢笑着,歌唱着:春天来了! 它在我们千思万想的盼望中终于来了! 让我们珍惜春天、享受春天,不要无端地担忧,更不要徒劳地伤怀。

一年之计在于春,对于以农业为主的中国封建社会而言,春天是发展生产的关键时期。按照惯例,各州县的官吏都应在这时巡行乡间,鼓励和督促生产,称为劝农。欧阳修十分重视这项工作,不顾体弱多病,日夜兼程,走遍了夷陵的每个角落。

这次劝农之旅,又与好友丁宝臣同行,每遇风景佳胜处,两人必稍作停留,以尽山水之兴。离城二十里的北峰下有一个山洞,叫三游洞,其间水石相搏,跳珠溅玉,动人耳目。当年白居易自江州司马移任忠州刺史,赴任途中,曾与其弟白行简、好友元稹同游此洞,作记刻石,因而得名。此时,欧阳修一行在这里弄舟终日,享受着亘古不变的清幽与岑寂,不禁生出如斯的感慨:

> 昔人心赏为谁留,人去山阿迹更幽。……惟应洞口春花落,流出岩前百丈溪。(《三游洞》)

昔人已逝,斗转星移,惟有那洞口的春花依旧在微风中悠悠地飘落,随着岩前的溪水,流向不可知的远方……

从三游洞出来沿着山谷继续前行,不多时候,便听到溪水潺潺流淌的声响。寻声越岭,一条清澈的溪泉呈现在眼前:

113

> 隔谷闻溪声,寻溪度横岭。清流涵白石,静见千峰影。岩花无时歇,翠柏郁何整。安能恋潺湲,俯仰弄云景。(《下牢溪》)

这里水清见石,两岸青山倒映在水中,岩上山花四季长开,苍松翠柏郁郁葱葱。美丽的景色让人深深留恋,可惜公务在身,不能久留……

随后几天,他们访虾蟆碚、登松门岛、游龙溪、涉下牢津……每到一处,无不临风把酒,徘徊低咏,又得了不少好诗,集为《夷陵九咏》。

抵达许州,八月举行了成婚大典

劝农回来的当天,欧阳修便收到友人薛仲孺的来信。仲孺,字公期,是已故资政殿学士、尚书户部侍郎薛奎的侄儿。景祐元年闰六月,欧阳修初入馆阁时,刚刚卸去参知政事(副宰相)之职的薛奎曾有意将第四个女儿许配给他。当时欧阳修担心相门之女未免骄纵,心中有些犹豫,打算先悄悄了解一下再做答复,不料八月间薛奎便因病去世,一家人扶柩归许州守丧,因此错过了这段姻缘。此时,薛小姐父丧已满,堂兄仲孺奉伯母薛夫人之命,写信向欧阳修重提旧事。得知这一消息,母亲郑氏夫人十分欢喜,急忙叫儿子回信议婚,同时向朝廷告假,以便尽快前往许州迎娶。

欧阳修春末乘舟东下,仲夏抵达许州,八月份举行了成婚大礼。因假期有限,婚后不几天,便带着新婚的妻子踏上归途。正是金风送爽的季节,为了节约时间,这次欧阳修选择从陆路返回。

> 晴霞煦东浦,惊鸟动烟林。曙河兼斗没,杳嶂隐云深。(《将至淮安马上早行学谢灵运体六韵》)

第三章　庐陵事业起夷陵

晴朗的秋天的早晨，一切都是那么清新怡人。美丽的霞光映射在波光粼粼的水面，淡淡的云雾缭绕着枝疏叶朗的秋林，晨光隐没了星河，也惊动了枝头上做着美梦的小鸟，远处重重叠叠的青山掩映在白云深处……旅途充满了愉快，但也充满了危险：

> 枝江望平陆，百里千余岭。萧条断烟火，莽苍无人境。……水涉愁蜮射，林行忧虎猛。万仞悬岩崖，一彴履枯梗。(《自枝江山行至平陆驿五言二十四韵》)

他们跋山涉水，一路上经过许多荒无人烟的地方，既有山魈水怪的威胁，又有险坡陡壁的磨难。这样的新婚之旅，对于年方二十、生长于富贵之中的相府千金薛小姐来说，确实是一次巨大的人生考验。乍离慈母，便历苦境，薛小姐没有像平常的小女子一样愁眉泪眼，她以非凡的毅力与良好的自我修养来承受这一切。养在深闺时，她就读过欧阳修不少诗文，也常听父母兄长谈及他的为人，她相信，父母坚执不舍地为她选择的这门婚事是没有错的。"执子之手，与子偕老"(《诗经·击鼓》)。从出嫁的那天起，她便已下定决心，今生今世，要与丈夫同甘苦，共命运。因此，她振作精神，像丈夫一样，将这漫漫旅途，当作是一次穷幽揽胜的绝好机会：

> 度隘足虽踠(wǎn，脚弯曲，不伸展)，因高目还骋。……时时度深谷，往往得佳景。……晨装趁徒旅，夕宿访闾井。(同上)

就这样，经过一个多月的长途跋涉，他们终于到达了夷陵城外的望州坡。站在坡头，望着那虽然穷陋却已熟悉的城区，欧阳修有一种归家的喜悦：

> 闻说夷陵人为愁,共言迁客不堪游。崎岖几日山行倦,却喜坡头见峡州。(《望州坡》)

离家几个月,堆积了不少公务需要处理。好在家里终于有了贤内助。薛氏夫人"高明清正而敏于事,有父母之风"(宋·苏辙《欧阳文忠公夫人薛氏墓志铭》),主理家政,大小事务井然有序;照顾年迈的婆婆,起居饮食、冷暖病痛,无微不至。尤其让欧阳修感到惊讶和敬佩的是,一个看起来如此柔弱的女子,从富贵繁华的地区,远涉万里,历经千辛万苦,来到这穷困落后的偏僻山城,而脸上"未尝有不足之色"(同上),确实是极为难能可贵。他庆幸自己娶到了一个好妻子,在给薛仲孺的信中欧阳修写道：

> 室中骤过僻陋,便能同休戚、甘淡薄,此吾徒之所难,亦鄙夫之幸也。

振兴文化传统、拯救世道人心的理想目标在欧阳修心中越来越清晰了

从此,欧阳修可以一心一意投身政务与文化学术事业,不必为家事操心。这次离家期间,又有好些年轻士子从全国各地寄来诗文书信向他请教。欧阳修自幼孤贫力学,深知为学之难,对于好学的晚辈,无不热心地提携帮助。而且,本着谦虚的态度,他真诚地相信,在与后学的讨论中自己也会有所进益。因此,他总是认真地阅读他们的习作,给予恳切的鼓励或批评。这些求教的年轻人中,有

两位特别引起他的注意,一位是建州浦城(今福建松溪县北)的吴充(字冲卿),一位是上蔡(今河南上蔡县)的祖无择(字择之)。

吴充寄来三篇文章,欧阳修十分赞赏,认为其文"辞丰意雄,沛然有不可御之势"。针对吴充信中提出的习文过程中自觉难以更上一个台阶的苦恼和困惑,他在回信中指出:

> 此足下所谓"终日不出于轩序,不能纵横高下皆如意"者,道未足也。若道之充焉,虽行乎天地,入于渊泉,无不之也。

这里所说的道,就是对社会现实的关注和了解。他举例说,孔子周游列国十四年,著述六经只花了五年;孟子一生游说诸侯,无暇著书,《孟子》七篇是其弟子万章等所记述;荀子先仕齐,后至楚,晚年退居才有所作。而他们的著作皆为不朽,秘诀就在于"道胜者文不难而自至"。而后世一般学者只见到前人传下来的文章著述,不理解文章原是道的承载形式,于是沉迷文辞雕琢之中,"愈力愈勤而愈不至"。因此,为道不至,"非道之于人远也,学者有所溺焉尔"。

> 盖文之为言,难工而可喜,易悦而自足。世之学者往往溺之,一有工焉,则曰:"吾学足矣!"甚者至弃百事不关于心,曰:"吾文士也,职于文而已。"此其所以至之鲜也。(《答吴充秀才书》)

文章因而沦为顺时取誉、猎取功名的工具。欧阳修认为晚唐五代以来的文坛弊端正在于此。这封回信中对于道的具体内容的阐述,没有多少发展,仍是他一贯的思想,但却因为亲切体验的注入,显得更为鲜活。

和吴充谦谦君子之风不同,祖择之的言语文辞之间流露出傲视群伦、睥睨当世的气概。欧阳修充分肯定他志趣高远、见解独特,但也坦率地指出他的毛病在于"所守未一而议论未精",即思想驳杂,对问题的认识不够深刻。他认为,"学不师则守不一,议论不博则无所发明而究其深",因此建议祖无择应有所师从并辅以朋友之间的广泛讨论:

> 师严然后道尊,道尊然后笃敬,笃敬然后能自守,能自守然后果于用,果于用然后不畏不迁。

然而,在经历了晚唐五代近百年的社会动荡之后,文化传统遭到严重破坏。宋朝建立以来,虽努力重建传统,但任重而道远,文化领域依然是百废待兴:

> 后世师法渐坏,而今世无师,则学者不尊严,故自轻其道。轻之则不能至,不至则不能笃信,信不笃则不知所守,守不固则有所畏而物可移。是故学者惟俯仰徇时,以希禄利为急,至于忘本趋末,流而不返。

文化传统的丧失带来的可怕后果,是知识分子的精神堕落。作为一名富有强烈社会责任感与使命感的士大夫,欧阳修多年来孜孜以求的便是要振兴文化传统,拯救世道人心。如果说几年前这一目标在他心中还有些模糊,那么现在随着他涉世越深、读书越多、思考越勤,这一目标也就显得越来越清晰。是的,当今之世,从学识到人格皆可为人师表的杰出之士实在是太少了!他以自己的切身感受诚恳地告诫祖无择:

第三章 庐陵事业起夷陵

> 夫世无师矣,学者当师经,师经必先求其意。意得则心定,心定则道纯,道纯则充于中者实,中充实则发为文者辉光,施于世者果致。(《答祖择之书》)

现实中无师可从,就以儒家的经典为师。学习六经,一定要掌握其精神实质,而不可走汉唐儒者的老路,拘泥于章句训诂之学。只有这样,才能真正将知识转化为智慧,以智慧来提升精神、开阔胸怀,逐步达到"道纯中实"的有德境界。德既立,则立功、立言之事不难而自至。这一番议论,正是欧阳修对自己近年来重读经典,以义理之学取代注疏之学的方法论的理论总结。

现实的历练,学识的提高,使欧阳修的理性精神与包容精神日益增强。这一点也体现在他与青年学子的交往之中。有位姓乐的秀才,在景祐三年欧阳修自汴京贬赴夷陵途经荆南(今湖北江陵)时,曾多次登舟拜望,并呈上自己的诗文习作请求指教。读过文章后,欧阳修曾作《与乐秀才书》,勉励他提高自己的品德和学识,关心现实生活中的"百事",做到"其充于中者足,而后发乎外者大以光"。回信写好后却没有发出。原来,乐秀才随后又多次寄来书信,读其文愈多,知其人愈深,欧阳修渐渐证实了自己最初的感觉,意识到乐某所求不过是功名而已,除此以外没有更高的志向。对于这种庸碌之士,欧阳修也颇能理解,没有对他鄙夷不屑,只是觉得自己信中那番劝勉对他未免大而无当,毕竟玉与石材质不同,作用不同,琢磨雕饰的工具自然也当有所不同,所以又针对他的具体情况重新写了一封更有针对性的回信:

> 仆少孤贫,贪禄仕以养亲,不暇就师穷经以学圣人之遗业。而涉猎书史,姑随世俗作所谓时文者,皆穿凿经传,移此俪

彼,以为浮薄,惟恐不悦于时人,非有卓然自立之言如古人者。然有司过采,屡以先多士。及得第已来,自以前所为不足以称有司之举而当长者之知,始大改其为,庶几有立。然言出而罪至,学成而身辱。为彼则获誉,为此则受祸,此明效也。(《与荆南乐秀才》)

这里提出了"顺时取誉"与"卓然自立"两种对立的做人做文的态度,并坦言在自己的人生历程中曾经历过两种人生态度的转化。当年顺应世俗、取悦时人,则获得连中"三元"的荣耀,如今试图经世致用、卓然自立,则遭受被贬的屈辱。虽然前后荣辱迥异,但自己无怨无悔。那么,乐秀才应该如何选择自己的人生道路呢?则完全取决于他个人的志向。如果仅仅满足于"取荣誉于世","则莫若顺时";如果有志于"齐肩于两汉之士",则另当别论。

对于欧阳修来说,乾德就像一片精神的荒漠

这年十二月,汴京发生地震。就在同一天,定襄(今山西定襄)也发生强烈地震,余震持续三天。大量房屋倒塌,人员伤亡很重。在笃信天人感应的古人看来,这显然不是单纯的自然灾害,而是上天对统治者的警示。于是,直史馆叶清臣上疏言道:

一岁之中,灾变仍见,必有下失民望,上戾天意,故垂戒以启迪清衷。……顷范仲淹、余靖以言事被黜,天下之人,齰(zé,咬)口不敢议朝政者,行将二年。愿陛下深自咎责,详延忠直敢言之士。

第三章　庐陵事业起夷陵

他的奏疏引起了皇帝的重视。十二月二十五日,诏令徙知饶州范仲淹知润州,监筠州税余靖监泰州税,夷陵县令欧阳修为光化军乾德县令。都从偏远之地量移到了距京城较近的郡县,以示恩赦。

欧阳修于景祐五年(1038)二月收到量移的诏令时,正是菖蒲叶密,百花竞放的时节。一家人欢天喜地收拾行装,等欧阳修政务移交之后,即可乘舟东下。

骤然离开这四顾青山、鸡犬萧条的边城,欧阳修不免有些依依不舍的情怀。这里的青山绿水,这里的纯朴风俗,这里的朋友乡邻,是如此地可亲可近。一年多来,他在这里磨砺了意志,长育了精神,像一只浴火的凤凰,夷陵是他重获新生的地方。坐在远去的船只上,睡眼矇眬中,他仿佛又回到了夷陵城外的青草渡、武牙滩,可是梦醒时分,只见细雨飘飞,野花零落:

经年迁谪厌荆蛮,惟有江山兴未阑。醉里人归青草渡,梦中船下武牙滩。野花零落风前乱,飞雨萧条江上寒。荻笋时鱼方有味,恨无佳客共杯盘。(《离峡州后回寄元珍表臣》)

船到江陵,欧阳修同父异母兄欧阳晒早已等候在岸边。欧阳晒字晦叔,比弟弟年长二十余岁,此时已年过半百。他为人慷慨豁达、见义勇为而有大志,但困于位卑,始终未得重用。前年八月欧阳修往夷陵途中路过江陵,曾派人去黄陂邀兄长前来相会。此时,欧阳晒已从黄陂移居江陵,得知弟弟改官的消息,十分高兴,算好日子,要留他一家小住几天。兄弟相见,自然分外亲切。欧阳晒家院子里有一处小小的水池,他在池中养些小鱼,又在池上建了一座亭子。欧阳修与兄长在这亭子里把酒对月,临池窥鱼,让他想起《庄子·秋

水篇》中一则清逸有趣的故事:

一天,庄子与惠子游于濠梁之上,清澈的濠水里,银白色的鱼儿游来游去。生机盎然的自然景物使庄子感受到心灵的宽广与自由,一种审美的移情使他情不自禁地发出了这样的感慨:"鯈(tiáo)鱼出游从容,是鱼之乐也!"

惠子却从理性思辨的角度反问道:"子非鱼,安知鱼之乐?"

两人由此展开辩论,最后庄子巧妙地运用语义的模糊性以"我知之濠上"收场。庄、惠辩论,令后人无限倾仰。后世遂以濠上为逍遥闲游之所,称寄情于玄言妙思为濠上之风。欧阳修联想至此,便将这亭子命名为"游鯈亭",并作《游鯈亭记》。抒发其"不以汪洋为大,不以方丈为局(局促)"、"视富贵而不动,处卑困而浩然其心"的自由心灵境界与超越的人生态度。

与夷陵相比较,乾德地近中原,饮食医药条件都有了大大的改善。但"官属无雅士"(《与梅圣俞》其七),"罕有学者,幸而有之,亦不足与讲论"(《与王源叔问古碑字书》),这对于欧阳修来说,简直就是一个精神的荒漠。而在吏事上,也常与知军张询有分歧,相处十分不快。张询甚至将矛盾上交朝廷,为此欧阳修还曾写信请谢绛在其中代为开释。精神寂寞,心绪不佳,他情不自禁地怀念在夷陵的那些日子:

西陵山水天下佳,我昔谪官君所嗟。官闲憔悴一病叟,县古潇洒如山家。雪消深林自斫笋,人响空山随摘茶。有时携酒探幽绝,往往上下穷烟霞。岩苏绿缛软可藉,野卉青红春自华。风余落蕊飞回旋,日暖山鸟鸣交加。贪追时俗玩岁月,不觉万里留天涯。(《寄圣俞》)

那时生活虽然艰苦,但有好山好水好朋友,知州朱正基也从未把他作罪臣看待,因此,精神还是比较愉快的。可是现在:

> 今来寂寞西冈口,秋尽不见东篱花。市亭插旗斗新酒,十千得斗不可赊。(同上)

闷闷不乐之中,他甚至发出了这样的感慨:

> 材非世用自当去,一轲聱牙挥钓车。(同上)

显然,这只是一种不切实际的想法,心绪寥落时的愤懑之言。理性而务实的欧阳修不会在空想中徘徊,也不会在痛苦中煎熬,虽然这里没有山水也没有朋友来帮他排遣忧烦,但有书籍,有碑帖,也足以让他自得其乐。

在此前所撰《十国志》的基础上,欧阳修进一步搜集资料,初步完成了《五代史》纪传部分,在写给翰林学士李淑的信中,他不无欣喜地说:

> 问及五代纪传……尔来三年,陆走三千,水行万里,勤职补过,营私养亲。偷其暇时,不敢自废,收拾缀辑,粗若有成。(《答李淑内翰书》)

欧阳修对古碑帖怀有浓厚兴趣,处处留心,随时随地寻访、收集。据当地方志地图记载,县境内有一块东汉熹平三年所立的"玄儒娄先生碑"。欧阳修十分兴奋,利用余暇按图求碑,终于在与谷城县交界的地方找到娄寿之墓,这块具有很高文物价值的碑石就立在墓侧。他亲自带领县学生拜谒这位古代先贤之墓,随后根据《图经》的标记,迁碑还县,立于敕书楼下。此外,后来《集古录》中所载《魏刘熹学生塚碑》《晋南乡太守颂碑》等,也都是这一时期发现的。古碑上的字迹,因年代久远,或古奥生僻,或磨灭无法辨识,每当此时,欧阳修总是苦恼身边没有人可以请教,只得写信到京城求助于博学多闻的王洙(字源叔)。

十一月,朝廷举行南郊祀典,改年号为宝元。但此时政治形势仍不容乐观,因一年多来,内外臣僚多次称荐范仲淹,朝廷以为事涉朋党,不久前还下了诏,再三戒谕,让人不快。这时,欧阳家也发生了不幸的事情,胥夫人所生的孩子染病夭亡。痛失爱子,欧阳修好多天都无法振作起来。

卸去乾德县令之后,
欧阳修应谢绛邀请,先往邓州寓居一段时间

宝元二年(1039)二月,谢绛以兵部员外郎、知制诰①出知邓州(治所在今河南邓县),梅尧臣也改知襄城县事,两地相距不远,欧阳修从邸报上得知这一消息,猜想他俩会结伴同行。果然,四月某日,梅尧臣来信告知,他已和谢绛同到邓州,乾德离邓州不过百余里,邀好友前来一聚。收到来信,欧阳修十分高兴。

> 欣闻故人近,岂惮驱车访?一别各衰翁,相见问无恙。交情宛如旧,欢意独能强。(《答梅圣俞寺丞见寄》)

---

① 知制诰:官名,掌起草机要诏令,备皇帝顾问。

第三章　庐陵事业起夷陵

自从景祐元年秋天,梅尧臣赴建德县任、谢绛丁父忧离京,欧阳修与他们分别五年多有余。他连忙将县里的事情安排妥当,兴冲冲地告假前往。

分别五年,大家都不免有些见老,彼此之间的感情却没有一点改变。此时正当初荷出水、绿竹成荫的初夏时节,他们一起泛舟,仿佛回到了那美好的往昔:

> 幸陪主人贤,更值芳洲涨。菱荷乱浮泛,水竹涵虚旷。清风满谈席,明月临歌舫。已见洛阳人,重开画楼唱。(同上)

他们交流这些年各自读书作文的心得体会:

> 聊咨别后著,大出箧中篇。问传轻何学,言诗诋郑笺。飘流信穷厄,探讨愈精专。道旧终忘倦,评文欲废眠。(宋·梅尧臣《代书寄欧阳永叔四十韵》)

欧阳修特意带来了《春秋论》、《诗解》等书,两位好友都十分重视,他们钦佩他在贬谪的窘境中,奋发努力,学术研究日益精深。欧阳修对于何休《春秋解诂》和郑玄《毛诗笺》的大胆质疑与批判,让梅尧臣瞩目,因为这是经学疑古的新动向,意义重大。他们热烈地品评着彼此的诗文著述,几乎忘记了疲倦,甚至不愿睡眠。

相聚的时光总是过得很快,不知不觉,十天一晃就过去了,欧阳修不得不回乾德。他们在城西禅院的竹林里喝最后一顿酒,梅尧臣赋诗相赠:

> 渊明节本高,曾不为吏屈。斗酒从故人,篮舆傲华绂。悠

然目远空,旷尔遗群物。饮罢即言归,胸中宁郁郁。(《送永叔归乾德》)

诗歌以陶渊明相比拟,盛赞欧阳修刚直不屈而又安贫自适的崇高品节。

六月二十五日,朝廷颁发了新的任命:欧阳修起复镇南军节度掌书记的官阶,调往武成军所在地滑州(治所在今河南滑县)任判官。七月中旬接到通知,欧阳修遂即县令职务,但因武成军原任判官任期未满,他还不能马上就任。于是,谢绛邀请他去邓州居住一段时间。

九月初,欧阳修携家抵达邓州,谢绛热情地接待了他。邓州城东南隅的百花洲,清溪缭绕,松荫密布。夏秋之际,亭亭的荷叶与荷花,散发出沁人的幽香。梅尧臣逗留此地时,曾写了不少诗作,欧阳修从谢绛那里借得诗稿,细细品读,不时触动诗兴,步韵唱和:

野岸溪几曲,松蹊穿翠阴。不知芳渚远,但爱绿荷深。(《和圣俞百花洲二首》其一)
荷深水风阔,雨过清香发。暮角起城头,归桡带明月。(同上,其二)

快到深秋的时候,轻寒乍起,霜华渐落,辽阔的江天不时有南回的雁阵掠过。欧阳修写道:

秋水澄清见发毛,锦鳞行处水纹摇。岸边人影惊还去,时向绿荷深处跳。(《鱼》)
天高月影浸长江,江阔风微水面凉。天水相连为一色,更

第三章 庐陵事业起夷陵

无纤霭隔清光。(《月》)

窥鱼、赏月、荡桨、闲行……一切都显得趣味盎然。

岂料十一月,谢绛突然生病,病情急转直下,极为沉重。二十二日便溘然长逝,年仅四十五岁。欧阳修悲痛万分。谢绛为人"肃然自修,平居温温,不妄喜怒"(《尚书兵部员外郎知制诰谢公墓志铭》),但临事敢言,与欧阳修情兼师友。在《祭谢希深文》中他写道:

> 呜呼谢公!性明于诚,履蹈其方。其于死生,固已自达,而天下之士所以叹息而不已者,惜时之良。况于吾徒,师友之分,情亲义笃,其何可忘?

谢绛生前慷慨好施,连远房亲戚中的孤贫子弟都收养在家。一人的俸禄,支撑着一个四十余口人的大家庭,因此身后"廪无余粟,家无余资"(《尚书兵部员外郎知制诰谢公墓志铭》)。欧阳修代为筹措赙金,张罗丧礼。谢绛祖辈世居江南,父亲以上三代都葬在杭州富阳,按照当时习俗,本当扶柩南归,但限于财力,只得在邓州西南山上买的一块墓地就近安葬,家属也在附近买了一处庄子安顿下来。

处理完谢绛的丧事,欧阳修意兴寥落,遂决定去襄城一趟,一来可与梅尧臣小聚几天,二来也可料理一下襄城的家产。

谢绛之死,对于梅尧臣来说更是一次非常重大的打击。作为内兄,年长七岁的谢绛,既有很高的文学素养,又有丰富的社会生活经验,一直是梅尧臣有力的精神支柱,两人之间的感情甚至比亲兄弟还要亲。谢绛去世后,他本想从自己的薪俸中每月拿出四千钱资助谢家,但谢夫人怜他官卑禄少,坚决不肯接受。

欧阳修到达襄城时,梅尧臣早已等候在城郊。两人见面,泫然相对,哽咽难语。

婉拒范仲淹聘请

康定元年(1041)新年刚过,西部边境便燃起了战火,西夏国王元昊率军攻打延州(今陕西延安),宋军大败,连损两员大将。消息传来,仁宗震恐,忙令枢密与宰臣共同商议靖边对策。二月二十一日,改年号宝元为康定,并命中外臣庶上书言事。知制诰韩琦受命为陕西安抚使,①赶赴前线坐镇指挥。

韩琦,字稚圭,相州安阳(今河南安阳)人。此时虽刚过而立之年,但他早有盛名,"识量英伟,临事喜愠不见于色"(元·脱脱《宋史·韩琦传》),时论以为他的敦厚稳重可与西汉名臣周勃相比拟,而处理事情的能力则与唐代名相姚崇不相上下。此前,西南各州发生旱情,韩琦曾作为体量安抚使前往赈济灾民,对西部形势了如指掌,所以朝廷命他安抚陕西。

韩琦临行之前奏请以范仲淹襄理边务,他说:"知延州范雍治理无方,宜召知越州范仲淹委任之。时值陛下焦虑烦劳之际,臣岂敢避形迹而不言!若涉朋比,误国家,情愿接受灭族的惩罚。"

仁宗感于他的忠直,慨然允诺。于是,三月二十四日范仲淹官复天章阁待制,知永兴军(今陕西西安一带),随后改为陕西都转运使,负责供办军需。

五月二十六日,又以韩琦为枢密直学士,范仲淹为龙图阁直学

---

① 安抚使:差遣名。初为诸路灾伤与用兵的特遣专使,后逐渐成为各路负责军务治安的长官。

第三章　庐陵事业起夷陵

士,两人并为陕西经略安抚副使。①

欧阳修一直密切地关注着边疆的战事以及朝廷的种种举措。听说入侵敌寇执戮将吏,杀害边民,又每每口出狂言,侮辱朝廷,欧阳修义愤填膺,"每一思之,中夜三起"(《答陕西安抚使范龙图辞辟命书》)。韩琦、范仲淹同时受到朝廷重用,主持边务,他为之欢欣鼓舞,跃跃欲试,希望能有机会效命沙场。果然,范仲淹受命不久,即上《举欧阳修充经略掌书记状》,并于七月十九日亲书手简,派快马传送滑州,请欧阳修同赴西边。

六月二十八日,朝廷下诏,复欧阳修为馆阁校勘,召还京师,仍修《崇文总目》。此时欧阳修正在赶往汴京的路上。收到范仲淹快马递书,欧阳修不禁热血沸腾,看完信后,他却大失所望,原来范仲淹并没有打算请他"参决军谋,经画财利",而只是让他做一个写公文的书吏而已。有感于范仲淹知己不深,他立即写了一封回信,借口母亲年迈,需要奉养,婉言谢绝,也许是情绪太浓,信中,他不无使气地说:

> 若夫参决军谋,经画财利,料敌制胜,在于幕府苟不乏人,则军书奏记一末事耳,有不待修而堪者矣。……况今世人所谓四六者,非修所好,少为进士时不免作之,自及第,遂弃不复作。在西京佐三相幕府,于职当作,亦不为作,此师鲁所见。(《答陕西安抚使范龙图辞辟命书》)

他又给梅尧臣写信倾诉,说:"安抚见辟不行,非惟奉亲、避嫌而已,从军常事,何害奉亲?朋党,盖当世俗见指,吾徒宁有党邪?直以见

---

① 枢密直学士、龙图阁直学士,皆为职名,虚衔,分别为正三品、从三品。经略安抚司总制一路军事、民政、防范武帅专制等事。经略安抚副使为该司副长官,位高于安抚使。

召掌笺奏,遂不去矣。"(《与梅圣俞》其十二)从军并不影响侍奉母亲,毕竟家中柴米不缺,又有贤惠的夫人照管,他完全可以不必挂怀。至于朋党之嫌,当初面临贬谪厄运时尚且可以不避,如今又何必顾虑?

尽管如此,出于公义,他还是在信中谆谆勉励范仲淹不可迫于舆论而急功近利,在军事决策上务必"较彼我之利否","要在成功,不限迟速"。

第四章　力振斯文扶新政

　　康定元年（1040）八月一日，欧阳修抵达汴京。在经历了长达四年的贬谪之后，重新踏入都门，他的心情却并没有那么兴奋和激动。没能如愿以偿地从军边塞，成为范仲淹幕中的一名军事参谋，他的心中多少有点闷闷不乐。尤其是得知尹洙被泾原、秦凤两路经略安抚副使葛怀敏聘为签书判官①、协助军务的消息后，他的失落感显得更加强烈了。和他同病相怜的只有梅尧臣。几年来，梅尧臣一直致力于《孙子兵法》的研究。这部兵学名著历代做注的人很多，其中曹操与唐代杜牧最为有名。梅尧臣在他们的基础之上，继续钻研，把自己深思熟虑的战略战术思想写下来，著成《孙子注》一书，并于宝元二年（1039）进呈御览，希望借此获得从军的机会，和尹洙一样奔赴前线参加战斗，结果并没有得到回音。欧阳修、梅尧臣两人相隔千里，用书信和诗歌倾吐着心头的抑郁。

欧阳修强烈体会到壮年早衰、时不我待的深沉悲感

　　欧阳修回到汴京的同时，梅尧臣也卸下了襄城县令的职务去了

---

① 经略安抚司的高级幕僚。

邓州,参加谢绛的葬礼。在古代,丧仪与葬礼往往并不同时,由于种种原因,有的甚至相隔数十年。谢绛年前去世,今年八月下葬,还算是比较及时的。欧阳修为谢绛撰写了墓志铭。这使他不禁怀想起在洛阳的那段时光,到今天不过短短十年,十年间人事乖违,朋旧凋零,竟已如此让人惊心!

谢绛安葬后不久,欧阳修又接到张先弟弟的来信,信中竟是张先的讣闻。张先于宝元二年二月卒于亳州鹿邑县任上,此番来信是请欧阳修撰写墓志铭的。读罢来信,这些天一直激荡胸怀的今昔盛衰之感、聚散匆匆之叹变得更加无法抑制,他含着泪水执笔写道:

> 初,天圣九年,予为西京留守推官,是时陈郡谢希深(绛)、南阳张尧夫(汝士)与吾子野(张先),尚皆无恙。于时一府之士,皆魁杰贤豪,日相往来,饮酒歌呼,上下角逐,争相先后,以为笑乐。而尧夫、子野,退然其间,不动声气,众指为长者。予时尚少,心壮志得,以为洛阳,东西之冲,贤豪所聚者多,为适然耳。

洛阳时期的生活是那样美好快意,当时年少无忧,不知道这是一生中多么难得的一段聚合,总以为理当如此。

> 其后去洛,来京师,同走夷陵,并江、汉,其行万三四千里,山砠(jū,土山)水涯,穷居独游,思从曩(nǎng,以往)游,邈不可得。然虽洛人至今皆以谓无如向时之盛,然后知世之贤豪不常聚,而交游之难得,为可惜也。

涉世渐深,阅人渐多,深知交朋难得,盛会难重。然而,又哪知更可

悲的是人生短暂,斯人易逝:

> 初在洛时,已哭尧夫而铭之,其后六年,又哭希深而铭之,今又哭吾子野而铭。于是又知非徒相得之难,而善人君子,欲使幸而久在于世,亦不可得。呜呼!可哀也已。(《张子野墓志铭》)

在这篇铭文中,欧阳修以存亡离合感叹成文,把自身纳入其中,将一篇实用性的墓志写成情辞并茂、声泪俱下的绝妙文字,大大提高了这类文体的抒情性和艺术感染力。

中秋的晚上,月色如洗,清澈的水池澄明如镜,波光荡漾。此情此景,却让欧阳修强烈地体会到壮年早衰,时不我待的深沉悲感:

> 八月微凉生枕簟,金盘露洗秋光淡。池上月华开宝鉴,波潋滟,故人千里应凭槛。　蝉树无情风苒苒,燕归碧海珠帘掩。沈臂冒霜潘鬓减,愁黯黯,年年此夕多悲感。(《渔家傲》)

习习凉风中,秋蝉的鸣声渐渐地微弱稀疏了,可是那一树深碧的枝叶却对之无动于衷,丝毫不关注它的努力和挣扎。燕子飞走了,帘幕深垂了,热闹喧腾的盛夏渐渐变成了冷寂的深秋。时光就是这么无情地带走人们最美好的年华!晋代潘安《秋兴赋序》为自己刚过而立之年就长出了星星点点的白发而感伤;梁代沈约体质孱弱,曾为自己腰臂的日见消瘦而顾影自怜。这种时序催迫之感,壮志满怀的欧阳修感触尤为深刻。

这年秋天,家庭生活也很不平静。薛夫人的哥哥、薛家唯一的儿子薛直孺病逝。直孺"纯俭谨饬,好学自立"(《薛质夫墓志铭》),

事亲至孝。但从小体弱多病,先后娶过两位妻子,都没有留下子嗣。如今,他以二十四岁的盛年一病而亡,让年迈的母亲痛不欲生。欧阳修为岳家的不幸伤恸不已,为了安慰岳母,他让夫人回娘家陪母亲一起度过最初的痛苦日子。在《薛质夫墓志铭》中,他一改墓志铭以叙述死者生平事迹为主的文体特点,以一贯的疑经的思想着重辨析"不孝有三,无后为大"的传统观念,就直孺无后、薛氏绝世这一不幸事实提出自己的独特见解。他认为,孟子所言"不孝有三,无后为大",是就某一具体事情而发,并非万世之通论。薛直孺娶而无子,又不幸短命而死,其命运十分可悲,不应承担"不孝"的罪名。他说:

> 自古贤人君子,未必皆有后,其功德名誉垂世而不朽者,非皆因其子孙而传也。伊尹、周公、孔子、颜回之道著于万世,非其家世之能独传,乃天下之所传也。有子莫如舜,而瞽①不得为善人,卒为顽父,是为恶者有后而无益,为善虽无后而不朽。

由此可以相信,岳父薛奎一生刚毅自守,于国有补,于民有恩,名标史册,虽然不幸无后绝世,但他的功德名誉,终将不朽。

无缘参与抗敌御侮的军事作战,
欧阳修将热情和精力倾注于思想文化研究

重回馆阁预修《崇文总目》,对欧阳修来说自是驾轻就熟。既已

---

① 瞽:本义是瞎、盲。这里是舜的父亲的别名,他虽有眼睛却不能分辨善恶,多次陷害自己的儿子,故时人谓之瞽。

无缘参与到抗敌御侮的军事作战中去,他便将自己的热情和精力转投进思想文化的研究中。

宋朝自建立以来,一直受到辽和西夏的边陲威胁,虽然号称海内混一,但其实际疆域不及汉、唐,甚至不如晋、隋。石敬瑭割让给契丹的燕云十六州始终未能归入版图。这一长久的遗憾促使宋代知识分子普遍关注和思考有关"正统"的问题。什么是"正统"?"正"主要指儒家的政治伦理,即所谓王道、王德;"统",主要指地域上的统一。这一思想起源于西汉,而在宋代形成一股文化思潮。北宋时最先提出正统论问题的是真宗朝官修的《册府元龟》,随后有不少士大夫著文阐发。史学上的"正统论"实质上是政治上的权威论,目的是使本王朝的存在神圣化。

西夏历来以附庸的姿态臣事宋朝,自明道元年(1032),元昊继位为西夏王之后,即不甘于这一地位,景祐元年(1034)开始屡屡侵扰宋朝边境。宝元元年(1038),他又称帝,建国号大夏,与宋朝分庭抗礼。元昊对繁荣发达的中原地区一直虎视眈眈,康定元年(1040)终于发动了大规模的侵扰行动。

宋朝窘迫的外交形势,也使欧阳修的心思落在了正统问题上。他因此一连写了七篇文章,即《原正统论》、《明正统论》、《秦论》、《魏论》、《东晋论》、《后魏论》、《梁论》,讨论"正统"问题,总名为《正统论》。这些文章虽然是对过往历史的论述,所表达的却是一种深切的现实关怀:崇尚正统,辨别华夷,为本朝政权寻找神圣莫渎的根据,从而维护和巩固中央集权制度。

关于西北战事,他根据所了解的信息,分析敌我形势,撰成三篇策论。因他以前较少研究军事问题,对自己的分析缺乏信心,所以文章写成后没有进呈朝廷。后来,随着时间的推移,许多情势的发展竟然都与他当初的预料十分吻合,使他确信自己对时局的把握有一定的准确性,于是又写了一篇洋洋数千字的长篇论文《通进司上书》,十二月二十四日奏上,希望能对朝廷的战略决策有所助益。文章认为,元昊用兵,胜利了不继续前进了,没有失败却自己撤退,可见其目的是要打持久战:

> 或击吾东,或击吾西,乍出乍入,所以使吾兵分备多而不得减息也。吾欲速攻,贼方新锐;坐而待战,彼则不来。

这样相持,不出三四年,宋朝就会兵乏民疲,倘再遇上水旱灾害,盗贼群起,那么,无论是战是和,一切主动权就都掌握在敌人的手中了。针对这一情况,欧阳修认为,朝廷应该"外料贼谋之心,内察国家之势,知彼知此,因谋制敌",做好打持久战的准备。而如今,边境驻扎着四五十万人的军队,完全仰赖西部地区的财用供给,已经导致当地民众不堪其苦,一旦发生水旱灾害,便难保不激起事变。因此,他主张"通漕运,尽地利,权商贾,三术并施",保证军需充足,而西部民众的困苦也可得到纾解。这样,部队长久驻扎,无论是守是攻,都能从容有备。三大主张的提出,建立在欧阳修对国家交通、经济、商贸的长期研究的基础之上,既有历史资料为旁证,又有对当前时事的深入分析,体现了他一贯的现实精神。

正是出于对社会政治与现实的高度关注,欧阳修对当时思想界的另一个热门话题——性理之学,表现出了冷漠和反感。

一天,欧阳修收到一封外地来函,一位名叫李诩的年轻人以所著《性诠》三篇就教于他。其人年少气盛,在信中说,即使是孔子、孟子、荀子以及扬雄、韩愈等大儒复生,也不能动摇他的观点。欧阳修很不欣赏这种自以为是的态度,他认为,一个绝对自信的人是不会在意他人的肯定或否定的,而之所以要借助外人的评判,正说明对自己的观点仍有所疑惑。他在回信中说：

> 夫自信笃者，无所待于人；有质于人者，自疑者也。……既吾子之自信如是，虽夫子不能夺，使修何所说焉?(《答李诩第一书》)

欧阳修强调朋友间切磋讨论的重要性，认为在求学的道路上，只有谦虚谨慎，不断努力，才能有所成就：

> 世无师久矣，尚赖朋友切磋之益，苟不自满而中止，庶几终身而有成。固常乐与学者论议往来，非敢以益于人，盖求益于人者也。(同上)

对于李诩着力讨论的人性问题，欧阳修也没有多大兴趣。作为一名立足现实人生的学者，欧阳修执着于儒家伦理道德规则，对其所以然的形而上问题则存而不论。他说：

> 为君子者，修身治人而已，性之善恶不必究也。使性果善邪，身不可以不修，人不可以不治；使性果恶邪，身不可以不修，人不可以不治。不修其身，虽君子而为小人，……能修其身，虽小人而为君子。(《答李诩第二书》)

因此他认为性理之说是无用空言，并为当时学者热衷于探讨这一问题感到担忧。

性理之学是宋代新儒学对传统儒学的一大发展，它立足于天人合一观念，以对心性义理的探寻为出发点，追溯儒家伦理道德本源，由此建立起以天理为最高主宰的道德本体论，以及正心诚意、格物穷理的道德知行论。因此，欧阳修在《答李诩第二书》中对言性之风的批评，遭到后世儒者的群起攻击。

好友相见，总有说不完的话，
但此时，他们的话题格外沉重

此时，苏舜钦、石延年皆在朝任职，两人常与欧阳修聚在一起纵论国事，切磋诗文，在许多问题上相互砥砺，相互激发。尤其是石延年，早在元昊叛反之前数年，即已见微知著，对国家三十余年来休兵养息、武备松弛的现状深表忧虑，曾上书言十事，然而，这些极富远见的议论，直到西北战火燃起之后，才引起朝廷的重视。欧阳修十分佩服石延年的精思深虑，特别喜欢听他分析时局。可惜这样的相聚却未能长久，康定二年[①]（1041）二月四日，宿疾在身的石延年一病不起，年仅四十八岁。又一次痛失挚友，欧阳修长歌当哭，在《哭曼卿》一诗中他写道：

嗟我识君晚，君时犹壮夫。信哉天下奇，落落不可拘。轩昂惧惊俗，自隐酒之徒。一饮不计斗，倾河竭昆墟。

回想天圣年间二人初相识时，石延年正当壮年，风姿洒脱，气度不凡，确实不愧"天下奇才"之美誉。他性喜豪饮，酒量惊人，简直可以将黄河一饮而尽。而真正让年轻的欧阳修深深折服的是他的诗歌与书法：

[①] 本年十一月改年号为庆历，史称庆历元年。

第四章 力振斯文扶新政

　　作诗几百篇，锦组联琼琚。时时出险语，意外研精粗。穷奇变云烟，搜怪蟠蛟鱼。诗成多自写，笔法颜与虞。旋弃不复惜，所存今几余。往往落人间，藏之比明珠。又好题屋壁，虹蜺随卷舒。遗踪处处在，余墨润不枯。

他的诗歌辞藻富丽，意象新奇；他的书法师承唐代书法家颜真卿、虞世南而自成风格，遒劲飞动。尽管，对于自己的作品他从不顾惜，而世人却往往视若至宝。可是，这样一位高才绝世之士，却与世难谐，胸怀壮志，长期沉沦下僚。如今，国家正与西夏用兵，"天子方思尽其才"（《石曼卿墓表》），而病魔却夺走了他的生命。朝野上下，无论贤与不肖都为之痛惜万分：

　　才高不少下，阔若与世疏。骅骝当少时，其志万里途。一旦老伏枥，犹思玉山刍。天兵宿西北，狂儿尚稽诛。而今壮士死，痛惜无贤愚。

对于奋厉有为的志士来说，还有什么比壮志未酬身先死更让人悲哀呢？在《石曼卿墓表》中，欧阳修不禁浩叹：

　　呜呼曼卿！宁自混以为高，不少屈以合世，可谓自重之士矣。士之所负者愈大，则其自顾也愈重；自顾愈重，则其合愈难。然欲与共大事，立奇功，非得难合自重之士不可为也。古之魁雄之人，未始不负高世之志，故宁或毁身污迹，卒困于无闻，或老且死而幸一遇，犹克少施于世。若曼卿者，非徒与世难合，而不克所施，亦其不幸不得至乎中寿，其命也夫！其可哀也夫！

石延年葬后不久,苏舜钦因母亲在会稽去世,告假奔丧,五月下旬也离开了汴京。

转眼又到了秋天,梅尧臣经许州到达汴京,等待转官前的磨勘(即考查)。好友相见,总有说不完的话。不过这次,他们的话题显得格外沉重。他们一同伤悼石延年的早逝,一同为西部的战事而忧心。当年二月,在西部前线,宋军又一次遭到惨败,一万零三百名将士阵亡,欧阳修、梅尧臣的朋友桑怿、耿傅也在这次战斗中牺牲。国家危难,而自己却只能袖手旁观,这使他们内心充满了压抑和苦闷。尤其是梅尧臣,这一两年来,他曾多次或直接或间接地向范仲淹表露自己从军的意愿,但没有得到任何回应。

在襄城知县任上,梅尧臣目睹了太多战争与弊政带给人民的苦难,因此,他不愿意再做一名直接驱迫民众的县官。不久,新职发表,他被委派到湖州担任监盐税①,有幸摆脱县官的繁责,他的心中多少有几分快慰。此时虽然新霜未落,但汴水已渐渐变浅,他决定趁枯水期到来之前买舟东下。得知这一消息,欧阳修连忙邀同在馆阁任职的陆经,一道为好友饯行。正值久旱之后一场透雨,新凉似水,三位好友闭门谢客,开怀痛饮:

门前有客莫许报,我方剧饮冠帻欹。文章或论到渊奥,轻重曾不遗毫厘。间以辨谑每绝倒,岂顾明日无晨炊。六街禁夜犹未去,童仆窃讶吾侪痴。(宋·梅尧臣《醉中留别永叔子履》)

他们高谈阔论,畅所欲言,不时杂以诙谐幽默、无拘无束的谈

---

① 监盐税:又名监盐、税监。差遣名,掌管盐务税收。

第四章 力振斯文扶新政

笑,直到夜深人静,仍然意兴不减。夜深人静,大街早已宵禁,昏昏欲睡的童仆们实在不明白他们怎会有这么高昂的兴致。欧阳修深深理解好友心中的愤激。早在洛阳时期大家以"八老"相品题,尹洙、杨愈等人便共推梅尧臣为"懿老",懿是完美的意思。同样,在欧阳修眼中,梅尧臣才兼文武,是所有朋友中最全面的一个,他的诗作能深入造化的底蕴,韬略胜过兵书战策。尤其是他所撰写的《孙子注》,更在曹操、杜牧注本的基础上,提出了自己的独特见解,颇为发人深省:

  吾交豪俊天下选,谁得众美如君兼。诗工镌刻露天骨,将论纵横轻玉钤(传姜太公著《玉钤》,此泛指兵书)。遗编最爱孙武说,往往曹杜遭夷芟(shān,夷芟即删削)。(《圣俞会饮》)

可是,命途多蹇,梅尧臣空负绝世之才,既不能在科举考试中崭露头角,而当此国家多事之秋,也得不到一个施展长才的机会,对此欧阳修深感惋惜,却又爱莫能助:

  关西幕府不能辟,陇山败将死可惭。嗟余身贱不敢荐,四十白发犹青衫。(同上)

唯一可以慰藉好友的是,湖州知州胡宿也是一位能诗善文的雅士,到任后定会宾主相得,悠然适意:

  吴兴太守诗亦好,往奏玉琯和英咸(玉琯:泛指管乐器;英咸:指雅乐。《乐纬》:黄帝之乐曰《咸池》,帝喾之乐曰《六英》)。杯行到手莫辞醉,明日举棹天东南。(同上)

送别梅尧臣,欧阳修的生活又恢复平静。《崇文总目》的修撰进入了最后阶段,收尾工作比较繁杂,欧阳修全心全意投入其中。十月间,年迈的母亲突然病倒,几番延医问药,始终不见丝毫缓解。京城名医虽多,但多为朝廷御医,一般很难请到。欧阳修"日夕忧迫,不知所为",只得向各方朋友写信求助。他写信给梅尧臣,说:

> 亲疾如此,无医人下药,为人子何以为心!京师相知少,不敢托也。告吾兄与问当有不系官医人,或秀才、处士之类善医者,得一人垂报,待差人赍书帛去请他,幸为博访之。(《与梅圣俞》其十四)

经过多方努力,母亲的病终于渐渐好转,欧阳修纠结的内心才稍稍有些舒展。

十二月十四日,《崇文总目》六十卷修成,进呈御览,仁宗大悦,对所有参修人员予以封赏,欧阳修自馆阁校勘晋升为集贤校理。

岁暮多暇,繁华的汴京箫鼓喧腾,家家宴饮。这天,纷飞瑞雪将楼阁亭台点缀得有如瑶池仙境一般。枢密使晏殊置酒西园,与众僚属吟赏雪景。欧阳修与陆经也应邀出席。坐中多为饱学能文之士,酒过三巡,自然个个诗兴大发,即景抒情。常言道,瑞雪兆丰年。而在善于歌功颂德的文士笔下,丰年之兆不仅是国家的吉庆,更是秉国当政者德能的显现。觥筹交错之间,众人的诗作无不循着这一思路各逞才艺,令志得意满的主人开怀不已,宴会也因此一次次推向高潮。欧阳修端坐其中,品味着这一首首遣词命意难免大同小异的太平诗作,思绪不禁飞到了万里冰封的西北边陲,如今边患未解,数十万将士抛妻别子在严寒中坚守岗位,捍卫着领土的完整与安宁,身为朝廷最高军事长官的主人晏殊，又怎能完全将他们置之度外呢？想到这里，欧阳修提笔写下《晏太尉西园贺雪歌》一诗，其中四句写道：

> 主人与国共休戚，不唯喜悦将丰登。须怜铁甲冷彻骨，四十余万屯边兵。

诗歌的讽谕之意十分明显，与那些锦上添花的诗作趣味迥异。晏殊读罢全诗，深感不快，当时虽然隐忍未发，事后对人说："唐代的韩愈也是能诗善文的才士，他每次参加宰相裴度的宴会，只不过写些'园林穷胜事，钟鼓乐清时'等应景之词，也没像欧阳修这么胡闹。"

话虽这么说，对于欧阳修的刚直敢言，晏殊心里还是有几分认可。

欧阳修声望日隆，慕名求教者络绎不绝

庆历元年（1041），有位来自建昌南丰（今江西南丰）的青年叩响了欧阳修家的大门。青年名叫曾巩，字子固，时年二十三岁，今春刚入国子监广文馆就读。曾巩聪敏好学，记忆力又好，十二岁时就能每天写出几千字的文章，并且出语惊人。天圣八年（1030），欧阳修试礼部进士第一，年幼的曾巩便记住了他的名字，此后经常搜集他的文章，"口诵而心记之"（宋·曾巩《上欧阳学士第一书》）。景祐三年（1036），欧阳修因朋党风波贬谪夷陵，当时曾巩随父亲在信州任上，听士大夫们谈论此事，心中暗自钦慕他"不顾流俗之态，卓然以体道扶教为己务"（同上）的风范。因此，这次来京，参加过广文馆入

学考试后,便急切地呈上《上欧阳学士第一书》,随即登门拜访。

  曾巩的来信,给欧阳修留下了极深的印象,他热情地接待了这位"率然自进于门下"(宋·曾巩《上欧阳学士第二书》)的年轻人,并请他到书房就座。欧阳修随和亲切的谈话,使曾巩如沐春风。从此,他经常出入门下,以文求教。在欧阳修的悉心指导下,曾巩的文章愈发精粹。欧阳修也感到十分欣慰。多年之后,他在《送吴生南归》诗中,还提到曾巩。

  我始见曾子,文章初亦然。昆仑倾黄河,渺漫盈百川。决疏以道之,渐敛收横澜。东溟知所归,识路到不难。

他说,曾巩天成性得的才情就像漫溢的洪水,而自己就像大禹利用疏导的方式收敛横澜、导流入海一样教导曾巩。言下不无自得之意。

  欧阳修声望日隆,慕名求教者络绎不绝,曾巩是他最欣赏的年轻人。他常跟人说:"过吾门者百千人,独于得曾生为喜。"

  不过,对于那些才具平平但勤勉好学的贫寒士子,欧阳修也同样很热忱。有位姓唐的书生,来自大庾岭北,在京城无亲无故,生活困苦,精神也很孤独,惟有欧阳修像亲人一样关心照顾他。因此,每当心情不畅,便会情不自禁地去欧阳修家坐坐:

  夜夜客枕梦,北风吹孤云。翩然动归思,旦夕来叩门。终年少人识,逆旅惟我亲。(《送唐生》)

当他离京还乡时,欧阳修作诗相送,予以勉励。

  求学者中有一些人的性格气质欧阳修并不喜欢,他也不嫌弃。

第四章 力振斯文扶新政

本着循循善诱、诲人不倦的态度,欧阳修因人施教,耐心地规劝诱导。像荆南乐秀才,像好谈性理的李诩,还有以豪气自许的杜默,都是如此。杜默,字师雄,曾受教于石介。夏天,带着平时写的几百篇诗歌来到汴京。临行前石介做《三豪诗》相赠,其序曰:

> 近世作者,石曼卿(延年)之诗,欧阳永叔之文辞,杜师雄之歌篇,豪于一代矣。

石介为人偏执,往往言过其实。事实上,杜默作诗不过以狂怪炫人眼目,哗众取宠,既无才情,也无学识。石介将他与石延年、欧阳修相提并论,实在是不伦不类。此时,石延年已经不在人世,欧阳修读到这样的诗篇,心中虽不以为然,也没有出语相讥。倒是半个世纪后,苏轼为之愤愤不平,著文辩驳道:

> (杜)默之歌少见于世,初不知之,后闻其一篇云:"学海波中老龙,圣人门前大虫。"皆此等语。甚矣,介之无识也。永叔不欲嘲笑之者,此公恶争名,且为介讳也。吾观杜默豪气,止是京东学究饮私酒,食瘴死牛肉,醉饱后所发者也。(宋·苏轼《东坡志林》)

杜默创作上存在的问题,欧阳修显然是看得非常清楚的。在《赠杜默》一诗中,他写道:

> 京东聚群盗,河北点新兵。饥荒与愁苦,道路日以盈。子盍引其吭,发声通下情。上闻天子聪,次使宰相听。何必九苞禽(九苞禽即凤凰。传说尧执政七十年,凤凰止庭中),始能瑞尧庭。子诗何时作,我耳久已倾。愿以白玉琴,写之朱丝绳。

他说,诗人的双脚应该踏着坚实的大地,目光应该注视着普通的生活,情感应该自然而真实,完全没有必要刻意地求高骛远、追奇逐异。他殷切地期望杜默能写出反映民生疾苦的诗歌来。

庆历二年(1042),又逢大比,在国子监广文馆就读一年的曾巩,满怀信心地参加了考试,谁知等到三月省试揭榜,竟然榜上无名,欧阳修痛惜不已。与曾巩同时落榜的还有张唐民、黎錞、杨辟,他们都是欧阳修十分赏识的年轻士子。张唐民"行义闻于乡,而好学力为古文"(《送张唐民归青州序》),尤其长于《易经》;黎錞承袭家学,精研《春秋》三传;杨辟则是欧阳修西京僚友杨愈的弟弟,他学道诚笃,资质朴茂,如一块天然美玉,不待雕琢已自秀出群伦,欧阳修将他与曾巩相提并论。送别这些科场失意的青年,欧阳修心中有无限感慨。想起自己"三举而得第"的坎坷经历,想起"累举进士,辄抑于有司"的梅尧臣,他不由得再次质疑科举考试的合理性。

> 有司敛群材,操尺度,概以一法,考其不中者而弃之。虽有魁垒拔出之材,其一累黍(古代以黍粒为计量基准,一累黍,即一点点)不中尺度,则弃不敢取。幸而得良有司,不过反同众人叹嗟爱惜,若取舍非己事者。诿曰:有司有法,奈不中何!有司固不自任其责,而天下之人亦不以责有司,皆曰:其不中,法也。(《送曾巩秀才序》)

按照当时的考试制度,礼部汇聚天下英才,用一个统一的标准来逐一衡量,不合标准的一律淘汰。即便是出类拔萃的人材,只要文章有一点点小毛病,也不能入选。如果有幸遇上一个好考官,至多也不过和众人一样嗟叹惋惜,似乎决定取舍根本不是自己的事情。他们大可以轻易地推诿责任,而天下的人也不会因此而责怪考官们,毕竟错失英才是考试制度本身所造成的。如此显而易见的不合理现象,欧阳修不禁喟然长叹:"呜呼,有司所操果良法邪?何其久而不思革也!"

他期盼着建立一种更合理、更人性化的选拔机制,使所有的人才都能崭露头角,为国所用。而他本人怀着强烈的爱才惜才之心,终其一生都以识拔贤才、奖掖后进为己任,自此以后数十年间,有宋一代杰出的文学之士,无不出于他的门下。

欧阳修成为了革新派的主要代言人

西部边患未解,北方又传警报。庆历二年三月,契丹族政权辽国见宋朝忙于西夏战事无暇他顾,于幽蓟一带聚兵,声言南下,要求割让瓦桥关(今河北雄县南)以南的十县土地。而在此时,京东、京西也正酝酿着大规模的农民起义。宋王朝腹背受敌,毫无招架之力,在此情形下,决定派使臣前往辽国议和。知制诰富弼临危受命,先后于四月、九月两度出使契丹。面对飞扬跋扈的辽国君臣,富弼不卑不亢,义正辞严,处处维护国家的尊严。经过一番艰难的谈判,终于保全了国土,拒绝了联姻的要求,但是作为代价,在"澶渊之盟"的基础上,宋朝每年必须向辽增纳银十万两,绢十万匹。

内外交困、危机四伏的局面,迫使仁宗皇帝下决心广开言路,寻求拯救危局的方略。五月十二日正式下诏,命三馆臣僚上书言事。欧阳修十分踊跃,于是废寝忘餐写成《准诏言事上书》一文。文中提出"三弊五事",全面分析宋朝官僚政治的症结所在,系统提出自己的改革主张。这篇文章充分体现了欧阳修立足现实,反对因循守旧的政治思想,其精神实质与范仲淹随后提出并成为"庆历新政"主要内容的《条陈十事》完全一致。文章长达三千八百余字,尖锐犀利,毫无隐讳。在此后的几个月中,他又接连撰写了《本论》、《为君难》等系列论文。

《本论》分上、中、下三篇,分别从政治、思想两个领域针对宋朝积弊提出"治本之策"。上篇侧重于政治方面,指出当前朝政存在的五大弊端:其一是"财不足用于上而下已弊",其二是"兵不足威于外而敢骄于内",其三是"制度不可为万世法而日益丛杂,一切苟且",其四是"莫有奋然忘身许国者",其五是"愚者无所责,贤者被讥疾"。他认为:

> 夫财用悉出而犹不足者,以无定数也(即经费支出没有严格规定)。兵之敢骄者,以用之未得其术。以此知制(即法)之不立也。夫财匮兵骄,法制未一,而莫有奋然忘身许国者,以此知不任人也。

因此,均财、节兵、立法、任人,是求治的关键,其中"任人"更是关键中的关键。当今之世,"不任人者,非无人也",而在于缺乏一种"尊名以厉贤"的良好社会风气:

> 彼挟材蕴知,特以时方恶人好名,各藏畜收敛,不敢奋露,惟恐近于名以犯时人所恶。是以人人变贤为愚,愚者无所责,贤者被讥疾,遂使天下之事将弛废,而莫敢出力以为之。

由于世人都以嫉妒他人美好的名誉声望为普遍时尚,致使那些富有才华与智慧的人们不得不含蓄收敛,轻易不敢显露,惟恐稍一不慎,便招来时人的妒忌与排挤,因此人人都以贤为耻,以愚为荣。愚者不受责备,贤者反遭讥讽,于是天下之事松弛荒废,而没有人敢出来奋力挽救。由此可见,"此不尚名之弊者,天下之最大患也",因此,崇尚名节,振作士气,高扬人格力量,正是求治革新的根本所在!

确实,自五代以来,道德陵夷,士气衰颓,士大夫们逐渐养成了因循苟且、唯唯喏喏、不求有功但求无过的庸人习气,欧阳修此论可谓切中肯綮。而尤为难能可贵的是,他不仅敏锐地发现并揭露了这一弊病,而且身体力行,与范仲淹等杰出之士一道,"以直言谠论倡于朝",为一代知识分子做出了光辉榜样,"于是中外搢绅知以名节相高,廉耻相尚,尽去五季之陋矣"(元·脱脱《宋史·忠义传序》)。

《本论》的中篇与下篇则是从思想一统的角度,反对佛教,弘扬儒学。自东汉后期佛教传入中土,其影响日益扩大,对于儒家思想的正统地位构成了极大威胁,历代儒者无不视之为洪水猛兽,极力排佛辟佛。唐代文学家韩愈曾作《原道》,提出采取强制措施,"人其人,火其书,庐其居",即勒令僧人还俗,烧毁佛经典籍,将佛寺变为民居。后世儒者"咸宗其语"(宋·陈善《扪虱新话》),沿袭着这一思维模式。但欧阳修不赞成韩愈的简单与粗暴,他认为这只是治标而非治本,其结果必然是"攻之暂破而愈坚,扑之未灭而愈炽"。那么,怎样才能遏制佛教势力的进一步发展呢?欧阳修主张潜移默化的教育熏陶。他说:

> 然则将奈何?曰:莫若修其本以胜之。昔战国之时,杨、墨交乱,孟子患之而专言仁义,故仁义之说胜,则杨、墨之学废。汉之时,百家并兴,董生患之而退修孔氏,故孔氏之道明而百家息。此所谓修其本以胜之之效也。

也就是说,只有大力弘扬儒学,使人人受教化,个个知礼义,"行之以勤而浸之以渐,使民皆乐而趣焉,则充行乎天下,而佛无所施矣"。欧阳修的这一主张,显然比韩愈的行政命令式的手段高明许多,在思想界产生了很大影响。因此,"此论一出,而《原道》之语几废"(宋·陈善《扪虱新话》)。

不过,此时的欧阳修对佛教的理解还十分肤浅,他简单地认为"民皆相率而归焉者,以佛有为善之说故也"。实际上,作为外来文化,就整个宇宙观、人生观、认识论、方法论诸方面,佛教都有一套独特的理论与见解,可补中国传统学术之不足。如,佛家的抽象思维、逻辑推理本领即为儒家所不擅长;至于有关宇宙生成、万物化育及心性修养等理论,更为传统儒学的空白。所以后人讥刺欧阳修"不曾深看佛书,故但能攻其皮毛"(宋·罗大经《鹤林玉露》)。

而且,综观欧阳修的一生,他并不是坚决的反佛斗士。早在西京留守推官任上,就曾随谢绛等拜访太室山上以持诵《法华经》而著称的汪姓僧人,听他讲经说法,"不觉心醉色怍,钦叹忘返"(谢绛《游嵩山寄梅殿丞书》)。任职汴京后又结识了惟俨、秘演等僧人,并与他们酬唱往来,十分密切。此后宦海沉浮,佛教自然而然成为他摆脱心灵苦闷的有效工具。而到晚年,他甚至自命为在家修行的佛家居士。这种对佛教既排斥又接受的矛盾态度,正体现了欧阳修作为代表国家利益的政治家与代表个体心灵需求的文学家的双重身份与双重人格的共存共处,前者可以公之于众,而后者则不足与外人道,属于个人"隐私"。

与《本论》不同,《为君难论》重点在于提倡言事之风。文章分为上、下两篇。上篇从"为君难,莫难于用人"的角度出发,讨论用人与纳谏之间的关系。指出:帝王用人,虽应"任之必专,信之必笃",但切不可"以违众为独见之明","以拒谏为不惑群论","以偏信而轻发

第四章 力振斯文扶新政

为决于能断"。作者熟悉历史,对于前代君王力拒群议、专信一人,而招致祸败的例子信手拈来。他说:

> 昔秦苻坚地大兵强,有众九十六万,号称百万,蔑视东晋,指为一隅,谓可直以气吞之耳。然而举国之人皆言晋不可伐,更进互说者不可胜数;其所陈天时人事,坚随以强辩折之,忠言谠论皆沮屈而去。……惟听信一将军慕容垂者。

在慕容垂的怂恿下,苻坚决意大举南伐,结果经淝水一战,大败而归,九十六万人亡其八十六万,自此兵威沮丧,不能复振,以致于内乱而亡。同样,五代后唐时,石敬瑭以河东节度使驻太原,拥兵跋扈,后唐废帝李从珂将他视为心腹之患,想调任他为天平节度使,借此削弱他的势力。"满朝之士皆谏,以为不可。"李从珂夜召亲信薛文遇以决可否。

> 文遇对曰:"臣闻作舍道边,三年不成。(即与过路人商量盖房子,必然办不成事)此事断在陛下,何必更问群臣。"帝大喜曰:"术者言我今年当得一贤佐,助我中兴,卿其是乎!"

第二天即不顾朝臣反对,颁发了诏令。早有不臣之心的石敬瑭得知这一消息,正好以为借口,说"我不兴乱,朝廷发之,安能束手死于道路乎!"于是举兵叛乱。废帝兵败自杀,石敬瑭称帝,为晋高祖。

> 由是言之,能力拒群议,专信一人,莫如二君之果也;由之以致祸败乱亡,亦莫如二君之酷也。方苻坚欲与慕容垂共定天下;清泰帝(清泰:后唐废帝年号)以薛文遇为贤佐,助我中兴;可谓

151

临乱之君,各贤其臣者也。

因此,帝王用人在"任专信笃"的同时,还应广听博采,接受群臣的意见。然而,"用人之难难矣,未若听言之难也"。《为君难论》下篇即重点论述帝王听言之难。他认为,听言之难最难不在巧诐与忠直的辨别,而在于真正可用与不可用的辨别:

> 若听其言则可用,然用之辄有败人之事者;听其言若不可用,然非如其言不能以成功者:此然后为听言之难也。

有的人说话头头是道,一接触实际便一败涂地。战国时代就有个著名的"纸上谈兵"的故事。赵国名将赵奢的儿子赵括,最善谈兵,可谓天下无敌。后来赵王命令他代替廉颇领兵长平抗击秦国,结果兵败身亡,赵国一次折兵四十万。而有的人则恰恰相反,如秦国大将王翦。当年秦始皇统一天下,打算攻打楚国,曾问秦将李信,用兵多少?李信年少气盛,回答说:"不过二十万足矣。"而老将王翦则说:"非六十万不可。"秦始皇很不高兴,说:"将军老矣,何其怯也!"于是派李信将兵二十万攻楚,大败而还。最后还是由王翦将兵六十万消灭了楚国。

> 且听计于人者宜如何?听其言若可用,用之宜矣,辄败事;听其言若不可用,舍之宜矣,然必如其说则成功,此所以为难也。

由此可见,为君者不仅要敏于听言,还要善于听言。

欧阳修这一系列重要论文,与他明道、景祐以来的其他文章在思想上前后相续,不断深化,是当时涌动于朝野上下的改革思潮的重要组成部分,一经写出,众口相传,他因此而成为革新派的主要代言人,为即将到来的"庆历新政"做出了积极而充分的思想舆论准备。

韦城知县的晚宴上,有位美貌的女子格外引人注目

此时,结婚五载的薛氏夫人已先后生下一女一儿,家中人丁兴旺固然令人欣慰,但经济负担也随之变得更加沉重起来。欧阳修素无家底,全靠微薄的俸禄维持生计,在物价高昂的繁华京师未免常常捉襟见肘。庆历二年八月,遂以家贫为由请求外任,得通判滑州。九月令下,闰九月到达任所。这是欧阳修第二次来到滑州,虽然前后相隔不过两年,地位已自不同。宝元二年只是州府的一名普通僚属,如今却是可与知州共同签署文书的州府副长官。

时值秋冬,旱蝗严重。到任不久,欧阳修即循例到各属县视察灾情。多年来,蝗灾一直困扰着广大农村,督促捕蝗成为各级官府的一项重要工作。围绕这项工作,朝野上下颇多争议,有的赞同,有的反对。反对者认为,年岁丰歉本由天定,人力无法抗拒,大规模的捕蝗不但会踩坏禾苗,不法官吏还可借端扰民,危害更甚于蝗灾。欧阳修不赞成这种消极的态度,因为蝗虫的繁殖既多且快,听天由命的结果必然是养痈遗患。不过,在实地考察的过程中,他也清楚地看到了朝廷政策的弊端所在,在《答朱寀捕蝗诗》中他写道:

官书立法空太峻,吏愚畏罚反自欺。盖藏十不敢申一,上心虽恻何由知。

因此，他主张朝廷改变政策，像唐代名相姚崇曾采用的那样，以物质奖励取代严刑峻法的强制措施，那时，情况一定会大有改观：

> 官钱二十买一斗，示以明信民争驰。敛微成众在人力，顷刻露积如京坻。乃知孽虫虽甚众，嫉恶苟锐无难为。往时姚崇用此议，诚哉贤相得所宜。

行至韦城县，已是最后一站，欧阳修心中感到十分轻松。这天夜里，明月如霜，好风如水，韦城知县设宴款待欧阳修一行。按照当时的惯例，席间自然少不了侑酒助兴的歌伎。其中有位美貌的女子格外引人注目。她舞姿优雅，歌声婉转，举手投足间有种难以形容的妩媚和娇柔，尤其是舞罢歌停，长长的舞袖轻垂，她手持金杯，答谢客人，真是"回眸一笑百媚生"，让人不禁心神荡漾……欧阳修深深地被她吸引，趁着酒兴，即席赋词：

> 灯烬垂花月似霜，薄帷映月两交光。酒醺红粉自生香。　　双手舞余拖翠袖，一声歌已醥（jiào，喝干杯中的酒）金觞。休回娇眼断人肠。（《浣溪沙》）

这位歌妓原是冰雪聪明的女子，欧阳修的忘情与关注，她都一一看在眼中，而她自己也早已仰慕这位声名赫赫的当代才子，不想今日得以相见。她暗自寻思，要学古代至情至性的女子，"拼将一生休，尽君一日欢"。因此，酒阑宴散之后，她避开同行的女伴，悄悄找到了欧阳修下榻的驿馆……

第二天，欧阳修的心绪渐渐平复，不免有点后悔夜间的行径。

第四章　力振斯文扶新政

长期以来,他为自己设计的理想人格形象是一位道德文章垂百世而不朽的儒者,总希望用理智的精神控制自己多情风流的心性。况且夫人薛氏对于这类事情也十分在意,平时常常温柔劝谏。她心思细密,若有蛛丝马迹被她发现,只怕难以饶过自己。

正如常言所说:"若要人不知,除非己莫为。"天下没有不透风的墙。这件事情还是不如人愿地传出去了,就连临别时曾以金钗相赠的细节也没有遗漏。直到十多年后,同僚中还有人拿此事跟他开玩笑。那年欧阳修奉命出使契丹回到朝廷,一天,他对胡宿说:"民间有'雨逢甲子则连阴'的说法,果然没错。我这次出使契丹到长垣,一去一来,无不碰上绵绵阴雨。"

胡宿哈哈大笑,随口接道:"'长垣逢甲子'可对'韦县赠庚申'也。"

甲子、庚申同为天干地支符号,而以五行相配,庚、申皆属金,所以胡宿以之暗指金钗,确实非常机智。欧阳修听罢,虽然有些尴尬,也只好报之一笑。

不过夫人听说之后,可就没有这么轻松。尽管其时情形已难详考,我们或许仍可以从《醉翁琴趣外篇》中一首俚俗真率、情景如画的小词中略见一斑:

> 夜来枕上争闲事,推倒屏山褰绣被。尽人求守不应人,走向碧纱窗下睡。　　直到起来由自㷰。向道夜来真个醉。大家恶发大家休,毕竟到头谁不是。(《玉楼春》)

那天夜里,一向温厚平和的薛夫人,怒气冲冲,掀开被子,推倒了屏风,跑到碧纱窗下的小榻上睡下,任他怎么赔礼认错都不肯理睬,直到第二天早上,犹自闷闷不乐。欧阳修自然是小心翼翼,使出

155

浑身解数来求得夫人的原谅,以后在行为上也就尽可能地更加检点了。

对五代时期的忠义之士大书特书,推崇备至

巡县回来不久,欧阳修便雇了几名工匠着手改造官署东面的一处旧房。他别出心裁地将这座长方形的房子设计成船形,分为前后相连的七间,"船头"与"船尾"三面无墙,只以雕花的护栏围绕其旁,两檐之下堆满嶙峋怪石、遍植佳花美木;步入房中,或小坐或凭倚,仿佛泛舟中流,左山右林,相映成趣。他将这座房子命名为"画舫斋"。有的朋友对此颇觉不解,因为,《周易》的卦辞说到履险蹈难,总是以渡河为比喻,说明在人们的意识中,船只是济难的工具,不是安居的场所,而欧阳修改建这座房子,目的是用于休闲,却要建成船形,以"舫"名之,岂不有点违背常情吗?况且,当年他被贬夷陵,"走江湖间,自汴绝淮,浮于大江,至于巴峡",次年改任乾德,又从长江入汉水,先后水行几万余里,途中曾多次遭遇风波险阻,惊惶无措之际,只能祷告神明,"追思向时山川所历,舟楫之危,蛟鼍之出没,波涛之汹涌",应该是心有余悸,为什么还要以"舫"名斋呢?其实,这里寄托着欧阳修这一阶段对人生的深刻思考。在随后所作的《画舫斋记》中,他写道:

然予闻古之人有逃世远去江湖之上,终身而不肯返者,其必有所乐也。苟非冒利于险、有罪而不得已,使顺风恬波,傲然枕席之上,一日而千里,则舟之行岂不乐哉!

常言道:"天下熙熙,皆为利来;天下攘攘,皆为利往。"当人们被名、利二字所驱使时,无论身在江湖还是身在陆地,何处不是艰难险阻?何处不感到困顿辛劳?然而,一旦超越了名利的羁绊,摒弃了得失的忧患,再大的风浪也自可等闲视之、乐在其中。因此,自古逃名遁世的隐逸之士,莫不以浩淼江湖为悠然自适的最佳去处。

当然,此时的欧阳修并无遁世隐逸之志,他所推崇的是一种为天下、为社稷漠视名利、奋不顾身的忠义之节。

他仍在继续撰写《五代史》,在对历史资料的研究、检讨中,他痛切地发现了这样一个事实:

> 五代始终,才五十年,而更十有三君,五易国而八姓,士之不幸而出乎其时,能不污其身、得全其节者鲜矣。(《王彦章画像记》)

朝代频繁更替、政权屡倾屡覆的五代时期,身处其中的士人大多身事数姓,几易其主,屈己苟活、丧失节义,导致了道德的沦丧、风俗的败坏,这一切又反过来加剧了社会的动荡。而更为可怕的是,这种自私卑琐、以个人得失为中心的堕落士风,直到如今依然没有得到彻底的肃清,它严重地危害着朝廷政治,影响着国家事务的健康运转。多年来,无论是在与朋友的书来信往中,还是在各种政治性、文学性的撰述中,欧阳修无时无刻不在大声疾呼:振作士气,改变士风!因此,对于五代时期的忠义之士,他总是大书特书,推崇备至。

五代后梁的武将王彦章,骁勇善战,在与晋王李克用的交战中受伤被俘,不屈而死。欧阳修每次读到有关他的资料,"未尝不感愤叹息",认为他的"义勇忠信出于天性而然"。可惜薛居正所编《旧五代史》由于资料残缺,未能详细叙述王彦章的生平事迹。王彦章曾任后梁宣义军节度判官,治所在滑州,其后人因而定居滑州。康定元年,欧阳修以节度判官来到此地,即于民间访求到王彦章之孙王睿所录家传,其中记载的事迹颇多于旧史。这次重来滑州任通判,路过当地人所谓的铁枪寺时,又偶然发现了王彦章的画像。原来,王彦章最善用枪,当时号称王铁枪。铁枪寺就是当地民众祭祀他的寺庙。直到如今,虽然百余年过去了,"童儿牧竖,皆知王铁枪之为良将也"(《王彦章画像记》)。欧阳修怀着无比崇敬的心情在画像前虔诚礼拜。由于岁月的侵蚀,画像已渐渐磨灭,隐隐可见。欧阳修连忙请来工匠加以整修,"而不敢有加焉,惧失其真也",并作《王彦章画像记》以记其事。他十分感慨地说:

> 一枪之勇,同时岂无?而公独不朽者,岂其忠义之节使然欤?画已百余年矣,完之,复可百年。然公之不泯者,不系乎画之存不存也,而予尤区区(即诚挚)如此者,盖其希慕之至焉耳。读其书尚想乎其人,况得拜其像,识其面目,不忍见其坏也。(《王彦章画像记》)

文章一边记叙王彦章的传闻轶事,一边描写自己访求遗迹、画像的经过,读来十分亲切感人、真实可信。而叙论结合,以古论今的手法,更将历史与现实、古人与自我交织融合,两两互见,引人深思:

> 公之攻德胜也[①],初受命于帝前,期以三日破敌,梁之将相闻者皆窃笑;及破南城,果三日。……今国家罢兵四十年,一旦元昊反,败军杀将,连四五年,而攻守之计,至今未决。予尝独

[①] 五代后梁龙德三年(923)四月,晋王李克用攻陷郓州,王彦章任招讨使,赶往滑州滑台,水陆并进,切断李克用的交通要道德胜桥,攻下南城,李克用弃北城而去,梁军大胜。

持用奇取胜之议,而叹边将屡失其机;时人闻予说者,或笑以为狂,或忽若不闻。虽予亦惑,不能自信。及读公家传,至于德胜之捷,乃知古之名将,必出于奇,然后能胜。(同上)

吕夷简罢相,欧阳修增补为谏官

庆历三年(1043)正月,皑皑白雪依然覆盖着荒原与村落,春天的脚步却已悄悄走近:

> 新年风色日渐好,晴天仰见雁已回。……翠芽红粒迸条出,纤趺(fū,花蕊)嫩萼如剪裁。卧槎烧枿(niè,树木砍去后又长出的新芽)亦强发,老朽不避众艳咍(hāi,嗤笑)。(《归雁亭》)

那仿佛巧手裁剪出来的绿叶红蕊,争先恐后地从枝条间迸出,就连那曾经被野火烧过、被樵夫砍过的老树残根,也纷纷长出了嫩枝新芽……大自然勃勃的生机,激发着人们内在的生命活力:

> 酒酣几欲掆(hóng,敲击)大鼓,惊起龙蛰驱春雷。(同上)

在滑州归雁亭,欧阳修怀着春天的喜悦,憧憬着新的一年、新的开始……

这真是一个值得人们期待的年份。正月,西夏因久战困弊,终于决定派遣使者请求议和,历时四年的宋夏之战即将告一段落。

当然,令人振奋的消息还不止于此,执政二十年的宰相吕夷简因年老多病于三月二十一日辞去相位。对于这位长期辅政的老臣,仁宗内心是十分依恋的。当年,他年幼登基,母后临朝,"内外无间言,天下晏然,夷简之力为多"(宋·王称《东都事略·吕夷简传》)。这位足智多谋、经验丰富的宰执大臣,"于天下事屈伸舒卷,动有操术"(元·脱脱《宋史·吕夷简传》),尽管由于当政日久,未免专权擅任,压制异己,但从未将政敌置之死地,"所斥之士旋复收用,亦不终废"(同上),因此,虽多次被台谏弹劾,而仁宗对他的眷顾始终不变。对于他的辞职,仁宗曾再三挽留,又多次亲下手诏予以极高礼遇。不过,从另一方面来说,这位既像父辈又像导师的宰相的辞职,对正当盛年的皇帝来说,又未尝不是一种约束的解除。他决心以此为契机刷新朝政、革除时弊!

吕夷简罢相之后,仁宗的第一个举措便是开放言路,增补谏官。欧阳修首获其选,推荐他的便是现任宰相兼枢密使晏殊。企盼多年的机会终于降临,欧阳修的心情无比激动和兴奋,决心不辜负君王的恩遇,知无不言,言无不尽,为酝酿多年的改革潜流推波助澜。他快马加鞭回到京师,但见绿荫初茂,新笋成行,四月的汴京在他眼中呈现出从未有过的盎然生机!

与欧阳修同时任命为谏官的还有王素、余靖、蔡襄。他们一样地充满忧患意识,一样地正直敢言,上任不久即被人们戏称为"一棚鹘"。鹘,又名隼,是一种形状似鹰的猛禽。他们以锐利的眼光审视朝野,以极大的勇气指陈朝政阙失,向权威挑战,向陈规开火,充当着改革的先锋和斗士。

四月七日,士论所归的韩琦、范仲淹同时被任命为枢密副使。自康定元年以来,两人同在西北整顿军队、加强防务、大兴屯田、招抚边地少数民族,为提高军队战斗力、防止西夏侵扰、安定人民生活立下了汗马功劳,声名大振,并称"韩范",因此朝廷倚以为重。

可是即将出任枢密使的却是声名狼藉的守旧派人物夏竦。夏竦字子乔,江州德安人,他明敏好学,才术过人,但生性贪婪,汲汲于功名利禄,又喜欢玩弄权术,反复无常,时人称为奸邪小人。吕夷简执政期间,害怕与他共事,始终不肯起用。退休时为了尽释前嫌,特意推荐了他,所以才有这一任命。

消息发布之后,欧阳修、蔡襄等极力反对,这群无所畏惧的台谏官们交章论谏,一连上了十一道奏疏,终于迫使皇帝收回成命,改任杜衍为枢密使。已经兴冲冲来到都门之外的夏竦只得悻悻离京,改任亳州知州。

杜衍字世昌,越州山阴人。他从小"苦志厉操,尤笃于学"(元·脱脱《宋史·杜衍传》),劲正清约,好荐引贤士,裁抑侥幸,凛然有大臣之概,在朝野间享有盛誉。此时由枢密副使升任枢密使,正是顺理成章,深孚众望。

朝廷的一系列人事变动,昭示着宋仁宗奋然求治,振起威德的革新意愿。朝野上下一大批关心国运、富有社会政治热情的士大夫无不为之欢欣鼓舞。正在国子监担任直讲的石介更是抑制不住内心的激动,他说:"这是千古难逢的盛事啊!我的职责就是颂美圣明,怎能不放声高歌、纵笔疾书?"

于是,他以澎湃的激情写下一首长达一百九十句的四言古诗《庆历圣德颂》。诗歌明辨忠邪,热情讴歌范仲淹、富弼、杜衍、韩琦、欧阳修、余靖、王素、蔡襄为辅佐圣君的贤德俊良,痛斥夏竦为朝廷大奸。由于切中时事,一经写出,众口相传,影响极为巨大,就连远在偏僻的四川眉山、当时年仅八岁的苏轼,也从乡校老师那里读到了这首诗歌,从此记住了范、韩、富、欧等一代名臣。

在舆论的鼓舞下,欧阳修等四名谏官更觉斗志昂扬,极论时政,奏疏不断。对于石介这位思想界的猛将、这位最富鼓动性的宣传家,他们一直都是十分了解的,对于他乐善疾恶、遇事奋然敢为的个性自然也是十分的推崇,引为同调。因此,决定联名向朝廷推荐石介担任谏官。

可是,这一提议却遭到范仲淹的坚决反对。他说:"石介刚正不阿,天下皆知,但好标新立异,又倔强劲直,倘若担任了谏官,必定会勉强皇上去做一些感到难为的事情,若稍不合意,他甚至会不顾一切地死谏。当今朝廷政事得体,哪会用得着这种谏官?"

对于众人口口传诵的《庆历圣德颂》,范仲淹也有自己不同的看法。诗歌刚刚流传时,范仲淹正在由陕西边境返回汴京的路上。读罢此诗,他不禁拊掌一叹,对同行的韩琦说:"大事将要坏在这个怪人手上了!"

韩琦也深有同感,他忧心忡忡地说:"成就国家大事,怎会这样简单!照他这样做,必定要坏事。"

长期以来,范仲淹、韩琦从朝廷到地方,从京师到边关,积累了十分丰富的政治经验。他们深深感到,政治改革是极为艰巨、复杂的,应该以全局观念和富于前瞻性的眼光理性地推进。石介意气用事,虽然能逞一时之快,但很有可能将严肃的政治改革导向无休止的人事纠纷。不过,此时的欧阳修还不善于从这样的高度来思考政治问题,和大多数人一样,他为一次次大大小小的胜利而欢欣,为改革事业的步步推进而激动。四月八日论罢夏竦。五月三日论罢凌景阳等三人馆职之资。七月三日论罢翰林学士、知制诰苏绅。十一日论罢参知政事王举正。一时之间,人视之如仇,但欧阳修毫不介意,他心中只有一个想法:克尽谏官职守。在《答徐无党第二书》中他写道:

> 修今岁还京师,职在言责,值天下多事,常日夕汲汲,为明天子求人间利病。

仁宗皇帝十分欣赏欧阳修的忠诚刚正,论事切直,始终如一,曾深有感慨地对身边侍臣说:"如欧阳修者,何处得来!"

庆历三年十月,
著名的"庆历新政"拉开了帷幕

春去秋来,形势更进一步地向有利于改革者的方向发展。八月十三日,范仲淹改任参知政事,富弼为枢密副使。此时仁宗皇帝急于稳固政局,实现太平,一次又一次地向大臣们求问强国的方略。范仲淹深感任重而道远,曾私下对朋友说:

"皇上对我确实是极为信任和器重,可是,任何事情都有个先后缓急,以往长期承平局面中形成的弊端并不是一朝一夕可以革除的啊。"

但年轻的皇帝已是迫不及待、跃跃欲试了。他两次赐给范仲淹亲笔书写的诏书,又于九月三日大开天章阁召见二府[①]大臣,让他们当场奏对,条列己见。天章阁始建于宋真宗天僖年间,仁宗即位后,专门用于珍藏真宗御制文集与御书。在如此庄严肃穆的殿阁与宰执大臣共商大计,谋求革故鼎新之道,足见仁宗的郑重其事。

仁宗皇帝的一再敦促,令范仲淹十分惶恐,退归私第后,他将多年来对国事的深入思考,写成《答手诏条陈十事》一文,提出了十大新政主张:一曰明黜陟,即严格官吏升降制度;二曰抑侥幸,即限制臣僚自荐子弟做官的"恩荫"制;三曰精贡举,即科举考试制度的进一步精细化与严密化;四曰择长官,即选派优秀的人担任转运使、提点刑狱和州县长官;五曰均公田,即均衡地方官员的职田收入,使他们有足够的衣食养活自己,以便廉洁为政;六曰厚农桑,即重视农业

[①] 二府:宋以枢密院专掌军政,称西府;中书门下(政事堂)掌管政务,称东府,合称二府,为最高国务机关。

生产,大兴水利建设;七曰修武备,即参照唐代府兵制,整治军备,减省给养之费;八曰覃恩信,即广泛落实朝廷的惠政和信义,从重处置那些违反或拖延敕令施行的人;九曰重命令,即严肃对待和慎重发布朝廷政令,以取信于民;十曰减徭役,即减轻民间对官府的供给,对那些本不该承担公役的人,全部放回农村。

与此同时,富弼也呈上了"安边十三策"和当务之急的十几条革新建议,韩琦则先奏七事,又陈救弊八事。这些都是对范仲淹十大新政主张的补充。仁宗专意信任范仲淹等改革派大臣,全部采用了这些奏议,庆历三年十月开始,陆续以诏令形式统一颁行全国,付诸实施,历史上著名的"庆历新政"正式拉开了帷幕!

从新政的纲领性文件《答手诏条陈十事》可知,新政的核心就是整顿吏治,革除官场上"不问贤愚,不较能否"、"人人因循,不复奋励"的弊病。欧阳修热烈拥护范仲淹的新政主张。事实上,早在初登言路时,他便连上《论按察官吏劄子》与《论按察官吏第二状》两个奏折,要求"特立按察之法,……然后别议黜陟之法",淘汰那些年老、病患、赃污、不材的官吏,以解决官吏冗滥的弊端。九月末,他又上《再论按察官吏状》,建议朝廷"精选明干朝臣十许人,分行天下,尽籍官吏能否而升黜之"。这一提议得到了皇帝的认可。庆历四年初,仁宗诏令中书省、枢密院聚议多日,决定选派都转运按察使前往各地考察地方官吏。于是,张昷之被派往河北,王素派往淮南,沈邈派往京东,施昌言派往河东,李绚派往京西。他们分别代表朝廷"自择知州,知州择知县,不任事者皆罢之"(明·陈邦瞻《宋史纪事本末·庆历党议》)。

范仲淹亲自参与了对地方官员的考察,他调来各路转运使名册逐一翻阅,见庸碌无才者,便一笔勾去其姓名,这种雷厉风行、毫不留情的作风,就连富弼看着都有些心惊,他说:"范公您这轻轻一笔,哪里知道他要一家痛哭呢!"

范仲淹坚定地回答说:"宁愿让一家哭,不能让一路哭。"

范仲淹坚决果断的态度主导着改革的发展方向,因此,新政实行不久,一些庸碌贪赃的官吏纷纷罢黜,州县吏治一时有所澄清。

庆历四年春,在紧锣密鼓地整顿吏治的同时,有关人才选拔与培养的改革措施也在热烈的讨论与部署中。

培养人材的关键在于兴学。可是,唐末五代,社会动荡不安,学校凋零,教育衰敝。宋朝建立后,稍稍增修国子监学舍,长期在校的学生也不过一二十人;太学则未尝营建,暂借锡庆院数十间房子凑合使用。

宋朝人才选拔的主要途径是科举考试,分解试(乡试)、省试和殿试三级。设有进士、九经、五经、开元礼、三史、三礼、三传、学究、明经等科。科目虽多,但朝廷最重视的是进士一科,士子趋之若鹜,人才亦多出于此科。在此之前,进士省试共分四场:第一场试诗赋,第二场试论,第三场试策,第四场试贴经。这种考试方法不利于选拔有真才实干的人才,因而越来越多的有识之士要求改革这一弊制。在《答手诏条陈十事》中范仲淹就曾指出:

> 国家乃专以辞赋取进士,以墨义取诸科,士皆舍大方而趋小道,虽济济盈庭,求有才有识者,十无一二。

对于科举考试的弊端,欧阳修也早有不满,他本人蹭蹬科场七八年,经历了两次惨痛的失败,又曾目睹梅尧臣、曾巩等杰出之士的一再受挫,多次撰文质疑这一制度选择人才的合理性与可靠性。因此,他积极地参与到这场讨论中。在《论更改贡举事件劄子》一文中,他明确指出:

> 伏以贡举之法,用之已久则弊,理当变更。

进而分析致弊之因,其一在于先诗赋而后策论,"使学者不根经术,不本道理",只要死记硬背《六帖》、《初学记》等类书,格式上符合基本要求,把诗文写得四平八稳,便能获选;其二在于"诗赋、策论通同杂考,人数既众而文卷又多",导致阅卷者心劳力竭,取舍失当。针对这两项弊端,他提出了改革的办法:

> 今之可变者,知先诗赋为举子之弊,则当重策论;知通考纷多为有司之弊,则当随场去留。

具体而言就是首场试策,次场试论,最后试诗赋,每场考试淘汰一批人,最后参加诗赋考试的,"皆是已经策论,粗有学问,理识不致乖诞之人",这样便能保证"少而易考,不至劳昏。考而精当,则尽善矣"。

随后,遵从仁宗御旨,欧阳修与翰林学士宋祁,御史中丞王拱辰,知制诰张方平,殿中侍御史梅挚,天章阁侍讲曾公亮、王洙,右正言孙甫、监察御史刘湜等九人,讨论科举改革方案,实施"精贡举"的主张。

庆历四年三月十二日,由欧阳修起草上奏《详定贡举条状》一文,"参考众说,择其便于今者",从人材培养到人材选拔,提出了一整套改革措施。在人材培养方面,主张在各州县设立学校,让士子们在本乡本土接受教育,由地方官员考察其道德品行,选择品学兼优的人推荐应试。在人材选拔方面,提出科举考试先策论后诗赋,引导全国士子留心国家治乱的思考;简化诗赋考试的程式规范,使才识闳博者得以驰骋;考问儒家典籍的大义,使研读经书者不专于记诵。这一系列改革主张很快在御前会议上获得通过。

十三日,朝廷发布了欧阳修起草的《颁贡举条制敕》,正式颁行新的科举考试条例,同时诏令天下州县皆立学。从此,各类官私学校如雨后春笋般勃兴于四方,推动着宋代文化走向全面兴盛!

春天的气息、春天的花朵温润了欧阳修的心灵

这段时间,欧阳修越来越受到朝廷的重用。

庆历三年九月四日,因论事无所避忌,欧阳修与王素、余靖、蔡襄同受仁宗奖谕,王素赐紫衣金鱼三品服,欧阳修等赐绯衣银鱼五品服。

十月十四日,欧阳修升任修"起居注",专门负责记录皇帝言行。这一官职的设立根源于自古相传的史官传统,早在西周时代,朝廷就分设了左、右史官,记录皇帝的言行,有"左史记言,右史记行"之说。史官最重要的职业准则就是秉笔直书,真实地记录历史,以千秋万代的道德评判威慑处于权力巅峰的君王。这在古代中国产生过一定影响。因此,按照传统,历代帝王都不阅读当代国史,以免权力因素的介入而导致记录失实。欧阳修初任修"起居注",立即敏锐地发现,本朝的做法有违古训,每当撰述完成,必誊录副本进呈御览,以至于"事有讳避,史官虽欲书而不敢也"(清·徐松《宋会要辑稿》)。于是他上奏皇上,主张"自今'起居注'更不进本",以保持修注者的思想独立。仁宗同意了他的建议。

一个多月后,欧阳修再次得到提升,被任命为知制诰。知制诰负责起草皇帝诏令,相当于皇帝的机要秘书,有权参与国家的重大决策。历届不少宰相都是从这一职位上擢升的。由于这一职位的

极端重要,按照宋朝惯例,"知制诰必先试而后命"(《归田录》)。而这次仁宗却亲下旨令:欧阳修可以不参加考试,直接就任。自宋朝建立百余年来,不试而任命者仅有三人——陈尧佐、杨亿和欧阳修。欧阳修对此感到十分荣幸,并将这种知遇感和荣耀感转化成更大的政治热情,投身到改革的浪潮之中。

激情燃烧的岁月中,欧阳修似乎丝毫未感受到时序的悄然流转。庆历四年初春的一天,他像往常一样退朝回家,匆匆地穿过热闹的街市。忽然,一阵清脆的卖花声掠过耳际,将他从沉思中唤醒。循声看去,卖花担上是一束束含苞欲放的桃花、杏花,这才恍然惊觉,一个姹紫嫣红的春天已经来临!他情不自禁地深吸了一口花香,然后跳下马来挑了几束鲜花,重又策马前行。噢,春天来了!他微笑着,想起了不知在哪里读过的两句诗:

卖花担上看桃李,拍酒楼头听管弦。

诗句虽然浅近,却生动地表现了朝中一批忙于公务的士大夫的真实情状:身处富庶的京师而牵于事役,无心良辰美景,少有宴游之乐。没想到如今自己也成了诗中之人了!不过他并不以此为苦,心中有种从未有过的充实和愉悦。迎接春天,第一次没有体会到那种年华逝去的焦虑和伤感。

此时,春天的气息、春天的花朵温润了他的心灵,使他的思绪暂时脱离了近一年来所专注的政治事务,由这两句写汴京实事的诗句,他又联想起在西京洛阳的一件趣事。西京应天禅院有宋朝先帝的神御殿,供奉着太祖、太宗和真宗的御容、牌位,每年特定的时间,留守府的官吏都要前往朝拜。而禅院位于伊川之北,距离河南府有十余里地,每次朝拜都得天不亮就起床。留守钱惟演作风简便,朝

拜之后,只按规定北向饮酒三杯,不交一言而退。因此曾有诗句写道:

> 正梦寐中行十里,不言语处吃三杯。

朝拜回城,正是朝阳初升之际,那时,欧阳修总是和梅尧臣、尹洙等并马而行,悠闲地欣赏着清晨的美景。如今尹洙任渭州(今甘肃平凉)知州,梅尧臣仍在湖州监税任上,大家天南海北,各自忙于公务,好长时间没有诗书往还了。尹洙身处西北边境,军务繁重,创作较少自在情理之中;尧臣悠游于江南水乡,山水相助,应该有不少新作啊。

对于梅尧臣的诗作,欧阳修可谓是读之有瘾。他认为"圣俞平生苦于吟咏,以闲远古淡为意",因此,他的诗作构思极艰而出语平淡,十分耐人咀嚼。例如,景祐年间范仲淹贬居饶州,梅尧臣前往探望,宴席上曾作《范饶州坐中客语食河豚鱼》一诗,开篇写道:

> 春洲生荻芽,春岸飞杨花。河豚当是时,贵不数鱼虾。

江南三月,莺飞草长,水面上河豚成群结队地觅食柳絮,一天天变得肥美诱人。新鲜肥美的豚肉与柔嫩的荻芽烹制的羹汤,是江南最有名的佳肴。因此懂诗的人都说,梅尧臣这首诗,破题两句便已道尽河豚好处。诗歌作于酒宴之上,顷刻而成,笔力雄赡,遂成绝唱。

欧阳修一路思绪滔滔回到家中,将花束交给夫人,七岁的小女师师和她五岁的弟弟发儿高兴得又蹦又跳,争着帮母亲找花瓶。这时,书童递上一封书简,原来是苏舜钦寄来的。苏舜钦庆历二年夏天因母丧离京守制,不久前除丧还京,由范仲淹推荐参加学士院考试,授集贤院校理,监进奏院。①任命下达后,即往山阳迎接家眷,旅途中作《舟中感怀寄馆中诸君》诗相寄。诗歌抒发自己奋发有为的志向,笔力豪隽,超迈横绝,欧阳修十分激赏,作诗答道:

> 众奇子美貌,堂堂千人英。我独疑其胸,浩浩包沧溟。沧溟产龙鼍,百怪不可名。是以子美辞,吐出人辄惊。(《答苏子美离京见寄》)

苏舜钦状貌奇伟,仪表堂堂,冠绝一时,"望之昂然而即之温温,久而愈可爱慕"(《苏氏文集序》),但更让欧阳修赞赏的是他那如沧海般雄放阔大的胸怀,正因为内心世界的深沉丰富,其发而为言才字字珠玑,炫人眼目。他的诗歌风格豪迈,感情奔放,极富个性,就像彗星扫过夜空,耀眼的光芒令满天璀璨的群星黯然失色。这样的杰出之士,一旦有机会参与朝政,定将发挥其重要的作用:

> 使之束带立,可以重朝廷。况令参国议,高论吐峥嵘。(同上)

欧阳修怀着无比期待的心情,盼望苏舜钦尽快回来,同心携手,为推行新政,实现富国强兵的盛世理想而努力。

---

① 进奏院:官署名。掌承转诏敕与三省、枢密院命令及有关各部门文件给诸路;摘录各州章奏事由报告门下省,投递各州文书给各有关部门。监进奏院,即进奏院长官。

第四章 力振斯文扶新政

万籁俱寂的深夜，
欧阳修奋笔疾书写下了《朋党论》

自宋夏战争后，位处西北边境前沿的麟州（今陕西神木北）周围的百姓被元昊掳掠殆尽，城中供给匮乏，需要长途转运，委实劳民伤财。有鉴于此，不少大臣奏请废弃麟州，也有人认为应保留麟州，并建议将州治迁移到府州（今陕西府谷）或岚州（今山西岚县）附近。移徙废存，孰利孰弊？为了便于最后决策，庆历四年四月八日，仁宗特派欧阳修前往实地考察。

欧阳修于五月上旬抵达麟州，经过反复调查研究，他认真地写了一份《论麟州事宜劄子》，向朝廷详细地汇报了有关情况。首先，麟州及其下辖的五个兵寨与府州遥相呼应，构成了西部边境的一道屏障，可以拒虎视眈眈的少数民族侵扰者于二三百里以外，若麟州移废，那么这五寨也势难久存，其结果必然使府州成为孤堡，自守不暇，更有甚者，黄河沿岸各州县也会成为边戍，常年遭受寇扰。其次，麟州"城壁坚完，地形高峻，乃是天设之险，可守而不可攻"，距离黄河与府州，分别不过百余里，若要迁移，"不过移得五七十里之近"，却放弃了易守难攻的天险之地。因此，他力主麟州不可移废。既然如此，那么如何解除粮草运输给民众带来的压力呢？他建议一方面减少五寨常驻士兵，减去的三分之二士兵可屯于人烟稠密的保德军附近，既可免去供给运输之烦，又离五寨不过百里，若有敌情，可随时增援；另一方面，任用"材勇独出一方，威名既著，敌所畏服，又能谙敌情伪"的当地土人为麟州知州，作为本地人，他一定会"视州如家，系己休戚"，而且也容易使当地百姓归附。这样便能做到"外能捍贼而战守，内可辑民以实边"，不必凡事仰仗于朝廷，省费减兵,无所不便。

欧阳修的意见受到朝廷的重视,麟州最终未被移废。

欧阳修在麟州考察之时,朝中形势也发生了微妙的变化。新政的实施严重地触犯了一些官僚权贵的利益,从减少任子做官的恩荫,到严格按资历升官的考绩条规,使希图侥幸进取之辈深感不便,尤其是按察使派出后,因循腐败者的各种罪状被大量检举揭发出来,大大小小的官员寝食难安。他们渐渐汇聚于夏竦的周围,等待时机,准备反攻。这次,他们又把屡试不爽的"朋党"的刀子重新拾起,攻击改革派。朝野之中有关朋党的议论汹涌而起。他们攻击改革者们以国家爵禄为私惠,并煞有介事地说:

> 不过三二年,布满要路,则误朝迷国,谁敢有言?挟恨报仇,何施不可?九重至深,万几至重,何由察知?(李焘《续资治通鉴长编》引)

人多势众的反对派不断煽动兼听则明的舆论蛊惑仁宗。对弊政认识隔膜的仁宗终于被蜂拥而至的质疑挟制,于是,他满腹狐疑而小心翼翼地来问执政大臣:"从来只听说小人结党营私,君子也有党吗?"

范仲淹坦然回答道:"我在边地领兵时发现,那些勇敢的士兵喜欢自成一群,那些胆小的士兵也喜欢自为一伙。所谓人以群分,物以类聚。自古以来,邪正在朝,各为一党,关键在于主上的辨别。假使君子相朋为善,对于国家又有何害?朝廷不应禁止。"

欧阳修在旅途中得知这一情况,心中十分不安。他深知改革需要勇气,需要智慧,更需要君王坚定不移的信任和支持。鉴于景祐三年范仲淹因言事遭贬,尹洙、余靖和自己仗义执言而被诬以朋党的教训,欧阳修决定化被动为主动,撰文痛斥至今阴魂不散的朋党之说,以释解仁宗心头的疑虑,坚定他支持改革派的决心。于是,在一个万籁俱寂的深夜,欧阳修奋笔疾书,写下了不朽的《朋党论》。

文章开篇以退为进,并不就事论事地辩解改革派算不算朋党,也不否认政治生活中朋党存在的客观事实,而是一针见血地指出问题的实质,着重论说朋党的君子、小人之别。他写道:

> 臣闻朋党之说,自古有之,惟幸人君辨其君子、小人而已。大凡君子与君子以同道为朋,小人与小人以同利为朋,此自然之理也。

"朋党"一词,由来很早,《韩非子》、《战国策》、《史记》等典籍中就已出现过,但往往含有贬义。欧阳修在此则透过现象深入本质,赋予"朋党"以新的内涵,提醒君王及其他不明真相的人们不要一提"朋党"就害怕和排斥,要具体情况具体分析。

> 然臣谓小人无朋,惟君子则有之。

相信读到这里,每个人的心中都会充满了疑惑,情不自禁地想看个明白。于是,作者从容地论述道:

> 其故何哉?小人所好者禄利也,所贪者财货也。当其同利之时,暂相党引以为朋者,伪也;及其见利而争先,或利尽而交疏,则反相贼害,虽其兄弟亲戚不能相保。故臣谓小人无朋,其暂为朋者,伪也。

小人以个人私利为最高追求，没有原则，更无操守，翻手为云，覆手为雨，因此他们的聚合是短暂的、虚伪的。而君子则完全不同：

> （君子）所守者道义，所行者忠信，所惜者名节。以之修身，则同道而相益；以之事国，则同心而共济；终始如一，此君子之朋也。

"小人喻于利，君子喻于义。"通过这一番基本人情人性与生活常识的逻辑推理，作者总结：

> 故为人君者，但当退小人之伪朋，用君子之真朋，则天下治矣。

为了加强说服力，作者又列举了尧、舜、商、周以及东汉、晚唐六件相关的历史事例，从正反两个方面对比论述国家治乱与朋党的关系。

文章前半部分重在说理，后半部分重在引证史实，立意新颖，分析透彻，排比句式的运用更增强了文章的气势和论辩的力量。

《朋党论》从理论上公开阐明士大夫结党的正当性和必要性，体现了宋代士大夫为政治主张趋群结党的理论自觉，在中国政治史上具有开创性。然而，这一充满"近代"色彩的理论主张所依托的思想基础却是"非近代"的：和他的政敌一样，将政治立场与个人道德相混同，由此引发的"君子小人之辨"不仅不能说服君心，反而激化矛盾。因为，在仁宗看来，范仲淹等改革派大臣固然多品德高尚、精忠报国的君子，他们的反对派却也并非都是见利忘义、蝇营狗苟的小人，这一点，到改革后期更加明显。加上"君子有党论"在本质上与封建专制皇权存在着不可调和的矛盾,试图以这一理论回击保守势力自然是适得其反。

长期以来,欧阳修一直致力于文体文风的改革

欧阳修出使麟州,除了考察该州移徙废存事宜之外,还肩负着考核河东路官吏,协助河东路转运使统筹西部驻边部队粮草等使命。因此,麟州考察结束后,他又前往晋州、绛州、慈州、隰州、潞州、忻州、代州、保德军、汾州等地巡视。

快到晋州时,欧阳修从朝廷邸报上得知尹洙调任晋州(今山西临汾)知州,他又惊又喜,满怀期待,以为可以与分别多年的老友欢聚了。可是不久又有消息说,尹洙暂不赴任,在邠州等待新的任命。看来相会难期,因此,视察晋州后,欧阳修便按原定计划前往绛州(今山西新绛)。

由于连日暴雨,道路毁坏,欧阳修在绛州滞留了好些天。绛州城里有一座著名的园林,始建于隋朝,中唐文学家樊宗师曾为之作记。这篇名为《绛守居园池记》的散文,奇涩险怪,难以索解,是文学史上有名的怪僻之文,这座园林亦因此而得名。羁旅无聊中,欧阳修常来这园林中游玩。漫步园亭,他浮想联翩,写下了《绛守居园池》一诗:

尝闻绍述(樊宗师,字绍述)绛守居,偶来登览周四隅。异哉樊子怪可吁,心欲独出无古初。穷荒搜幽入有无,一语诘曲百盘纡。孰云已出不剽袭,句断欲学《盘庚》书。

当年韩愈领导中唐古文运动,主张"务去陈言"、"辞必己出",即在思

想内容和艺术形式上力求创新。樊宗师是韩愈的得意门生,在《樊绍述墓志铭》中,韩愈曾给予他高度评价,称赞他"不蹈袭前人一言一句"。欧阳修对这一评价不以为然,他认为樊宗师求新务怪,苦求高古,实际上不过是模仿远古时代《尚书·盘庚》的诘屈聱牙而已。如今亲临其地,更觉得樊宗师《绛守居园池记》中有关园中槐柏和墙上画的虎搏豕(shǐ,猪)、胡人驯豹的描写琐碎不足称道:

  荒烟古木蔚遗墟,我来嗟只得其余。柏槐端庄伟丈夫,苍颜郁郁老不枯。靓容新丽一何姝,清池翠盖拥红蕖。胡鬅(péng,头发散乱的样子)虎搏岂足道,记录细碎何区区。

当然,对一个作家的评论,应该结合特定的时代背景。樊宗师由于痛恨当时浮靡的文风,以险怪奇涩矫正时弊,具有一定的现实针对性,但这种创作倾向对于文学发展的负面影响也是值得人们深思的。

  长期以来,欧阳修一直致力于文体文风的改革,因为它关系到士风的振作与政治的革新。从少年时代开始,欧阳修便将韩愈作为自己的学习楷模,但是,随着思想的成熟,对于中唐古文运动的得失,也有了越来越深入的思考。他认为,作为中唐古文运动的重要理论主张,"务去陈言"、"辞必己出"存在着一定的弊端,容易误导人们从求新而走向求怪。而文学艺术的创新,必须以遵循一定的艺术法则为前提,真实自然是文学的本质和生命,从平常与平淡中求新意才是文学创新的最高境界。事实证明,以樊宗师为代表的求险求怪的文风,将唐代散文的发展引入了歧途。在韩愈、柳宗元等文学家去世后,古文运动终于难以为继,逐步走向消歇,雕章俪句的骈文重新统治了整个文坛。正是基于对前代文学历程的深刻反思,欧阳

第四章 力振斯文扶新政

修提倡平易自然,反对模拟,反对古奥,反对一切与自然原则相违背的怪僻之风。

行旅之中,岁月匆匆,不觉又到了残暑渐消的初秋时节。习习秋风,片片黄叶,悄悄拂动着欧阳修思归念远的心弦。好在经过三个多月的奔波劳碌,所有使命都已圆满完成,他怀着无比急切的心情,日夜兼程,踏上归途。

> 寒鸡号荒林,山壁月倒挂。披衣起视夜,揽辔念行迈。我来夏云初,素节今已届。高河泻长空,势落九州外。微风动凉襟,晓气清余睡。(《水谷夜行寄子美圣俞》)

黎明将至,新凉似水,明月斜挂在陡峭的山壁,银河淌过深蓝的天宇,当一声声带着一些儿寒意、一些儿沉闷的鸡鸣从暗淡萧条的丛林中传出时,欧阳修已经披衣揽辔踏上征程。此时他行走在河北西路的水谷口(今河北完县西北),清冷的晨风使他感受到北国初秋的苍凉,更引起了他对远方亲友的深切思念。金风送爽,正是友朋相会、把酒论文的最佳时节:

> 缅怀京师友,文酒邀高会。其间苏与梅,二子可畏爱。篇章富纵横,声价相摩盖。(同上)

在众多诗文相赏的朋友中,苏舜钦、梅尧臣是欧阳修最为敬爱的两位。他们一样是多产的作家,质量上也不相上下,难分高低,不过,两人的风格却截然不同:

> 子美气尤雄,万窍号一噫(ài,《庄子·齐物论》:夫大块噫气,其名

177

为风。是唯无作,作则万窍怒号)。有时肆颠狂,醉墨洒滂沛。譬如千里马,已发不可杀。盈前尽珠玑,一一难拣汰。(同上)

苏舜钦以气取胜,如大地风起,万窍怒号。每当他醉后挥毫,狂放恣纵,有如大雨滂沱,酣畅淋漓;又似那一日千里的骏马良驹,冲锋陷阵之际无人可挡。展露眼前的诗句,可说是字字珠玑,让人难以选择、难以淘汰。

梅翁事清切,石齿漱寒濑。作诗三十年,视我犹后辈。文词愈清新,心意虽老大。譬如妖韶女,老自有余态。近诗尤古硬,咀嚼苦难嘬(chuài,一口吃下去)。初如食橄榄,真味久愈在。(同上)

梅尧臣的风格则清峻深切,就像早春的寒流冲荡着顽石。他是诗坛的一员老将,开启了有宋诗歌的崭新面貌,影响了包括欧阳修在内的众多诗人。虽然他现在年纪老大,心境也不似少年般锐气昂扬,但文词却愈益清新喜人,就像那娇艳妩媚的女子,岁月的风尘依然掩不去国色天姿。他的诗歌古朴苍劲,有如橄榄一般,需要细细咀嚼,回味无穷。

苏豪以气轹,举世徒惊骇。梅穷独我知,古货今难卖。二子双凤凰,百鸟之嘉瑞。云烟一翱翔,羽翮一摧铩。(同上)

如果说苏舜钦的雄伟气势是人所共赏的,而梅尧臣的古拙新声,则只有欧阳修堪称真正的知音。这两位同样杰出的人中之凤,人生境遇也是各不相同。苏舜钦仕途得意,如五彩翩跹的凰鸟在云烟中翱翔；梅尧臣沉沦小吏，如羽翼伤残的孤凤跌落在尘土之中。欧阳修自然不会以世俗的眼光来评价与取舍，对于两位朋友他同样爱重，在革新文风，匡扶新政的历程中，他们一直是他志同道合的战友。因此，在这秋高气爽、饮酒尝新蟹的美好季节，欧阳修热切地期望能与两位好友携手同游、歌诗唱和：

　　安得相从游，纵日鸣哕哕(huì，本是凤凰的鸣声，这里指歌诗唱和)。问胡苦思之，对酒把新蟹。(同上)

富弼之命下达不出十天欧阳修也接到了新的任命

　　欧阳修七月底回到汴京时，苏舜钦已在进奏院任职，梅尧臣则于不久前解湖州监税任回到汴京，等待新的任命。本该是夙愿得尝，尽情欢聚，然而世事竟是如此地不遂人愿。

　　原来，四月间开始酝酿的"朋党"风波并没有平息，而是愈演愈烈。随着改革的展开，越来越多的贪污、渎职者受到弹劾。官场本是一个千丝万缕的关系网，以整顿吏治为核心的改革必然引发错综复杂的人事纠葛，于是，越来越多的官员站到反对新政的立场上去。那些已经失去官位和担心即将失去官位的臣僚，不断地给皇帝上奏，毁谤之声不绝于耳。即便是一些正直的、中立的官员，也认为范仲淹等人"更张无渐，规模阔大"(元·脱脱《宋史·范仲淹传》)，改革难以稳步进行。仁宗皇帝越来越困惑、越来越动摇。"山雨欲来风满楼"，朝廷发生的一切，使范仲淹感受到深刻的危机和难以承受的巨大压力。正在这时，契丹与西夏发生战争。契丹国主亲自率领十万大军西征，并要求宋朝与西夏断绝往来。范仲淹以他对西北边事的洞明和练达，对此疑虑重重，他担心契丹出兵的真正目的在图谋

179

宋朝,于是请求罢参知政事之职,出镇西部边境,趁机在宦海风波中全身远退。六月二十二日,范仲淹以参知政事出为陕西、河东路安抚使。

然而,一个更为可怕的阴谋在七月间酝酿成熟。庆历三年四月,夏竦在就职前一刻被罢去枢密使职位,紧接着石介所作《庆历圣德颂》又将他斥为大奸,一时之间有如过街老鼠,狼狈不堪,这名老奸巨猾的政客自然不会善罢甘休。怀着刻骨仇恨抵达亳州知州任后,他一面上万言书自辩,一面纠集党徒散布关于"朋党"的流言。并在家里斋请僧道,向神灵祈祷,盼望有朝一日能置政敌于死地。他家斋坛上放置着一个牌位,上面写着"夙世冤家石介"。他还秘密派遣一名美貌的心腹女奴,混入石介家中,偷偷模仿石介的笔迹。学成之后,便涂改石介写给富弼的书信,又伪造了由富弼授意石介起草的废立仁宗的诏书。此事飞语传闻,朝野震惊。仁宗虽然并不完全相信,但身陷如此险恶的流言之中,富弼也无法继续在朝廷安心任职了。八月五日,富弼以枢密副使出为河北宣抚使。不久,石介亦随之罢国子监直讲,通判濮州,因前任通判任期未满,只得先回故乡山东徂徕等候。

目睹朝中的这些变化,欧阳修内心十分焦虑,但又无可奈何,只能将自己投身到忘我的工作中去。他将三个月来在河东考察所发现的问题进行详细的思考与研究,写成一系列奏折,如《上矾务利害状》、《乞罢铁钱劄子》、《请耕禁地劄子》、《乞免浮客及下等人户差科劄子》等,希望能在艰难中继续推进新政的实施。

出人意料的是,富弼之命下达不出十天,欧阳修也接到了新的任命,以龙图阁直学士,出为河北都转运使。当时契丹大军集结北部边境,声称讨伐西夏,兵多诡诈,不能排除他们另有图谋。因此,欧阳修此行责任重大。但是,正如蔡襄所言:

第四章 力振斯文扶新政

> 事有轻重,度才而处;才有长短,适用为宜。朝廷安危之论系于天下则为重,河北金谷之司系于一方则为轻。修之资性,善于议论,乃其所长,至于金谷出入之计,勤干之吏,则能为之。(蔡襄《乞留欧阳修劄子》)

北部边境军需物资的筹备固然重要,但与朝廷大局的稳定相比较则显得次要一些。如今革新派主帅范仲淹、富弼已先后离朝,作为新政舆论代言人的欧阳修倘若外任,对于改革事业的发展无疑是又一次沉重的打击。况且,军需物资的筹备,任何勤谨干练的官吏都可以胜任,而朝廷谏官与知制诰之职则非长于议论、见解深刻而透彻的欧阳修莫属。因此,他认为:

> 任修于河北,而去朝廷,于修之长,则失其所长,于朝廷之体,则轻其所重。

其他谏官也一再上书,请求将欧阳修留在朝廷,但是他们的请求没有得到批准。事实上,欧阳修这次被命离朝,正是由于他论事切直,锋芒毕露。其中极力主张欧阳修外任的,就是当年推荐他任谏官的宰相兼枢密使晏殊。晏殊初入相时,擢欧阳修为谏官,但是没想到他如此刚直耿介,两年来论事不休,有时甚至当面争论,毫不容情。一天,晏殊指着韩愈的画像对人说:

"这样子很像欧阳修,怎知欧阳修不是韩愈转世?我看重欧阳修的文章,但不看重他的为人。"

作为唐代著名的思想家与文学家,韩愈和欧阳修一样立朝耿直,无所畏避,后世对于他的历史功绩的认识和历史地位的确立,有一个由隐而显、由低而高的变化过程。由于他拙于世务,有时也难免恃才肆意,当时及后世的人对他的为人有过不少非议。晏殊一番话即是从这一角度,借贬低韩愈来贬低欧阳修。

心高气傲的欧阳修听说以后,自然大为不平,他反唇相讥道:"晏公小词最佳,诗次之,文又次之,其为人又次于文也。"

朝命不可违,回京刚刚半个来月,欧阳修又要打点行装出发了。不过,在整装待发的日子里,他仍然密切地关注着朝中的大小事务。八月二十六日,由于反对新政的臣僚们频频上告,仁宗下诏指责按察使"发摘所部官吏细过,务为苛刻,使下无所措手足"(宋·李焘《续资治通鉴长编》)。欧阳修敏锐地意识到这道诏令将极大地损害按察使的热情与权威,使整顿吏治的工作无法开展,进而导致新政的流产。他立即呈上《论台官上言按察使状》,请求仁宗收回诏令。

对于欧阳修的离朝外任,仁宗的内心也是十分矛盾的。一方面他十分嘉奖欧阳修的刚直敢言,一方面又对他穷追不舍的论事风格有些难以接受。临行之前,他诚恳地对欧阳修说:"用不了多久,你就可以回到京城,不会让你长期留在河北。对于朝政还希望你知无不言。"

欧阳修回答说:"作为谏官,许以风闻,论事尚且唯恐失实。如今既已另有职事,议论朝政岂非越职之罪?"

仁宗说:"只要所论切当,不必有所顾忌。"

"进奏院事件"之后,守旧派纷纷占据要职

此时,朝中对立的两派政治势力仍在紧张对峙之中,双方似乎是势均力敌。九月,较为中立的宰相晏殊为谏官论罢,出知颍州。

第四章 力振斯文扶新政

杜衍任宰相兼枢密使,可是同时被任命为枢密使的贾昌朝与被任命为参知政事的陈执中,却极为舆论所不认可,尤其是以门荫得官的公卿子弟陈执中,刚愎自用,不学无术,遭到台谏官们的强烈反对,而仁宗一意孤行,遂成定局。十月,谗谤日甚,蔡襄出知福州,孙甫出使契丹,石介通判濮州。杜衍的地位高了,可是也更加孤立了。但是,这位倔强的老臣依然独立支撑着新政的大局,使朝中群小深感不便。为了倾轧杜衍,守旧派寻找一切可乘之机。终于,他们在苏舜钦身上抓住了借题发挥的机会。

苏舜钦才思敏捷,议论锋发,指陈朝政不避权贵,守旧派大臣早已将他视同仇雠,而且,他又是杜衍的女婿,今年三月因范仲淹的推荐,以集贤院校理,监进奏院。如果能将他扳倒,乃是一举数得的好事。

十一月初,进奏院祠神。按惯例,祠神过后全院官吏有一次聚餐,以往都是由大家凑钱置酒邀伎。苏舜钦觉得这样不妥,便与同监进奏院刘巽商量,各出俸钱十千,再把变卖办公废纸的钱四五十索加上。参加这次宴会的除了本院官吏,还有馆阁同舍数人,都是与苏舜钦意气相投并在新政实施以来颇受重用的一批才学之士。大家开怀畅饮,极尽欢娱,殿中丞、集贤校理王益柔更是乘着醉意戏作《傲歌》,歌云:

醉卧北极遣帝扶,周公孔子驱为奴。

听说进奏院有此盛会,太子中书舍人李定也很想参加,但他与苏舜钦并无交往,便请梅尧臣代为致意。苏舜钦素来鄙薄李定为人,没有答应。李定怀恨在心,遂添油加醋把苏舜钦以卖废纸公钱大宴宾客、王益柔醉后作《傲歌》亵渎先圣先师等事一并告知御史中丞王拱辰。

自庆历以来,王拱辰与范仲淹、欧阳修等人政见不一,日益走向对立,与夏竦、贾昌朝为首的守旧派结为同盟。听说这一情况,他如获至宝,指使部属鱼周询、刘元瑜奏劾苏舜钦,藉此动摇杜衍、范仲淹的地位,达到阻挠新政的目的。仁宗特别喜欢王拱辰这个人,特别是庆历二年(1042),辽国派人来要挟,提出领土要求,王拱辰据理力争,直斥其非,辽人理屈穷词。事后,仁宗皇帝高兴地说:"若非王拱辰深谙前因后果,还真不知道怎么打发他们。"现在王拱辰命人上奏此事,于是即刻下令,连夜把参加宴会的人全部拘捕入狱,结果朝野震动。嗣后,王拱辰、张方平又联名上书要求处死王益柔,其背后不便明言的原因乃是,王益柔也曾得范仲淹荐举。

在此危急时刻,枢密副使韩琦急忙面见仁宗说:"听说陛下昨夜下令,命内史逮捕馆阁学士,现在朝野上下无不惊骇,莫知其详。微臣以为,苏舜钦等所犯乃醉饱微过,交给有关部门处理即可,何劳陛下亲自过问?陛下一向圣德仁厚,为何要在这样的小事上大动干戈呢!"

仁宗回想昨夜之事,也觉得确实是小题大做,有失身份,悔恨之情见于颜色。及至宰辅大臣讨论处理办法时,贾昌朝暗中支持王拱辰等的建议,杜衍因避嫌不便说话,另一名宰相章得象也不置可否,唯有韩琦说:

"王益柔醉后狂语,何足深计?张方平等皆为陛下近臣,应该与国休戚,今西境用兵,有多少大事亟待筹划,他们置而不论,却联名攻讦一个身份卑微的王益柔,用心何在,岂不明白?"

最后,王益柔免于一死,但被黜除集贤校理的职衔贬为复州监税;苏舜钦则以盗用公钱论罪,除名勒停,削职为民;另十名参与宴会的人士也被贬谪。结案之后,王拱辰十分得意地对人说:"被我一

第四章 力振斯文扶新政

网打尽了!"

苏舜钦等十二人的处分命令发布五天后,即十一月十二日,仁宗皇帝又下诏,申斥朝臣朋党相讦、沽名钓誉,并明确指责执行新政的按察使们"恣为苛刻,构织罪端",欧阳修、蔡襄等新政的舆论代言人"诋斥前圣,放肆异言,以讪上为能,以行怪为美",要求"自今委中书、门下、御史台采察以闻"(宋·李焘《续资治通鉴长编》)。这一诏令无疑是守旧派借皇帝之口来压制舆论,使朝野上下无人敢为苏舜钦等鸣冤叫屈。

正在京城等待新职任命的梅尧臣目睹了事件的全过程,他怀着无比悲愤的心情写道:

主人有十客,共食一鼎珍。一客不得食,覆鼎伤众宾。虽云九客沮,未足一客嗔。古有弑君者,羊羹为不均。莫以天下士,而比首阳人。(《杂兴》)

《左传·宣公二年》记载,郑国攻打宋国,宋国派华元为主帅抵御入侵者,羊斟为华元驾御战车。战前,华元杀羊慰劳士卒,而不及羊斟。战斗开始后,羊斟怀恨在心,说:"昨日的羊您做主,今日的战车我做主。"于是将主帅的战车开到郑军的包围圈中,宋军大败。诗歌以古典喻今事,形象地记录了这场由睚眦必报的小人而引发的蓄谋已久的政治迫害。诗歌最后两句表明是非自有公论,警告玩弄阴谋权术的人,不要以为天下的士人都像隐居首阳山的伯夷、叔齐一样,只顾保全个人操守而不问世事。

随后的日子里,被贬的十余人先后黯然离京,苏舜钦也携妻带子前往苏州,开始长达四年的放废生涯。临行前他写了一封长信寄给欧阳修,自辩其冤,词极愤激。接读来信,欧阳修不禁扼腕长叹。

如今他不在谏官任上,连为好友辩护的权力也没有了,无限愤懑之中,他提笔在信后连书数字:"子美可哀,吾恨不能为之言!子美可哀,吾恨不能为之言!!!"

"进奏院事件"之后,守旧派纷纷占据要职,杜衍在朝中的地位日益孤危,处处被人掣肘,根本无法发挥作为宰相兼枢密使的作用,于是多次请求罢去相职,出知地方,但是仁宗没有同意。

欧阳修于岁暮卸去河北转运使任回到汴京,但仁宗并没有履行让他回朝任职的诺言,随即又任命他暂时代理知成德军(治所在今河北正定县)事①。因此,春节刚过,欧阳修再次远赴河北。

欧阳修早已做好了充分的准备,绝不向守旧势力低头屈服

庆历五年正月,守旧派发起了更为猛烈的进攻。右正言钱明逸上书劾奏范仲淹、富弼"更张纲纪,纷扰国经,凡所推荐,多挟朋党,心所爱者尽意主张,不附己者力加排斥"(宋·李焘《续资治通鉴长编》),与此同时,曾遭谏官蔡襄、孙甫等强烈反对的参知政事陈执中,也上书指责杜衍结党营私、欺罔擅权。仁宗整天被他们的舆论所包围,越来越偏听偏信。正月二十八日,范仲淹罢参知政事,知邠州,兼陕西四路缘边安抚使;富弼罢枢密副使,知郓州,兼京东西路安抚使;二十九日,杜衍罢为尚书左丞知兖州。两天之内,连罢三人,韩琦不顾一切,上书谏诤,文章历数范仲淹、富弼等的赫赫功绩,指出:"近日臣僚攻击忠良,取快私忿,非国家之福,唯请陛下亮察!"

---

① 军:与州平级的地方行政单位。地势冲要、户口少而不成州者,则设军。知军事:军一级地方长官,掌本军户口、赋税、钱谷、刑狱及寇盗等公事。

第四章 力振斯文扶新政

无奈仁宗根本听不进去。三月五日,韩琦也因与当政者议事不合,罢枢密副使,出知扬州。

范、韩、富、杜既已罢出,新政措施亦陆续遭到废止。欧阳修从邸报上不断读到这些坏消息,深知政局已发生逆转,但是舍身报国之志与强烈的正义感使他无法做到从此明哲保身、缄默不言。他上《论杜衍范仲淹等罢政事状》申辩朋党之诬,又上《论两制以上罢举转运使副省府推判官等状》对朝廷废止新政发表异议。当他将这些有理有据、言辞犀利的奏章托驿使快马加鞭送往千里之外的京城时,所抱持的乃是一种为正义而献身的圣者之勇,一种知其不可为而为之的悲剧精神。

独倚危楼风细细,望极离愁,黯黯生天际。草色山光残照里,无人会得凭栏意。　也拟疏狂图一醉,对酒当歌,强饮还无味。衣带渐宽都不悔,况伊消得人憔悴。(《蝶恋花》)

登楼纵目,夕阳残照里,辽阔苍茫的景象在他内心激起强烈的郁勃之气,难以言说,有如离愁一样惆怅、落寞,但又不同于一般的离愁,而是一种更为深沉博大的愁思。这种愁绪无人领会,无人分担,甚至也无法可解。但诗人无怨无悔,在追求理想的道路上,他情愿付出更大的代价。

三月的北国已是春光烂漫,绿叶成荫。新雨初霁的原野上,传来斑鸠的声声和鸣,雌雄相答,宛转动听,犹如乐音一般优美。此情此景深深地触动着欧阳修的心灵,展读夫人近日的来信,思绪如潮,情难自抑:

荆蛮昔窜逐,奔走如鞭挞。山川瘴雾深,江海波涛飓(yù,大风)。

跬步子所同,沦弃甘共没。投身去人眼,已废谁复嫉。山花与野草,我醉子鸣瑟。但知贫贱安,不觉岁月忽。(《班班林间鸠寄内》)

当年两人于患难中初结连理,虽然身处偏陋小县,却悠闲自在,其乐融融。康定元年还朝后,短短几年间官位日隆,然而,"身荣责愈重",孤忠许国的他全身心地投入到朝政事务之中,家中一切全赖夫人操持。如今政局翻覆,深知厄运难逃,家庭必然也会牵连遭难。他决心以一己的牺牲担负起现实的苦难,他早已做好了充分的准备,绝不向守旧势力低头屈服。只是又要连累夫人一同受苦,心中难免深感愧疚,但是他决心已定,唯望夫人能够理解和支持。

子意其谓何,吾谋今已必。子能甘藜藿,我易解簪绂。嵩峰三十六,苍翠争耸出。安得携子去,耕桑老蓬荜。(同上)

这是一个充满了无限伤感与无边苦闷的春天:

幽忧无以消,春日静愈长。薰风入花骨,花枝午低昂。往来采花蜂,清蜜未满房。春事已烂漫,落英渐飘扬。蛱蝶无所为,飞飞助其忙。啼鸟亦屡变,新音巧调簧。游丝最无事,百尺拖晴光。(《暮春有感》)

和暖的春风中,花枝摇曳,蜂来蝶往,落英缤纷,雏鸟稚嫩的鸣声已渐渐变得圆润,袅袅游丝在晴光下悠悠飘荡……然而,这盎然的春光却不属于诗人:

第四章 力振斯文扶新政

  天工施造化,万物感春阳。我独不知春,久病卧空堂。时节去莫挽,浩歌自成伤。(同上)

他从这热闹与喧腾中所感受到的只是一种隔膜、一种疏离、一种大好时光一去不返无可挽回的无奈与忧伤。

  他反复思考着出处问题。孔子曾说:"道不行,乘桴浮于海。"又说:"道不同,不相为谋。"一名正直的儒家知识分子自有其不与庸俗环境相妥协的政治理想与政治品格,决不能像那些只为稻粱谋的小人一样蝇营狗苟。然而,在现实生活中,崇高与卑鄙是两个对立的极端,其间有着一定的弹性空间让每一个真实的自我去选择、去斟酌。趋近崇高,远离卑鄙,这一道德选择对于欧阳修来说没有任何怀疑,但该如何把握其中的分寸则是他一直在苦苦思量的。白天公事烦杂无暇细想,晚上在寂静的书斋挑灯夜读,身倦眼涩之际,便不免思虑纷纷。他常常想起石介,这位刚直的老友自去年十月离京后,便回到故乡山东徂徕,著书授徒:

  圣经日陈前,弟子罗两厢。大论叱佛老,高声诵虞唐。宾朋足枣栗,儿女饱糟糠。虽云待官阙,便欲解朝裳。(《镇阳读书》)

虽然生活简朴,但是自得其乐,似乎已经打算退出仕途,终老山野了。欧阳修非常羡慕石介,不禁感叹道:

  嗟我一何愚,贪得不自量。平生事笔砚,自可娱文章。(同上)

他多么希望自己能够决意引退,从此著书立说,不问世事。然而:

> 不能虽欲止,恍若失其方。却欲寻旧学,旧学已榛荒。有类邯郸步,两失皆茫茫。(同上)

学问荒疏,难进难退,就像那邯郸学步的燕国少年,没有学到邯郸人走路的姿态,又忘掉了自己原来走路的步法。

> 便欲乞身去,君恩厚须偿。又欲求一州,俸钱买归装。譬如归巢鸟,将栖少徊翔。(同上)

况且,君恩未报,他也不忍骤然隐退;而家境的窘迫更不允许他在此时就辞官回乡。也许最现实的做法是远离朝廷权力中枢,在一处偏远的州府做一任知州,暂度余生,就像一只即将归巢栖息的倦鸟,在空中做最后的盘旋。

一场政治迫害在意料之中
以一种完全意想不到的形式爆发了

四月,欧阳修知成德军事代理期满,回京复命。接着又被任命为河北路都转运按察使。尽管"庆历新政"的退潮使欧阳修陷入深深的苦闷之中,但他依然恪尽职守,勤勤恳恳地做好本职工作。他深入基层了解各级官吏的绩能、山川地理的形势、经济生产的状况、部队兵粮器械的供备、军事训练的详情,并一一绘成图表,河北一路的形势因此一目了然。有人看他如此用心,颇感不解,便好奇地问:"您以文章儒学知名天下,地位尊贵,怎么还愿意干这些琐碎的俗吏之事?"

"下属官吏如果不称职,那是长官的羞耻。官府的一举一动,无不与百姓的生活相关,怎能轻忽呢?"他回答道。

汴京朝中的乌云已经越积越厚,七八月间,一场政治迫害在欧阳修意料之中以一种完全意想不到的形式爆发了!

原来,十年前欧阳修的妹夫张龟正在襄城病逝,身后萧条,遗下妻子和前妻所生的七岁女儿,无依无靠,欧阳修将寡妹孤甥接到汴京与家人一同生活。几年后,张氏甥女年将及笄,出落得亭亭玉立,妩媚动人。因其与欧阳家族并无血缘关系,欧阳修做主将她嫁给了自己的远房堂侄欧阳晟,自此千里相隔,音问少通。不想今年六七月间,欧阳晟罢虔州(今江西赣州)司户,携眷回京等待新的任命。随行有一名男仆名叫陈谏,青春年少,俊俏风流。旅途之中,原无内外之别,朝朝暮暮,张氏与陈谏眉来眼去,暗生情愫,以至勾搭成奸。私情败露后,欧阳晟将二人交由开封府右军巡院①发落。

开封府尹杨日严前些年任益州知州时,因贪污渎职,遭到欧阳修的弹劾,一直怀恨在心。接审张氏一案之后,以为天赐良机,正可以报一箭之仇。于是密令狱吏严加勘问,试图将案情复杂化。张氏本乃年少无知,何尝见过这种阵势?惊恐万状之中,一心只想自我解脱。在狱吏的诱逼之下,供词中竟有大半涉及当年未嫁时的事情,污秽暧昧,骇人听闻。杨日严如获秘闻,喜不自胜。但是,参与审案的军巡判官②孙揆很不以为然。他认为,张氏未嫁时事,一则与本案无关,二则乃当事人在惊惧状态之下的一面之词,无法证实。因此,在他的再三坚持下,只以张氏与陈谏通奸的事实定罪,不再捕

---

① 右军巡院:刑狱机构名。与大理寺狱、开封府司录司分掌京师烟火、盗贼争斗及关押、审讯囚徒案犯公事。
② 军巡判官:军巡院副长官,负责京师争斗及审讯狱事。

风捉影,涉及其他。

然而,当朝宰相贾昌朝、陈执中,是庆历新政时期欧阳修猛烈抨击的守旧派人物,他们都想借此机会以泄私愤。于是授意谏官钱明逸上书弹劾欧阳修与甥女张氏通奸,并图谋侵占张氏家产。人前人后,钱明逸还拈出欧阳修的一首词作以为佐证,词曰:

> 江南柳,叶小未成荫。人为丝轻那忍折,莺嫌枝嫩不胜吟。留着待春深。　　十四五,闲抱琵琶寻。阶上簸钱阶下走,恁时相见早留心。何况到如今。(《望江南》)

小词歌咏一位天真可爱的少女怎样打动了词中抒情主人公的心。上阕以弱柳起兴:初春的新柳,刚刚绽出了鹅黄的新叶,如此的柔弱,如此的娇嫩,赏春人不忍心伸手攀折,黄莺儿不忍心在枝头吟唱……下阕对这位娇憨少女作正面描写:她时而怀抱琵琶调弦索调,时而与同伴玩着掷钱赌输赢的簸钱游戏,时而又在台阶下跑来跑去……天真烂漫的形象给词中抒情主人公留下了难以忘怀的记忆,时移事往,历久弥新……从文学的角度而言,全词写得含蓄蕴藉,形象优美,表达了抒情主体对一位可爱少女的无限爱怜。钱明逸却穿凿附会道:"张氏失怙初到欧阳修家时,年方七岁,不正是学簸钱的年纪吗?"

一时间朝野上下,议论纷纷。仁宗闻知,大为震怒,以为身为朝廷命官,做出此等乱伦丑事,伤风败俗,必加严惩!令太常博士、三司户部判官苏安世重审此案,又派内侍宦官王昭明为监勘官。

王昭明监勘此案,正是贾昌朝等人的刻意安排。因为欧阳修不久前刚刚得罪过他。年初朝廷曾命欧阳修与王昭明一同巡察河北,遭到欧阳修的拒绝。他说:"侍从官巡察地方州府,按照惯例,没有

第四章 力振斯文扶新政

与内史同行的道理,现与王昭明同行,我深感羞耻!"

最后仁宗尊重欧阳修的意见,撤销了这一决定。

现在由王昭明出面勘治欧阳修一案,以常情揣测,他必会挟仇相对,落井下石。然而,王昭明并不是一个睚眦必报的小人。他虽为宦官,却见识超群,为人正直,处事出以公心。在整个审案过程中,他不偏不倚,始终保持客观、公正。

经过反复勘问,欧阳修与甥女通奸的指控并无实证,难以定案。苏安世深知宰相意图,如果依据调查的实际情况结案,必定会给自身招致祸患,因此心中踌躇难决,于是和王昭明商量道:"不如深文罗织,胡乱定案得了。"

王昭明正色答道:"皇上令本人监勘,就是要主持公道,彰显正义,怎么能够随意罗织罪名呢?"

苏安世一时语塞。王昭明接着说道:"我王昭明侍奉皇上,三天两头听皇上念叨欧阳修乃朝廷难得的忠臣。你如今这般草草定案,不过是为了迎合宰相的意旨,欲加欧阳修以大罪。如此胡为,将来有一天事实澄清,我王昭明可是吃罪不起!"

苏安世闻言也很害怕,于是决定维持孙揆原判,只加入欧阳修用张氏钱财买田而隶于妹妹欧阳氏名下一事予以弹劾。这一结果令贾昌朝等十分恼怒,但也无可奈何。

八月二十一日,朝廷宣布了对欧阳修的处分结果:落龙图阁直学士,罢都转运按察使,贬为滁州(今安徽滁县)知州。

深秋九月,欧阳修戴罪流徙。告别镇阳,他的心中有无限遗憾。经过几个月的深入调查,他对河北的粮运、兵备诸事有了充分的了解,正在大加筹划,革弊图新。然而,许多计划还没来得及实施,就不得不离去。在《自勉》诗中他写道:

引水浇花不厌勤,便须已有镇阳春。官居处处如邮传,谁得三年作主人。

虽然他如匆匆过客,未能从容地完成所有的工作,但在任的每一天,他又何尝不像一名辛勤的园丁,精心地照料着自己的园地?他可以无愧于朝廷,无愧于河北的民众,也无愧于自己的职位。

怀着落寞的心情,欧阳修渡黄河、泛汴水赶赴贬所,落叶惊秋,野岸萧索,只有被严霜驱迫的雁群与他相伴而行:

阳城淀里新来雁,趁伴南飞逐越船。野岸柳黄霜正白,五更惊破客愁眠。(《自河北贬滁州初入汴河闻雁》)

第五章　与民同乐醉翁情

庆历五年(1045)十月二十二日,欧阳修抵达滁州。这是一座群山环抱的偏僻小城,荒凉闭塞。环顾城中简陋低矮的房屋、杂乱深密的草树,一种天涯沦落的凄凉之感涌上心头。这就是他将要工作、生活的地方吗？在这个远离朋友、远离政治文化中心的穷乡僻壤,他该如何自处？如何迎接每一次日出？又如何送走每一个黄昏？他不禁双眉紧锁,陷入了沉思……

痛定思痛,欧阳修心中充满了不平和愤懑

谪居山城,痛定思痛,欧阳修心中充满了不平和愤懑。在《滁州谢上表》中,他坦然自辩,毫不隐讳地指出,自己这次遭受的是深文罗织的谗谤与陷害,根本原因在于他担任谏官时,抨击了权贵。虽然最后查明自己是清白的,但仍以财物不明而被贬。他也知道,"若臣身不黜,则攻者不休",因此,远谪滁州未尝不是远离风波,避免再遭迫害的好事。可是,他又如何能不痛恨那些公报私仇、巧舌如簧的谗佞小人呢？

他觉得陷害自己的小人像是吸血的蚊虫:

> 虽微无奈众,惟小难防毒。尝闻高邮间,猛虎死凌辱。(《憎蚊》)

成千上万的害虫毒物之中,蚊虫可谓微不足道,然而,就是这微不足道的蚊虫,却可以置猛虎于死地。他们总在黑暗的时刻出现,在阴晦的角落聚集,围绕着你的耳际聒噪,发出令人生厌的嘤嘤泣语:

> 翾翾伺昏黑,稍稍出壁屋。填空来若翳,聚隙多可掬。丛身疑陷围,聒耳如遭哭。(同上)

置身蚊虫的包围圈中,一不小心就被暗箭射中。无论你怎样扑击自卫,总是防不胜防,无可奈何:

> 猛攘欲张拳,暗中甚飞镞。手足不自救,其能营背腹。(同上)

新政退潮,欧阳修曾设想过各种各样的可能,却怎么也没有想到,他的政敌会以这样一种方式将他击倒。从此,在欧阳修的生平事迹中,"盗甥"一事,成为古今哓哓辩论不休的一段公案,或坚决否认,或将信将疑。我们认为,关于这场风波,争论"事之有无"或许并没有多大的意义,最值得反省的是党派之争、政见之争中所应该遵守的原则与规范。以捕风捉影的方式对一个人的私生活进行攻击,是政治斗争中最恶劣、最卑劣手段。当欧阳修"盗甥""逸谤始作,大喧群口而可惊"(《滁州谢上表》)的时候,知制诰赵概就曾挺身而出,直言极谏:

"欧阳修以文章知名天下,乃皇帝最为亲近的大臣,不可以闺阁暧昧之事,轻加污蔑。我与欧阳修私交甚浅,欧阳修待我也不友善,今天上书论救,完全是出于对朝廷体统的爱惜。"

远在江西的曾巩也驰书相慰,对小人的卑鄙做派予以愤怒谴责:

> 二公相次出,两府亦更改,而怨忌毁骂谗构之患,一日俱发,翕翕万状。至于乘女子之隙,造非常之谤,而欲加之天下之大贤,不顾四方人议论,不畏天地鬼神之临己,公然欺诬,骇天下之耳目,令人感愤痛切,废食与寝,不知所为。噫!二公之不幸,实疾首蹙额之民之不幸也!(曾巩《上欧(阳修)蔡(襄)书》)

可是,这些声音在当时的背景下却显得如此的微弱。

欧阳修到达任所不久,一家老小也从汴京来到滁州。但是,亲人相见,并没有带来多少欢乐的气氛。因为当年六月,八岁的长女欧阳师不幸夭折。当时欧阳修尚在河北任上,闻此噩耗,悲痛欲绝。他写道:

> 吾年未四十,三断哭子肠。一割痛莫忍,屡痛谁能当。割肠痛连心,心碎骨亦伤。出我心骨血,洒为清泪行。泪多血已竭,毛肤冷无光。自然须与鬓,未老先苍苍。(《白发丧女师作》)

这已是他第三次痛失幼孩。国忧家祸,接二连三的打击,使他心碎神伤,未老先衰。他疯狂地投入公务,藉以淡忘心头的剧痛。

如今合家团聚,唯有爱女师师永不复见!抚今追昔,几个月来渐渐结痂的伤疤重又被撕裂开来:

暮入门兮迎我笑,朝出门兮牵我衣。戏我怀兮走而驰,旦不觉夜兮不知四时。忽然不见兮一日千思,日难度兮何长,夜不寐兮何迟。暮入门兮何望,朝出门兮何之?……八年几日兮百岁难期。于汝有顷刻之爱兮,使我有终身之悲。(《哭女师》)

好在家中又有新的生命诞生了,这就是他的次子欧阳奕。人生虽然充满了不可预知的苦难与悲哀,但总有一些值得期待、值得珍爱的人和事推动着我们继续前行。

滁州地僻事简,公余之暇,
欧阳修寄情山水,借以排遣忧烦

滁州介于江淮之间,属淮南东路。五代干戈扰攘之际,曾历经战火。公元956年,时任后周大将的宋太祖赵匡胤与南唐中主李璟的部将皇甫晖、姚凤会战于滁州清流山下,南唐军队败入滁州城。随后赵匡胤在东城门外亲手刺伤皇甫晖,生擒二将,攻占滁州。如今,百年已逝,但见山高水清,昔日战争的疮痍已经消泯无痕,滁州变成了一个封闭安定的世外桃源。由于不在水陆要冲之地,"舟车商贾、四方宾客之所不至"(《丰乐亭记》),当地百姓基本不了解外界所发生的一切,安于耕田种地,自给自足,快乐恬适地度过一生。

滁州地僻事简,公余之暇,意兴寥落的欧阳修寄情山水,借以排遣内心的烦忧。西南的琅琊山草木繁茂,幽深秀丽,是他时常流连的所在。山上有唐代著名书法家李阳冰篆书的《庶子泉铭》,历来为学篆者所宗仰。十年前,欧阳修初任馆阁校勘参与编修《崇文总目》时,曾见过拓本。如今亲临其地,尽管流溪已为山中和尚填为平地,建屋其上,只剩一口大井,但李阳冰篆铭仍保存完好。欧阳修常常徘徊其下,细赏真迹,视为谪居生活中一大快事。而尤其令他惊喜的是,在山僧惠觉的指引下,他发现铭石之侧另有李阳冰所篆的十八个字,比铭文更为奇绝,他感叹:

> 寒岩飞流落青苔,旁斫(zhuó,砍)石篆何奇哉!……我疑此字非笔画,又疑人力非能为。(《石篆诗》)

如此至宝,却长期湮没无闻,世所罕传,他想,一定是山间的神灵不舍得与世人分享,吞云吐雾将它掩藏,只在夜间,趁着明月的清辉,结伴前来欣赏:

> 山祇(qí,神仙)不欲人屡见,每吐云雾深藏埋。群仙飞空欲下读,常借海月清光来。(同上)

他将拓本分寄梅尧臣、苏舜钦两位好友,邀请他们赋诗题咏,并刻石山崖。

琅琊山上还有一座祠庙,供奉着宋初著名文学家王禹偁的画像。王禹偁,字元之,宋太宗太平兴国八年(983)进士,官至翰林学士。他为人刚直,具有强烈的社会责任感与儒家政治伦理观,直言敢谏,曾三次担任知制诰,又三次被黜外放。半个世纪前,王禹偁因言事贬知滁州。在任期间,他为政宽简,深得百姓爱戴。曾有诗云:

> 况是丰年公事少,为郎为郡似闲人。(王禹偁《今冬》)

自来滁州后,欧阳修不止一次前往祠中拜谒,伫立画像前,他想起王禹偁《滁州谢上表》中的名句:

诸县丰登,绝少公事;全家饱暖,共荷君恩。

深为激赏,遂信手拈来写入诗中:

偶然来继前贤迹,信矣皆如昔日言。诸县丰登少公事,一家饱暖荷君恩。想公风采常如在,顾我文章不足论。名姓已光青史上,壁间容貌任尘昏。(《书王元之画像侧》)

宋初承唐末五代之旧,士风颓靡,文风卑弱,王禹偁刚直不阿的人格精神与简雅古淡的文学创作对宋代士风的振作与文风的刷新产生了深远的影响。对于这位先贤大德,欧阳修十分敬仰,并引为同调。他深信岁月的风尘固然可以侵蚀壁间的画像,但伟人的高风亮节将穿透一切现实的迷雾,光照千秋。

琅琊山偏东,还有一座景致优美的丰山,一面高峰耸然特立,三面竹岭回抱,幽深的山谷间有一股清泉从地面向上涌出。欧阳修在那里疏泉凿石,建亭其上,取名为丰乐亭。

关于丰山甘泉的发现,宋人吕本中《紫微杂记》记载了一个有趣的故事。据说,欧阳修初到滁州,发现琅琊山醴泉之水极为甘甜,此后每有雅聚,即派衙吏前往醴泉汲水煎茶。一天,有人献上新茶,欧阳修邀集僚属前来品尝,衙吏循惯例前往汲泉,不想回衙途中一个趔趄,辛苦打来的泉水泼洒一地,他担心迟到,连忙灌上路边的泉水赶回府衙。新茶奉上,欧阳修细细品味,发现水质虽然清美,却与醴泉味道不同,反复盘问之下,衙吏这才道出了实情。于是,欧阳修命衙吏带路,找到了那一泓路边的泉水。他们溯流而上,终于在丰山深处的幽谷中找到了泉眼。

丰乐亭南北两侧,装饰着欧阳修访寻得来的六块奇石,嶙峋奇特,莹洁如玉,极富观赏价值。据当地老人说,唐代末年淮南节度使杨行密的部将刘金曾在溪旁建有豪宅,这六块奇石,就是刘金私园中的赏玩之物,后来随着陵谷变迁、朝代更替,豪宅毁于战火,奇石也湮没无闻。在《菱溪石记》一文中,欧阳修写道:

夫物之奇者,弃没于幽远则可惜,置之耳目则爱者不免取之而去。嗟夫!刘金者虽不足道,然亦可谓雄勇之士,其平生志意,岂不伟哉!及其后世,荒堙零落,至于子孙泯没而无闻,况欲长有此石乎?用此可以为富贵者之戒。而好奇之士闻此石者,可以一赏而足,何必取而去也哉?

对于珍奇之物,世人大多不免存占有之欲,然而人生短暂有如过客,生命尚且不能长存,外物又如何能够永久地拥有呢?因此,欧阳修认为把这类"奇物"据为己有,不仅没有意义,而且极不明智,不如安置在公共场所,供游人随意观赏。

为了使丰乐亭周围的景致更加优美,欧阳修又命人将韩琦寄赠的芍药十种并其他各色花卉沿溪栽种,负责种花事务的谢判官以公文请示具体细则,欧阳修随手在公文后面题道:

浅深红白宜相间,先后仍须次第栽。我欲四时携酒去,莫教一日不花开。(《谢判官幽谷种花》)

依照欧阳修的构想,丰乐亭的附近又开出一块平地作为操练场,定时召集州兵、弓手,检阅他们的骑射武艺,用以警戒四野可能作乱的盗贼,保障地方治安。

在给韩琦、梅尧臣等好友的信中,他详细地记录了这一过程。他说:

> 山民虽陋,亦喜遨游。今春寒食,见州人靓装盛服,但于城上巡行,便为春游。(《与韩忠献王稚圭》其四)

丰乐亭游览区建成后,性喜游玩的滁州老百姓终于有了一个好去处,而欧阳修也"自此得与郡人共乐"(同上)。

作为一名关爱黎民、喜欢与民同乐的官员,欧阳修主张为政宽简

冬去春来,欧阳修的心绪渐渐平复,也渐渐地爱上这幽静闲适的山居生活:新雨过后,百花烂漫;春深之际,午梦悠悠,这种静中之乐、闲中之趣,对他来说实在是一种久违的享受,他甚至情不自禁地发出这样的感叹:"因此益知为郡趣,乞州仍拟乞山州。"(《春日独居》)

喜欢这里清丽的山水,更喜欢这里安闲的民风。寒梅初绽的早春,积雪消融,山色青苍,他屏退骑从,与山间野老漫步丛林:

> 南山一尺雪,雪尽山苍然。涧谷深自暖,梅花应已繁。使君厌骑从,车马留山前。行歌招野叟,共步青林间。(《游琅琊山》)

浓荫匝地的盛夏,清泉潺湲,缭绕山曲,他席地而坐,与白发农夫闲话家常:

自言今白首,未惯逢朱毂。顾我应可怪,每来听不足。(《幽谷泉》)

丛菊盛开的晚秋,瓜果飘香,劲竹萧疏,他呼朋引伴,把酒登临:

晴林紫榴坼,霜日红梨晒。萧疏喜竹劲,寂寞伤兰败。丛菊如有情,幽芳慰孤介。嘉客日可携,寒醅美新醉。登临无厌频,冰雪行即届。(《秋晚凝翠亭》)

而在大雪皑皑的严冬,寒风凛冽,冰连溪谷,他满怀喜悦,展望来年的丰登:

清流关前一尺雪,鸟飞不渡人行绝。冰连溪谷麋鹿死,风劲野田桑柘折。……一尺雪,几尺泥,泥深麦苗春始肥。老农尔岂知帝力,听我歌此丰年诗。(《永阳大雪》)

作为一名关爱黎民、喜欢与民同乐的官员,欧阳修历来主张为政宽简。景祐元年在《答西京王相公书》中他曾说:

某闻古之为政者,必视年之丰凶。年凶则节国用、赈民穷,奸盗生、争讼多而其政繁;年丰民乐,然后休息而简安之,以复其常。此善为政者之术,而礼典之所载也。

认为繁苛的政令乃是灾凶动乱之年不得已而为之,通常的情况下应该遵循人情事理,宽简为治。他特别反对地方官员为了向朝廷显示自己的政绩，聚敛苛剥，扰民害民。他认为"治民如治病"，这个医生是不是良医，不在于排场显赫、口若悬河，关键在于能否药到病除；同样，一名官吏是否可以称良吏，也不在于政绩工程、工作汇报，关键在于能否给老百姓带来真正的便利、得到老百姓衷心的拥戴。因此他治理滁州一年多来，"不见治迹，不求声誉，以宽简不扰为意"（宋·朱熹《宋名臣言行录》后集卷二），而滁州百姓安居乐业，一片祥和。欧阳修对此深感欣慰，这也是他的心情一天天好转的重要原因。在与好友的书信中，他常常情不自禁地流露出这种自满自得的心情：

  某此愈久愈乐，不独为学之外有山水琴酒之适而已，小邦为政期年，粗有所成，固知古人不忽小官，有以也。（《与梅圣俞》其二十）

曾经有人好奇地问他："您为政宽简，而政事却丝毫不见弛废，这是什么原因呢？"

他笑着回答道："如果把'宽'理解为放纵，把'简'理解为疏忽，那就一定会导致政事的松弛废止，老百姓就会蒙受其害。我的'宽'，是不苛急；我的'简'，是不繁碎而已。"

《醉翁亭记》是欧阳修散文风格成熟的标志

滁州安定祥和的社会氛围、优美清丽的自然山水与淳朴敦厚的民风民俗，激发了欧阳修的文思与灵感。在这里，他迎来了一个文学创作的高峰。作为这一创作高峰的标志性作品，就是著名的《醉翁亭记》：

> 环滁皆山也。其西南诸峰,林壑尤美。望之蔚然而深秀者,琅邪也。山行六七里,渐闻水声潺潺,而泻出于两峰之间者,酿泉也。峰回路转,有亭翼然临于泉上者,醉翁亭也。

文章开篇,由大而小,由远及近,逶迤不穷,既切合步行入山时远观近听之理,又显得层次丰富,胜景迭出,令读者情不自禁追随着作者的足迹,悠然步入楮墨画图之中,领略山水自然的动人魅力。接着文章转入正题,介绍醉翁亭及其命名的由来,随之引出对"醉翁"情怀的抒写:

> 作亭者谁?山之僧智仙也。名之者谁?太守自谓也。太守与客来饮于此,饮少辄醉,而年又最高,故自号曰"醉翁"也。醉翁之意不在酒,在乎山水之间也。山水之乐,得之心而寓之酒也。

虽然自号"醉翁",但他并不是嗜酒贪杯的狂徒,真正令他沉醉的是变化无穷的自然山水美景:

> 若夫日出而林霏开,云归而岩穴暝,晦明变化者,山间之朝暮也。野芳发而幽香,佳木秀而繁阴,风霜高洁,水落而石出者,山间之四时也。朝而往,暮而归,四时之景不同,而乐亦无穷也。

朝阳升起,林间的雾气渐渐消散;烟云聚拢,岩洞里变得暮色苍茫;明暗的变化,昭示着山中清晨与黄昏的交替。野花盛放,发出阵阵清香;树木繁茂,撑起处处浓荫;金风送爽,霜露莹洁,溪水低落,岩石显露,传递着四季变化的消息。早晨进山,傍晚归来,四季的风景不同,游山的乐趣也无穷无尽。然而,作者所沉醉的山水之乐还不仅仅于此:最美的自然是与人合一的自然,最美的人是与自然合一的人,人与自然相亲相谐构成了宇宙的大美。在滁州,在欧阳修所治理的这个小小的州郡,由于一年来政宽民安,风调雨顺,岁物丰成,在他的眼前就时时展现出天人合一的动人美景:

至于负者歌于途,行者休于树,前者呼,后者应,伛偻提携,往来而不绝者,滁人游也。

在自然温情的怀抱中,滁州的老百姓是如此地优游自在:肩挑背扛的人一路唱着山歌,步行疲累的人背靠着树干歇息,来来往往的人群中,有老人,有孩子,他们前呼后应的愉快召唤,给山野带来了勃勃的生机……此情此景,怎能不让身为一州之长的欧阳修忘记自己所罹遇的苦难、所蹈陷的危机而化忧为乐、化悲为喜呢?

临溪而渔,溪深而鱼肥;酿泉为酒,泉香而酒冽;山肴野蔌,杂然而前陈者,太守宴也。宴酣之乐,非丝非竹,射者中,弈者胜,觥筹交错,起坐而喧哗者,众宾欢也。苍然白发,颓然乎其间者,太守醉也。

怀着愉快的心情,作者也像他治下的百姓一样成为自然的一部分。取溪涧之鲜鱼,酿山泉为美酒,杂野味与蔬果,摒市井之丝竹。置宴林中,寓目之景色无不献美于前,临风把酒,自不免"饮少辄醉"。

已而夕阳在山,人影散乱,太守归而宾客从也。树林阴翳,鸣声上下,游人去而禽鸟乐也。然而禽鸟知山林之乐,而不知人之乐;人知从太守游而乐,而不知太守之乐其乐也。醉能同其乐,醒能述以文者,太守也。太守谓谁?庐陵欧阳修也。

文章最后补写山间禽鸟之乐,使全篇所表现的弥漫于天地之间的安闲快乐氛围达到气足神完的境界。

历来评论欧阳修的散文有一个专有名词,即:"六一风神。"(欧阳修晚年自号"六一居士")。《醉翁亭记》正是体现"风神"的代表作品。

强烈的抒情性,丰富深厚的感情内涵是"六一风神"的审美核心。文中说:"饮少辄醉,而年又最高,故自号曰醉翁也。"这当然不是对"醉翁"含义的真实自白:既非嗜酒,年仅四十,何得谓之"醉翁"?同时所作的《题滁州醉翁亭》诗透露了其中的秘密:

四十未为老,醉翁偶题篇。醉中遗万物,岂复记吾年。

原来,借酒浇愁,忘却万物,才是它的底蕴。《醉翁亭记》虽然是以"乐"为全篇之目,但既有远离政治漩涡之后沉醉山水、与民同乐的自适,又有排遣贬谪苦闷的自悲和自忧,感情体验不是单一的。其实,乐与悲、昔与今、理与情,在欧阳修的内心世界中是不可分解的并存结构,既各自肯定,又互相否定,痛苦可以化解,欢乐也不必过于欣喜,时间和空间的重叠、渗透使他不断品味着交织于内心的愉悦与悲哀,但他炽热的感情始终受到理智的节制,因而保持一种徐缓平和的节律和恬淡俯仰的感情定势。这就是"六一风神"的精髓。

其次是结构层次。苏洵说欧阳修的文章"纡余委备,往复百折"(《上欧阳内翰第一书》),清代魏禧也说:

> 欧文之妙，只是说而不说，说而又说，是以极吞吐往复参差离合之致。(《魏叔子日录》卷二)

都说出了欧阳修散文结构上回环曲折、吞吐掩抑的特点。这在《醉翁亭记》中也有突出表现。据说南宋时有人买得《醉翁亭记》初稿，发现文章开头部分，"初说滁州四面有山，凡数十字。末后改定，只曰'环滁皆山也'五字而已"(宋·朱熹《朱子语类》卷一百三十七)，可谓精炼之极，突兀奇警。然而以下行文由山而西南诸峰，而琅琊山，而酿泉，最后才出现醉翁亭，峰回路转，逐层推进，仍是"力避本位"的结撰之法。从全篇来看，更从山林之乐，到游人、宾客之乐，到太守之乐，行进舒缓，颇富悠长之趣。

而在散文的语言风格方面，欧阳修批判地继承了韩愈古文运动的精神，韩愈主张"词必己出"，"务去陈言"，在选择和熔铸词语上用力极勤，创获甚巨，有时却难免冷僻生涩。欧阳修崇尚独创，但反对古奥艰涩的语言风格。平易自然、婉转流畅，是欧阳修散文语言的主要特征，以后又成为宋代散文的整体特征。多用和善用虚词更是欧阳修的一大本领。《醉翁亭记》连用二十一个"也"字，构成一唱三叹的韵致，而全篇运笔多有转折，整饬中富于变化，恰切地表现出醉翁悠然自得的心态。此外，骈散夹杂，也是《醉翁亭记》一文在语言句式上的突出表现。对此，欧阳修的同僚好友宋祁早有评论。据说，《醉翁亭记》写成后，宋祁"读之数过，曰：'只目为《醉翁亭赋》，有何不可！'"(宋·朱弁《曲洧旧闻》)当年韩愈、柳宗元领导中唐古文运动，曾致力于变骈为散的文体改革，欧阳修采用了韩、柳创立的新型"古文"形式，但并不排斥骈俪。他认为：

第五章　与民同乐醉翁情

偶俪之文,苟合于理,未必为非。(《论尹师鲁墓志》)

骈词俪语与散行单句同样合于自然之美,骈文家追求句句偶双是桎梏,古文家一味回避偶句同样违背自然。正是基于这一认识,他运骈入散,极大地丰富了散文的艺术表现力。

因此,《醉翁亭记》写成之后,"天下莫不传诵,家至户到,当时为之纸贵"(宋·朱弁《曲洧旧闻》)。其中感触尤深的是琅琊山的僧人,由于《醉翁亭记》已循欧阳修手迹在亭畔刻石立碑,全国各地的人们纷纷前来欣赏,求取拓本,以至寺中库存的毡子全部打碑用尽,连和尚们睡觉用的卧毡也不得不贡献出来满足人们的需求。前来求取拓本的不仅仅是读书人,还有很多游走四方的商人。据说,他们随身带着《醉翁亭记》拓本,"所遇关征,以赠监官,可以免税"(《滁州志》卷十九)。这股热潮历久不衰,五年后,还有一位担任太常博士的音乐家沈遵,被《醉翁亭记》所展示的意境和情韵深深吸引,特意跋涉千里,从京城来到滁州,在琅琊谷中徘徊终日,细听鸣泉飞瀑,乐思如潮,就在泉边席地而坐,信手弹琴,谱成《醉翁操》(又名《醉翁吟三叠》)一曲,"节奏疏宕而音指华畅,知琴者以为绝伦"(苏轼《醉翁操引》)。那时欧阳修已经离开滁州任职颍州。又过了五年,欧阳修在奉使契丹途中与沈遵相遇,夜阑酒半,沈遵援琴演奏,欧阳修为作《醉翁辞》,并作《赠沈博士歌》。三十多年后,欧、沈相继去世,有位精通音律的庐山道士崔闲,请苏轼重填新词,到处传唱。如今,欧、苏之词尚存,可惜沈遵的琴曲却失传了。

在苦难中,欧阳修用种种美好事物自我遣玩

人们对于欧阳修《醉翁亭记》的热烈推崇,除了它高超的艺术技巧以及情景相生、意与境偕的浓郁的诗情诗韵,更在于它是一篇苦难之中诞生的华美之章。重理节情,对"富贵福泽"、"贫贱忧戚"均以平常心处之,是宋代士人带有普遍性的理想人格追求,欧阳修对此有着超人的自觉。当年一贬夷陵时,他就曾下定决心,一定要善处逆境,将贬谪作为砥砺节操、升华自我人格境界的契机,他看不起、更不屑于做那种患得患失的庸人。如今,岁月的历练、自我境界的不断提升,使他更懂得在苦难之中用种种美好的事物来自我遣玩,因而意气自若,心态安详,表现出泱泱君子的坦荡襟怀。这种精神品质在他此时的诸多诗文作品中都有体现。在《琅琊山六题》中他这样写道:

> 信马寻春踏雪泥,醉中山水弄清辉。野僧不用相迎送,乘兴闲来兴尽归。(《班春亭》)

从容,散淡,纵情任性,心境的自由无拘胜过了遁迹山野的逸士高人……读着这样的诗句,有谁能想到他不久前刚刚蒙受过流言的中伤与政治的失败呢?又有谁能相信他内心深处潜藏着深深的伤痛呢?是的,漫长而艰辛的人生路上,每个人都难以预料自己何时何地将遇到怎样的苦难与不幸,这不是我们所能掌握的。我们唯一所能掌握的就是面对苦难的态度,在苦难之中,一个人心灵的本质与修养才真正突显出来,正如孔子所说:"岁寒然后知松柏之后凋。"当欧阳修接二连三地遭遇到常人难以承受的打击之后,他依然以顽强的意志自我振作,晴空下欣赏飞花随风飘落,浓荫中聆听百鸟婉转啼鸣,这一切让他心醉情迷,意动神飞。尽管不时也会有几缕感时惜春之意在心底悄悄泛起:

第五章　与民同乐醉翁情

绿树交加山鸟啼,晴风荡漾落花飞。鸟歌花舞太守醉,明日酒醒春已归。(《丰乐亭游春》其一)

在充满赏爱的目光中,每一片多姿的云彩,每一缕宜人的日光,每一丛鲜嫩的青草,每一朵轻柔的飞絮,都是如此的美丽,如此的动人。而尤其动人的是,他本人也成为这山山水水中的一部分:

春云淡淡日辉辉,草惹行襟絮拂衣。行到亭西逢太守,篮舆酩酊插花归。(《丰乐亭游春》其二)

当游春的人们兴高采烈地走到丰乐亭旁时,他们会惊喜地看到,这位喜欢与民同乐的太守坐着一乘小小的竹轿,喝得微醺半醉,满身满轿插着各色的野花,正准备尽兴归去呢。醉眼朦胧中,诗人看到:

野鸟窥我醉,溪云留我眠。山花徒能笑,不解与我言。唯有岩风来,吹我还醒然。(《题滁州醉翁亭》)

调皮的鸟儿在树枝间偷偷地窥望,溪畔的流云殷勤地将他挽留,美丽的花朵露出了芬芳的笑脸,凉爽的山风轻轻地将他唤醒……那是一个多么神奇的童话般的境界啊!他总是乐而忘返,醉而忘归,归程中才发现已经走得太远太远:

长松得高荫,盘石堪醉眠。止乐听山鸟,携琴写幽泉。爱之欲忘返,但苦世俗牵。归时始觉远,明月高峰巅。(《游琅琊山》)

在滁州的优美山水中,他拂去了身上的尘垢,洗去了心头的烦恼,释放了无拘无束的本性,焕发了奔腾洋溢的生命激情……他就像一只飞出精美牢笼的鸟儿,在自然的怀抱中,唱出了从未有过的美妙歌声:

> 百啭千声随意移,山花红紫树高低。始知锁向金笼听,不及林间自在啼。(《画眉鸟》)

欧阳修豪爽、旷达又随和的性格,也使他与僚属们的相处超越了一般上下级关系而日益融洽。在《与梅圣俞》其十八中,他这样描述自己的日常生活:

> 某居此久,日渐有趣。郡斋静如僧舍,读书倦,即饮射,酒味甲于淮南,而州僚亦雅。

虽然地处偏僻,却能遇上这样一群风雅相得的僚友,不能不说是谪居生活的一大幸事!伴着山泉的清响,他们饮酒、对弈,用九射格游戏代替酒令以助雅兴。欧阳修感到无比满足,他甚至说"省自洛阳别后,始有今日之乐"(同上),认为滁州生活快乐悠游可与当年洛阳三年相媲美。

在众多同僚中,与欧阳修最为投契的是通判杜彬。杜彬通晓音律,尤擅琵琶,而且颇有些艺术家桀骜不驯、我行我素的个性。欧阳修初到滁州时,州府举行酒宴为他接风洗尘,席间欧阳修听说杜彬擅长琵琶,于是想请他演奏一曲,但是那时杜彬与欧阳修并不相知,面对地位高于自己的一州之长,杜彬并不肯随意献技助兴,他正言厉色地说:"不会。"宽厚的欧阳修一笑置之,并不勉强。

随着时间的推移,彼此逐步熟悉、了解。一天,杜彬设宴款待欧阳修,酒过数巡之后,他突然起身离席,步入里屋。正当在座各位愕然相向之际,忽听乐声微微,似有若无,大家屏声静气,只觉乐声渐渐清晰,似乎是越来越近,每个人都被它深深地吸引,过了好一会儿,才见杜彬抱着琵琶从里屋出来,边走边弹。这场酒宴,从午间一直持续到黄昏,大家尽兴而返,欧阳修更是喜出望外。从此两人交情益笃,每每结伴漫游,从琅琊山、幽谷泉醉归之时,杜彬常常一路弹着琵琶,直到州衙门前。多年之后,欧阳修回想滁州生活,杜彬始终是他最难以忘怀的友人。皇祐二年(1050)在《答李大临学士书》中他写道:

> 修在滁之三年,得博士杜彬与处,甚乐,每登览泉石之际,惟恐其去也。……滁之山林泉石与杜君共乐者,未尝辄一日忘于心也。

嘉祐元年(1056)在《赠沈博士歌》一诗中更为杜彬的逝去而黯然神伤:

> 我昔被谪居滁山,名虽为翁实少年。坐中醉客谁最贤,杜彬琵琶皮作弦。自从彬死世莫传,玉练锁声入黄泉。

欧阳修在诗歌创作与理论建树上的尝试与发展

闲静的心情特别适合从事文学创作,此时,欧阳修不仅散文艺术走向成熟,进入了黄金时期,而且在诗歌创作上也进行了多方面的艺术尝试。他精心揣摩前人诗作，尤其是中唐韩孟诗派诗人的作品。

以韩愈、孟郊为代表的韩孟诗派是一个极具创新精神的诗歌流派。面对盛唐诗人辉煌的诗歌成就，他们不甘心亦步亦趋地追随其后，试图从语言、意象、技法、声律、体制等方面突破前人既定的规范与体系，从而为后代诗人开辟了诸多创新的路径。

欧阳修的诗歌受韩愈影响最大，主要体现在以文为诗和以议论入诗两方面。这一时期他也有不少诗作有意效仿韩孟诗派其他诗人的风格，如《春寒效李长吉体》（李贺字长吉）、《拟孟郊体秋怀》、《弹琴效贾岛体》等等。而就艺术个性而言，欧阳修最喜欢的是李白，因此南宋张戒《岁寒堂诗话》说：

> 欧阳公诗学退之（韩愈字退之），又学李太白。

转益多师的过程中，欧阳修的诗歌具有了自己独特的面目，一方面吸收韩愈以文为诗的特点，将诗歌散文化、议论化；另一方面又在保持韩诗雄伟、畅达的同时，避免了韩愈用语险怪、枯燥艰涩的缺点，以清新流畅的语言与委婉平易的章法相结合，形成流丽宛转的风格。

与此同时，欧阳修在诗歌理论方面的建树也有了长足的发展，这集中体现在《梅圣俞诗集序》一文中。梅尧臣这时已经四十五岁了，在诗坛的影响越来越大，对自己的诗稿却并不留意收拾，倒是妻兄谢绛之子谢景初十分用心。作为梅尧臣诗歌最忠实的读者，景初担心姑父的诗作散失，自告奋勇代为整理，将天圣九年以来的诗作辑为十卷，请欧阳修作序。接到这厚厚一叠诗稿，欧阳修既为老友感到高兴，又不免有些心酸。梅尧臣少年早慧，"幼习于诗，自为童子,出语已惊其长老",年长之后更是学贯古今,"其为文章,简古纯粹,不求苟悦于世"(《梅圣俞诗集序》),而当今文坛,论及诗歌,亦无不首推圣俞。景祐年间,宰相王曙读过梅尧臣的诗后也不禁击节赞叹道:"两百年来无此作!"

然而,这样一位超群出众的才士,却仕途不顺,早年荫袭叔父梅询的官爵走上仕途,此后多次参加进士考试皆名落孙山,因而长期沉沦下僚,直到如今年近五十,还在给人做幕僚,怀才不遇,不能奋发有所作为。古人常说:"文章憎命达。"(杜甫《天末怀李白》)又说:"文士多数奇,诗人尤命薄。"(白居易《序洛诗》)莫非真的是绝世的文才与通达的仕途两相抵牾?欧阳修不肯相信如此宿命的解释,但是回顾古往今来的文学发展历程,又不能不认可韩愈所说:"和平之音淡薄,而愁思之声要眇;欢愉之辞难工,而穷苦之言易好也。"(韩愈《荆潭唱和诗序》)创作欲望往往产生于愁苦困窘之中,表现悲苦忧愁的作品也格外容易打动人心。正如司马迁《报任安书》所说:

> 文王拘而演《周易》;仲尼厄而作《春秋》;屈原放逐,乃赋《离骚》;左丘失明,厥有《国语》;孙子膑脚,兵法修列;不韦迁蜀,世传《吕览》;韩非囚秦,《说难》、《孤愤》。《诗》三百篇,大底贤圣发愤之所为作也。

欧阳修结合自己的创作实践,苦苦思索,终于厘清了其中的因果关系。在《梅圣俞诗集序》中他写道:

> 予闻世谓诗人少达而多穷,夫岂然哉!盖世所传诗者,多出于古穷人之辞也。

人们常说诗人得意的少,穷困潦倒的多,欧阳修认为这只是一种误解而已。之所以会产生这种误解,大概是因为传世不朽的诗作大多出于古代那些穷困潦倒的诗人笔下,而一般诗人的作品则随着时间的流逝湮没无闻了。

> 凡士之蕴其所有而不得施于世者,多喜自放于山巅水涯,外见虫鱼草木风云鸟兽之状类,往往探其奇怪,内有忧思感愤之郁积,其兴于怨刺,以道羁臣寡妇之所叹,而写人情之难言,盖愈穷则愈工。

因为,大凡读书人胸中蕴藏着才智和抱负却不能施展于当世,总是喜欢浪迹于山巅水涯,这使他们与社会、与自然的接触更加广泛而又深入,生活体验与现实感受也就更加真实、深刻。而诗歌内容的丰富、充实,有赖于诗人的生活阅历与人生体验。在艰难的处境中,诗人内心的情感无处发抒,只能设法用最准确、最巧妙的语言表达出来。所以穷愁潦倒的诗人抒发羁臣、寡妇的哀叹,能写出一般人难以达到的境界。这就是诗人越是困顿,诗歌艺术水平就越是高超的缘故。他由此得出了一个在我国诗歌批评史上影响极为深远的卓越判断:

> 然则非诗之能穷人,殆穷者而后工也。

欧阳修提出的"诗穷而后工"的著名观点,涉及中国古代文论中一个极为重要的理论问题,即生活与创作的关系问题。从强调诗歌必然反映作者生平遭际、强调诗歌必须反映真情实感的角度,对韩愈提出的"穷苦之言易好"的论断做出了合理的阐释。此外,尤其值得注意的是,欧阳修这篇文章实际上具有深刻的社会批判性质,予一切困顿偃蹇的寒士一掬同情之泪,也反映出欧、梅之间真挚的友情。文章以无比痛惜的语气写道:

> 世徒喜其工,不知其穷之久而将老也! 可不惜哉!

对梅尧臣半生不遇、年华渐逝充满了感同身受的焦灼与无奈。

欧阳修闻知石介身后奇冤,悲愤难抑

其实,在那个时代被排挤、被压抑的才志之士又何止梅尧臣一人?欧阳修本人如此,对有宋一代思想学术产生了深远影响的石介,更是一个极为典型的例子。在当时激烈的政治斗争中,和欧阳修一样,石介所承受的已不仅仅是一般的排挤、打击,而是一次次恶毒的诬陷与迫害。庆历四年秋,他陷身于保守派夏竦一手制造的假诏书案的可怕阴谋中,被迫辞去国子监直讲回到故乡山东奉符县徂徕山,一年之后因病去世,年仅四十一岁。

庆历五年十一月,有个叫孔直温的人因谋反罪被诛,抄家时发现石介生前与他有过诗书往来。当时石介去世已经四个多月,然而,夏竦之流却并不因此放弃对他的迫害,煞有介事地散布流言说,石介只是"诈死",其实是由知郓州兼京西路安抚使富弼派往契丹,勾结外敌,图谋起兵,倾覆大宋王朝。仁宗闻言,大惊失色,忙罢去富弼京东安抚使之职,又诏令兖州,开棺验尸,以确定石介的存亡。人死之后还遭开棺露尸,对于厚生重死的古代中国人来说是不可想象的事情。当时杜衍知兖州,当他念完诏令,众僚属一时噤若寒蝉,没有一人敢开口说话。过了好一会儿,掌书记龚鼎臣挺身而出,愿以阖家老小的性命担保石介确实已经去世。杜衍连连点头,一边从怀中取出早已准备好的奏稿说:"我已决定出面担保石介,但你年纪轻轻,却能见义勇为,前途不可限量。"

杜衍奏上,仁宗也就没有再加追问。后来,与契丹交界的北部边境安然无事,谣言不攻自破,富弼官复原职,由郓州移知青州,担任京东路安抚使。石介的妻儿则仍被羁管池州。

可是夏竦并不就此罢休。庆历七年三月,夏竦出任枢密使,不久即在仁宗耳畔大进谗言,说石介上次游说契丹没有成功,又被富弼派往登州、莱州勾结金坑暴徒数万人叛乱。朝廷再次下令发棺验尸。

当负责监督发棺的中使带着诏令来到石介的家乡兖州奉符县时,杜衍已经致仕离任,提点刑狱吕居简对中使说:"倘若我们破家发棺,结果发现石介确实已死,那时该怎么办呢?那就是朝廷无故发人棺木,我们又将如何面对千秋万代的后世子孙?"

中使为难地说:"那么如何是好呢?"

吕居简答道:"丧葬之事不是一家一户能够操办的,必须由邻里乡亲及门生子弟出面帮忙才可以。不如将所有参与治丧的人一一召问,如果没有什么不同的说法,就可以联名出具保书,上报朝廷。"

中使想了想觉得很有道理。最后由石氏家族及门生数百人联名具保,这才免于开棺。

与此同时,在朝廷中,侍御史知杂事张昪、御史何郯等也极论其事。何郯一针见血地指出:

夏竦岂不知石介已死?然其如此者其意本不在石介。……以石介曾被仲淹等荐引,故欲深成石介之恶,以污忠义之臣。皆畴昔之憾未尝获逞,昨以方居要位,乃假朝廷之势

第五章　与民同乐醉翁情

有所报尔,其于损国家事体则皆不顾焉。(宋·李焘《续资治通鉴长编》引)

身在滁州的欧阳修闻知石介身后这一奇冤,悲愤难抑!可是自己既已不在谏官任上,而且负罪被谪,满腔悲愤也只能化为一声长叹!每次想起,他总是辗转难眠,深夜挑灯,翻读石介的遗著《徂徕先生文集》,并先后写下《读徂徕集》与《重读徂徕集》两首长诗。石介的一生是为复兴儒道而奋斗的一生,是忧患丛生、饱受谗毁的一生,在诗中,欧阳修长歌当哭,为好友一泄冤屈:

我欲哭石子,夜开徂徕编,开编未及读,涕泗已涟涟。勉尽三四章,收泪辄欣欢。切切善恶戒,丁宁仁义言。如闻子谈论,疑子立我前。乃知长在世,谁谓已沉泉。昔也人事乖,相从常苦艰。今而每思子,开卷子在颜。(《重读徂徕集》)

诗人含着眼泪一次次重温好友的遗篇,正气凛然的言辞、犀利剀切的论辩总会强烈地将他打动,如闻其声,如见其人。这使他油然怀想起十多年来两人在思想、政治、文化领域筚路蓝缕、携手共进所经历的诸多艰难往事。如今石介不幸英年早逝,又遭受到保守派疯狂的诬陷与迫害,欧阳修深深感到自己有责任承担起保存、传播其思想与精神的重任:

我欲贵子文,刻以金玉联。金可烁而销,玉可碎非坚。不若书以纸,六经皆纸传。但当书百本,传百以为千。或落于四夷,或藏在深山。待彼谤焰熄,放此光芒悬。(同上)

219

在永恒的时间之流中,人的一生无论寿夭都十分短暂,唯有道德文章长留世间,永垂不朽。他相信,当所有的谗毁烟消云散之际,石介的精神将重见光芒。

> 谗诬不须辩,亦止百年间。百年后来者,憎爱不相缘。公议然后出,自然见媸妍。孔孟困一生,毁逐遭百端。后世苟不公,至今无圣贤。所以忠义士,恃此死不难。(同上)

历史自有公论,谗诬无须辩白,百年之后,一切的恩怨都将在岁月中淡去,后来者一定能准确客观地做出评判。春秋战国时期,孔子、孟子为了实现自己的政治主张,奔波道路,游说诸侯,不也曾一生困顿,备受毁逐吗?古往今来的忠义之士正是秉持着这一信念才不惮于前赴后继,成仁取义。

可是,身在当世,直面惨淡,欧阳修又如何能抑制住内心的忧愤呢?

> 我欲犯众怒,为子记此冤。下纾冥冥忿,仰叫昭昭天。书于苍翠石,立彼崔嵬颠!(同上)

他决心用自己如椽之笔记下这千古罕闻的奇冤,于是千里迢迢派人寄信给石介的妻儿,主动要求为好友撰写墓志铭。可是在当时严酷的政治环境下,石介的家属受到牵连,被发配到其他州郡严加羁管,因此没能及时收到他的书信。直到治平三年(1066),欧阳修的这一心愿才得以了却,那时距石介去世已经整整二十一年。

第五章　与民同乐醉翁情

对于众多的青年士子来说，
欧阳修具有无与伦比的感召力

也许是经历了太多的苦难，此时，欧阳修的内心开始发生一些微妙的变化，锋芒与锐气在渐渐地收敛、减退。虽然说"四十未为老"（《题滁州醉翁亭》），但世事维艰，时节消磨，仍使他偶尔会发出"我从多难壮心衰"（《希真堂手种菊花十月始开》）的感慨。尤其是在阴云笼罩的秋日，听户外落木萧萧，鸟群在寒风中四散惊飞，那种人生短暂、个体渺小无力的感觉便格外强烈地充盈于内心。

> 记得金銮同唱第，春风上国繁华。如今薄宦老天涯。十年歧路，空负曲江花。　闻说阆山通阆苑，楼高不见君家。孤城寒日等闲斜。离愁难尽，红树远连霞。

这首《临江仙》词是为一位即将远赴阆州（治所在今四川阆中）任通判的同年所作。上片以今昔对比的手法，写出二人"同是天涯沦落人"的身世感慨；下片以景寓情，抒发客中送客、漂泊难堪的伤感情怀。复杂的生活感受，难言的今昔之感，统统蕴含在深深的叹息之中，真切地表达了词人忧患凋零中的倦怠与衰颓。

然而，欧阳修终究是不甘于消沉的。在《新霜二首》其二中他写道：

> 荒城草树多阴暗，日夕霜云意浓淡。长淮渐落见洲渚，野潦初清收潋滟。兰枯蕙死谁复吊，残菊篱根争艳艳。青松守节见临危，正色凛凛不可犯。芭蕉芰荷不足数，狼藉徒能污池

槛。时行收敛岁将穷,冰雪严凝从此渐。呖呦儿女感时节,爱惜朱颜屡窥鉴。惟有壮士独悲歌,拂试尘埃磨古剑。

乌云笼罩的深秋,兰枯蕙死,万物萧条,唯有青松昂然挺立,不惧风霜,它风姿凛然,何尝像平常小儿女感时伤逝,对镜悲秋?恰似那待时奋起的壮士悲歌慷慨,拂尘磨剑!诗歌透露出欧阳修壮心未泯,仍然希望有所作为。

强烈的现实感慨使欧阳修更加深刻地体会到反思历史的必要性。景祐二年即已开始撰写的《五代史》,由于庆历三年以来全身心投入政治革新运动而一度搁置,如今"负罪谪官,闲僻无事"(《免进五代史状》),他又重理旧稿,潜心著述,在对历史资料的搜罗爬剔中更清晰地洞见现实的痼疾所在。

与此同时,他还热心地指点那些远道前来求学的士子,给予他们无私的提携。对于众多的青年士子来说,无论是在文学上,还是在人格精神上,欧阳修都具有无与伦比的感召力。尽管滁州地处偏远,交通不便,但丝毫也不能阻挡他们前来追随欧阳修。庆历六年三月,每隔三年一次的进士考试揭榜之后,状元贾黯随即远寄书信,表达自己对欧阳修的由衷敬意。在宋代政坛上,贾黯以敢于言事、立朝介直而著称;同时登第的谢景初,则利用中第后等待任命的时间全心整理编辑姑父梅尧臣的诗集,并驰书滁州,请欧阳修作序,为北宋诗文革新运动留下了一篇影响极为深远的理论文献;而另一名进士魏广在任命为荥阳主簿之后,赴任途中更是不远千里,绕道滁州拜访欧阳修:

卓荦东都子,姓名闻十年。穷冬雪塞空,千里至我门。(《送荥阳魏主簿广》)

盘桓弥月,临别之时,欧阳修作诗相赠,并致信晏殊,力加引荐……常言道:"贫居闹市无人问,富在深山有远亲。"现实社会是极为功利而又冷酷的。如今,欧阳修可谓时运不济,处于人生低谷之中,而这些年轻人却全然不以世俗的价值标准相取舍,对此欧阳修深有感慨,在《送孙秀才》一诗中他写道:

>　　高门煌煌爀如赭,势利声名争借假。嗟哉子独不顾之,访我千山一羸马。……时之所弃子独向,无乃与世异取舍。

当年,这位孙秀才骑着一匹瘦马跋山涉水前往滁州,途中不慎翻船落水,所带文稿损失大半。对于这些不慕荣华、好学上进的青年人,欧阳修一向十分珍爱,恨不能竭其所有,给予他们以最大的帮助,他常常感叹:

>　　问子之勤何所欲?自惭报子无琼瑰。非徒多难学久废,世事渐懒由心衰。(《送章生东归》)
>　　迟迟顾我不欲去,问我无穷惭报寡。(《送孙秀才》)

他觉得,几年来,复杂的朝政斗争分去了太多心力以致学问荒疏,坎坷的人生际遇也使得锐气日减,因而总是担心自己误人子弟。对于晚辈投寄的每一篇文章他都认真地阅读,并择取其中优秀之作编为一集,名曰《文林》。

在众多的及门弟子中,欧阳修最欣赏、也最牵挂的仍然是曾巩。庆历二年曾巩落第回乡之后,他们一直保持着密切的书信往来。庆历六年的科举考试,曾巩因病未能参加,欧阳修闻知,连忙寄信慰勉。庆历七年六月,曾巩的父亲曾易占奉召进京,曾巩侍父北上,八月抵达金陵,自宣化渡江到滁州拜见欧阳修,师生久别重逢,无限欢喜。当时,欧阳修在丰乐亭东面几百步之处,新建了一座凉亭,名为"醒心"。中秋之夜,亭中赏月,即命曾巩作《醒心亭记》。正如清代学者张伯行所说:

> 《丰乐亭记》,欧公之自道其乐也;《醒心亭记》,子固能道欧公之乐也。然皆所谓有"后天下之乐而乐"者。结处尤一往情深。(《唐宋八大家文钞》卷十五)

这篇文章,从精神境界到为文旨趣,都深得欧阳修散文之三昧。

曾巩在滁州住了将近二十天,每日里和老师一起谈诗论文,十分惬意。这次,他还带来了同乡好友王安石的诗文。王安石字介甫,抚州临川(今江西抚州)人,庆历二年(1042)进士,比曾巩小两岁,当时担任鄞县知县。景祐三年(1036),曾巩与他在汴京相识,一见如故,谈古论今,十分投契。庆历四年(公元1044),曾巩致书欧阳修,向他推荐王安石:

> 巩之友王安石,文甚古,行甚称文。虽已得科名,居今知安石者尚少也。彼诚自重,不愿知于人,尝与巩言:"非先生(指欧阳修)无足知我也。"(曾巩《上欧阳舍人书》)

曾巩希望欧阳修向朝廷荐举王安石,然而因欧阳修正任河北都转运使离京,这封信没有结果。后来,曾巩又作《再与欧阳舍人书》,再次推荐王安石。而不久欧阳修贬知滁州,也无缘荐引,王安石的名字却已深深地印在他的脑海中。如今遍读王安石历年所作诗文,欧阳修"爱叹诵写,不胜其勤",将其中很多篇章选入《文林》。不过王安石的文章也存在一些问题,如思路不够开阔,喜欢生造词语,求新求怪,欧阳修托曾巩委婉地转达了自己的意见,曾巩遵嘱如实转告给了王安石:

> 欧公更欲足下少开廓其文,勿用造语及模拟前人,请相度示及。欧云:孟、韩文虽高,不必似之也,取其自然耳。(曾巩《与王介甫第一书》)

曾巩刚走不久,九月间,徐无党兄弟又接踵而至。徐无党是婺州永康(今浙江永康)人,庆历二年开始跟随欧阳修学习古文,其后欧阳修通判滑州、应诏回京,又出使河东,徐无党始终不离左右,直到庆历四年秋冬才告辞回乡。徐无党的文章以质实见长,本人的兴趣偏重史学,后来为欧阳修所撰的《新五代史》作注,清代学者黄宗羲称其"妙得良史笔意"(清·全祖望《宋元学案·庐陵学案》)。这次,他带着弟弟徐无逸专程来滁州拜望老师。初到滁州,但见青山绕城,泉水潺潺,幽静的山崖怪石嶙峋,徐氏兄弟觉得十分新奇,可是,没过多久便有些厌倦了,就好像欣赏一幅清丽的山水画,看过之后就该收起来。他们不禁暗想,这么荒凉简陋的穷州,自己不过是短暂逗留,即已感到如此寂寞难耐,不知道老师是如何熬过这漫长的岁月的?联想起《醉翁亭记》、《琅琊山六题》等诗文作品,洋溢于字里行间的安详自得,更使他们对老师充满了无限敬意。

平山堂建成不久,一天,忽有远信寄到

送别徐无党兄弟,已是年终岁暮,欧阳修谪居滁州的生活就要结束了。庆历八年(1048)正月十六日,诏令欧阳修转起居舍人,依旧知制诰,徙知扬州。在欧阳修的眼中,这一年的春天似乎来得特别早:

> 绿桑高下映平川,赛罢田神笑语喧。林外鸣鸠春雨歇,屋头初日杏花繁。(《田家》)

一夜春雨过后,朝阳初升,屋前屋后的杏花开得花团锦簇,原野上桑树高低错落,泛出了新绿,斑鸠在密密的树林中发出咕咕的和鸣,乡间的百姓正在忙着迎神赛会,祭祀神灵,祈求一年的丰登,处处喧腾着欢声笑语……就在这样一个生机盎然的仲春二月,欧阳修启程前往扬州:

> 花光浓烂柳轻明,酌酒花前送我行。我亦且如常日醉,莫教弦管作离声。(《别滁》)

滁州,欧阳修心中充满了依依不舍之情。这里淳朴的民风,给了他温馨的抚慰;这里清丽的山水,医治了他心灵的伤痛,使他重新找到了生活的勇气,成就了中国文化史上那个永恒不朽的"醉翁"形象!而滁州的百姓也无比眷恋着这位爱民、惠民的长官,他们将欧阳修与王禹偁并称"二贤"。为了表达他们真挚的怀念,欧阳修离去不久,他们自发地为他建立生祠,岁时祭祀,祈福求祥。经过欧阳修

人格的辐射与彩笔的点染,琅琊山、醉翁亭、丰乐亭等山水胜迹,从此名扬天下,令世世代代的人们神往。

庆历八年(1048)二月二十二日,欧阳修到达扬州任所。北宋时代的扬州,乃江淮重镇,东南水陆交通枢纽,繁华热闹,较之滁州,自是不可同日而语。但是,欧阳修在赴任途中就已知道,"今年蝗蝻稍稍生长,二麦虽丰,雨损其半,民间极不易"(《与韩忠献王稚圭》其七)。还没有上任,就有这样一个困难摆在面前。扬州的百姓嗷嗷待哺,作为父母官,他该怎么办?他思来想去,觉得为政之要莫过于以镇静为本,与民休息,同时严格要求州府僚吏,廉洁治政,提高行政办事效率,"非盗贼大狱,不过终日,吏人不得留滞为奸"(欧阳发《先公事迹》)。作为一州之长,他始终牢记父亲的遗训,处处出以仁心。他常常感叹:"汉朝法令规定,只有杀人犯才处以极刑,后世法令日益苛严,死刑就太多了!"

因此,他经手的案子,那些被判死刑的人,只要没有杀人,在法律许可的范围之内,他必要争取改判,保全他们的性命,好给他们一个改过自新的机会。

欧阳修实行的宽简政治,顺应民情,讲究实效,深得扬州百姓的拥护,两三个月下来,治内井然有序,吏治有条不紊,百姓安居乐业。欧阳修也有了闲情逸致,开始打量周边的好山好水了。

一天,官府公休,欧阳修带领僚属宾客一行人到大明寺游玩。大明寺始建于南朝刘宋大明年间,唐代高僧鉴真曾在这里讲经,是淮东著名的古刹。寺庙高踞蜀冈之上,下瞰平原,真州、润州、金陵隐隐可见,远山近水,尽收眼底。欧阳修登高览胜,心旷神怡,于是决定在大明寺西侧修建一座亭堂。堂成之后,端坐其中,但见江南诸山拱列檐下,与楹廊齐肩,仿佛触手可及,于是他高兴地在这堂中挂上匾,并题上"平山堂"三字。平山堂前,他亲手种下一株杨柳,后人称为"欧公柳"。从此,盛夏酷暑之时,每有闲暇,欧阳修即率宾客前往游玩。他们凌晨出发,预先派人到邵伯湖采莲花千余朵,用花盆分插成百许盆,置于酒筵座席之间,饮酒行令时,即命歌妓取莲花一朵,递给嘉宾,大家依次摘取花瓣,谁最后把花瓣摘尽,谁就饮酒……山风习习,荷香满座,往往玩到夜幕落下,这才尽兴戴月而归。一年后,欧阳修移知颍州后,他还常常追念这些愉快的往事,还津津乐道地跟同僚说:

千顷芙蕖盖水平,扬州太守旧多情。画盆围处花光合,红袖传来酒令行。舞踏落晖留醉客,歌迟檀板换新声。如今寂寞西湖上,雨后无人看落英。(《答通判吕太博》)

诗句中原来附益了多处自注,详尽地记录了平山堂上纳凉赏荷、传花饮酒的具体细节,可见诗人是多么怀念那些难忘的时光。然而,比这首诗歌更为强烈地打动着历代读者的,是他八年后写的另一首送别词,正是这首不朽的词作,使平山堂名扬四海:

平山栏槛倚晴空,山色有无中。手种堂前垂柳,别来几度春风? 文章太守,挥毫万字,一饮千钟。行乐直须年少,樽前看取衰翁。(《朝中措》)

词作于至和三年(1056),是欧阳修为送好友刘敞出守扬州而作。上片追忆平山堂迷人的风光,引发词人对往日踪迹的深切怀念。凌空矗立的殿堂,若隐若现的山色,和那春风中摇曳的依依杨柳,将往昔的欢愉与现今的怀想交叠互渗,构成极为深沉多元的情感内涵。下片更将这种今昔之感从自然风物引入人事沧桑,那"挥毫万字,一饮千钟"的"文章太守",才华横溢,气度不凡,既是当年词人自我风采的生动写照,也是眼前英姿勃发、正当盛年的刘敞的传神小影,恰与篇尾暮气沉沉的"樽前衰翁"形成纵横两重鲜明的对比,强烈地突出了人生易老、行乐须及时的永恒慨叹。

平山堂建成不久,一天,忽有书信寄到,原来,梅尧臣已于年前解除许州签书判官任回到汴京,新授国子博士,正前往宣城探视双亲,不日抵达扬州。自庆历五年春夏间汴京一别,两位好友已经整整三年不曾相见。接读来信,欧阳修十分高兴,按捺不住内心的激动,忙吩咐属下备船,亲自沿水路前往迎接。三年不见,彼此的容颜都已衰老了不少,乍一见面不禁吃了一惊。这天晚上,江风阵阵,骤雨打荷,宜人的凉爽消尽了六月的暑气,两位老友在窗前灯下作彻夜长谈。他们的谈话内容涉及《易》学、史学、政治和文学的方方面面。谈到高兴之时,两人举杯痛饮,那种快乐与尽兴真是无以言表。第二天一早,梅尧臣继续踏上回宣城的旅程,两人再三约定,等梅尧臣省亲回来,一定要在扬州多住几天。

八月上旬,梅尧臣在宣城应晏殊征辟,任陈州镇安军节度判官,赴任途中如约再过扬州。时近中秋,欧阳修邀及同僚好友一同赏月吟诗。在《招许主客》一诗中,他兴致勃勃地写道:

> 欲将何物招嘉客,惟有新秋一味凉。更扫广庭宽百亩,少容明月放清光。楼头破鉴看将满,瓮面浮蛆拨已香。仍约多为诗准备,共防梅老敌难当。

他时而仰头看看那渐渐变得圆润的月亮,时而打开酒瓮检视新酿的美酒,像个孩子似地期盼着中秋盛会早日到来。诗歌结尾语带诙谐,提醒僚友一定要做好充分准备,大家齐心协力抵挡梅尧臣这位诗坛老将的猛烈进攻。

不过中秋的晚上,天公却不肯作美,当欧阳修一行人在南楼轩阁间团团坐定等待着皓月升空时,却见天上浓云密布,不一会儿竟淅淅沥沥地下起雨来,但大家的兴致依然不减,既然无月可赏,则不妨高烧银烛,听歌看舞,击鼓传花:

> 池上虽然无皓魄,尊(同樽,酒具。)前殊未减清欢。绿醑自有寒中力,红粉尤宜烛下看。罗绮尘随歌扇动,管弦声杂雨荷干。(欧阳修《酬王君玉中秋席上待月值雨》)
>
> 池鱼暗听歌声跃,莲的明传酒令优。最爱西垣旧词客,共将诗兴压曹刘。(梅尧臣《和永叔中秋夜会不见月酬王舍人》)

这天晚上大家诗兴浓浓,吟诗、唱和、联句,令侍座的书吏疲于笔录,应接不暇。

欢聚总是短暂,别离又在眼前:

> 离合二十年,乖暌多聚集。常时饮酒别,今别辄饮泣。君曰吾老矣,不觉两袖湿。我年虽少君,白发已揖揖。(《别后奉寄圣俞二十五兄》)

两人定交已近二十年,其间聚少离多,然而,这一次的离别似乎格外令人伤感。

> 忆昔西都欢纵。自别后、有谁能共?伊川山水洛川花,细寻思、旧游如梦。　今日相逢情愈重。愁闻唱、画楼钟动。白发天涯逢此景,倒金尊、殢谁相送?(《夜行船》)

第五章 与民同乐醉翁情

眼看着迟暮逼近,大家都不再是意气风发的少年。谢绛、张先、杨愈去世已多年。一年前,尹洙又病故了,年仅四十七岁。当年洛阳同游的旧友如今还剩下几人呢?想到这里,欧阳修的心里感到一阵阵凄凉。

怀着深切的哀悼之情,
欧阳修撰写了《尹师鲁墓志铭》

景祐三年,欧阳修与尹洙皆因"朋党风波"得罪,远谪天涯。此后,欧阳修被诏还京,尹洙则前往西北前线。两位政治改革事业与文学革新运动中志同道合的战友,尽管千里相隔,却始终保持着密切的书信往来。庆历五年秋季,当欧阳修陷身于"盗甥"的流言中时,尹洙也被守旧派以滥用公款替部将还债的罪名贬为均州(治所在今河南均县)监酒税。到达贬所后,州府的势利小人又对他处处刁难。第二年,身心俱疲的尹洙身染重病,可惜均州地处偏僻,既无名医,也无良药,人事丛脞,颇难自理。时任邓州(治所在今河南邓县)知州的范仲淹知道后,十分着急,忙上奏朝廷,请求允许尹洙来邓州治病。三个月后,朝廷的批示才姗姗来迟。然而此时,尹洙已经病入膏肓,到达邓州不久便溘然逝去。尹洙身后萧条,家无余财,却仍有嗷嗷待哺的稚儿幼女。当时是庆历七年四月。好友不幸早世,令欧阳修十分悲伤,尽管他自己家里也不宽裕,但他仍然慷慨解囊,资助尹洙的遗属扶柩还乡。在《祭尹师鲁文》中,他悲愤地写道:

嗟乎师鲁!辩足以穷万物而不能当一狱吏,志可以狭四海而无所措其一身!

这么一位才高志大的英睿之士,竟不能为世所容,横遭迫害,潦倒以终! 但是令人尤为敬佩的是:

> 方其奔颠斥逐、困厄艰屯,举世皆冤而语言未尝以自及,以穷至死而妻子不见其悲忻。

对于死生进退,豁达从容;性命忧患,不累于心胸。堪称知道明理的贤哲! 因此,欧阳修相信:

> 嗟乎师鲁! 自古有死,皆归无物。惟圣与贤,虽埋不殁! 尤于文章,焯若星日。子之所为,后世师法!

随后,奉范仲淹之托,怀着深切的哀悼之情,欧阳修又撰写了《尹师鲁墓志铭》。墓志铭属于传记文学的范畴,对于这类文章的写作,欧阳修一向强调"不虚美,不隐恶",对人物评价实事求是,文字简练含蓄,使读者能寻味其中的褒贬之义。《尹师鲁墓志铭》更是有意模仿尹洙简古的文风,用精简准确的评语记述尹洙一生的品行大节,写得言简意深。

让欧阳修没有想到的是,文章写成之后,却遭到尹洙家属与门生的非难。何以如此? 原来他们认为:首先,尹洙以古文名世,而《墓志铭》只说了"简而有法"四个字的评语,甚嫌评价不足。其次,尹洙破骈为散,厥功甚伟,《墓志铭》却没有给予充分的肯定。第三,《墓志铭》没有提到尹洙在宋代古文运动中的倡导地位。归根结底,他们认为这篇文章牵涉到有关古文的写作及其历史发展的一些重大问题,欧阳修的评价太轻。于是,第二年,欧阳修又写了《论尹师鲁墓志》一文,逐一辩解:首先,"简而有法"是指善于对素材进行取舍剪裁,恰当地把握用语的轻重褒贬,含蓄准确地表达思想内容,所谓"用意特深而语简",这四个字分量极重,从古至今只有孔子亲自所作的《春秋》才当得起,用以称尹洙之文,已是极高的评价,"而世之无识者,不考文之轻重,但责言之多少",实在太荒唐了。其次,单就文体而言,古文固然好,但骈文也不是一无是处,因此,破骈为散本身,不必特别予以揄扬。第三,宋初以来,倡导古文的人很多,尹洙之前已有柳开、穆修等人,所以,说"作古文自师鲁始"并不符合事实。欧阳修的辩解理直气壮,而且慷慨激昂,他在文章最后写道:

> 修见韩退之与孟郊联句,便似孟郊诗;与樊宗师作志,便似樊文。慕其如此,故师鲁之志用意特深而语简;盖为师鲁文简而意深。又思平生作文,惟师鲁一见,展卷疾读,五行俱下,便晓人深处,因谓死者有知必受此文。所以慰吾友尔,岂恤小子辈哉!

表明本文是有意效仿尹洙的文风而作,倘若死者地下有知,一定会像昔日那样"展卷疾读",拍案叫好。然而尹洙的家属、门生仍不领情。当时托请他写墓志铭的范仲淹虽然说"词意高妙,固可传于来代"(范仲淹《与韩琦书》),但也觉得叙事过于简略,不尽如人意,最后竟又另请韩琦写了一篇墓表文,洋洋洒洒,篇幅超过欧文两三倍。这不能不让欧阳修感到很失落。

诚如欧阳修所坚持的,碑文写作应该强调史笔的简要,但是透过这件事情我们仍可以发现,在文学发展问题上,欧阳修与尹洙之间隐藏着一些深层次的原则分歧。

早在洛阳时期,欧阳修从尹洙学习古文,崇尚简古,并努力贯彻于他的写作实践之中。但是,即便在这一阶段,"简古"也不能规范他所有文章,深婉不迫、意味深长才是其散文的重要特色。后来,随着创作经验的日益丰富,欧阳修对"简古"问题又有了发挥、变化。一方面,他仍然推重"简而有法"的文风,但主要限于碑志、史传等文体,无论在写作实践上还是在理论认识上,都并不把"简古"作为一切文体的标准;与此同时,作为尹洙"简古"主张的补充,欧阳修又提出了不能片面求简的思想。在写给门生徐无党的信中,他说:

> 然著撰苟多,他日更自精择,少去其繁,则峻洁矣。然不必勉强,勉强简节之,则不流畅,须待自然之至。(《与渑池徐宰》)

要求简约峻洁必须服从于自然流畅,这样看来,"简"是属于第二位的。后来,他越来越清楚地意识到,简洁固然是中国古代散文的一大优点,但简洁有时是以牺牲散文的自由挥洒为代价的,有损于散文的形象性与抒情性。正因为如此,他对尹洙的"简古"感到不满。多年后,他曾跟苏洵说:

> 吾阅文士多矣,独喜尹师鲁、石守道,然意犹有所未足。今见子之文,吾意足矣。(宋·邵博《邵氏闻见后录》引)

苏洵之文以驰骋纵横见称,而这正是尹洙之所短。

欧阳修在洛阳时期对"简古"风格的崇尚,主要激于对骈偶文藻饰繁缛的厌倦和排拒。但是,骈偶排比与单句散行原来同是语言中的自然现象,反对"五代体"、"西昆体"并不意味着否定骈偶文体甚至骈偶的语言成分。因此,在欧阳修洛阳时期的文章中仍有不少骈偶句式。如果说,当时文章中的这些骈偶成分,大抵积习所使,摇笔自来的话,那么,在以后的写作中,他更自觉地吸取骈文的艺术长

处,达到另一境界。因此,在《论尹师鲁墓志》中,他明确宣称:

> 偶俪之文,苟合于理,未必为非,故不是此而非彼也。

而从创作实践来看,代表他散文艺术走向成熟的作品如《醉翁亭记》、《丰乐亭记》等,都是融化、涵摄、整合了骈文某些特点的新型"古文"。在这些文章中,他有意识地运用古文的笔势笔调来组织骈偶排比等语言成分,形成一种似骈非骈、亦骈亦散的文体,散句和骈句水乳交融而又灵活变化,极大地加强了表现力。

因此,对于尹洙在宋代古文运动中的历史地位问题,欧阳修并不赞成范仲淹以及尹洙家属与门生的看法。即便在当时,持此观点的也不仅仅欧阳修一人,最有代表性的是韩琦。韩琦与尹洙、欧阳修均为至交,尹洙的家属拒绝了欧阳修所作的墓志铭后,便请韩琦另作墓表文。在《故崇信军节度副使检校尚书工部员外郎尹公墓表》中,韩琦写道:

> 天圣初,公(尹洙)独与穆参军伯长(穆修)矫时所尚,力以古文为主。次得欧阳永叔以雄词鼓动之,于是后学大悟,文风一变。

这里先叙尹洙、穆修力倡古文,次叙欧阳修以卓越的创作实绩影响众人。"次得欧阳永叔"的"次",仅指时间先后而言,至于功劳大小,仍隐然推欧阳修为首。这在当时反映了不少人的共同看法。尹、欧诸人都已作古多年之后成书的《神宗旧史·欧阳修传》这样写道:

> 是时,尹洙与修亦皆以古文倡率学者,然洙材下,人莫之

与。至修文一出,天下士皆向慕,为之唯恐不及。一时文章大变,庶几乎西汉之盛者,由修发之。

今天,我们摒除了一切人际关系与情感因素,可以更加清楚地认识到:尽管欧阳修学古文在尹洙之后,而且一度领受尹洙的教益,但尹、欧的古文理论和写作才能确有高下之殊。是欧阳修促使了宋代散文风气的真正"大变",尹洙是无法与之匹敌的。可以设想,如果遵循尹洙的古文理论,宋代散文就不可能形成平易自然、流畅婉转的群体风格,也就不可能有中国散文史上别放异彩的新篇章。奠定这种群体风格和局面的,只能首推欧阳修。在这个根本点上,这两位好友之间看来是无法调和的。

又一个不幸的消息传来,
刚满四十一岁的苏舜钦在苏州病故

常言道:"人到中年百病攻。"欧阳修从小体质屡弱,年过四十的他,已感到身体一年不如一年。这年冬天,由于火热内盛,身体百般不适。有人跟他说,这是因为体内阴阳不调,水火未济,应该以道家"内视之术"来进行调养。不知是教导有误,还是所学不当,欧阳修施行内视之术不到一个月,忽然感到双眼剧痛,有如刀割,"不惟书字艰难,遇物亦不能正视"(《与王文恪公乐道》其一),差点双目失明。后来经过治疗,虽然有所好转,但终究难以恢复如初,"眼瞳虽存,白黑才辨"(《颍州谢上表》),恼人的眼病从此伴随着他的后半生。好在他一向豁达,并不特别以此为意,曾作诗自嘲道:

洛阳三见牡丹月,春醉往往眠人家。扬州一过芍药时,夜

饮不觉生朝霞。天下名花唯有此,樽前乐事更无加。如今白首春风里,病眼何须厌黑花。(《眼有黑花戏书自遣》)

正当欧阳修备受疾病折磨时,又一个不幸的消息传来,刚满四十一岁的苏舜钦在苏州病故。欧阳修把讣告反反复复地看了好几遍,仍不肯相信这是真的,因为,就在不久前,他刚收到苏舜钦寄来的唱和诗作。可是眼前白纸黑字以及苏家报丧的仆人悲戚的面容使他不得不接受这个残酷的事实!

哀哀子美,命止斯邪?小人之幸,君子之嗟!(《祭苏子美文》)

深哀剧痛一时袭来,欧阳修禁不住泪下如雨,许多往事浮上心头:

他想起天圣七年两人初相识时,正风华正茂、壮怀激烈,共同的志趣使他们一见如故,结下终生不渝的真挚友情……

他想起景祐元年聚首汴京,一群朋友"争歌《白雪曲》,取酒西城市"(《闻梅二授德兴令戏书》),青春飞扬,放浪无羁……

他想起自己初贬夷陵,苏舜钦远寄书简,称许他"大议摇岩石,危言犯采旒"(《闻京尹范希文谪鄱阳,尹十二师鲁以党人贬郢中,欧阳九永叔移书责谏官不论救而谪夷陵令,因成此诗以寄且慰其远迈也》),并鼓励他善处逆境,"莫赋畔牢愁"……

他想起"庆历新政"期间,在政治与文学领域,他们同心携手,壮志凌云……

他更想起庆历四年那个阴霾密布的冬季,苏舜钦遭遇重谴,含恨离京……

四年来,他们远隔天涯,一样经历了自我救赎的精神炼狱,实现了人格境界的进一步升华。当欧阳修在滁州的山水中与民同乐时,苏舜钦废居苏州,筑沧浪亭以抒怀抱。在《沧浪亭记》一文中,苏舜钦以挥洒的文笔描述了自己安适自得的心境:

> 予时榜小舟幅巾以往,至则洒然忘其归,觞而浩歌,踞而仰啸,野老不至,鱼鸟共乐,形骸既适则神不烦,观听无邪则道以明,返思向之汩汩荣辱之场,日与锱铢利害相磨戛,隔此真趣,不亦鄙哉!(宋·苏舜钦《沧浪亭记》)

欧阳修读罢,激赏不已,对那座辐射着好友人格精神的山水园林悠然神往:

> 子美寄我《沧浪吟》,邀我共作沧浪篇。沧浪有景不可到,使我东望心悠然。(《沧浪亭》)

他想象着那青翠的山冈环绕着一汪野水,自然清雅,人迹罕至。春天里老树纷纷发出新芽,显示出勃勃生机;夏天新竹渐渐成荫,送来阵阵清凉;水际山崖,有各种各样的鸟儿栖息、啼鸣,自在悠闲:

> 荒湾野水气象古,高林翠阜相回环。新篁抽笋添夏影,老柳乱发争春妍。水禽闲暇事高格,山鸟日夕相啾喧。(同上)

其实这里曾经是五代时吴越国主的近亲孙承佑的池馆,如今早已荒废,极少有人光顾。苏舜钦偶然路过时,发现"草树郁然,崇阜广水"(苏舜钦《沧浪亭记》),与城中风景大不相同,他在水边找到一条被杂花修竹掩映的小路,沿路东行,看到一片三面环水的荒僻空地,其间古木苍苍,极为幽静。这一发现令他喜出望外,徘徊不忍离去,于是花四万钱将这块地买下,"构亭北碕号沧浪焉,前竹后水,水之阳又竹,无穷极。澄川翠干,光影会合于轩户之间,尤与风月为相宜"(同上)。欧阳修设想,月白风清之夜,水天一色,沧浪亭的风景该是怎样地令人迷醉啊?

> 风高月白最宜夜,一片莹净铺琼田。清光不辨水与月,但见空碧涵漪涟。(《沧浪亭》)

这么优美的风景,确实是天地间的无价之宝,而苏舜钦只花了四万钱就买到了,或许是上天同情他坎坷不遇的身世,特意将这个地方给了他吧?

> 清风明月本无价,可惜只卖四万钱。又疑此境天乞与,壮士憔悴天应怜。(同上)

当时苏舜钦所遭受的是褫夺官职的处罚,比一般贬谪为重,但欧阳修相信:

> 丈夫身在岂长弃,新诗美酒聊穷年。(同上)

才华盖世的苏舜钦一定会有东山再起的一天,因此,山水自然、新诗美酒都不过是他暂时用来打发时光的东西。果然,不久苏舜钦就被起用为湖州长史,虽然只是州府属官,但毕竟重新步入了仕途,欧阳修为好友感到由衷地高兴!谁知这么快,他的人生之路就已走到了尽头……

四年后,欧阳修从杜衍家里得到了苏舜钦的全部遗稿,亲自加以整理抄录,编辑成十卷,并作《苏氏文集序》。文章将苏氏文集比为金玉,给予高度评价:

> 斯文,金玉也,弃掷埋没粪土,不能消蚀。其见遗于一时,必有收而宝之于后世者。虽其埋没而未出,其精气光怪已能常自发见,而物亦不能掩也。

他说,这些文章就像金玉一样,无论被抛弃埋没到什么地方都不会腐烂消失。即使一时遭到冷落忽视,也必定有人把它珍藏起来传于后世。它的文采意气,虽遭冷遇,不能尽掩。欧阳修认为,文章是"立言"不朽的事业,一代文章的兴盛除了政治条件外,更需要有一大批有识有才的作者共同努力。回顾历代文章与政治的盛衰演变,他深感人才难得:

> 自古治时少而乱时多;幸时治矣,文章或不能纯粹,或迟久而不相及,何其难之若是欤?岂非难得其人欤?苟一有其人,又幸而及出于治世,世其可不为之贵重而爱惜之欤?

自古太平时候少,动乱时候多,有幸国家大治,而文章又往往达不到鼎盛。如唐太宗贞观之治,几乎可与尧、舜、禹三王时代相媲美,却不能革除六朝浮靡的文风,过了百余年,才有韩愈、李翱等人出现,推动文学走向兴盛。因此,倘若有这样一些优秀的人才,有幸出生在太平盛世,人们怎能不加倍地珍重爱惜呢?宋朝自建国至今,将近百年,社会稳定,天下太平,而苏舜钦这样一位难得之才,生逢盛世,却"以一酒食之过,至废为民,而流落以死",怎能不令人叹息流泪!那些肩负重任、应该为国家培育贤材的当政者无疑是难辞其咎的!尽管欧阳修比苏舜钦年长一岁,但学古文却还在其后。早在天圣年间,浮华的时文风靡一时之际,苏舜钦就与穆修一起"作为古歌诗杂文,时人颇共非笑之,而子美不顾也",为北宋古文运动的兴起做出了杰出的贡献。欧阳修对此极为钦佩,称许他为特立独行之士。整篇文章充满了对亡友独立自守、不趋世俗的人品文品的由衷赞赏,并为他抱屈于世、英年早逝深感不平和惋惜。

初到颍州,欧阳修就深深地喜欢上了这个地方

由于疾病缠身、心情恶劣,加以慈母垂老,羸病厌厌,欧阳修对扬州繁杂忙乱的行政事务、应接不暇的交际往来,越来越感到力不从心,于是上表朝廷,请求改知别郡。皇祐元年(1049)正月十三日获准移知颍州(治所在今安徽阜阳),二月十三日抵达任所。

颍州地处平原,清澈的颍水穿城而过,风景秀丽,物产丰饶,城郊的西湖更是一方名胜,素与杭州西湖齐名。这里既不像滁州那般闭塞,也不似扬州地当要冲,由于辖区较小,民风淳朴,政务较为清简。初到颍州,欧阳修就深深地喜欢上了这个地方。在《初至颍州西湖种瑞莲黄杨寄淮南转运吕度支发运许主客》一诗中他写道:

> 平湖十顷碧琉璃,四面清阴乍合时。柳絮已将春去远,海棠应恨我来迟。啼禽似与游人语,明月闲撑野艇随。……

诗歌以无比轻快的笔调写出了诗人初见西湖时的喜悦心情。那深碧的湖水如琉璃般明净澄澈,百草繁茂,春阴乍合,虽然已近柳絮飘

飞、海棠花谢的暮春,但丝毫也不给人凋残衰败的伤感。白天,鸟儿在树枝间欢快地啼鸣,仿佛在殷勤地招呼着游人;夜晚,游艇在水上悠闲地飘荡,吸引着明月紧紧追随……

读着如此浪漫深情的诗句,有人敷衍出一个怅惘的艳情故事:据说,欧阳修曾经在颍州闲住,认识了一位极为聪颖的歌伎,她能记住欧阳修写过的所有歌词。一天,在酒筵上,欧阳修以玩笑的口吻和她相约,将来一定要到这里来做知州。如今,几年过去了,他果然如愿以偿移知颍州,可是那位聪颖的歌伎却早已远嫁他乡,欧阳修怅然久之,在西湖撷芳亭上题诗道:

柳絮已将春去远,海棠应恨我来迟。

其实,正如后来苏轼指出的,这两句诗只不过是化用了晚唐诗人杜牧的诗意:

自是寻春去较迟,不须惆怅怨芳时。狂风落尽深红色,绿叶成荫子满枝。(杜牧《怅别》)

关于杜牧这首《怅别》诗,《唐诗纪事》记载了一个极为相似的故事,或许是由于诗句的前后继承关系,好事者便连故事也一同移植了吧?事实上,欧阳修同时还作了一首《浣溪沙》,与《初至颍州……》诗可谓是同题之作:

湖上朱桥响画轮。溶溶春水浸春云。碧琉璃滑净无尘。 当路游丝萦醉客,隔花鸣鸟唤行人。日斜归去奈何春。

第五章　与民同乐醉翁情

通常说来,词比诗更便于抒写艳情,而我们在这首《浣溪沙》中却丝毫也找不到一点点艳情的痕迹,有的只是对春天西湖美景的无限热爱。

古人云:"良辰美景,赏心乐事,四者难并。"置身于绝美的自然风光之中,欧阳修不禁深深地怀念扬州那群意兴豪宕、一同击鼓传花的僚友:

> 每到最佳堪乐处,却思君共把芳卮。(《初至颍州西湖种瑞莲黄杨寄淮南转运吕度支发运许主客》)

不过,这份遗憾很快就有了弥补,因为没过多久,在欧阳修身边,一个新的朋友圈子又不知不觉地形成了。颍州通判吕公著,是前任宰相吕夷简的儿子。欧阳修早年与吕夷简政见相左,所以初到颍州时,他对吕公著颇有几分戒心。共事一段时间之后,他发现吕公著秉性温醇,与人交往非常真诚,是一位谦谦君子。跟欧阳修相似,吕公著也爱读书,经常废寝忘餐。因此,两人之间有许多共同话题。那时,刘敞、王回也住在颍州。刘敞是一位非常渊博的学者,于"佛老、卜筮、天文、方药、山经、地志皆究知大略"(元·脱脱《宋史·刘敞传》)。他刚过而立之年,因守父丧,暂居此地。王回也是一位正直忠实的君子。两年前,王安石曾通过曾巩将王回的文章推荐给欧阳修,欧阳修读完后,赞叹不已。曾巩给王安石写信说,欧阳修高度赞扬了王回的文章,认为"此人文字可惊,世所无有",并觉得"使如此文字不光耀于世,吾徒可耻也"(宋·曾巩《与王介甫第一书》)。如今他们四个人正好聚一地,于是经常"相从讲学为事,情好款密"(宋·无名氏《南窗纪谈》)。刘敞的弟弟刘攽、徐无党的弟弟徐无逸、焦千之、魏广、常秩等人也常来从游,真可谓是"谈笑有鸿儒,往来无白丁"(刘禹锡《陋室铭》)。正是在这样一群好学能文之士的协同努力下,欧阳修在颍州创建了西湖书院。西湖书院的创建大大激发了颍州士人学习的兴趣,此地学风大兴。

为了方便大家燕集,欧阳修还特意修建了一处厅堂,名为聚星。此后公休之日,常有聚会。他们雅集时,经常分韵赋诗,有时以壁间画像为题,有时以室中器物为题,有时则以席间瓜果为题……一天,窗外雪花飘飞,于是大家相约咏雪。古来咏雪之诗多不胜数,也许因为写得太多,所以诗中总会出现诸多相似的字眼,怎样才能出新呢?欧阳修想了个主意,禁止在诗中用玉、月、梨、梅、练、絮、白、舞、鹅、鹤、银等字词,果然大家才思受到激发,争新斗奇,吟诗变得更加有趣。这种写诗的方式后来叫作"禁体物语",多年后,苏轼将之称为"欧阳体"、"白战体",并多次效法,以继一时之盛。它极大地加强了群体赋诗的竞技性,有利于诗歌艺术的不断翻新出奇。欧阳修等人聚星堂赋诗,很快被人编成一集,流行于世,"当时四方能文之士及馆阁诸公,皆以不与此会为恨"(宋·朱弁《风月堂诗话》),颍州俨然成为当时士人们心向往之的文坛中心所在。

有了这一群才气焕发的年轻朋友,欧阳修在颍州的生活更觉惬意了!

> 波光柳色碧溟濛,曲渚斜桥画舸通。更远更佳唯恐尽,渐深渐密似无穷。绮罗香里留佳客,弦管声来飏晚风。半醉回舟迷向背,楼台高下夕阳中。(《西湖泛舟呈运使学士张掞》)

波光,柳色,曲渚,斜桥,当他乘着一叶小舟在湖上漫游时,西湖就像一幅绮丽多姿的无边画卷,一点点地在眼前展开。永远的美丽,永远的新奇,永远地引人入胜!在美景中流连,在美景中沉醉,诗人唯恐这美妙的画幅展到尽头,不经意间,他本人连同他乘坐的精美画舫也成了这美景中的一部分了。良辰美景,赏心乐事,至此能并矣!尽管疾病依旧常常折磨着他,使他不能尽兴地领略这绮丽的风光:

> 行揩眼眵旋看物,坐见楼阁先愁登。(《伏日赠徐焦二生》)

但他仍情不自禁地放歌道:

> 菡萏香清画舸浮,使君宁复忆扬州。都将二十四桥月,换得西湖十顷秋。(《西湖戏作示同游者》)

缓歌慢吟中,他对颍州的眷恋日益深挚了,与颍州的缘分也越系越紧了。

欧阳修坚持不懈地从事经学与史学的研究

"人生多因循!"(《与王恪公》其二)在写给王拱辰的一封信中,欧阳修情不自禁地这样感叹。《新五代史》的写作至今已经持续十三年了。十三年间,政务、灾祸、疾病不时困扰着他的身心,使他很难长时间沉潜于写作。来到颍州后,一则较为闲静,二则周边有诸多博学之士,能从他们那儿借到书,因此,他又可以专心地写作一段时间了。在写作过程中,每遇疑难,他总是和刘敞讨论,已经写成的书稿,也让刘敞先睹为快。欧阳修一向认为历史的记录应该像《春秋》一样,对那些垂鉴后世的善恶功过"直书而不隐"(《论史馆日历状》)。可是,在五代那样一个充满战乱与动荡的年代,"兴亡两仓卒,事迹多遗欠"(《答原父》),许多文物资料都已遗失,历史事迹的

考证困难重重,因此,他对刘敞说:

> 闻见患孤寡,是非谁证验?尝欣同好恶,遂乞指瑕玷。(《答原父》)

希望刘敞多多提出修改意见。刘敞认为,欧阳修所撰《新五代史》做到了"是非原正始,简古斥辞费"(刘敞《观永叔五代史》),叙事客观,议论公正,而语言简练准确,是一部可以千古流芳的皇皇巨著。

除了撰写《新五代史》,欧阳修还在坚持不懈地研究《易经》、《诗经》、《春秋》等儒家经典,从贬谪夷陵时期开始,他就抱着疑古疑经的态度,力辟汉儒以来对经书的种种曲说,强调撇开传注直接"师经",写下了一系列专题论文,其中许多观点,颇为惊世骇俗,例如关于《春秋》"获麟"一事的解释。

《春秋》是一部编年体史书,相传孔子据鲁国国史修订而成。所记之事起于鲁隐公元年,止于鲁哀公十四年西狩获麟,共二百四十二年。叙事多极简略,以用字为褒贬。传《春秋》的有《左氏》、《公羊》、《穀梁》三家,其中《左氏》详事实,《公羊》、《穀梁》论义理,自汉以来,春秋学就成为儒家经学的一个重要门类。包括《公羊》、《穀梁》在内,历来研究《春秋》的学者都认为孔子作《春秋》止于"获麟",一定大有深意,因为麟是一种吉祥的兽类。有的认为孔子因见麟而作《春秋》,有的认为孔子作《春秋》因获麟而绝笔,等等。欧阳修不认同于这些说法,于是写了《春秋或问》。

他认为,孔子著书极为慎重,没有史料的依据,没有事实的核对决不轻易下笔,因此才能成为万世之法。获麟一事与孔子所作《春秋》的起止时间,并不具必然因果关系,之所以起于隐公止于获麟,完全取决于孔子当时所掌握的史料。隐公之前因年代久远,有关史料难以核实,所以删去不用;"获麟"之后因孔子不在史官职位上,史料也不能及时得到,所以不再涉及。反复探讨《春秋》何以起于隐公止于获麟是完全没有意义的,因为"义在《春秋》,不在起止"。这个例子说明,囿于传统只能使人们对《春秋》的理解越来越误入歧途,即便是《左氏》、《公羊》、《穀梁》三传,也有诸多对《春秋》的误解:

> 夫传之于经勤矣,其述经之事,时有赖其详焉,至其失传,则不胜其戾也。其述经之意,亦时有得焉,及其失也,欲大圣人而反小之,欲尊经而反卑之。

可以说,"经不待传而通者十七八,因传而惑者十五六",因此,研究《春秋》应该具有独立的思想、自由的精神,来重新审视前人的传注:

> 取其详而得者,废其失者,可也;嘉其尊大之心,可也;信其卑小之说,不可也。

推而广之,对一切先儒经典其实也应如此。一石激起千层浪,欧阳修这种"据经废传"、疑古疑经的治学方法,在思想学术界引起很大反响,有的反对,有的疑惑,有的赞成。庆历新政时期,在范仲淹等人的支持下,他又将这种学风引入科场,所作策问大都以疑经为题,对青年一代产生了深远的影响。皇祐元年的新科进士姚辟就是这样一位青年学者,欧阳修称赞他"超然出众见,不为俗所牵"(《获麟赠姚辟先辈[①]》),希望他将来能够力剿众说,堵塞歧路,将经学研究

---

① 先辈:敬语,意思是推崇他登第在同辈之先。一说是长官对尚无功名的读书人的尊称。

引入正途。并谆谆告诫道：

> 正途趋简易,慎勿事岖崎。著述须待老,积勤宜少时。苟思垂后世,大禹尚胼胝。(《获麟赠姚辟先辈》)

研究经学务求平实,不可一味追求新奇怪异之说,著书立说应以老年为宜,但青年时代就该辛勤积累,要想著述流传后世,就必须付出艰苦的努力。作为个中之人,欧阳修深深体会到,从事学术文化事业不仅需要胆识、勇气和毅力,更需要忍受常人所难以忍受的辛劳与寂寞,所以孔子说:

> 知之者不如好之者,好之者不如乐之者。

通常人们仅仅从理性上知道学术文化事业的可贵,未必就肯去追求;能"好之"才会积极去追求。但是,因"好之"而去追求,自己与这事业仍然是有差别,有区分的,有时会因懈怠而与之分离。只有达到"乐之"的程度,学术文化与自身才融为了一体。因为乐是通过感官而来的快感。感官的生理作用,不仅不再与理性所追求的事业发生冲突,反而能转化成一股强大的精神助力,推动着你融入其中。那时,你会感到世间一切声色利禄都无法与之相比。但是,无论是谁,只有经过持之以恒的艰苦努力,才能最后达于"乐"的最高境界。这些都是欧阳修最切实的感受,他曾多次诚恳地将这感受告知青年学子,希望他们趁着年少尽快培养出对于文化的真正乐趣。他说:

> 乃知文字乐,愈久益无厌。吾尝哀世人,声利竞争贪。哇

咬聋两耳,死不享《韶》、《咸》。而幸知此乐,又常深讨探。(《读梅氏诗有感示徐生》)

在他看来,那些一生沉沦于声色利禄之中而未曾体会到文字之乐的人,就像失聪的聋人至死不能欣赏到美妙的音乐一样不幸。

几任地方官后,欧阳修对民间疾苦的了解越来越深

闲雅从容之中,光阴倏忽,转眼又到了皇祐二年(1050)三月。这年春季,全国大面积干旱。三月七日,朝廷诏令各地官员祭祀天地神灵,祈求甘雨。自去年到任之后,欧阳修即组织民众"筑陂堰以通西湖,引湖水灌溉民田"(《正德颍州志》),防患于未然,因此今年颍州的旱情还不算特别严重,不过接诏之后,他仍亲自率领僚属前往城郊的张龙公庙祈雨。祈雨归来,曙光初现,一望无际的湖面上烟波浩淼,湖边的草树在雾气的笼罩下显得格外地妩媚多姿,欧阳修不禁诗兴大发,脱口吟道:

清晨驱马思悠然,渺渺平湖碧玉田。晓日未升先起雾,绿阴初合自生烟。身闲始觉时光好,春去犹余物色妍。更待四郊甘雨足,相随箫鼓乐丰年。(《祈雨晓过湖上》)

怀着无比愉快的心情,他期待着风调雨顺,五谷丰登。

半个时辰之后,祈雨的队伍回到城中,天色已经大亮,欧阳修正在轿中闭目小憩,忽听人声鼎沸,定睛一看,只见不远处人头攒动,围得水泄不通。他忙问属下发生了什么事情,属下说今天官府散卖

酒糟,远近乡民闻讯前来争购。欧阳修不禁心头一沉,满心的惬意顿时消失得无影无踪。

原来,按照当时的规定,酒由政府专卖,各州城之内都设置专门机构负责酿酒。偏远的乡村允许民间酿酒,但要收取高额利税。官府从农民手中征收糯米,雇人酿酒,以沽酒专卖谋取厚利,升斗计较,秋毫不遗,再将废弃的酒糟散卖给没有粮食熬过冬春的农民,还自以为是为民众办好事。这种司空见惯的社会现象让欧阳修感到十分痛心,回到衙门,他写下《食糟民》一诗:

> 田家种糯官酿酒,榷利(榷,què;榷利,专卖之利)秋毫升与斗。酒沽得钱糟弃物,大屋经年堆欲朽。酒醅瀺灂(chán zhuó,酒醅冒泡的声音)如沸汤,东风吹来酒瓮香。累累罂与瓶,惟恐不得尝。官沽味酸村酒薄,日饮官酒诚可乐。不见田中种糯人,釜无糜粥度冬春。还来就官买糟食,官吏散糟以为德。

诗人从中感受到一种社会的不公,并以对比的手法鲜明地揭示出这种不合理的现实。接着,诗歌将批判的矛头直接指向包括自己在内的官僚阶层:

> 嗟彼官吏者,其职称长民。衣食不蚕耕,所学义与仁。仁当养人义适宜,言可闻达力可施。上不能宽国之利,下不能饱尔之饥。我饮酒,尔食糟,尔虽不我责,我责何由逃!

作为百姓的官长,官吏们衣租食税,不亲劳动,理当秉承养育百姓、行为得当合理的仁义之道,说话应该使居上位者了解民情,做事应该让底层的百姓得到实惠,而实际的情形却是既不能富国也不能裕民,难道不应该引以自责吗?全诗叙事、抒情、议论相结合,真切而生动,平易而深刻,反映了农民痛苦的生活,同时也表现了诗人自己内心的不安和愧疚。

几任地方官后,欧阳修对民间疾苦的了解越来越深,这种不安和愧疚也常常在他的心头浮现。在给朋友的信中,他曾写道:

> 汝阴西湖,天下胜绝,养愚自便,诚得其宜。然尸禄苟安,何以报国?感愧!感愧!(《与韩忠献王稚圭》其八)

可是,在当时的历史条件下,他也只能尽自己所能为百姓做一些事情,而无力彻底地改变现状。

也许是欧阳修的至诚之心感动了上苍,四月间,颍州境内普降甘霖,雨势虽然不大,却绵延整日,欧阳修欣喜雀跃,作《喜雨》诗:

> 大雨虽滂沛,隔辙分晴阴。小雨散浸淫,为润广且深。浸淫苟不止,利泽何穷已。无言雨大小,小雨农尤喜。

这是一场真正的及时雨,越冬的小麦刚刚收割完毕,禾稻正要插秧,一场好雨之后,可以想象新禾的长势一定喜人,丰收在望,怎能不令人格外兴奋?

> 宿麦已登实,新禾未抽秧。及时一日雨,终岁饱丰穰。

夜间听着小雨潺潺,清晨起床只见雨后的朝阳也透着一股宜人的凉意,原野上明净如洗,青翠的草木在雨水的滋润下显得熠熠生辉:

>夜响流霡霂,晨晖霁苍凉。川原净如洗,草木自生光。

村子里,男女老少无不喜气洋洋,孩子们盼着瓜果快点长大,大人们则不时惬意地张望着越涨越高的池塘……虽说农家的生活十分辛苦,可是这种久旱逢雨的喜悦怕是那些没有经历过这种辛苦的人们所难以体会得到的:

>童稚喜瓜芋,耕夫望陂塘。谁云田家苦,此乐殊未央。

接下来的日子州府里充满了离别的气氛。六月,吕公著任满回京,焦千之随之同往;接着,推官张洞应晏殊征辟前往永兴军经略司任掌书记;七月十三日,欧阳修也接到了新的任命,改知应天府(治所在今河南商丘),兼南京留守司事。

>西湖南北烟波阔,风里丝簧声韵咽。舞余裙带绿双垂,酒入香腮红一抹。　杯深不觉琉璃滑,贪看六么花十八。明朝车马各西东,惆怅画桥风与月。(《玉楼春》)

烟波浩淼的西湖曾经留下过他们多少美好的回忆,今天大家却在这里依依惜别。微风中,乐声悲切,那些美丽的舞女也被这离愁感染,一杯接着一杯,直喝得双颊飞红。晶莹泛绿的美酒伴着动人的舞曲,令人如醉如痴,然而,这一切很快就将过去,明天他们将各自踏上征程,开始一次新的漂泊。西湖的风月,迷人的画桥将永远留在他们的记忆深处。

告别颍州,除了深深的依恋,欧阳修的心中更多了几分对仕途的倦怠情绪。政治上所遭受的一次次诬陷打击,给予他太多太重的刺激；近年来朋辈的凋零、自身的疾病以及老母的衰颓，更让他感受到生命的脆弱短暂：

> 世路风波险，十年一别须臾。人生聚散长如此，相见且欢娱。　好酒能消光景，春风不染髭须。为公一醉花前倒，红袖莫来扶。(《圣无忧》)

贬谪滁州时既已萌生的壮志消磨之感，此时似乎逐步演化为致仕归隐的深切愿望了。多年以后，在一篇回忆文章中，他追溯初至颍州时的心情说：

> 皇祐元年春，予自广陵(即扬州)得请来颍，爱其民淳讼简而物产美，土厚水甘而风气和，于时慨然而有终焉之意也。(《思颍诗后序》)

当时，他已在心中暗暗决定，将来一定要在这里买田置产，以做退休之计。这种想法随着他离开颍州越远而变得越来越强烈。赴应天府途中，在写给颍州僚属的信中，他说：

> 道途无阻，行已及陈，时时得雨，舟中不热。自过界沟，地土卑薄，桑柘萧条，始知颍真乐土，益令人眷眷尔。(《与张职方》)

皇祐二年(1050)七月二十四日，欧阳修抵达应天府，在循例所作的《南京谢上表》中他也坦言道：

念报效之未伸,敢不竭忠而尽瘁。困风波之可畏,则思远去以深藏。

第二年,他还写信给梅尧臣,吐露了自己这一番心迹:

壮心销尽忆闲处,生计易足才蔬畦。优游琴酒逐渔钓,上下林壑相攀跻。及身强健始为乐,莫待衰病须扶携。行当买田清颍上,与子相伴把锄犁。(《寄圣俞》)

他与梅尧臣相约,要趁着尚未全然老迈衰迟的时候,一同归隐颍州,安度晚年。

欧阳修一生交朋结友,
无不以"同道"相期,而与"同利"无缘

南京(今河南商丘)与西京(今河南洛阳)、北京(今河北大名),同为陪都,是北宋时代最为重要的"四京"都会之一。这里聚集着众多致仕归政的名公巨卿,尚在其位的贵臣权要因公因私往来其地的更是络绎不绝。作为此地的知府兼留守,倘若有心夤缘攀附,可说是机会多多。欧阳修却不屑以此为意,所有宾客一律平常对待,其中唯有一个例外,就是杜衍。

杜衍于庆历七年正月致仕退居南京,已经好几年了。对于这位前辈,欧阳修一直十分敬重。二十二年前,杜衍任扬州知州,二十二岁的欧阳修随恩师胥偃自汉阳前往汴京,途经扬州,"游里市中,但见郡人称颂太守之政,爱之如父母"(《与杜正献公》其二)。那时作为一个落魄的贫寒书生,欧阳修虽然无缘拜见杜衍,但杜衍的名字

和德政却深深地留在他的脑海中,并在心中叹慕不已,"以为君子为政,使人爱之如此足矣"(同上)。此后,在庆历新政前后的风风雨雨中,杜衍更以他的政治主张与气节,赢得了欧阳修的由衷敬意。因此,移知南京后,逢年过节,他都会亲自率领僚属前往杜衍府上问候起居,赋诗唱酬。杜衍自幼清瘦羸弱,若不胜衣,年过四十,须发尽白,此时年近八十,"然忧国之意,犹慷慨不已,每见于色"(宋·叶梦得《避暑录话》)。欧阳修赋诗道:

俭节清名世绝伦,坐令风俗可还淳。貌先年老因忧国,事与心违始乞身。四海仪刑瞻旧德,一樽谈笑作闲人。铃斋(即铃阁,官府办事的地方)幸得亲师席,东向时容问治民。(《纪德陈情上致政太傅杜相公二首》其一)

其中颔联"貌先年老"二句,杜衍特别喜欢,经常挂在嘴边反复讽咏。当时人们也一致认为不仅曲尽杜公志节,"虽其形貌亦在摹写中也"(宋·叶梦得《避暑录话》)。

转眼又到了皇祐三年(1051)六月,有朋友从汴京来,谈及梅尧臣的近况。皇祐元年,尧臣因父亲去世回乡守制,最近刚刚除服回京,他长期沉沦下僚,官卑禄薄,两年闲居之后,更是家无余资,不得不举债度日。欧阳修闻知心急如焚,忙派家中仆佣连夜进京,给他送去一笔钱财,并附上长诗一首:

凌晨有客至自西,为问诗老来何稽。京师车马曜朝日,何用扰扰随轮蹄。面颜憔悴暗尘土,文字光彩垂虹霓。空肠时如秋蚓叫,苦调或作寒蝉嘶。语言虽巧身事拙,捷径耻蹈行非迷。我今俸禄饱余剩,念子朝夕勤盐齑。舟行每欲载米送,汴

水六月干无泥。(《寄圣俞》)

他为好友才高不遇而感叹,更以好友贫贱不移的节操为骄傲,所以,他情不自禁地抱怨道:

> 朝廷乐善得贤众,台阁俊彦联簪犀。朝阳鸣凤为时出,一枝岂惜容其栖?

对于这样一位应时而出的杰出人才,为什么朝廷就不能给他一个合适的位置呢?无奈之中,只好归咎于无法解释的命运:

> 古来磊落材与知,穷达有命理莫齐。

因此,他劝告梅尧臣同时也是劝告自己要放宽心胸,以一种开阔的历史视野来看待眼前的得失:

> 悠悠百年一瞬息,俯仰天地身醯鸡(醯,xī,醯鸡:小虫子,形容人的渺小)。其间得失何足校,况与凫鹜争稊稗。

长期沉沦下僚,梅尧臣尝尽了世态炎凉、人情冷暖,他深知在市侩们的势利眼光下:

> 蛟龙失水等蚯蚓,鳞角虽有辱在泥。(宋·梅尧臣《依韵和永叔见寄》)

许多青年时代的朋友,随着他们地位的迁转,早已疏远冷漠,唯有欧

阳修能超越这一切现实的利害,二十年来,情谊不改。这种终始不变的真挚友情,令梅尧臣十分感动,他说:

> 生平四海内,有始鲜能终。唯公一荣悴,不愧古人风。(梅尧臣《涡口得双鳜鱼怀永叔》)

在《朋党论》中,欧阳修曾说过:

> 大凡君子与君子以同道为朋,小人与小人以同利为朋。

这一断语可说是对世事的洞明之见、对人情的练达之解。他一生交朋结友,无不以"同道"相期,而与"同利"无缘。对于被排挤的退休宰相杜衍是如此,对于怀才不遇、沉沦下僚的好友梅尧臣是如此,对于"以刚直不能事上官"(元·脱脱《宋史·刘恕传》)而辞官归隐的同年进士刘涣也是如此。刘涣字凝之,天圣八年与欧阳修同年及第,时任颍上(今属安徽省)县令,官太子中允,因为性情刚直,一再遭到上官的压抑,年方五十便决心弃官还乡,筑室于庐山之阳的南康(今江西星子县)。回乡途中,路过南京,欧阳修热情地接待了他,并作抒情长诗《庐山高赠同年刘中允归南康》。诗歌效仿李白诗风,以丰富的想象与瑰丽的笔调,描摹庐山巍峨高耸的雄姿、奇幻多变的景色,烘托朋友的绝世殊俗与怀才不遇,抒发了内心的慷慨不平之气,表达了他对刘涣品节的高度推崇,豪情澎湃,磊落跌宕。诗歌结尾写道:

> 君怀磊砢(形状奇特的石头,这里指才情不凡)有至宝,世俗不辨珉与玒(珉是似玉非玉的美石,玒是美玉)。策名为吏二十载,青衫白

首困一邦。宠荣声利不可以苟屈兮,自非青云白石有深趣,其气兀硉(lù,兀硉,岩石突兀不平稳,这里指意气难平)何由降?丈夫壮节似君少,嗟我欲说安得巨笔如长杠?

这首抒情长诗是欧阳修的得意之作,他平生不喜自我标榜,据说他晚年却有一次喝醉酒后曾对儿子们说:"我这首《庐山高》呀,别人是写不出的,唯有李太白能写得出来。"

诗写成后,他有次在给梅尧臣的信中略有提到,可能还想再改一改,所以没有附寄诗稿,而青年诗人郭祥正倒是从别的途径已经先睹为快了,并能倒背如流。有次,郭祥正去梅尧臣家闲谈,一见面梅尧臣就说:"最近永叔来信说,写了一首《庐山高》送刘同年,自以为得意,我到现在还没见到诗是什么样子的。"言下略有遗憾之情。

郭祥正微微一笑,张口就背:"庐山高哉几千仞兮,根盘几百里……"

梅尧臣听罢,击节叹赏道:"即使让我再写三十年,也写不出这样的好句子来!"

郭祥正又背诵了一遍,梅尧臣不禁心醉神迷,忙叫家人摆上酒菜。他们一边饮酒,一边诵诗,"酒数行,凡诵十数遍"(宋·王直方《王直方诗话》),最后梅尧臣也背得滚瓜烂熟了,两人当日除了背诗,竟然没有讲其他的话,酒喝干,诗背会,郭祥正拱拱手就走了。第二天,梅尧臣命书童给郭祥正送去新诗一首,诗中写道:

一诵《庐山高》,万景不可藏。……设令古画师,极意未能详。(梅尧臣《依韵和郭祥正秘校遇雨宿昭亭见怀》)

欧阳修极为看重家族世系，
也极为关注家族兴旺

由于欧阳修不亲权贵，有些人未免怀恨在心，于是又暗中诋毁他。朝廷派人到南京暗访，审察是非，结果发现欧阳修得到当地百姓普遍的爱戴，被称为"照天蜡烛"。访查的人将情况如实向朝廷汇报，仁宗皇帝十分高兴，打算尽快将欧阳修召回京城委以重任。然而此时，欧阳修却正为老母的病情愁苦不堪，在给颍州僚友的信中他忧心忡忡地写道：

> 某自至此，以亲疾厌厌，无暇外事。欲求一僻地以便侍养，而远处不可迎侍，侧近又多为清要所居，不敢陈乞。区区于此，无复情悰。（《与张职方》）

皇祐四年（1052）三月十七日，郑氏夫人病逝，享年七十二岁。欧阳修"五内分崩"（《与十四弟焕》），忙向朝廷告假，扶柩前往颍州，为母守制。

对于母亲的安葬之事，欧阳修内心非常矛盾。按照常情常理，应该将母亲与已故的父亲合葬，可是异母兄欧阳昞已将其生母葬于吉州沙冈（今江西永丰南凤凰山），如果欧阳修再将母亲归葬于沙冈，则会让父亲早年出妻的事情昭然若揭，为尊者讳，他不愿如此。再者，仕宦之人，身不由己，一旦将母亲归葬数千里之外的祖茔，寒食清明，恐怕就再难有机会亲自上坟祭拜了。想到这一点，欧阳修的心中也有万千的不忍：

某亦不忍以先妣有归,子孙以远,不得时省坟墓也。(《与孙威敏公元规》)

他一度在颍州选好墓地。但是,如不将母亲归葬祖茔,考妣分在两处,从礼俗上讲似乎也不好。他很犹豫,左思右想,最后还是决定将母亲归葬吉州。欧阳修先派侄儿嗣立回乡,与堂弟欧阳焕等一道挑选墓地、制作石椁,并在石椁上刻下他亲自撰写的石椁铭。一切准备停当之后,于皇祐五年(1053)七月十五日扶柩南下,八月下葬。过世多年的胥、杨二夫人这时也附葬祖茔,《胥氏夫人墓志铭》、《杨氏夫人墓志铭》分别请两位门人徐无党、焦千之撰写。

真是屋漏偏遭连夜雨,正当欧阳修在吉州忙着母亲安葬的事情时,岳母金城夫人赵氏又在许州病逝。"千里之外,忽承凶讣"(《祭金城夫人文》),欧阳修分身乏术,只得派表弟郑兴宗前往祭奠。他在吉州办完事情后,回到颍州已是初冬时节。

居丧期间,欧阳修搜访了欧阳氏家族的族谱。在吉州营葬的几个月间,他曾"以其家之旧谱问于族人,各得其所藏诸本"(《欧阳氏谱图》)。回到颍州后,即"考正其同异,列其世次",撰成《欧阳氏谱图》。谱图是记载家族世系和人物事迹的历史图籍,上自高祖,下至玄孙,五世以外,另辟世系。有此一图,则历代世次、诸房亲疏均可一目了然。作为一位深受儒家思想影响的士大夫,欧阳修极为看重家族世系,也极为关注家族的兴旺,每遇朝廷推恩,他总是把荫官的机会给家族中比较贫寒的子侄,但他从不利用手中权力为家族谋私利。对于尚未入仕的子侄,他鼓励他们勤奋学习,掌握一技之长;对于已经为官的子侄,则勉励他们"每事当思爱惜,守廉、守贫、慎行刑"(《与十三侄奉职》)。皇祐四年夏,南方少数民族首领侬智高起兵反宋,攻陷邕州,称帝改年号,建大南国,随后又连陷横州、贵州等

第五章 与民同乐醉翁情

八州,围困广州。欧阳修的侄儿欧阳通理时任象州司理,正处在战乱的边缘地带。忧居颍州的欧阳修一方面为侄儿一家的安危日夜担忧,一方面仍勖勉他报效朝廷。他在给侄儿的信中说:

> 偶此多事,如有差使,尽心向前,不得避事。至于临难死节,亦是汝荣事。但存心尽公,神明亦自祐汝,慎不可思避事也。(《与十二侄通理》其一)

有一次,欧阳通理寄信说,想买些当地特产朱砂送给叔叔,欧阳修忙回信告诫道:

> 昨书中言欲买朱砂来,吾不阙此物,汝于官下宜守廉,何得买官下物?吾在官所,除饮食物外,不曾买一物,汝可安此为戒也。(同上)

他认为,地方官员如果每到一地都有心购买当地土特产,很容易造成以权谋私、巧取豪夺,乃至行贿受贿的风气。因此,他坚持不买一物的原则,以保持廉洁,而这也正是父亲欧阳观的遗风。欧阳观为吏廉洁,在绵州三年,同僚们纷纷购买蜀地特产带回家乡,而欧阳观不营一物,离任时,唯有蜀绢一匹,画为《七贤图》六幅。欧阳修十分珍视父亲留下的唯一的纪念品,将它视为传家之宝。四十余年过去了,《七贤图》已经变得十分破旧,"惧其久而益朽损",欧阳修请工匠重新装裱,并作《七贤画序》以记其事,希望"子孙不忘先世之清风"。

　　四十多年后,欧阳修的手迹成为人们竞相争购、收藏的珍品后,苏轼辗转读到了这些欧阳修写给子侄辈的书信,十分感慨,他说:

> 凡人勉强于外,何所不至,惟考之其私,乃见真伪。(苏轼《跋欧阳家书》)

透过这些既未引经据典,也无宏词高论,"而劝诫之辞,真切恳到,出于至诚"(元·黄溍《跋欧阳文忠公帖》)的私人信件,我们可以更加真切地认识到欧阳修表里如一的伟大人格。

经过整整十七年的艰苦写作,《新五代史》终于基本完成

欧阳修在颍州居母丧,闲居约两年。在此期间,他与外界往来极少,潜心于学术研究。首先,他整理了苏舜钦文集,编成十卷,并作《苏氏文集序》;接着又听从扬州僚友许元的建议,将多年来收集的金石碑帖加以整理,"举取其要,著为一书"(《与刘侍读原父》其二),名为《集古录目》,共写成了八九十篇。在整理这些碑帖的过程中,他发现许多资料可"与史传相参验,证见史实阙失甚多"(同上)。这段时间,他投入精力最多的还是《新五代史》。他将历年所撰《五代史》初稿进行了一番梳理、补缀,分成七十四卷。经过整整十七年的艰苦写作,这部皇皇巨著终于基本完成了!他将书稿分别寄给梅尧臣、曾巩、徐无党等,希望他们提出修改的意见:

> 深思吾兄一看。如何可得极有义类,须要好人商量。此书不可使俗人见,不可使好人不见。(《与梅圣俞》其二十三)

参酌了众人的意见,他孜孜不倦地反复修改:

第五章　与民同乐醉翁情

　　《五代史》,昨见曾子巩(即曾巩)议,今却重头改换,未有了期。(《与渑池徐宰无党》其二)

　　这是一部体现他史学思想的代表性著作,所以他特别慎重,直到宋神宗熙宁五年(1072)他去世,这部书才算最后定稿。这部大著作,虽然最初曾与尹洙相约合作,由于种种原因,最后还是由欧阳修独力完成。

　　我国自古就有私家修史的传统,至隋文帝时,始下诏禁止私人修史,此后的史书修撰都有官方来主持,欧阳修的《新五代史》是唐以后唯一的一部私修正史。与薛居正等编纂的《旧五代史》相比较,欧阳修的《新五代史》具有不可替代的价值,其优点也是显然可见的。

　　首先,从史料来看,《旧五代史》成书于宋朝建国后不久,其时大乱初定,图书文献散佚严重,所依据的史料多为五代实录。《新五代史》修撰时,距旧史的成书已经六十多年,通过太祖、太宗、真宗三朝的努力,寻访、搜集佚书,成批抄写、刻板印刷,文献资料空前丰富,许多新的史料不断被发现,欧阳修充分掌握并大量使用了这些新材料,因此,在《十国世家》、列传人物和少数民族记述等方面,比《旧五代史》更为充实、丰富。此外,他还对所采用的史料进行了细致的考辨,订正了《旧五代史》和其他史籍记载上的讹误,同时还对《旧五代史》芜杂的部分做了必要的删削,条理更加清楚。

　　其次,就史识而言,《旧五代史》主要依据五代实录,而实录多由当朝人编写,隐讳文饰的地方较多,编写《旧五代史》的史官又多是五代时的旧臣,他们不加区分地照录了这些文字,因此书中许多记述并不符合历史事实;同时,《旧五代史》中还充斥着大量"天人感应"的荒诞事迹,对历史兴亡阐释也不能让人满意。作为在新朝成长起来的一代士人,欧阳修没有任何历史包袱,更不存在与前朝的情感与人事纠葛,对于过往史料,能够更为客观地分析和取舍。就史观而言,欧阳修反对天命,注重人事,认为"未有人心悦于下,而天意怒于上者;未有人理逆于下,而天道顺于上者"(《司天考序》),力求以史实为依据来分析事件的前因后果,总结历史教训。著名的《五代史伶官传序》就集中地体现了这一难能可贵的历史精神。

《伶官传》是《新五代史》中的一篇人物合传,记叙伶人敬新磨、景进、史彦琼、郭从谦的事迹。这四人都是后唐庄宗的幸臣。由于"庄宗好伶",致使伶人干政,内外离心,祸乱四起。同光四年(926),魏州兵变,庄宗亦死于伶人之手。《伶官传序》是这篇合传前的序论。文章开宗明义,揭示出全文的主旨:

呜呼!盛衰之理,虽曰天命,岂非人事哉!原(即考察)庄宗之所以得天下,与其所以失之者,可以知之矣。

后唐庄宗李存勖,是西突厥沙陀部人。祖辈助唐有功,赐姓为李。父亲李克用因镇压黄巢起义军有功,封为陇西郡王,后又封晋王。李克用死后,存勖继承王位,时为后梁开平二年(908)。文章写道:据说,李克用临终之际,曾赐给儿子三支箭,说:

梁,吾仇也;燕王吾所立,契丹与吾约为兄弟,而皆背晋以归梁。此三者,吾遗恨也。与尔三矢,尔其无忘乃父之志。

梁,即朱温篡唐后建立的王朝,史称后梁。李克用和朱温是唐昭宗时的两大军阀,彼此倾轧,朱温曾企图杀害李克用,并先篡唐自立,因此李克用嫉之如仇;燕王是指刘守光,李克用曾向唐朝保荐他为

第五章　与民同乐醉翁情

卢龙节度使(管理一路军政民政的长官),又帮助他击败对手,成为幽州留后,后来他却拒绝李克用征兵的要求,彼此发生武装冲突,他战胜李克用后依附于后梁;契丹,是我国北方的一个游牧部族,李克用曾与契丹酋长阿保机拜为兄弟,结为军事同盟,但后来阿保机背弃盟约,与后梁合兵攻打李克用。

李存勖含泪受命,将这三枝象征着父亲遗恨的箭供奉于宗庙,此后每次出兵打仗,即派遣官员用猪羊各一头在宗庙祭祀祷告,恭恭敬敬地取出箭来,装入锦囊,随身携带,冲锋陷阵,胜利归来时再把箭送回宗庙。

公元913年,李存勖的大将周德威打败刘守光,俘获刘守光父子;公元923年,李存勖领兵攻入梁都,梁末帝朱友贞(朱温之子)与部下皇甫麟刎颈自杀。李存勖称帝,建立后唐,那时,他是何等的意气凌云啊!但是:

> 及仇雠已灭,天下已定,一夫夜呼,乱者四应,仓皇东出,未及见贼而士卒离散,君臣相顾不知所归,至于誓天断发,泣下沾襟,何其衰也!

大功告成之后,李存勖沉溺于享乐,重用伶人和宦官,杀害功臣,内部离心离德,军将纷纷反叛。公元926年,邺都(今河北临漳西)发生兵变,李存勖派义弟李嗣源前往镇压,不料李嗣源反被部下推为皇帝,联合邺都乱兵,向京城洛阳进军。李存勖仓皇逃往汴州,而汴州已为乱军占领,不得已中途折回。归途中满目凄凉,精神沮丧,追随他的部将百余人断发向天立誓,表示忠于后唐,君臣相对痛哭,那时境况又是何其衰颓!逃归洛阳后,曾经备受他宠爱的伶人郭从谦煽动军士杀入宫内,李存勖被乱箭射死。这段历史令人不禁浩然

265

长叹：

> 岂得之难而失之易欤？抑本其成败之迹，而皆自于人欤？

从这一盛一衰、一兴一亡的鲜明对比中，我们就自然而然地得出一个历史教训：

> 《书》曰："满招损，谦受益。"忧劳可以兴国，逸豫可以亡身，自然之理也。故方其盛也，举天下豪杰莫能与之争，及其衰也，数十伶人困之而身死国灭，为天下笑。夫祸患常积于忽微，而智勇多困于所溺，岂独伶人也哉！

整篇文章结构严谨，论证翔实，语言简洁，而行文低昂往复，一唱三叹，极富情韵，既是"简而有法"的史笔，又不失"六一风神"的审美特质。而这也正是《新五代史》的另一优长之处。和司马迁的《史记》一样，《新五代史》不仅是一部杰出的历史著作，同时也是一部具有极高艺术价值的文学著作。

第六章　文坛始自嘉祐新

至和元年(1054)五月,欧阳修服丧期刚满,就接到朝廷起复原官的诏命,他不得不匆匆打点行装,做离开颍州的准备。颍州的去思堂,是庆历年间晏殊任知州时所建,皇祐初,欧阳修知颍州时,曾在堂前手植双柳。如今五年过去,双柳已经高及檐廊,枝繁叶茂。徘徊于柳荫之下,想起时光飞逝,世事蝇营狗苟,欧阳修心中有无限感慨:

曲栏高柳拂层檐,却忆初栽映碧潭。人昔共游今孰在,树犹如此我何堪!壮心无复身从老,世事都销酒半酣。后日更来知有几,攀条莫惜驻征骖。(《去思堂手植双柳今已成荫因而有感》)

十年来,他对仕途的倦怠日甚一日,他是多么不愿意舍弃这清静自在的闲居生活啊!可是君命难违,他仍得冒着炎炎酷暑再一次踏上征程。

欧阳修又一次成为了流言与阴谋的受害者

至和元年六月,欧阳修抵达汴京,觐见皇帝。阔别十年,当年意气风发、年富力强的庆历谏臣，如今已是"鬓须皆白，眼目昏暗"(《与杜正献公》)，仁宗皇帝几乎不敢相认，不禁恻然伤感。他亲切地问欧阳修为什么头发白了这么多？离京外任有多少年了？今年多大年纪？仁宗的关切，让欧阳修心头一热，一股热浪瞬间在胸中起伏，报效朝廷的心立刻又高涨起来，但一闪念间，他似乎又有些迟疑了。仁宗皇帝眼见的也有些衰老了，他还能像庆历新政时那样支持大臣们作为吗？皇上他还愿意变革吗？他不太相信仁宗皇帝还能鼓起勇气刷新弊政，否则当年也不至于中道而止，想着想着，不知不觉，他似乎喃喃自语地说还想去地方做做事情，刚说完立刻又觉得有些懊悔，不该如此。仁宗似乎察觉到欧阳修懈怠的情绪，于是凛然地说："这些年来，朕也算是阅人多矣！一般大臣，地位低微的时候，还敢直言极谏，一旦名位升高，顾忌也就多了。像你这样刚直敢言的人，还是留在朝廷吧！"

这天，仁宗皇帝赐给欧阳修官服一套。在皇帝的特别关照下，七月十三日，欧阳修被任命为权判流内铨。流内铨是吏部的一个下设机构，负责幕职、州县官的考察、选拔、调动等相关事宜，具有一定的实权。

欧阳修既已受命，便将心中诸多思虑一齐放下，全身心地投入工作。他发现，这些年来，通过科举、门荫等各种途径而具备了做官资格的选人越来越多，而职位却非常有限。待缺者多是孤寒贫乏之人，他们寓居京城等待任命，动辄一年半载，好不容易等到一个合适的职位，又往往被权贵之家的子弟亲戚捷足先登。了解到这些情况，他立即向朝廷呈上《论权贵子弟冲移选人劄子》，主张限制权贵子弟入仕特权。仁宗同意，立刻批示，令三班审官依此办理。

这一奏劄无疑又一次激怒了那些将以权谋私视为当然的小人，他们没有想到，遭遇了那么多风波与坎坷，欧阳修居然还那么莽撞，

第六章 文坛始自嘉祐新

不守"规矩"。于是,又一个阴谋迅速酝酿出来。有人伪造了一份署名欧阳修的奏章,奏章中指名道姓地抨击一些炙手可热的宦官,要求仁宗将他们予以淘汰。这份奏章在京城广为传播,而欧阳修本人却一无所知。很快,欧阳修就稀里糊涂地成为宦官们的眼中钉、肉中刺。他们恨得咬牙切齿,于是暗中串通外朝,多方寻找欧阳修的过失,伺机报复。几天后,果然找到了一个机会。

翰林学士胡宿与欧阳修私交颇好,他的儿子胡宗尧按例由吏部考察改任京官。材料上报之后,仁宗批示:此人曾犯法,只能按年资逐级提升。原来,胡宗尧此前担任常州推官时,知州擅自以官船借人,宗尧未予谏止,受到牵连,被朝廷处分。仁宗召见时,欧阳修提出异议,认为胡宗尧当时所犯过失较小,而且已经获得赦免,按照条例规定可以改任京官。

御前会议刚刚结束,弹劾欧阳修的奏章就递到了皇帝的面前。宦官与欧阳修的政敌们群起而攻之,指责他徇私枉法。为了平息"众怒",七月二十七日,仁宗决定罢去欧阳修权判流内铨之职,出知同州(今陕西大荔)。此时离欧阳修走马上任还不到半个月,他又一次成为流言与阴谋的受害者,又一次重复了十年前的不幸经历!半个多月前,他还在为皇上的关怀感激涕零、为自己壮志衰颓暗暗自责,谁知道一盆冷水又这样猝不及防地泼到了他的头上!一股透彻肌骨的寒意笼罩了他整个身心,看着窗外灰苍的天宇,他情不自禁地唱出了低沉的调子:

岁律忽其周,阴风惨辽夐。孤怀念时节,朽质惊衰病。忆始来京师,街槐绿方映。清霜一以零,众木少坚劲。(《述怀》)

一年又将过去,肃杀的秋风吹起,天地之间顿时变得辽阔苍茫,那满街的绿槐在寒风中片片凋零。自然界的盛衰变化使他联想到人生的起伏迁转,也许不同之处只在于人生应当有所树立,否则将遭到后世讥嘲与批评。他从小深受儒家思想影响,以拯时济世为己任,虽然出身孤寒,又屡受打击,但依然舍生忘死,奋不顾身:

> 壮年犹勇为,刺口论时政。中间蒙选擢,官实居谏诤。岂知身愈危,惟恐职不称。十年困风波,九死出槛阱。(同上)

可是现在,他悲哀地发现,在经历了这一次次坎坷与不幸之后,"丹心皎虽存,白发生已迸"(同上),他失去了当年那种不屈的斗志,欢情索寞,彷徨无着,他希望早日退出这是非丛生的官场:

> 何日早收身,江湖一渔艇。(同上)

正当欧阳修心绪黯然准备离京之际,朝廷中众多大臣挺身为他辩护。八月二日,判吏部南曹吴充上疏:

> 修以忠直擢侍从,不宜用谗逐。若以为私,则臣愿与修同贬。(元·脱脱《宋史·吴充传》引)

接着知谏院范镇也多次抗言:"吏部铨选司接到皇上批示,有不同意见,可即时申述,是完全附和条例。今以此弹劾欧阳修之罪,微臣担心这样下去会上下相畏,以后还有谁敢议论是非?微臣恳请重责诽谤,恢复欧阳修之职,扶持正气!"

仁宗皇帝没有想到还有这么多人为欧阳修讲话。这时,刚刚就任宰相的刘沆前来汇报,说宋祁等人修撰《唐书》,进展缓慢,需要找

第六章　文坛始自嘉祐新

个经验丰富的人总领其事。仁宗略一沉思,问欧阳修行不行,刘沆接道:"欧阳修明天将上朝辞行,臣请皇上亲自挽留,欧阳修必当感愧于心!"

八月十七日一早,欧阳修上朝,刚刚入殿立定,还没来得及开口辞行,皇帝便抢先说:"同州就别去了,留下来修《唐书》!此事重要!"

不久,翰林学士曾公亮改翰林侍读学士出知郑州,刘沆又奏请以欧阳修接替曾公亮权判三班院①。仁宗说:"翰林学士有没有合适的人选?"

刘沆说:"正在商量中。"

仁宗说:"欧阳修是个好的差遣官,也够翰林学士资格,给他加个翰林学士衔!"

于是,九月一日,欧阳修由龙图阁直学士擢升为翰林学士,同时仍兼史馆修撰②,两个月后差遣管理三班院。宋承唐制,置学士院,其中翰林学士六名,以谏诤为职责,有权参与大臣任免升黜等朝廷重大事宜的讨论,故当时号为"内相",又称为"天子私人",是皇帝最亲近的侍从官。欧阳修第一天入学士院当值,皇帝亲赐官服一套、金带一条、金镀银鞍辔马一匹。

学士院中陈列着许多名画,有董羽的水、僧巨然的山、燕肃的山水、易元吉的猿猴等等,"其诸司官舍皆莫之有,亦禁林之奇玩也"(《跋学士院御诗》),每至院中,欧阳修总喜欢在画下徘徊赏玩,久久不忍离去。

---

①　三班:宋初以供奉官、左、右班殿直为三班。三班院:官司名,相当于唐朝兵部之职。掌管低品武臣的铨选、差遣,考校三班使臣政绩、军功,间或参议朝政。
②　史馆修撰:馆职名,为馆阁官之高等。

欧阳修满怀热情地"付托斯文",
王安石却志不在此

此时,刚刚解除舒州通判之职的王安石,正在汴京等待新的任命。八年来,他渐渐成为士林中颇富传奇色彩的人物。按照朝廷的规定,凡进士高第者,为官一任之后,即可献文要求参加馆阁考试。馆阁之职,最重文才,一经入选,便已跻身社会名流之列,虽然没有实权重任,却是一般文人最为向往的清要之职,也是仕途发达的最佳捷径,许多高官都由此得到快速升迁。王安石却似乎全然漠视这个人人看重的机会,恬然自退,在偏远的地方从县令到通判,连续数任都没有主动申请召试馆职。皇祐三年,在宰相文彦博的极力推荐下,朝廷特旨召试,王安石却以祖母年老、家境贫困为由婉言辞谢。一个下级官员竟然如此淡然地谢绝朝廷的美意,这使朝野上下无不对他充满了好奇。

由于曾巩的多次介绍,欧阳修对于王安石其人其文早已有了较深的了解,庆历七年,他曾托曾巩转达自己热切的期望:

> 欧公甚欲一见足下,能作一来计否?胸中事万万,非面不可道。(曾巩《与王介甫第一书》)

而王安石也曾表示"非先生(指欧阳修)无足知我也"(曾巩《上欧阳舍人书》)。彼此交相慕悦,只是当时各自游宦一方,无缘相见。如今同在京城,终于得偿夙愿。欧阳修作《赠王介甫》一诗,表达了自己对王安石的高度赏识:

第六章 文坛始自嘉祐新

> 翰林风月三千首,吏部文章二百年。老去自怜心尚在,后来谁与子争先?朱门歌舞争新态,绿绮尘埃试拂弦。常恨闻名不相识,相逢樽酒盍留连!

"翰林风月"、"吏部文章"分别指李白之诗、韩愈之文,这是欧阳修心中堪称极诣的诗文典范。多年来,欧阳修奋发努力、筚路蓝缕,就是要扫除韩愈逝世后二百年间文坛丛错的枯藤野棘,创造一个新的文学辉煌时期。然而现在他深感壮心犹在而年华老大,于是把希望寄托在年轻一代的身上。王安石的出现令他眼前一亮!这位个性独特的临川才子似乎有一种一往无前的气概,令欧阳修激赏不已,他觉得王安石不同流俗、甘于寂寞、独守古风,具备了成就伟大事业的重要人格素质。这首诗中,欧阳修满怀热情地"付托斯文",希望王安石能继他之后成为新一代的文坛盟主,领导宋代诗文革新运动健康发展。

可是,王安石却志不在此,在回赠的诗作中他写道:

> 欲传道义心虽壮,强学文章力已穷。他日若能窥孟子,终身何敢望韩公?抠衣最出诸生后,倒屣尝倾广坐中。只恐虚名因此得,嘉篇为贶岂宜蒙!(宋·王安石《奉酬永叔见赠》)

诗歌开首两句分别从"道"、"文"发意,说自己学文无力而传道之心犹壮,立志奉孟子为圭臬,于韩愈则不再问津,谦抑之中隐含着青年王安石自视甚高的气度,与他独特的个性正相符合。他十七八岁时,就自言"欲与稷契遐相希"(宋·王安石《忆昨诗寄诸外弟》),志向高远宏大;二十二岁作《送孙正之序》,即推崇孟子排杨、墨,韩愈排释、老,赞为"术素修而志素定",说明他志在道德、学术和政治方面,文

273

学则是第二位的。这是欧阳修与王安石两人用心不同之处。有人据此批评王安石"自期以孟子,处公(欧阳修)以为韩公",傲慢无礼。其实颇有曲意解说之嫌。通观全诗,王安石这种慨然以天下为己任的自豪自傲的气度,并不等于骄人,更不含有贬抑欧阳修的意思。颈联"抠衣"、"倒屣"二句,即描述自己初见欧阳修时惊喜万分、甘愿列于众多门生之后的殷切心情,对于欧阳修给予的高度赞许,他满怀感激。

对于这位不同寻常的晚辈,欧阳修也确实是青眼有加,总是尽一切可能予以奖掖、提携。按照以往的惯例,朝廷置台谏官四名,但目前仅有两名。欧阳修觉得,王安石、吕公著二人是合适的谏官人选,正可补此空缺,忙向朝廷呈上《荐王安石、吕公著劄子》:

> 伏见殿中丞王安石,德行文学为众所推,守道安贫,刚而不屈;司封员外郎吕公著,是夷简之子,器识深远,沉静寡言,富贵不染其心,利害不移其守,……今谏官尚有虚位,伏乞用此两人。

虽然朝廷并没有采纳这一建议,但很快任命王安石为群牧判官[①],担任这一官职通常要求做过一任知州的朝官,或是做过一任通判的馆职,而王安石此时仅做过一任通判,并没入馆,所以属破格录用。可是王安石仍是极力推辞,坚决要求外任,后经欧阳修的再三劝说,这才勉强就职。

---

① 群牧判官:差遣名,群牧司官员。群牧司:总领内外饲养、放牧、管理、支配国马之政。

第六章　文坛始自嘉祐新

《范公神道碑铭》写成后，
引起了富弼、范仲淹之子范纯仁的极大不满

欧阳修曾说，宰辅有任责之忧，神仙无爵禄之宠，既得荣显，又享清闲，而兼有人天之乐者，只有翰林学士一职。作为翰林学士兼史馆修撰，欧阳修不必像其他部门的官员一样每天去衙门坐班，居多暇日，可以优游于文字笔墨之间。他开始专心构思撰写《资政殿学士户部侍郎文正范公神道碑铭》一文。

皇祐四年（1052）五月二十日，范仲淹在徐州逝世，享年六十四岁。当时欧阳修正在颍州为母守制，回想起庆历新政前后的风风雨雨，感慨万千，在《祭资政范公文》中，他写道：

  自公云亡，谤不待辨，愈久愈明，由今可见。始屈终伸，公其无恨！

当年七月，范仲淹家属致书欧阳修，"以埋铭见托"（《与孙威敏公元规》）。欧阳修深感自己"平生孤拙，荷范公知奖最深"（同上），撰写神道碑铭正是义不容辞的事情。但是，总结范仲淹的一生，就意味着要对近三十年的当代史做出一个尽可能客观冷静的回顾与评判，这对于一位亲历其中、创痛深重的人来说并不是一件容易的事情。这篇文章既要彰显范仲淹一生的功绩，又不能给依然人多势众的政敌以任何可以攻击的把柄。在对往事的深细追索中，他反复斟酌，迟迟难以动笔。朋友们都不能理解，纷纷来信催问，他解释道：

中怀亦自有千万端事待要舒写,极不惮作也。……此文出来,任他奸邪谤议近我不得也。要得挺然自立,彻头须步步作把道理事,任人道过当,方得恰好。……所以迟作者,本要言语无屈,准备仇家争理尔。如此,须先自执道理也。(《与姚编礼辟》其一)

在给范家子弟的回信中他也说:

此文极难作,敌兵尚强,须字字与之对垒。(宋·叶梦得《避暑录话》引)

就这样一拖再拖,倏忽就是两年过去,现在他终于可以动笔了。文章写成之后,为了慎重起见,又将初稿寄给韩琦审定:

今远驰以干视听,惟公于文正契至深厚,出入同于尽瘁。窃虑有纪述未详,及所误差,敢乞指谕教之。(《与韩忠献王稚圭》其十五)

经过反复修改,文章最后定稿。但是,万万没有想到的是,这篇文章没有招致政敌的攻击,却引起富弼和范仲淹之子范纯仁的极大不满。矛盾的焦点在于宝元元年西夏战事爆发之后的一段史实。关于这件事,欧阳修是这样写的。

自公(范仲淹)坐吕公(吕夷简)贬,群士大夫各持二公曲直。吕公患之,凡直公者皆指为党,或坐窜逐。及吕公复相,公亦再起被用,于是二公欢然相约,戮力平贼。天下之士皆以此多

第六章　文坛始自嘉祐新

二公。

景祐年间的"朋党风波",使包括欧阳修在内的范仲淹的所有支持者都遭到贬谪,吕夷简不久也被罢去相位,范、吕二派当时可说是两败俱伤。西夏战事爆发后,吕夷简再次入相,范仲淹受命为陕西经略安抚副使。外敌当前,不受命则已,一旦担当起国家兴亡的重任,将相哪能不同心共事?于是,范仲淹以国家利益为重,主动写信与吕夷简和解,赢得朝野上下一致好评。欧阳修公允不偏地记下了这段往事。可是富弼、范纯仁等仍守党派意气,不能接受这种观点。范纯仁说:"我父亲从来就没有和吕某人和解过!"

他要求欧阳修修改这一段文字,欧阳修很生气,说:"这些都是我亲眼目睹的事实,你们年轻人哪里知道?"

富弼也托徐无党转告了自己的不满,欧阳修在回信中说:

述吕公事,于范公见德量包宇宙、忠义先国家;于吕公事各纪实,则万世取信。非如两仇相讼,各过其实,使后世不信,以为偏词也。大抵某之碑,无情之语平;富之志,嫉恶之心胜。后世得此二文,虽不同,以此推之,亦不足怪也。……幸为一一白富公。如必要换,则请他别命人作尔。(《与渑池徐宰无党》其四)

欧阳修认为碑志类传记性文字,只有做到秉笔直书,实事求是,才能取信于后世;何况大敌当前之际,与政敌握手言和,捐弃前嫌,更能表现范仲淹作为一位杰出政治家以国事为先的胸怀与气度。因此,他坚决拒绝改写。范纯仁便自作主张删去二十字,这才刻石埋铭。欧阳修闻知此事,十分气愤,他说:"这不是我的文章了!"

接着又感叹道:"我也是曾经受到过吕丞相迫害的人,但是我不能凭着个人的感情任意涂改历史,只有出语公允,才能取信于后世。我曾经听说范公自言平生不曾对任何一个人抱持怨恨与嫌恶,他与吕公和解的书信如今也清清楚楚地收在文集之中。岂有父亲自言无怨恶于一人,儿子却不使解仇于地下的?"

他还表示要另写文章记叙此事的前前后后,并提醒后世读者:若读《范公神道碑铭》应以欧阳氏家族所藏版本为准。

四五月间发生的一件事情,
使欧阳修再次萌生了引退的念头

光阴荏苒,转眼又到了至和二年(1055)正月,立春之后,宫中处处张贴着帖子词[1],洋溢着一股节日的祥和气氛。这天,仁宗皇帝独在宫中批阅奏章,忽觉有些疲累,便放下手中事务在庭院中漫步,早春微寒的气息很快使他精神焕发,正要举步回房,一抬头见御阁上写着:

　　阳进升君子,阴消退小人。圣君南面治,布政法新春。

他在心中默念了两遍,觉得这既切合新春节令,又颇具规谏之意,与历来那些歌功颂德、粉饰太平的帖子词大不一样,于是就问是何人所作,左右回答说是欧阳学士所作。皇帝将帖子词反复读了几遍,又命人将皇后、夫人诸阁中帖子词取来阅读,发现篇篇寓含着委婉

---

[1] 帖子词:宋代每逢八节(冬至、夏至、春分、秋分、立春、立夏、立秋、立冬)内宴,命翰林学士作词,贴在阁中门壁上,称帖子词。大多粉饰太平、美化帝王后妃的作品。

的规谏:"举笔不忘规谏,不愧为侍从之臣!"仁宗心里略感得意地想。

此后,每当翰林学士院有文书送到,仁宗就问是何人当值,如果是欧阳修所作,必定要将文书取来亲自阅看。

作为一名正直的士大夫,欧阳修经历了太多人生挫折,尽管心中时时会有倦怠的情绪涌起,但既然已经身在其位,就一定要恪尽职守。目下,仁宗皇帝对他的意见也颇能采纳。然而,好景不长,四五月间发生了一件意外之事。

去年(至和元年,1054)十二月,宰相陈执中①家一位女奴死了,移送开封府检视,发现尸体上满是伤痕,一时间满城风雨。传言大致有两种不同的说法:一种说是陈执中亲手将女奴打死,一种说将女奴活活打死的是陈执中的爱妾阿张。朝廷命开封府立案审查,先后派齐廓、张昇、崔峄、曹观等人审理案情,可是又先后以各种原因将他们罢去,审案过程中要求追讨物证也被陈执中拒绝。此案拖延到春天,还没有一个合理的结论,朝廷却突然下令撤销这一案子。陈执中是宰相,事情闹大,让朝廷也无光彩,于是仁宗想庇护陈执中,大事化小。这种草菅人命,庇护权臣的做法遭到台谏官们的一致反对。殿中侍御史赵抃说:

> 若女使本有过犯,自当送官断遣,岂宜肆匹夫之暴、失大臣之体、违朝廷之法、立私门之威?若女使果为阿张所杀,自当擒付所司以正典刑,岂宜不恤人言公为之庇夫?正家而天下定,前训有之。执中家不克正而又伤害无辜……丞之任陛下倚之

---

① 宋代一般设两位宰相,有时设一相或三相。设三相时,首相兼昭文馆大学士,称昭文相;次相监修国史,称史馆相;末相兼集贤殿大学士,称集贤相。此时陈执中为首相,刘沆为集贤相。

而望天下之治定,是犹却行而求前,何可得也?(宋·李焘《续资治通鉴长编》引)

可是仁宗不为所动。仁宗为什么要保陈执中？仅仅是顾及颜面吗？突然间,欧阳修似乎意识到了什么。仁宗所以如此的根本原因是"患于好疑而自用",而这一思想正是在近二十年来的朝政斗争中形成的。

近年宰相多以过失因言者罢去,陛下不悟宰相非其人,反疑言事者好逐宰相。疑心一生,视听既惑,遂成自用之意,以谓宰相当由人主自去,不可因言者而罢之。(《论台谏官言事未蒙听允书》)

这种心理一旦产生,圣明的皇帝也就不可避免地成为拒纳忠言、包庇愚相、善恶不辨、黑白颠倒的昏君了。想到这里,欧阳修的心情不由得慷慨激昂起来。为了挽回仁宗理智的心,于是他不顾一切地写了一份奏劄,他要像飞蛾扑火那样做一件成仁取义的大事。在奏章里,他尖锐地指责皇帝"好疑自用而自损",更毫不留情地痛斥陈执中为"谄上傲下愎戾之臣",他要求皇上"廓然回心,释去疑虑,察言者之忠,知执中之过恶,悟用人之非","罢其政事,别用贤材,以康时务,以拯斯民"(《论台谏官言事未蒙听允书》)!

奏章递上,欧阳修的心情有一种释然的宁静之感,他在等待皇帝的震怒爆发,但这不要紧,"士不可不弘毅",他做到了,他对得起他自己。时间一刻一刻地过去,不知道为什么,他没有收到任何批复。难道是奏章丢了？不太可能。又一段时间过去,种种迹象表明,他的那篇奏章像是不了了之了。欧阳修深感已经没有留任的必要,于是自请出知蔡州(今河南汝南)。六月二日,朝廷果然下达诏令,欧阳修为翰林侍读学士①知蔡州。同时出任外州的还有知制诰贾黯。

朝命下达后,许多大臣纷纷上书,要求挽留欧阳修在朝。殿中侍御史赵抃说:

> 侍从之贤,如修辈无几。……伏望陛下鉴古于今,勿使修等去职,留为羽翼,以自辅助,则中外幸甚。(宋·李焘《续资治通鉴长编》引)

知制诰刘敞也说:

> 吕溱、蔡襄、欧阳修、贾黯、韩绛皆有直质,无流心,议论不阿执政,有益当世者,诚不宜许其外补,使四方有以窥朝廷启奸幸之心。(同上)

在舆论的压力下,仁宗皇帝终于再次出面挽留欧阳修。

六月十一日,陈执中被罢去相位,出知亳州。同时任命文彦博、富弼为宰相。宣布任命的那天,仁宗特意派小黄门数人偷偷观察士大夫的反应,发现满朝文武无不拱手相庆,以为正得其人。几天后,欧阳修面见皇上,仁宗又再次询问朝议如何?欧阳修据实相告,仁宗皇帝貌似高兴地说:"当年商王武丁以梦卜求得傅说为相,今朕用二相,是众望所归,岂不比武丁命好!"

后来,欧阳修代皇帝批示文彦博的奏章时便将上述谈话敷衍

---

① 翰林侍读学士:官名,负责讲解经文,当皇帝老师,并备咨询典故。

成章：

> 永惟商周之所纪,至以梦卜而求贤;孰若用缙绅之公言,从中外之人望。(《赐新除宰臣文彦博让恩命第二表不允仍断来章批答》)

陈执中罢任的诰词也是由欧阳修草拟的。他们两人庆历新政时期就是针锋相对的政敌,皇祐间陈执中知陈州,欧阳修自颍州移守南京,途中依例拜谒,陈执中拒而不见,至和元年后同在朝廷,彼此也互不往来。如今由欧阳修起草罢任诰词,陈执中心想一定没有好话。但是在欧阳修看来,陈执中虽然才具平平,依靠家世和机遇平步青云,在为人上却也有一些可取之处,"在中书八年,人莫敢干以私,四方问遗不及门"(元·脱脱《宋史·陈执中传》),可算是清高自守,在处事上也颇有主见。因此,在诰词中他给出了这样的评价：

> 杜门绝请,善避权势以远嫌;处事执心,不为毁誉而更守。(《除授陈执中行尚书左仆射充观文殿大学士依旧判亳州加食邑食实封如故仍放朝谢制》)

这一评语大大出乎陈执中的意料之外,他说："即使是与我相知极深的人,也很难将我的为人处世总结得这么精到,这真是说出了我最真实的本质。"

他将这份诰词亲自抄录一份,寄给好友李师中,并说："我很后悔,没有早一点了解欧阳修这个人。"

第六章 文坛始自嘉祐新

至和二年八月,欧阳修奉命出使契丹

八月,契丹国主耶律宗真过世,耶律洪基继任,定于翌年年初举行登基大典,朝廷遂派欧阳修、向传范为贺契丹登宝位使前往参加庆典。同时派吕公弼、郭谘为祭奠使前往参加宗真葬礼,适逢契丹国母生辰,又派刘敞为国母生辰使。三批人马依次前往,先是祭奠使,接着是生辰使,最后是贺登宝位使。

欧阳修一行人于十一月中旬冒着凛冽的北风出发,经过将近一个月的艰苦跋涉到达雄州(治所在今河北雄县),这里与契丹接壤,两国仅有一河之隔,但是距离契丹都城上京(今辽宁昭乌达盟巴林左旗)还有将近两千里地。伫立城头,纵目远望,但见夕阳之下,衰柳寒鸦,一片荒凉,一股思乡的意绪从欧阳修心中袅袅升起:

古关衰柳聚寒鸦,驻马城头日欲斜。犹去西楼二千里,行人到此莫思家。(《奉使契丹初至雄州》)

从城墙上俯视城里城外来来往往的边地百姓,他发现个个都是能骑会射,骁勇善战。他们世世代代生活在边疆,能以自己的力量反抗掠夺,抵御外侮。宋真宗景德元年(1004),契丹大举入侵,深入中原,真宗督战澶州(今河南濮阳),与契丹签订了屈辱的和约,从此,每年向契丹输送币银十万两、绢二十万匹。澶渊之盟虽然暂时熄灭了战火,却大大增加了人民的负担。为了维持苟安的局面,各级将吏还一再告诫边地百姓,发生边境纠纷时,必须处处退让……想到这里,欧阳修心中十分郁闷,他写道:

> 家世为边户,年年常备胡。儿童习鞍马,妇女能弯弧。胡尘朝夕起,虏骑蔑如无。邂逅辄相射,杀伤两常俱。自从澶州盟,南北结欢娱。虽云免战斗,两地供赋租。将吏戒生事,庙堂为远图。身居界河上,不敢界河渔。(《边户》)

诗歌以边民的口吻对比描写澶渊之盟前后边地的不同境况,以及边民与朝廷面对外侮的不同态度,揭露了澶渊之盟带给国家与百姓的深重灾难,委婉地讽刺了朝廷的软弱无能、苟且偷安。

在雄州稍事修整之后,欧阳修一行继续前行。沿途景物荒凉,风沙弥漫,气候寒冷,就连随行的马匹也踯躅难行,不时发出阵阵悲鸣,真是好不辛苦!

> 北风吹沙千里黄,马行确荦悲摧藏。当冬万物惨颜色,冰雪射日生光芒。一年百日风尘道,安得朱颜常美好。揽鞍鞭马行勿迟,酒熟花开二月时。(《风吹沙》)

由于常年生活在恶劣的自然环境中,边民的皮肤都显得格外粗糙。一行人无暇细细品味这迥异的边地风光,他们快马加鞭,希望能速去速回,在明年二月春暖花开之际回到汴京。

十二月二十七日到达松山(今内蒙赤峰市西),正巧碰见参加葬礼归来的祭奠使吕公弼、郭谘,他们启程返宋时曾遇见刚刚抵达上京的生辰使刘敞,并捎来他寄赠的诗篇。寂寥的旅途中遇到故人,并读到朋友的诗书,欧阳修感到特别高兴:

> 前日逢吕郭,解鞍憩山腰。僮仆相问喜,马鸣亦萧萧。出君桑干诗,寄我慰寂寥。(《奉使契丹道中答刘原父桑乾河见寄之作》)

第六章 文坛始自嘉祐新

几天后,欧阳修一行终于抵达上京,受到契丹隆重的礼遇。出席当晚的欢迎晚宴的有陈留郡王宗愿、惕隐大王宗熙、宰相萧知足、尚父中书令晋王萧孝友,其中宗愿、宗熙是契丹皇叔,萧孝友是太皇太后的弟弟,而宰相则是百官之首。他们说:"这不是一般的接待规格,完全是因为欧阳学士名重当世。"

负责外事接待的送伴使耶律元宁也说:"我从来没有见过这么多名公巨卿都来的欢迎晚宴。"

嘉祐元年(1056)正月,契丹国主登基大典结束之后,欧阳修一行踏上归途。虽然依旧是千里冰封,朔风凛冽,但是一想到很快就能回到亲切温暖的故土,大家的心情都很兴奋。河面上厚厚的冰层,在阳光映射下发出莹洁的光辉,欧阳修与副使向传范并辔而行,谈笑风生:

紫貂裘暖朔风惊,潢水冰光射日明。笑语同来向公子,马头今日向南行。(《奉使契丹回出上京马上作》)

不知不觉间,他们就到达了北京(今河北大名)。北京留守贾昌朝在庆历新政时期属于守旧派的重要人物,曾经积极参与对欧阳修等人的迫害。但是贾昌朝是个最善逢迎、处世圆滑的政客,此番欧阳修奉使路过,他是极为重视的。如今欧阳修身为侍从之官,倍受皇帝恩宠,其重要性与当年自是不可同日而语。因此,在欧阳修到达之前,他就亲自吩咐色艺最佳的官伎,好好准备曲子,以便在酒席上劝酒。谁知那位领头的官伎只是恭敬而顺从地应答,并无一句多的话语。贾昌朝事后想想,觉得不放心,又把这官伎叫来,再次郑重嘱咐,官伎还是恭敬平和地应答。贾昌朝觉得奇怪,心想,到底是小

285

地方的伎女,不像汴京的伎女那般灵巧聪慧。第二天,酒席上,歌女们轮流举杯,歌以为寿,欧阳修把盏侧听,每曲终了,一饮而尽。贾昌朝十分惊奇,赶忙悄悄打听,原来她们所唱的全是欧阳修写的歌词。

二月二十二日,欧阳修回到汴京,向朝廷进献了旅途中所作的《北使语录》,圆满完成了这次出使任务。在写给朋友的信中他说:

使北往返六千里,早衰多病,不胜其劳。使者辈往凡七八,独疲劣者尤觉其苦也。(《答陆学士经》其一)

这年五月,大雨成灾,汴京城里水势汪洋

结束了千里黄埃的漫漫旅程,回到温暖的家中,欧阳修感到特别舒适、惬意。如今,他已经有了四个聪明可爱的儿子。老大欧阳发今年十七岁,至和元年,欧阳修就将他送到太学,师从当代名儒胡瑗。这孩子年纪虽小,但少年老成,恭敬谨慎,深受老师喜爱。不过,欧阳修心中最喜欢的还是老三欧阳棐。棐儿庆历七年出生在滁州,今年刚十岁,他酷爱读书,并且已经显露出文学写作能力,很有天赋。

受蔡襄的影响,这两年来欧阳修迷上了书法,一有时间就在家里勤学苦练,曾作《学书二首》:

学书不觉夜,但怪西窗暗。病目故已昏,墨不分浓淡。人生不自知,劳苦殊无憾。(其二)

每当欧阳修在书房挥毫,欧阳棐便守在旁边看得津津有味,他喜欢

看父亲写字,更喜欢琢磨父亲随笔写出来的那些话。儿子这么用心,欧阳修十分欣慰,他将新作的《鸣蝉赋并序》亲笔写赠给他,以示奖励。文稿末尾写道:

> 予因学书,起作赋草。他儿一视而过,独小子棐守之不去。此儿他日必能为吾此赋也。因以予之。

今年气候十分反常,五月,大雨成灾,影响了大半个中国,"大川小水皆出为灾,远方近畿无不被害"(《论水灾疏》)。汴京城里一片汪洋,洪水淹没社稷神坛,冲毁官衙民房数万间,人畜死者不计其数,人们流离失所。欧阳修一家仓皇之中搬到唐书局,住下没两天,负责治安的皇城司官员就来稽查驱赶,"一家惶惶,不知所之"(《与赵康靖公》),只得回到旧居,但是积水未退,白天在屋子里勉强度日,晚上就在筏子上露宿。这场灾难一直延续到七月上旬,这才慢慢结束。

水灾发生后,朝廷一面组织抗灾,一面下诏令群臣上书,共论时政阙失。因为笃信天人感应的古人认为,自然灾害意味着上天的警示与责罚。欧阳修一连上了《论水灾疏》、《再论水灾状》和《论狄青劄子》三道长篇奏章,他认为"水灾至大,天谴至深,亦非一事之所致;灾谴如此,而祸患所应于后者,又非一言而可测"(《再论水灾状》)。他从三个方面提出当今朝政的过失:

第一,仁宗皇帝年近五十,在位三十年,尚未立储。这在封建宗法时代是最令天下人心不安的一件大事。仁宗原有三位皇子,但都相继夭亡。欧阳修建议在宗室之中选择一人作为皇子,以安定人心。然后,假以时日,一边考察他的为人,一边等待新的皇子的诞生。

第二,宋朝立国之后吸取晚唐五代的教训,重文抑武,近百年间没有武臣重兵在握的情况。可是,自宋、夏战争以来,行伍出身的狄青却因屡建战功而获重用,皇祐五年更因平定岭南少数民族首领侬智高叛乱而官拜枢密使,执掌全国军事大权达四年之久。水灾期间,狄青一家避水徙居相国寺,起居都在大殿之上,满城老百姓纷纷传言,有的说狄青身应图谶,有帝王之相;有的说狄青家的狗头上生角,府上时有奇光闪现……欧阳修认为,武臣掌握国家机密对朝廷绝非幸事,加以民间种种离奇的传闻,不能不引起警觉,因此建议罢去狄青枢密使之职,出知外州,既可以保全狄青,同时也能为国家消除未萌之患。

第三,应大力进用贤才。在《再论水灾状》中,欧阳修特别推荐了知池州包拯、知襄州张瑰、崇文院检讨吕公著、群牧判官王安石,他认为这四人都是难得佳士,希望朝廷能够予以重用。

与此同时,文彦博、富弼、刘沆、范镇、司马光等,也纷纷上书,请求尽快立储,罢免狄青枢密使之职。八月十四日,狄青罢任,加同平章事,出知陈州。任命韩琦为枢密使。

正当欧阳修忙着为朝廷建言献策之际,梅尧臣千里迢迢从宣城来到汴京。皇祐五年秋,尧臣因嫡母去世回乡守制,此时除丧进京。但由于城内被水,居处难找,只得暂且住在舟中。三天之后,欧阳修才得到消息,于是急匆匆赶到了河岸相见。

> 汴渠千艘日上下,来及水门犹未知。五年不见劳梦寐,三日始往何其迟!(《奉答圣俞二十五兄见赠长句》)

五年不见,欧阳修在仕途上步步高升,梅尧臣仍只是一个贫寒的低级官员,可欧阳修丝毫没有身价已高的感觉,就像二十多年前同在洛阳时一样,"入门下马解衣带,共坐习习清风吹"(同上)。他们无拘无束,谈笑风生,一如往昔。看着欧阳修亲切的笑容,听着他爽朗的笑语,梅尧臣心中无限感慨:"世人重贵不重旧,重旧今见欧阳公。"(梅尧臣《高车再过谢永叔内翰》)

自那以后,欧阳修经常趟水踏泥来找梅尧臣。他身边的随从、属吏都很奇怪,相互窃窃私语:"我们欧阳公名震朝野,这个瘦老头究竟是何等人物?我们老爷对他竟是如此恭敬、如此殷勤!"

见梅尧臣家徒四壁,生活窘迫,欧阳修派人给他送去二十匹绢,以解燃眉之急。不久,在欧阳修的极力举荐下,朝廷任命梅尧臣为国子监直讲,梅尧臣一家终于可以在京城安定下来了。

囿居省院,诗歌唱和成了调节受困精神的良药

嘉祐二年(1057)正月六日,欧阳修受命知礼部贡举事[1],仁宗特赐"文儒"二字,以示宠信。同知贡举的还有翰林学士王珪、龙图阁直学士梅挚、知制诰韩绛、集贤殿修撰范镇。梅尧臣为参详官。诏命下达之后,依照惯例,考官随即移居贡院,断绝与外界的联系,世称"锁院",要等考试结束才可出去。这次锁院从正月初七"人日"开始,至二月底出闱,前后共有五十天。

囿居省院,封闭的环境不能不令人感到压抑,好在六位考官全是能文之士,大家"欢然相得,群居终日,长篇险韵,众制交作……间以滑稽嘲谑,形于风刺,更相酬酢,往往烘堂绝倒"(《归田录》卷二),诗歌唱和成了调节枯燥生活的良药。大家诗兴浓浓,才思泉涌,竟

---

[1] 知礼部贡举事:差遣名。宋代贡举试,临时遣翰林学士等朝官领贡举事,知举官之下或设"同知",资历稍浅者称"权知贡举"。

使"笔吏疲于写录,僮史奔走往来"(同上)。

王珪是庆历二年(1042)别头试①进士,当时欧阳修为试官,彼此有座主门生之谊,十五年后一起较士,实为前所未有的"儒者盛事"(宋·蔡宽夫《诗话》)。他们本人也不禁感慨万千:

> 诏书初捧下西厢,重棘连催暮钥忙。绿绣珥貂留帝诏,紫衣铺案拜宸香。卷如骤雨收声急,笔似飞泉落势长。十五年前出门下,最荣今日预东堂。(王珪《呈永叔书事》)

> 昔时叨入武成宫,曾看挥毫气吐虹。梦寐闲思十年事,笑谈今此一樽同。喜君新赐黄金带,顾我宜为白发翁。自古荐贤为报国,幸依精识士称公。(欧阳修《答王禹玉见赠》)

王珪从当日试场景况落笔追溯过去,欧阳修则从过去试场景况说到今日,时间的距离使今昔对比越发显出喜庆的意味,两人共享欢欣慰藉之乐。

集贤殿修撰范镇,是宝元元年(1038)进士,和欧阳修一样,也曾是国学、南省皆为第一的奇才。现在共处省闱,对此一段相同的人生辉煌经历,自不能无诗。他赠欧阳修诗云:"淡墨题名第一人,孤生何幸继前尘。"(《归田录》引)表示继欧阳修之后获此殊荣而感到自豪!

与王珪、范镇相比,梅尧臣的感触就复杂得多。他虽有盖世才华,却科场不顺,直到皇祐三年(1051)年过五十之时,才因大臣们的

---

① 别头试:唐宋科举考试,因应试者与考官有亲故关系及其他原因,为避嫌起见,别设考试,称别头试。

推荐,召试学士院,赐同进士出身。他一直沉沦下僚,困顿至今,对于欧阳修、王珪的共荣同贵,既赞叹又钦羡:

> 今看座主与门生,事事相同举世荣。(宋·梅尧臣《较艺赠永叔和禹玉》)

回想自己与欧阳修昔日原是同辈僚佐,如今却成了上下级关系;但比之三十年来的宦途偃蹇,如今能与欧阳修一同"锁院",还是好了不少。

十多年前,欧阳修曾作《读蟠桃诗寄子美》,以中唐著名诗人孟郊比梅尧臣,诗说:

> 郊死不为岛,圣俞发其藏。患世愈不出,孤吟夜号霜。霜寒入毛骨,清响哀愈长。玉山禾难熟,终岁苦饥肠。

欧阳修认为,孟郊死后,二百年间,无人可与之相媲美,即便是以"郊岛"并称的贾岛,成就也远在其下。梅尧臣可说是孟郊之后最优秀的诗人,他一生的贫困境遇也与孟郊极为相似。梅尧臣深知欧阳修是在努力替自己扬誉标名,他很感激地对欧阳修说:"荷公知我诗,数数形美述。""窃比于老郊,深愧言过实。"(宋·梅尧臣《别后寄永叔》)

欧阳修与梅尧臣地位、境遇,恰似韩愈之与孟郊,因此至和二年(1055)梅尧臣在《依韵和永叔澄心堂纸答刘原甫》一诗中径以韩、孟比喻欧阳修与自己的关系:"欧阳今与韩相似,……以我拟郊嗟困摧。"今天,有幸与欧阳修同为考官,梅尧臣感而赋诗道:

思归有梦同谁说,强意题诗只自宽。犹喜共量天下士,亦胜东野亦胜韩。(宋·梅尧臣《和永叔内翰》)

虽然自忖比韩、孟境况各有所"胜",但这个比较是在韩、孟名位悬殊的前提下做出的,因而对于自己的地位卑微仍不免感伤,"喜"也不过是"自宽"而已。梅尧臣其时以太常寺博士兼国子监直讲(从七品)受聘为参详官,在与五位主考官的唱和中,便时时流露出低人一等的感觉:

五公雄笔厕其间,愧似丘陵拟泰山。(宋·梅尧臣《和公仪龙图戏勉》)

群公锦绣为肠胃,独我尘埃满肺肝。强应小诗无气味,犹惭白发厕郎官。(宋·梅尧臣《较艺和王禹玉内翰·再和》)

这些自谦诗才凡庸、诗味不足的诗篇,恰恰是梅尧臣诗中最堪讽咏的篇什,诗歌的优劣跟地位的高下原不是成正比的,通常的情况倒用得着欧阳修的一句话:诗穷而后工!

考官们入闱以后不几天就是元宵灯节,禁令在身,不能外出游赏,好在尚书省东楼十分宏伟壮丽,站在上面可以俯视宣德门,直到州桥一带,因此正月十五前后几天,他们常常趁着夜色偷偷登楼眺望御街灯火之盛。梅尧臣先作《莫登楼》诗,诸公相与唱和。梅尧臣又作《上元从主文登尚书省东楼》三首,欧阳修、王珪等也各作和诗三首,极写上元之夜的繁华。欧阳修《又和》:

凭高寓目偶乘闲,袨服游人见往还。明月正临双阙上,行歌遥听九衢间。黄金络马追朱幰,红烛笼纱照玉颜。与世渐疏嗟老矣,佳辰乐事岂相关。

利用科举改革实现自己的文学主张,是欧阳修由来已久的愿望

宋代科举考试分为解试、省试、殿试三级。解试一般在秋季,是由各州府或国子监举行的考试,解试通过的考生称"贡生"或"举子",他们于次年初春集中到京师参加礼部主持的省试。"贡生"到京后,要向礼部报到,写明家状、年龄、籍贯及参加科举的次数,取得考试资格。考试之日,考生凌晨入场,依次就座,主考官将试题写出后,考生对题目有疑问,可向主考官提出。考场由皇宫侍卫严加看守,黄昏时分才开门放考生出院。考试结束后,由内侍官收取试卷,先交编排官,去掉籍贯、姓名等,另行编号,然后交给封弥官誊写一遍,校对无误后盖上御书院印章。这一过程称为"糊名",目的是为了杜绝营私舞弊。接着,由初考官初次判卷,定出等第;然后再次"糊名",由覆考官覆判;随后由详定官启封,以两次判卷的结果决定等第;最后交还编排官,揭去糊名,恢复姓名、籍贯,决定礼部录取的名单,奏闻朝廷,以供殿试最后裁决,这叫奏名,也叫定号。整个过程极为周密而又严肃紧张。在《礼部贡院阅进士就试》一诗中,欧阳修再现了举子们临场答题、考官们衡文判卷的情景:

紫案焚香暖吹轻,广庭清晓席群英。无哗战士衔枚勇,下笔春蚕食叶声。乡里献贤先德行,朝廷列爵待公卿。自惭衰病心神耗,赖有群公鉴裁精。

晨光初露,晓风习习,红木几案上香薰袅袅,来自全国各地的应试者们正紧张地埋头答卷,寂静的考场上听不到一点点喧闹。这些考生都是各地选送的精英,一旦礼部考试中式,再经殿试,就将由朝廷授官叙爵。诗歌结尾两句自谦衰病,寄望各位考官审慎、公正,为国家精择贤材。

当时科举场屋中,骈俪雕琢的西昆体时文虽已消歇,但又一种险怪奇涩的"太学体"文风盛行一时。"太学体"的始作俑者,是反对西昆体的健将、欧阳修的同年好友石介。庆历二年(1042),他因杜衍之荐,任国子监直讲;庆历四年设太学后,他又任博士,对太学的发展曾起到关键的作用。石介"酷愤时文之弊,力振古道"(宋·文莹《湘山野录》)。有一年,朝廷造十王宫,又封八大王元俨为荆王,有位学生作赋歌咏,写道:

今国家始建十亲之宅,新封八大之王。

石介读后勃然大怒,"鸣鼓于堂",严加呵责。但他在反对时文拼凑对偶的同时,却又助长了僻涩怪诞文风。

早在景祐年间,欧阳修就曾对他这一倾向提出过批评,无奈石介自许太高,根本不能接受。在石介的影响下,太学诸生好新好奇,竟致怪诞诋讪、流荡猥琐,有的写出"狼子豹孙,林林逐逐"的僻涩之语,有的自诩"周公伻图,禹操畚锸,傅说负版筑,来筑太平之基"的怪诞之说。

"太学体"这个"怪胎"的产生有着深刻的历史渊源和现实的文化背景。在古代散文史中本来就存在平易和奇崛两种审美倾向,中唐古文运动时期,韩愈曾指出:"(文)无难易,唯其是尔。"(唐·韩愈《答刘正夫书》)但他本人实际的审美爱好则更倾向于"奇崛"和"难"

的方面,他的创作已不免"怪怪奇奇",其末流更趋于险怪奇涩。到了宋初,不少古文家因反对骈文的浮艳繁丽而追求古奥简要,所作或诘屈聱牙、学古不化,或艰涩怪僻、滞塞不畅。与石介同时的宋祁,所作也有"涩体"之称,其影响实已超出科举场屋的范围。"太学体"继"五代体"、"西昆体"之后,已成为宋代古文运动健康发展的新的障碍。

对这种奇涩的文风,欧阳修一直采取毫不妥协的批判态度。早在明道二年(1033)他就曾明确主张:

其道易知而可法,其言易明而可行。(《与张秀才第二书》)

景祐年间与石介书来信往,一番唇枪舌剑的辩论,主要就是围绕这一问题而展开。庆历四年出使河东,在绛州作《绛守居园池》一诗,曾斥责韩愈所称道的樊宗师的奇险文风。庆历七年又告诫王安石"勿用造语",不要机械地模拟韩文。

利用科举改革来实现自己的文学主张,是欧阳修由来已久的愿望。在北宋科举制扩大和完善的历史条件下,科场文风与整个文坛风气声息相通,联系密切,特别在散文领域,往往受到科场文风的影响。这次受命主文,他决心运用手中的行政权力,痛革科场积弊,刷新文风,推动文学革新的进程。同时,他也清楚地知道,力矫文弊风险很大,但他仍不顾一切严申考场纪律,要求应试文字言之有物,平易自然,凡为险怪奇涩之文者一律黜落!

当时有位太学生名叫刘几,在太学中首屈一指,最喜为险怪之语,是许多青年士子崇拜模仿的对象,这届贡举中夺魁的呼声极高。欧阳修也早已闻知其人,读过他的文章,十分厌恶。这天阅卷,欧阳修看到一篇怪僻得让人难以卒读的文章,最后几句写道:"天地轧,万物茁,圣人发。"欧阳修说:"这一定是刘几的文章。"于是在后面续道:"秀才刺,试官刷。"并用大朱笔从头至尾横抹一道,称为"红勒帛",又批上"大纰缪"三个字,张贴在墙壁上,让各位考官参观。后来揭去糊名,文章果然是刘几之作。

该年策论的题目是《刑赏忠厚之至论》。有位考生仅用六百字简洁明了地论述了以仁治国的思想。文章指出,为政者应"以君子长者之道待天下",一方面,赏罚必须分明:

> 有一善,从而赏之,又从而咏歌嗟叹之;所以乐其始,而勉其终。有一不善,从而罚之,又从而哀矜惩创之;所以弃其旧,而开其新。

另一方面,又须做到立法严而责人宽:

> 可以赏,可以无赏,赏之过乎仁;可以罚,可以无罚,罚之过乎义。过乎仁,不失为君子;过乎义,则流而入于忍人。

可赏可不赏时,要选择奖赏,可罚可不罚时,就不要惩罚,因为奖赏重了仍不失为君子,而惩罚重了则流于残忍。总之,无论赏罚,都应本着"爱民之深,忧民之切"的忠厚仁爱之心,这样便可以达到"使天下相率而归于君子长者之道"的文治昌明的理想世界。

梅尧臣最先读到这篇应试文章,大为激赏,立即呈荐给主考官。欧阳修读罢,又惊又喜,深觉文章引古喻今,说理透辟,既阐发了传统的儒家仁爱思想,又富于个人独到的见解,语意敦厚,笔力稳健,质朴自然,颇具古文大家的风范。本想评为第一,名列榜首,但是转念一想:如此出色的文章,除了自己门下弟子曾巩之外,天下恐怕不会有第二人能写得出来。倘若把曾巩取为第一,岂不是有徇私舞弊之嫌?于是决定忍痛割爱,使该文屈居第二。可是待到揭榜之日才知道,写作这篇文章的竟是一位来自眉山的考生——苏轼。这位默默无闻的年轻人当时二十二岁,他十九岁的弟弟苏辙,也在这次省试中名列高等。

欧阳修终于将宋代古文运动引入了健康发展的轨道

当欧阳修得知那篇令他激赏不已的场试文章出自眉山苏轼时,先是愕然,接着颔首赞道:"果然是虎父无犬子啊!"

原来,一年前,欧阳修就已经认识了苏轼的父亲苏洵,因而对苏轼、苏辙之名也略有耳闻。

那是嘉祐元年五六月间的一天,欧阳修正在家中习书,家人忽然送上一封书信,署名是"眉山苏洵"。欧阳修陡然想起,年前老友吴照邻自蜀来京,曾带来此人的文章,因当时忙着出使契丹,未及细看。他忙放下笔来,展读来信。随信还附有《洪范论》、《史论》等七篇著述,欧阳修一气读来,大有欲罢不能之感。此人的文章,格调高古,气势如虹,既有先秦论说文典范《孟子》的那种雄放恣肆,又能运用抑扬顿挫的笔势,使文章起伏波折,十分耐读,他情不自禁地感叹道:"文章就该是这样的呀!"

几天后,苏洵登门造访,欧阳修热情地接待了他,并十分诚恳地对他说:"我这辈子见过的文士很多,其中最喜欢的是尹师鲁(尹洙)和石守道(石介),但是,读他们的文章感觉还是有些不够完美。今天读了你的文章,真是觉得太好了!"

苏洵,字明允,眉州眉山(今四川眉山)人。年轻时不喜"声律记问"之学,几次参加科举考试,都落第而返。后来废学游荡,二十七岁才开始发愤苦读,广泛涉猎诸子百家之文,"得以大肆其力于文章"(宋·苏洵《上田枢密书》),学业因而大进。嘉祐元年,他已经四十八岁。这次进京主要是陪同两个儿子苏轼、苏辙前来参加来年的进士考试。

苏洵还带来了雅州知州雷简夫、益州知州张方平的推荐信。雷简夫在信中说:

> 呜呼!起洵于贫贱之中,简夫不能也,然责之亦不在简夫也。……恭惟执事(敬称,这里指欧阳修)职在翰林,以文章忠义为天下师,洵之穷达,宜在执事。(宋·邵博《邵氏闻见后录》引雷简夫《上欧阳内翰书》)

张方平也曾对苏洵说:"以我的名望不足以使您见重于当世,只有得到欧阳永叔的赏识,你才有可能被世人瞩目。"

欧阳修与雷简夫仅是点头之交,十多年前因苏舜钦的关系彼此认识。张方平则是欧阳修的政敌,庆历新政退潮时,张方平任御史中丞,曾力攻韩琦、范仲淹等人。但是,面对苏洵这样一个难得的人才,雷简夫不顾交情疏浅而远寄书信,张方平不避宿怨而全力推荐,欧阳修也不因张方平的推荐而视苏洵为异类,三人都表现出"为时惜才"的宏伟胸襟。

见过苏洵之后,欧阳修马上将其著作献给朝廷,并作《荐布衣苏洵状》。荐状中,他高度评价了苏洵的文章与人品:

> 伏见眉州布衣苏洵履行淳固,性识明达,……其论议精于物理而善识变权,文章不为空言而期于有用。其所撰《权书》、《衡论》、《机策》二十篇,辞辨闳伟,博于古而宜于今,实有用之

言。非特能文之士也,其人文行久为乡间所称,而守道安贫,不营仕进。苟无荐引,则遂弃于圣时。

接着,他又给富弼写信,引荐苏洵:

> 有蜀人苏洵者,文学之士也。自云奔走德望思一见而无所求,……可否进退,则在公命也。(《与富文忠公彦国》其二)

在欧阳修的大力推荐下,苏洵迅速名震京师,士大夫们纷纷传诵他的著作,交口推服;公卿贵戚们也无不争先与他相识。欧阳修颇为自己发现苏洵这一难得人才而欣喜自得,但实在没有想到,这位大器晚成的眉山布衣还将自己的两个儿子调教得如此出众!

礼部奏名之日,考官们拂晓出闱,目睹举子们争相观榜、激动人心的紧张"风景"。圆满完成了选拔人才的重要任务,结束了五十天与世隔绝的生活,欧阳修感到特别轻松:

> 凌晨小雨压尘轻,闲忆登高望禁城。树色连云春泱漭,风光著草日晴明。看榆吐荚惊将落,见鹊移巢忽已成。谁向儿童报归日:为翁寒食少留饧。(《出省有日书事》)

霏霏小雨,扫尽凡尘,空气显得格外清新。入闱那天仍是残冬景象,出闱之时已是万象更新,树色连云,春意盎然,晨光映射,青草生辉,榆荚即将飘落,鸟鹊新巢已成,春天的气息已经弥漫于整个的天地之间。适逢寒食,禁火三日,家家户户都在吃加了饴糖的饧粥,欧阳修乐呵呵地想,不知道贪吃的孩子们会不会记得给老爸留下一小碗呢。

不过,这种轻松愉悦之感很快就被一种排山倒海的重压所替代。奏名试榜贴出之后,那些因善写怪僻之文而知名一时的人物全部名落孙山。于是他们群起闹事,趁着欧阳修早晨上朝的时候,将其团团围住谩骂,直到负责都城治安的街司逻吏赶来劝说、遣散方罢。后来,有的人还以匿名的方式写《祭欧阳修文》送到他家,咒他该死;更有一些人翻出庆历年间的所谓"盗甥案",大肆造谣……

眼前的情形,欧阳修并不意外,在写给朋友的信中,他说:

> 某昨被差入省,便知不静。缘累举科场极弊,既痛革之,而上位不主。权贵人家与浮薄子弟,多在京师,易为摇动,一日喧然,初不能遏。然所得颇当实材,既而稍稍遂定。(《与王懿敏公仲仪》其三)

信中明确指出,写作太学体的生员多是"权贵人家与浮薄子弟",大都为"趋利竞朋"的"鳣鲂"之辈,早在入闱之初,他就知道会有今天,但他确信自己所选拔的都是栋梁之材,时间会平息一切纷乱,历史将证明他的正确!在《和公仪试进士终场有作》诗中,他也写道:

> 朝家意在取遗才,乐育推仁亦至哉!本欲励贤敦古学,可嗟趋利竞朋来。昔人自重身难进,薄俗多端路久开。何异鳣鲂争尺水,巨鱼先已化风雷。

诗歌把录取的进士比喻为激荡风雷的"巨鱼",欣喜快慰之情溢于言表。这一信一诗可以视作欧阳修对这次贡举纠纷的自我总结。

值得庆幸的是,正当欧阳修处境极为艰难之际,仁宗皇帝给予了有力的支持。奏名以后即是殿试,按例主考官们不能参加。殿试

第六章 文坛始自嘉祐新

最终决定录取名单和等第。以往历届科考,殿试对礼部的奏名进士"黜落甚多"(元·脱脱《宋史·选举志》),这次殿试却开了取消黜落制的先例。所有礼部奏名的进士,无一例外地为皇帝御试认可,这就意味着中央朝廷对欧阳修以"平淡典要"为衡文标准的肯定和支持,因而获得广泛的社会影响并垂范后世。史书明确记载,朝廷如此举措与"进士群辱欧阳修"(宋·李焘《续资治通鉴长编》)有关。

这次科考所取,隽才精英云集,可以说几乎网罗了北宋中后期政界、思想界、文学界的诸多杰出人物。文学之士有苏轼、苏辙、曾巩,"唐宋古文八大家"的宋六家中,一举而占其半;理学之士有程颢、张载、朱光庭,其首倡的"洛学"、"关学"均为中国思想史上的重要流派;政界人物有吕惠卿、曾布、王韶、吕大钧等,为王安石新党和元祐旧党的重要人物。

不论当时的风暴来势多么凶猛,这次贡举还是狠狠地打击了盛行多年的不良文风,并在某种程度上实现了"庆历新政"提出的科举改革任务。从此,科场风习幡然转变,"文体复归于正"(清·徐松《宋会要辑稿》)。那位以擅为险怪之语而知名的太学生刘几,痛改前非,彻底摒弃原来自以为是的怪僻文风,两年后改名刘煇,再次参加进士考试,被担任殿试详定官的欧阳修擢为第一。刘煇应试时所撰写的程文在场屋广为传诵,进一步推动了文坛风气的改变。

至此,欧阳修、王安石、曾巩、苏洵、苏轼、苏辙——"唐宋古文八大家"的宋六家齐聚文坛,宋代文学发展步入了第一个辉煌灿烂的高峰时期!

经过二三十年的不懈努力,欧阳修终于将宋代古文运动引入了健康发展的轨道,平易自然、流畅婉转成为宋代散文的群体风格,这比之唐代散文更宜于说理、叙事和抒情,成为后世散文家和文章家学习的主要楷模。作为开创一代文风的宗师,欧阳修为中国散文史

301

做出了突出的贡献,其影响是难以估量的。回顾这一漫长而艰辛的奋斗历程,欧阳修十分感慨。从首倡韩文,反对雕琢浮艳的"西昆体",到吸取宋初以来古文家写作的失败经验,反对险怪奇涩的"太学体",他无时不在与时尚相抗衡,为此,曾付出过多少惨痛的代价!但是,他矢志不移,坚韧不拔,正如他在《记旧本韩文后》一文中所总结的:

予之始得于韩也,当其沉没弃废之时,予固知其不足以追时好而取势利,于是就而学之。则予之所为者,岂所以急名誉而干势利之用哉!亦志乎久而已矣。故予之仕,于进不为喜,退不为惧者,盖其志先定而所学者宜然也。

不追时好,不逐势利,不急名誉,是他领导宋代古文运动走向胜利的重要人格素质,也是他历尽宦海浮沉,而依然初衷不改,保持高尚节操的根本原因。

欧阳修宽广的胸怀、发现人才的识力、提携后进的热忱,令人深深感动

尽管阴差阳错之中,苏轼没能成为这次科考的状元,但他卓越的才华引起了欧阳修的高度重视和热情奖掖。金榜题名之后,主考官与新进士之间,便有了师生的名分和情谊。苏轼循惯例向恩师呈递了《谢欧阳内翰书》,表达自己对欧阳修知遇之恩的诚挚谢意。这封不足五百字的短简,极为精要地概述了宋朝立国以来文学发展的艰难进程,精炼而透辟,有一览众山小的气势,充分显示出苏轼不凡的见识和高超的文字驾驭能力。欧阳修读后赞不绝口:

> 读轼书,不觉汗出。快哉!快哉!老夫当避此人,放出一头地也。可喜!可喜!(《与梅圣俞》)

和儿子们谈及苏轼的文章时,他甚至感叹道:

> 汝记吾言,三十年后世上人更不道着我也!(宋·朱弁《风月堂诗话》转引)

他预言,未来的文坛必将属于苏轼!

后生可畏,而欧阳修宽广的胸怀、发现人才的识力,以及提携后进的热忱也同样可敬可佩,千载之下,仍令人为之深深感动!

呈上《谢欧阳内翰书》后,在父亲的带领下,苏氏兄弟一同到欧阳修府上拜见恩师。对于这两位青年才俊,欧阳修看在眼里,爱在心上,几句寒暄之后,彼此就觉得非常亲切,从此结下绵延几代的亲密情谊。

谈话之间,欧阳修问苏轼:"你那篇《刑赏忠厚之至论》中说:远古尧帝的时候,皋陶为司法官,有个人犯罪,皋陶三次提出要杀他,尧帝三次赦免他。这个事例出自哪本书?"

苏轼回答道:"在《三国志·孔融传》注中。"

苏洵、苏轼父子走了以后,欧阳修立即将《孔融传》注细细地重读一遍,却没有发现这个典故,十分纳闷。下一次见面,又问苏轼。

苏轼说:"曹操灭袁绍,把袁熙(袁绍子)美貌的妻子赏赐给自己的儿子曹丕。孔融对此不满,说:'当年武王伐纣,将商纣王的宠妃妲己赏赐给了周公。'曹操忙问此事见于哪本书上。孔融说:'并无所据,只不过以今天的事情来推测古代的情况,想当然罢了。'所以,学生也是以尧帝为人的仁厚和皋陶执法的严格来推测,想当然耳。"

欧阳修一听,击节称叹。事后多次和人谈起,说:"此人可谓善读书、善用书,他日文章必独步天下。"

作为一代宗师,欧阳修以他当时的声望,一句褒贬之词足以关涉青年学子一生的荣辱成败。苏轼有幸数次得到他如此高度的评价,因而一时之间,名满天下。

在欧阳修的热情荐引下,苏轼先后拜见了宰相文彦博、富弼,枢密使韩琦,还与同年曾巩、晁端彦等相识,结为终生好友。曾巩比苏轼年长十七岁,自庆历元年拜入欧阳修门下,即处处以欧阳修作为自己的楷模和表率,其思想特点和散文艺术都深受老师的影响,欧阳修对他也是非同一般的赏爱,在当时不少人眼中,曾巩已是欧阳修门下的第一位传人。苏轼对这位年兄极为尊敬,曾作诗赞道:

曾子独超轶,孤芳陋群妍。(宋·苏轼《送曾子固倅越得燕字》)

还把他比作遨游"万顷池"的横海鲸鱼。苏轼倾荡磊落的文学才情,也令曾巩十分折服。多年后,欧阳修《新五代史》刊刻面世时,需请人为之作序,苏轼说:"欧阳门生中,子固兄首屈一指,理当请子固兄作序。"

曾巩回答说:"子瞻的才情当世无人可比,我是什么人?岂敢居于子瞻之上?"

晁端彦字美叔,是参知政事晁宗悫的孙子,曾跟随欧阳修学习。嘉祐二年进士及第后不久,即经欧阳修的介绍前往苏轼父子寓居的兴国寺拜访,对苏轼说:"我跟随欧阳先生学习已经很久了,先生命我来与您交朋友,还说您必将有名当世,'老夫亦须放他出一头地'。"

第六章　文坛始自嘉祐新

后来,在《送晁美叔发运右司年兄赴阙》一诗中,苏轼写道:

> 我年二十无朋俦,当时四海一子由(苏辙字子由)。君来扣门如有求,颀然鹤骨清而修:"醉翁遣我从子游,翁如退之蹈轲丘,尚欲放子出一头。"(韩愈《赠张籍》诗:"我身蹈丘轲,爵位不早绾。"蹈丘轲,指实践孔孟之道。)

欧阳修特意嘱咐晁端彦与苏轼定交,不仅表示他对苏轼的格外器重,期待他在年轻一辈中发挥更大的影响,同时也显示出欧阳修作为文坛盟主的特殊作用——介绍荐引,促成门生之间横向关系的发展。苏轼与晁端彦二人以后友情长存,苏轼集中留下了诸多与之唱酬的诗作,晁端彦的儿子晁说之、晁咏之也从苏轼游,端彦的侄儿晁补之(字无咎)更成为著名的"苏门四学士"之一。

此时,王安石仍在朝廷任群牧判官,欧阳修曾有意介绍三苏与他认识,可是苏洵却不愿意。在一次宴会上,他们两人曾见过面,与当时人们一致的好感不同,苏洵很不喜欢这个不修边幅、一脸深沉的人,他认为王安石言语造作,不近人情。半个多世纪之后,有一篇批判王安石的《辨奸论》流传于世,有人说是苏洵所作,有人则认为是伪托,千百年来聚讼纷纭,成为学界一大公案。

然而,不管世人是誉是毁,王安石依旧我行我素。群牧判官任职将满,他又上书执政,请求外调,诏许以太常博士出知常州。在此前后,曾巩亦授太平州司法参军,两地相距不远,正好可以同行,遂相约五月下旬一道离京。五月二十二日,欧阳修亲设宴席,为王安石、曾巩饯行。炎天酷暑,"甚于汤火之烈"(《与梅圣俞》其三十),但是主宾相得,尽欢而散。

就在同一个月,苏氏父子忽接家中急报,苏轼兄弟的母亲程氏

305

夫人病逝。变出不意,父子三人来不及与欧阳修辞别,随即仓惶返回蜀中。欧阳修得知后,主动寄书,深表关切,苏洵在回信中十分伤感地说:

> 洵道途奔波,老病侵陵,成一翁矣!自思平生羁蹇不遇,年近五十,始识阁下,倾盖晤语,便若平生。非徒欲援之于贫贱之中,乃与切磨议论,共为不朽之计。而事未及成,辄闻此变。(苏洵《与欧阳内翰第三书》)

眉山与京城相隔千山万水,他担心自己迟暮衰病,无缘与欧阳修聚首京城了。

欧阳修深感体力渐衰,很希望求得一份闲简差使

这年夏天,汴京酷暑,疾疫流行,欧阳修的家人多染疫气,令他忧心忡忡。不久,自己也因顶着烈日前往朝廷办公,为暑毒所伤,好几天水米难进,"加以腹疾时时作"(《与吴正肃公长文》其二),只得请了病假。真是祸不单行,好容易熬到七月,京师又连降暴雨,雨势不减去年,欧阳修家上漏下浸,仆佣一齐忙着戽水,他自己也是通宵督阵,达旦不寐。"街衢浩渺,出入不得"(《与梅圣俞》其三十八),欧阳修愁眉不展,心想:"再这样下个三五天,就得找地方躲避水势了,可是,又能搬到哪里去呢?"

当时雷雨阴晴不定的景况,见于他的《答梅圣俞大雨见寄》诗中:

第六章 文坛始自嘉祐新

> 夕云若颓山,夜雨如决渠。俄然见青天,焰焰升蟾蜍。倏忽阴气生,四面如吹嘘。狂雷走昏黑,惊电照夔魖。

乌云滚滚,有如山崩地裂般扑面而来,瓢泼大雨,就像水渠开闸一泻千里;过了一会,但见青天如洗,明月悬空;转瞬间又是四面狂风,电闪雷鸣……天意难测,让人彷徨无着,徒然蒙受这般苦楚:

> 岂知下土人,水潦没襟裾。扰扰泥淖中,无异鸭与猪。……出门愁浩渺,闭户恐为潴。……压溺委性命,焉能顾图书。

欧阳修本来体弱多病,经此百般折腾,"如陡添十数岁人,但觉心意衰耗,世味都无可乐,百事勉强而已"(《与李留后公谨》其二)。而偏偏这年秋冬,朝廷差使频频,除了编修《新唐书》这一繁重任务之外,九月六日兼判秘阁秘书省①,十一月九日权判史馆②,十一月二十四日接替胡宿权知审刑院③,虽然几天后得免,但十二月九日又被命再次权判三班院……其间还要负责朝廷各类祭祀活动、接待契丹等周边国家来使。欧阳修深感体力难支,很希望求得一份闲简差使,在《乞洪州劄子》中他自述道:

> 伏念臣本以庸愚叨尘恩宠,一入禁署,迨今三年。进无补

---

① 兼判秘阁秘书省:秘阁、秘书省长官。秘阁负责从昭文馆、史馆、集贤院择出善本书及内庭所出古画、墨迹万余卷珍藏之。秘书省主管一般祭祀用的祝文撰写。
② 判史馆:馆职名,以史馆修撰中官高者一人判史馆事,与史馆修撰同撰日历。
③ 权知审刑院:审刑院长官。审刑院:最高司法机构。

于朝廷,退自迫于衰病,眼目昏暗,脚膝行步颇艰,右臂疼痛,举动费力。虽翰苑事无繁剧,圣恩曲赐优容,然非养病尸居之地。

他已经不是第一次请求差知洪州了,去年冬天就曾奏乞,因为随即被命知贡举,"无由再述",所以暂时搁置下来。请求差知洪州,一方面是由于洪州乃偏远小郡,公务相对闲少;另一方面是由于父母葬于江西,他希望能就便好好修缮坟墓。可是朝廷仍然没有批准他的请求。

嘉祐三年(1058)春夏,欧阳修的身体状况似乎更不好了,在原来疾病的基础上,又得了风眩症,在此时期写给朋友的书信中他多次提及疾病之苦:

某苦风眩甚剧,若遂不止,当成大疾。作书未竟,已数眩转,屡停瞑目。(《与李留后公谨》其七)
风眩发作,卧不能起。(《与焦殿丞千之》其十)

这些年来,他常常怀念在滁州时那种闲云野鹤般的自在生活:

滁南幽谷抱千峰,高下山花远近红。当日辛勤皆手植,而今开落任春风。主人不觉悲华发,野老犹能说醉翁。谁与援琴亲写取,夜泉声在翠微中。(《忆滁州幽谷》)

回想往昔,"我时四十犹强力,自号醉翁聊戏客"(《赠沈遵》),匆匆十多年光阴飞逝,满头华发的他真的成了名副其实的"醉翁"。当年他在幽谷间种下的那些美丽花卉,如今一任春风的吹拂自开自落,不知有谁顾惜?但是,那些山间野老大概还能记得那个喜欢插花野

第六章　文坛始自嘉祐新

游、与民同乐的太守吧？他觉得现在的自己，就像一只羁绁在笼中的白鹤，毛羽摧颓，空有江湖之志，只能在想象中体会那无拘无束的山野生活：

> 樊笼毛羽日低摧，野水长松眼暂开。万里秋风天外意，日斜闲啄岸边苔。(《鹤》)

这天，久雨初晴，清晨起来，欧阳修颇觉诗兴浓浓，忙命书僮碾墨，铺纸执笔，作《归田四时乐》：

> 春风二月三月时，农夫在田居者稀。新阳晴暖动膏脉，野水泛滟生光辉。鸣鸠聒聒屋上啄，布谷翩翩桑下飞。碧山远映丹杏发，青草暖眠黄犊肥。田家此乐知者谁，吾独知之胡不归？吾已买田清颍上，更欲临流作钓矶。(其一)

他的思绪飞到了春天的原野：温暖的朝阳洒满了大地，潺潺的流水熠熠生辉，屋檐上斑鸠声声欢唱，桑树下布谷翩翩起舞，红艳艳的杏花辉映着青山，肥嘟嘟的牛仔安眠在草丛，农夫们就在这充满了生机、活力、和平、恬适的氛围中从容劳作……那是多么美好而惬意的事情啊！而到夏天，原野上又是另一番动人的景象：薰风阵阵，草木丛深，麦穗初齐，桑叶正肥，鲜红的石榴花灼灼耀眼，野生的棠梨果缀满了枝头，莺啼宛转，山鸟嘈杂，男女老幼个个心地安详、无忧无虑：

> 南风原头吹百草，草木丛深茅舍小。麦穗初齐稚子娇，桑叶正肥蚕食饱。老翁但喜岁年熟，饷妇安知时节好。野棠梨密

309

啼晚莺,海石榴红啭山鸟。田家此乐知者谁,吾独知之归不早。乞身当及强健时,顾我蹉跎已衰老。(其二)

田园生活是如此美好,诗人不禁暗问自己"胡不归",叹息自己"归不早"。他早已在颍州买田置产,本希望趁着身体还算强健时致仕归隐,可是岁月蹉跎,如今虽已老去,却依然宦海浮沉。

《归田四时乐》原本要写春、夏、秋、冬四首,可是写到这里他突然写不下去了,于是给梅尧臣写了一封短简,请他续作:

闲作《归田乐》四首,只作得二篇,后遂无意思。欲告圣俞续成之,亦一时盛事。(《与梅圣俞》其四十四)

很快,梅尧臣就叫人送来了续作的秋、冬两篇,欧阳修十分高兴,在回信中语带诙谐地说:

承宠惠二篇,钦诵感愧。思之正如杂剧人上名,下韵不来,须勾副末接续尔。呵呵。家人见诮:好时节将诗去人家厮搅。不知我辈用以为乐尔。(《与梅圣俞》其四十五)

在欧阳修公正无私的治理下,开封府井然有序

此时,欧阳修身兼八职,除了自身的劳碌之外,还有一个更深层次的问题引起他的思考。官僚机构的日趋庞大,是近年政治领域的一个突出现象,引起许多有识之士的关注,然而,"议者但知冗官之弊,不思致弊之因"。欧阳修认为,致弊之因在于朝廷推恩过滥,每

第六章 文坛始自嘉祐新

遇节庆都要给大臣们封官进爵,于是他上书说:

> 凡所推恩,便为成例。在上者稍欲裁减,则恐人心之不足;在下者既皆习惯,因谓所得为当然。积少成多,有加无损,遂至不胜其弊,莫知所以裁之。(《再辞侍读学士状》)

欧阳修本人也从历次推恩中获得了许多封赐,意识到这一朝廷积弊之后,他决心从我做起,改革时弊。翰林侍读学士,本属清要之职,并无多少实际事务需要处理,但是官高位隆,朝廷给予的薪俸仍是十分可观。由于近年推恩过滥,翰林侍读学士的人数已大大超过了既定的编制,"清职遂为冗员"(同上),"学士例为兼职"(《与李留后公瑾》),因此,嘉祐三年三月,欧阳修接连上《辞侍读学士劄子》、《再辞侍读学士状》,恳切陈辞,这才获得批准。

不过,到六月十一日,欧阳修又被任命为龙图阁学士,权知开封府。开封府素称难治,前任包拯刚毅威严,名震京师,"贵戚宦官为之敛手,闻者皆惮之"(元·脱脱《宋史·包拯传》),当时汴京流传一句谚语:"关节(指通贿请托)不到,有阎罗包老。"他的威名妇孺皆知,人称"包待制"。常言道:新官上任三把火。很大程度上是为了建立威望,以取代前任在民众心中的位置。但欧阳修则一切依循人情事理,并不刻意更张,有人很为他担心,说:"前任威名,震动都下,真得古京兆尹之风采。您接任以来,却没有令人耳目一新的举措,能行吗?"

欧阳修说:"人的资质、性情、才能,各有短长。岂可舍弃己之所长,勉强其所短,以循俗求誉!但当尽我所为,不能则止。"

开封府既多近戚宠贵,往往蔑视规章,肆意犯禁,一旦绳之以法,总是能通过各种途径求得皇帝圣旨而获赦免。欧阳修知开封府后不到两个月,就十次接到这样的圣旨,涉及的人员有的是达官子弟,有的是皇亲国戚,有的甚至不过是得势的宦官亲旧。即便欧阳修将案情细节再三上奏,声明不能姑息,圣旨仍然要求宽赦。有一次,一个名叫梁举直的宦官因私自役使官兵,被送交开封府处理,审理过程中,梁举直先后请来了三道圣旨特许免罪,欧阳修坚执不从,封回圣旨。在《论梁举直事封回内降劄子》中,他尖锐指出:

> 曲庇小臣,挠屈国法,自前世帝王,苟有如此等事,史册书之,以著人君之过失。今梁举直不欲受过于其身,宁彰陛下之过于中外,举直此罪重于元犯之罪,今纵未能法外重行,以戒小人干求内降者,其元犯本罪,岂可曲恕?

七月末,他又上奏论列:频降不断的免罪圣旨,不仅严重干扰了执法机关的司法公正,还给人造成皇帝枉法徇私的不良形象。因此,他希望皇上,一要尊重开封府的判决,二要杜绝干请,以后谁说情就罚谁。

在欧阳修公正无私的治理下,开封府井然有序,"事无不治"(宋·欧阳发《先公事迹》)。不过处事不徇私情,自然会招人嫉恨,在人际关系极为复杂的官场中,一不小心就有可能授人以柄。一天上朝,仁宗说:"有大臣上言,说开封府推官吴充因为是权知开封府欧阳修的亲家,而被升为户部判官,与朝廷规章不合。"

按照当时的升迁制度,推官应任职三年才有资格徙迁判官,而吴充任推官刚过一年,资历不足。吴充字冲卿,宝元元年进士,欧阳修比他年长十四岁,但彼此私交甚好,早在谪居夷陵时期,两人就有了书信往来,此后同朝共事,情意相契,至和元年七月,欧阳修受到宦官贵戚围攻时,吴充曾不顾位卑言微,挺身相救。不久前欧阳修的长子欧阳发迎娶了吴充的女儿,两家的关系就更加亲密了。论者所说均为事实,所以中书政事堂要求皇帝将奏折公之于众,以便调查处理,但皇帝说奏折已经焚毁了;又请问上奏者的姓名,皇帝却不回答。这件事虽然并没有对欧阳修构成什么实质性的危害,但朝议纷纷,精神上还是很有些压力。

尽管如此,欧阳修并不因噎废食,依然能够举贤不避亲。此时,文彦博罢相出判河南府,韩琦、富弼并为宰相。欧阳修曾致书韩琦,希望他出面推荐梅尧臣入馆阁,可是等了一段时间,未见结果,于是,欧阳修汲引梅尧臣进入由他自己主持工作的唐书局,参与编修《唐书》。这年秋天,梅尧臣晚年喜得贵子,欧阳修送酒作歌为好友贺喜,在《洗儿歌》中他写道:

> 儿翁不比他儿翁,三十年名天下知。材高位下众所惜,天与此儿聊慰之。

梅尧臣怀才不遇、沉沦下僚,始终是欧阳修的一块心病,自恨无从援手,因而耿耿于怀,即便在"更资一笑"的《洗儿歌》中也忍不住要有所表露。

解除了繁重的开封府事务,欧阳修感到轻松了许多

忙忙碌碌中,新的一年又来到了。虽然已经立春多日,可是积雪未消,东风犹冷,小民失业,街市寂寥,薪炭食物价格增倍。这天,欧阳修在府厅批阅公文,忽有属下报告说,市中有位妇人冻死,其夫随后也自缢身亡。欧阳修听罢心情极为沉重,自去冬以来,贫寒之

人因衣食无着投井投河的事情屡有发生。很快就将是上元佳节了，按照以往惯例，京城处处要张灯结彩，万民欢庆。如果是在"岁时丰和，人物康富"的时候，万民同乐自是人情所愿。然而现在的情况并非如此。因此，他一面设法接济贫困，一面奏上《乞罢上元放灯劄子》，请求罢免今年的元宵灯会，以示畏天忧民之心。朝廷采纳了他的建议。

自去年冬天以来，欧阳修身体状况越来越差，尤其是眼病的折磨，对于每天都需伏案工作的他来说实在是万分苦恼。开封府的事务十分繁杂，白天根本没有时间编修《唐书》，为了按时完成任务，他不得不利用夜间在灯光下埋头苦干，这更加剧了他的病情，虽然刚刚五十三岁，但是他已经是"鬓须皓然，两目昏暗"，七八年前就已患上的关节炎也一天天严重，"近又风气攻注，左臂疼痛，举动艰难"（《乞洪州第四劄子》）。因此，正月间他接连上了三道奏劄，请求辞去知开封府事，出知洪州。二月初三，朝廷终于批准他免除知开封府事，但不同意出知洪州，而是转给事中，同提举在京诸司库务。

朝廷执政大臣之所以一再挽留欧阳修，关键在于朝野中他的声望如日中天，人人都希望他留在朝廷，如果骤然放他外出，一定会引来舆论的批评。欧阳修十分清楚这一点，无可奈何，只得再留京师。在给王素的信中，他说：

> 三削请洪，诸公畏物议，不敢放去，意谓宁俾尔不便，而无为我累。奈何！奈何！（《与王懿敏公仲仪》其五）

虽然不能完全遂心如愿，但能解除繁重的开封府事务，还是令他感到轻松了许多：

第六章 文坛始自嘉祐新

某病中闻得解府事,如释笼缚,交朋闻之,应亦为愚喜也。(《与吴正肃公长文》其五)

某昨衰病屡陈,蒙恩许解府事,虽江西之请未获素心,而疲惫得以少休,岂胜感幸!(《与赵康靖公叔平》其三)

嘉祐四年的进士考试,欧阳修受命担任御试进士详定官,三月初,差事既毕,他开始全身心投入《唐书》的撰写中。这时,除欧阳修之外,任职唐书局的还有宋祁、范镇、王畴、宋敏求、吕夏卿、刘羲叟、梅尧臣等。欧阳修撰写本纪,宋祁负责列传,其诸人合修志、表。唐书局早于庆历五年五月即已设立,当时诏命王尧臣、宋祁、张方平等重修《唐书》,到至和元年八月欧阳修入局,十年之间出入唐书局者已有十数人之多,但实际上只有宋祁一人潜心著述,因此久而未成。欧阳修主持唐书局工作以来,可谓是念兹在兹,经过近五年的努力,书稿已经完成了大半。因为是多人参修,朝廷担心体例不一,诏命欧阳修审阅全稿。在众多参修者中,宋祁在局的时间最长,撰写的内容也最多。宋祁字子京,比欧阳修年长九岁,天圣二年(1024)与其兄宋庠同举进士,礼部奏名第一,当时仁宗年幼,章献太后垂帘听政,认为弟弟不可列名于兄长之前,于是擢宋庠为第一,以宋祁为第十。一时间,"兄弟俱以词赋妙天下,号大小宋"(宋·马端临《文献通考》)。宋祁精通训诂之学,事事渊源有考,同时又受天圣以来奇险古奥的文风影响,所作往往艰涩怪僻,诘屈聱牙,人称"涩体"。欧阳修在审阅书稿的过程中,发现宋祁所作列传,不少文字晦涩艰深。可是,无论是年龄、资历,宋祁都堪称自己的前辈,这令欧阳修颇难启齿提出批评修改意见。思虑再三,他终于想到一个绝妙的办法。这天,早朝之后,大家陆续到局开始工作。宋祁进门时,欧阳修执笔在门上写下八个大字:

> 宵寐非祯,札闼洪休。

宋祁好奇地看了好一会,差点笑出声来,说:"你这意思不就是'夜梦不祥,题门大吉'嘛!何必如此求异?"

欧阳修笑着说:"我这是模仿您写《唐书》的笔法呀!您执笔的《李靖传》说:'震霆无暇掩聪',不就是迅雷不及掩耳的意思吗?不是和我犯了同样的毛病吗?"

宋祁不觉仰头大笑。后来,他在《宋景文笔记》中写道:

> 余于为文似蘧瑗,瑗年五十知四十九年非,余年六十始知五十九年非。……每见旧所作文章,憎之必欲烧弃。梅尧叟喜曰:公之文进矣!

大概经此一事,宋祁对"涩体"真的有所悔悟,并努力改进。对于宋祁的有些文章,欧阳修还是十分欣赏的。据说他晚年退休后,每天让儿子欧阳棐给他念《新唐书》列传,自己靠在躺椅上闭目聆听,当听到《藩镇传叙》时,他慨然嗟赏:"如果景文公(宋祁谥号景文)所有列传都写得像这篇文章,他的笔力也是常人所难以企及的啊!"

出于对历史文物资料的特别珍惜与喜爱,公之暇,欧阳修仍在坚持不懈地搜集古碑刻。囿居京城,见闻有限,他便托出知外地的朋友们代为访求:

> 蜀中碑文,虽古碑断缺,仅有字者,皆打取来。如今只见此等物,粗有心情,余皆不入眼也。(《与王懿敏公仲仪》其五)

前承惠碑多佳者,甚济编录,感幸!感幸!闻金陵有数厅梁陈碑,及蒋山题名甚多。境内所有,幸为博采以为惠,实寡陋之益也。(《与冯章靖公当世》其六)

每当朋友聚会,他最大的乐趣就是请大家欣赏这些精心搜集的古碑刻。每一次的欢聚和品赏,在他晚年撰写《集古录跋尾》时,都一一浮现眼前,从而使一部考据性的著作时时透出一种抚今追昔的悠悠情韵:

右跋尾者六人,皆知名士也。时在翰林,以孟飨致斋唐书局中,六人者相与饮弈,欢然终日而去。盖一时之盛集也。(《集古录跋尾·赛阳山文》)

这是十二年后所写的一段跋文,记载的就是今年初夏的一次聚会。那天是四月初六,适逢朝廷宗庙祭礼,欧阳修在唐书局准备了斋食,邀请吴奎、刘敞、江休复、祖无择、梅尧臣、范镇参加。席间,他请大家一同鉴赏刚刚收到的赛阳山文,与会诸人都是饱学之士,自是乐趣无穷。多年之后,当欧阳修执笔成文时,依然往事历历,但已是故旧凋零,聚会的七人中,"亡者四,存者三";同修《唐书》的七人也有五人先后过世,盛衰之际,真是令人唏嘘悲慨!

《和王介甫明妃曲二首》,
是欧阳修平生最得意的作品

王安石于嘉祐三年冬天回到汴京,担任三司度支判官的职务[1],此时也常参加欧阳修等人的聚会唱酬。在一次雅集中,王安石拿出自己新作的《明妃曲二首》,众人传看一过,无不击节叹赏。明妃即昭君,汉元帝时宫女,晋时因避司马昭之讳,改称明君或明妃。元帝竟宁元年,为平息边患,昭君远嫁匈奴呼韩邪单于。这种"和亲"政策,使远嫁异域的女子陷入无尽的悲苦,所以深受历代诗人的同情。据说当时元帝后宫嫔妃无数,皇帝不能一一面见,只好先让画师给她们画像,然后按像挑选,因此宫女们纷纷贿赂画师。唯独昭君不愿行贿,竟以天生丽质,埋没深宫,最后远嫁匈奴。出宫之日,她的美貌震惊了所有在场的人,元帝后悔不及,只好将画师毛延寿处斩以泄一时之愤。数百年来,以昭君故事为题材的诗歌层出不穷,有悲挽昭君的,有怨恨毛延寿的,又有讥刺汉帝不能使画工图貌贤臣而只画美人的,陈陈相因,难出新意。王安石这两首诗,运用古文技法入诗,而形象性并不稍减,从描绘人物意态,到解剖人物心理,有渲染,有烘托,有细节描写,淋漓尽致地刻画了一个深明大义、不以个人恩怨得失改变心意的昭君形象。尤其令人感到奇特新警的是诗中的两处议论:

  君不见咫尺长门闭阿娇,人生失意无南北。(宋·王安石《明妃曲二首》其一)
  汉恩自浅胡恩深,人生乐在相知心。(宋·王安石《明妃曲二首》其二)

两处议论既是诗中人物痛苦无奈中的自我宽解之语,又结合着人生失意、相知难遇的深沉悲慨,含蕴深永,发人深省。此诗随即风靡四

---

[1] 三司:官署名,总掌全国财政收支大计;兼掌城池土木工程;又领库藏、贸易、四方贡赋、百官添给。下设盐铁、度支、户部三部。三司度支判官:差遣官名,与推官分治本部公事。

方,梅尧臣、刘敞、欧阳修、司马光、曾巩等纷纷唱和。

欧阳修《明妃曲和王介甫》开篇四句,以散文句法写胡人游猎生活,突出胡汉习俗的差异:

> 匈奴以鞍马为家,射猎为俗。泉甘草美无常处,鸟惊兽骇争驰逐。

接着才将笔锋转向明妃:

> 谁将汉女嫁胡儿,风沙无情貌如玉。身行不遇中国人,马上自作思归曲。推手为琵却手琶,胡人共听亦咨嗟。

一个如花似玉的汉家女子流落异域,在风沙的侵袭下渐渐憔悴……纵目四方,无亲无故,甚至连让她稍感亲切的景物风光也寻觅不到,那种蚀骨的陌生与疏离、那种揪心的孤独与无助有谁能知?又有谁可说?唯有弹拨琵琶,倾泻哀思。那一声声含悲带泪的乐曲,就连强悍的胡人听了也忍不住长叹。当明妃在异域憔悴而死之日,那寄托了她无限愁怀的胡乐琵琶渐渐地传入汉地:

> 玉颜流落死天涯,琵琶却传来汉家。汉宫争按新声谱,遗恨已深声更苦。　纤纤女手生洞房,学得琵琶不下堂。不识黄云出塞路,岂知此声能断肠。

然而,那肝肠寸断的思乡曲,在汉宫美女的眼中不过是一种争新逐媚的时尚!生于深宫之中的她们何尝能理解流落天涯的深沉悲苦!倘若昭君地下有知,她那满腔遗恨将是何等深广?她幽幽的乐声又将是何等的动地惊天?

诗歌写完后,欧阳修意犹未尽,又作《再和明妃曲》:

> 汉宫有佳人,天子初未识。一朝随汉使,远嫁单于国。绝色天下无,一失难再得。虽能杀画工,于事竟何益。耳目所及尚如此,万里安能制夷狄。汉计诚已拙,女色难自夸。明妃去时泪,洒向枝上花。狂风日暮起,飘泊落谁家。红颜胜人多薄命,莫怨春风当自嗟。

如果说前一首侧重于描写昭君不幸的命运与忧伤的情怀,这一首则将重点集中在对元帝的昏庸与无能的责备。"耳目"两句为全篇警策,可谓"切中膏肓"(宋·蔡正孙《诗林广记》)。连近在咫尺的后宫之事都无从掌控,又怎么能够安邦治国、制服万里之外虎视眈眈的外族侵略者呢?诛杀受贿的画工于事无补,"和亲"政策更是拙劣之计。虽然屈辱地乞求到一时的和平,但将无辜的女子徒然葬送,成为元帝昏庸无能的牺牲品!

欧阳修的这两首诗抛开了历史上附着在昭君故事上的种种寄托与解说,昭君的形象不再是"怀才不遇"的象征,也不再是民族友好的见证,她只是那个在民族危亡之际不能主宰自己命运、无奈而又忧伤的真实的女子。

这两首诗,欧阳修自视甚高,连同《庐山高》一起,是他平生最得意的作品。据说他晚年有一次喝醉酒向儿子们吹嘘《庐山高》他人写不出,只有李白能写时,接下来就说:"《明妃曲》后篇,太白写不出来,只有杜子美能写。至于前篇,杜子美也写不出来,只有我能写!"

《秋声赋》将散文笔法引入赋体，给这种古老的文体注入了新的血液

炎热的夏季对于体弱多病的欧阳修来说，实在是非常难熬的季节。知开封府时，因"几案之劳，气血极滞，左臂疼痛，强不能举"（《与王懿敏公仲仪》其六），卸任后得以将息调养，渐渐有些好转，谁知"自盛夏中忽得喘疾"（《与赵康靖公叔平》其四），加以长期的眼病仍未痊愈，不得不请了数十天的病假。在《病暑赋》中他写道：

> 四方上下皆不得以往兮，顾此大热吾不知夫所逃。万物并生于天地，岂身之独遭。任寒暑之自然兮，成岁功而不劳。惟衰病之不堪兮，譬燎枯而灼焦。

梅尧臣和刘敞时时上门造访，因见欧阳修大部分时间都只能躺在床上休养病体，刘敞特意送给他一个端溪绿石枕和一条蕲州竹簟，冀以稍减暑热。那琢成缺月形状的端溪石枕莹洁如玉，织成双水纹图案的蕲州竹簟清凉宜人，睡卧其上，即使在赤日当空的正午也不觉炎暑之苦。欧阳修十分欢喜：

> 赖有客之哀兮，赠端石与蕲竹。得饱食以安寝兮，莹枕冰而簟玉。知其无可奈何而安之兮，乃圣贤之高躅。惟冥心以息虑兮，庶可忘于烦酷。（《病暑赋》）

一天午后，欧阳修在家中翻读唐代李肇的《国史补》，忽然心有所感：仕宦三十年来，耳闻目睹的朝廷遗事真是不少！这些事情因

其微小,史官不会记载,只是士大夫们茶饭后相互谈讲,倘若有心随手记录下来,对于后代了解本朝史实不无裨益。想到就做,他拿出纸笔,当即记下几则浮上脑海的轶事:

> 陶尚书为学士,尝晚召对,太祖御便殿,陶至,望见上,将前而复去者数四,左右催宣甚急,縠终彷徨不进。太祖笑曰:"此措大索事分!"顾左右取袍带来,上已束带,縠遽趋入。

陶縠字秀实,是由五代入宋的大臣,宋初郊祀礼仪、法物制度,多由他裁定。宋太祖晚间在休息闲宴的地方穿着很随便地召见他,他认为不合君臣相见的礼仪,逡巡不前,直到皇帝穿上朝服才快步入见。在这则笔记中,陶縠恪守礼仪,敦直而近于迂腐;宋太祖既笑且骂,终能从善如流,显示出当时君臣关系的融洽。

> 吕文穆公以宽厚为宰相,太宗尤所眷遇。有一朝士,家藏古鉴,自言能照二百里,欲因公弟献以求知。其弟伺间从容言之,公笑曰:"吾面不过碟子大,安用照二百里?"其弟遂不复敢言。闻者叹服,以谓贤于李卫公远矣。盖寡好而不为物累者,昔贤之所难也。

吕蒙正是宋初名相,历仕太宗、真宗两朝,直言敢谏,声望极高。这则随笔显示了吕蒙正廉洁自守的可贵品质。

几年后,积少成多,欧阳修将这些随笔编成一集,名为《归田录》,内容多为北宋前期的人物事迹、职官制度和官场轶闻,生动简短,具有一定的史料价值和文学价值。梅尧臣与刘敞大概最早有幸读到这部正在撰写中的著作,在和答刘敞《同梅二十五饮永叔家观

所抄集近事》一诗时,梅尧臣写道:

> 避暑就高台,不如就贤人。贤人若冰雪,论道通鬼神。自言信手书,字字事有因。往往得遗逸,烜赫见名臣。是日刘夫子,拍手气益振。重睹太史公,吾徒幸来亲。大笑举玉杯,陶然任天真。内乐不复热,岂以身为身。(《谨赋》)

经过一段时间的休养,欧阳修的身体好转了很多,重又恢复了白天上朝,夜晚著述的生活常态。夏逐年消,人随秋老,时光在不知不觉中将年华偷换。这天晚上,欧阳修正在灯下读书,忽然听到一阵声响从西南方向传来,他吃惊地侧耳聆听,心中暗暗诧异。那声音,初听时就像淅沥的雨声夹杂着萧飒的风声,忽然间奔腾澎湃,好似夜间波涛汹涌、风雨骤至;又像是金属相击发出的鏦鏦声响,或者是军容整肃的部队黑夜行军,悄无人声,只有齐刷刷的脚步声阵阵响过……又一个秋天的到来!又一个万物凋零的季节!轻轻一声叹息之后,他拿起笔来写道:

> 欧阳子方夜读书,闻有声自西南来者。悚然而听之,曰:异哉!初淅沥以萧飒,忽奔腾而砰湃,如波涛夜惊,风雨骤至;其触于物也,鏦鏦铮铮,金铁皆鸣;又如赴敌之兵,衔枚疾走,不闻号令,但闻人马之行声。

信笔写下此时的切身感受之后,他沿用赋体文学主客对答的传统表现手法,引出下文:

> 谓童子:"此何声也?汝出视之。"童子曰:"星月皎洁,明河

在天,四无人声,声在树间。"

　　曰:"噫嘻!悲哉!此秋声也。胡为而来哉?盖夫秋之为状也:其色惨淡,烟霏云敛;其容清明,天高日晶;其气栗冽,砭人肌骨;其意萧条,山川寂寥。故其为声也:凄凄切切,呼号愤发。

这种敏锐的生命感受也许并不是每一个人都能自觉地意识到的,可是物换星移,对于多情的诗人来说竟是如此地激荡胸怀!秋天的色泽是惨淡的,烟雾纷飞,浓云密集;秋天的容颜是清朗的,天空高远,日色晶明;秋天的气息是寒冷的,刺人肌骨,钻人肺腑;秋天的意态是萧条的,山河冷落,寂寥空旷。也许正因为如此,秋声才会如此凄切,犹如人们心头迸发的悲号。

　　丰草绿缛而争茂,佳木葱茏而可悦;草拂之而色变,木遭之而叶脱;其所以摧败零落者,乃其一气之余烈。夫秋,刑官也,于时为阴;又兵象也,于行为金;是谓天地之义气,常以肃杀而为心。天之于物,春生秋实。故其在乐也,商声主西方之音;夷则为七月之律。商,伤也。物既老而悲伤;夷,戮也,物过盛而当杀。

春夏之际,茂盛的青草欣欣向荣,葱茏的树木惹人喜爱;然而秋气吹拂,青草变色,树叶纷纷坠落。那摧残树木、零落花草的力量,还不过是秋气的一点点威罢了!这是自然的伟力!所以上古设官,以四时为名,掌管刑法的司寇名为秋官;而在时令上,又以春夏为阳,秋冬为阴,行刑也多在秋天执行;古人还认为,四季变化是金、木、水、火、土五行相生相克的结果,以五行配四季,秋天属金,因此是战争

第六章 文坛始自嘉祐新

与征伐的象征。所以《礼记》有云:

> 天地严凝之气,始于西南而盛于西北,此天地之尊严气也,此天地之义气也。

作为天地之间的刚正之气,秋天就是以肃杀为旨归。自然对于万物,是春天生长,秋天结果。同样,以五宫十二律配合四方四时,商声代表西方之音,夷则代表七月之律。商,就是伤,万物衰老就有悲伤的情绪;夷,就是戮,万物过盛就会凋零衰败。春华秋实,生老病死,这就是自然的法则。

> 嗟乎!草木无情,有时飘零。人为动物,惟物之灵,百忧感其心,万事劳其形,有动乎中,必摇其精。而况思其力之所不及,忧其智之所不能,宜其渥然丹者为槁木,黟然黑者为星星;奈何以非金石之质,欲与草木而争荣!念谁为之戕贼,亦何恨乎秋声?"

草木是无情之物,尚且按时凋零;人作为动物,乃是万物的灵长,许多忧愁触动着心怀,许多事情劳累着形体,这一切都必然消损他的精气;何况人们还要企盼忧念着许多力所不及、智所不能的事情呢?这就必然会使那红润的脸庞一天天衰老,使那乌亮的黑发变成花白!古人云:

> 人生非金石,焉能长寿考。

我们何必用这并非金石的血肉之躯去和草木争荣呢?想一想究竟

是谁在折磨着我们吧？又怎好怨恨秋声的凄切呢？

  童子莫对，垂头而睡。但闻四壁虫声唧唧，如助之叹息。

  这篇著名的《秋声赋》将散文笔法引入赋体，奇偶相间，纵横开阖，给这种古老的文体注入了新的血液，使之能更自由地状物抒情，继汉大赋、六朝骈赋、唐律赋之后，一种新的赋体形式——文赋由此诞生。作者通过对自然界秋天的精细摹写，流露出自身心理上、人生旅途上的瑟瑟秋意，具有极强的艺术感染力。文章依次描写秋声的凄切、秋状的惨淡、秋心的肃杀，生动形象，渗透着强烈的感情色彩，使人如临其境，难以自持。而童子形象的构设，既客观地沿袭着传统的主客对答体形式，又超出于传统之上，不再仅仅是全文展开的结构方式，同时也对主题起着一定的烘托作用，单纯无忧的童子与秋思沉重的"欧阳子"相映成趣、相得益彰，更突出了作者寂寞的秋心。

除日常工作之外，欧阳修总是"文债"不断

  浓浓的悲秋意绪中，欧阳修想起许多过往的人和事。自从有关《尹师鲁墓志铭》的纠纷发生后，尹洙家属与欧阳修的直接联系就十分稀少了，但欧阳修心中却一直牵挂着他们，通过各种途径了解他们的生活近况，给予一些切实的帮助。当年出知外州时，人微言轻，只能从自己的俸禄中节省出一部分接济遗孤，终究如杯水车薪，不能从根本上解决问题。如今他德高位隆，在朝廷中说话有了一定分量，因此他决定出面请求朝廷赐给尹洙遗孤一份官职。在《乞与尹构一官状》中，他追述了好友一生忠义刚正的品节与不幸的人生遭

第六章 文坛始自嘉祐新

遇后,写道:

> 今洙孤幼,并在西京,家道屡空,衣食不给。洙止一男构,年方十余岁,惸然无依,实可嗟恻……伏望圣慈,录洙遗忠,悯洙不幸,特赐其子一官,庶沾寸禄,以免饥寒。

朝廷很快批准了他的请求,录用尹洙之子尹构为官,尹氏一家的生活终于有了基本的保障,欧阳修总算可以放下心来了。

时近中秋,天气越来越凉爽,《唐书》的编撰进展颇为顺利。不过,除了日常工作之外,欧阳修总是"文债"不断,其中最令他苦恼的是墓志文字。墓志铭的意义在于让墓主的事迹、精神传于后代,因此,只要有可能,家属总是希望请到当世最有影响的文人秉笔,希望藉文字而永垂不朽。多年来,欧阳修门前一直是请托不断。对于一切传记类文字,欧阳修始终秉持着真实可信的写作原则,每次动手写作前,他总是要反复核实墓主的所有生平事迹:

> 寻常人家送行状来,内有不备处,再三去问,盖不避一时忉忉,所以垂永久也。(《与梅圣俞》其三十九)

认真踏实的写作态度,使得每一篇墓志的撰写都极为艰辛,在给刘敞的信中他曾自诉其苦道:

> 某两日为伯庸赶了志文,盖其葬日实近,恐误他事。然其为苦,不可胜言,闲思宜为刘叉所诮。然自此当绝笔,虽不能如俚俗断指刺环邀于鬼神以自誓,然当痛自惩艾兹时之劳也。(《与刘侍读原父》其十四)

唐代韩愈和欧阳修一样，所撰墓志无数，门人刘叉曾入其书房，拿走银钱数斤，并说："此谀墓中人所得耳，不若与刘君为寿。"（元·辛文房《唐才子传》）欧阳修觉得，长此以往，自己也会受到刘叉这类人的讥笑。恨不能发一道封笔宣言，不再写作墓志，可是人情难却，让人无可奈何：

> 某为之翰家遣仆坐门下要志铭，所以两日不能至局。大热如此，又家中小儿女多不安，更为人家驱逼作文字，何时免此老业？（《与刘侍读原父》其十三）

同僚、朋友派遣仆佣在门前坐等催逼，遇此情形，不写又能怎样呢？仅嘉祐四年，他就先后写了《程公神道碑铭》、《唐君墓表》、《张君墓志铭》、《王公墓志铭》、《吴公墓志铭》等数篇。

除了墓志铭，还有各种亭堂记。官员出知地方，每有建造，便想请知名文人作记以传千古。欧阳修的散文，本以序跋、杂记为最长。无论是山水记、亭园记，还是记事、记物的文章，都善于虚处生情，极富情韵意态。早年所作《伐树记》、《非非堂记》、《养鱼记》，以及中年所作《丰乐亭记》、《醉翁亭记》、《菱溪石记》等，均为脍炙人口的名篇。加以仕宦三十年，故旧满朝野，因此，常有人求他作记：庆历六年为滕宗谅作《偃虹堤记》、皇祐三年为许元作《真州东园记》，嘉祐三年为李端愿作《浮槎山水记》……然而，"述游览景物，非要务，闲辞长说，已是难工"（《与梅圣俞》其四十二），何况替人作记，描写对象都不是亲见亲闻，难度就更大了。所以每有请求，他总是百般推辞。嘉祐二年九月，梅挚出守杭州，临行前，仁宗皇帝亲赐御诗以示恩宠，首联曰：

第六章　文坛始自嘉祐新

  地有吴山美,东南第一州。

梅挚到任后,建堂山上,取赐诗首句之语命名为有美堂。两年后改知江宁府,从金陵派专人至京,请欧阳修作记。梅挚与欧阳修已是多年的老朋友,从现存文集看来,至和元年两人就有诗歌唱酬,嘉祐二年同试礼部后往来更为密切,但是鉴于上述两方面的原因,欧阳修一开始没有答应。可是梅挚恳请不倦,来人来信先后有六七次之多,欧阳修觉得却之不恭。八月下旬,趁着身体稍好,公事也相对清闲时,苦心孤诣,作《有美堂记》。虽然梅挚信中对有美堂的情况做了详细介绍,但欧阳修毕竟没有亲临其地,所以他巧妙地避免对有美堂及其周围景色进行正面描写,仅在开头点明皇帝赐诗,引出有美堂的命名,随即宕开笔势写道:

  夫举天下之至美与其乐,有不得而兼焉者多矣。故穷山水登临之美者,必之乎宽闲之野、寂寞之乡而后得焉;览人物之盛丽,夸都邑之雄富者,必据乎四达之冲、舟车之会而后足焉。盖彼放心于物外,而此娱意于繁华,二者各有适焉。然其为乐,不得而兼也。

天下美景不外乎两类,其一是自然山水之美,其二是都市繁华之美,可是这两种美却往往不能在一处兼而有之。览山水之美,必须到那辽阔荒寂的山野;赏繁华之美,则一定要在人稠众广、舟车频密的城市。因此,超然物外与愉悦繁华这两种快乐也是不可得兼的。这样的例子可说是比比皆是:

> 今夫所谓罗浮、天台、衡岳、庐阜、洞庭之广、三峡之险,号为东南奇伟秀绝者,乃皆在乎下州小邑、僻陋之邦。此幽潜之士、穷愁放逐之臣之所乐也。

但是也有例外:

> 若乃四方之所聚,百货之所交,物盛人众,为一都会,而又能兼有山水之美以资富贵之娱者,惟金陵、钱塘。

金陵、钱塘,两地都是山水与城市结合的名胜之都,都具有悠久的历史文化渊源。不过从近百年来的发展轨迹来看,其高下又自有不同:

> 然二邦皆僭窃于乱世。及圣宋受命,海内为一,金陵以后服见诛,今其江山虽在,而颓垣废址,荒烟野草,过而览者,莫不为之踌躇而凄怆。独钱塘自五代时知尊中国,效臣顺;及其亡也,顿首请命,不烦干戈,今其民幸富完安乐,又其俗习工巧,邑屋华丽,盖十余万家,环以湖山,左右映带,而闽商海贾,风帆浪舶,出入于江涛浩渺、烟云杳霭之间,可谓盛矣!

在动荡混乱的五代,南唐李氏据有金陵称帝,吴越钱氏藉占杭州立国。宋朝建立后,南唐后主负隅顽抗,宋太祖天宝八年(975),曹彬率部攻入金陵,消灭南唐;三年后,吴越王钱俶主动臣服,杭州得以免于兵火蹂躏。战乱之后,金陵元气大伤,江山虽在,繁华不再;杭州随之跃居"东南第一州"。正因为如此,能有幸出任杭州知州的,往往不是朝廷公卿大臣,就是天子侍从。他们来到杭州后,都喜欢选取形胜之地,修亭治榭,尽情享受游览的快乐。然而,他们所建的亭台,都不能兼美,"独所谓有美堂者,山水登临之美,人物邑居之繁,一寓目而尽得之",文章至此总括全篇道:

盖钱塘兼有天下之美,而斯堂者又尽得钱塘之美焉。

文章采用对比映衬手法,由远及近,由大到小,渐进婉转地突出有美堂兼得天下之极美的特色,从而与"有美"二字丝丝入扣,于平易中见出结构的谨严。

痛失挚友,欧阳修悲不自胜

嘉祐五年(1060)春夏之间,一场疫病在汴京城里蔓延。四月十八日,一向身体硬朗的梅尧臣病倒了,病情来势凶猛,八天后遂一病不起。痛失挚友,欧阳修悲不自胜,好长一段时间,甚至提不起笔来为好友写一句哀悼之词,但是他仍强自挣扎,义不容辞地承担起料理后事的责任。梅尧臣一生官卑俸薄,骤然离世,遗下寡妻幼子和年迈的高堂老母,景况萧条,令人唏嘘!欧阳修一面上书朝廷,请求录用梅尧臣长子梅增为官,一面四方求助同僚故旧,为尧臣遗属募捐:

圣俞赙助,遂获几何?(《与裴如晦》)
圣俞家,赖诸故人力,得不失所。(《答杜植》)

他还将自己的一处房产转卖,作为捐资。经过多方努力,终于筹集到数百千钱,欧阳修亲自派人购置田产,并托专人代为管理,所得收入,用以接济梅尧臣家属的生活。一切安排妥当之后,七月,梅增率全家扶柩还乡。临行之前,欧阳修彻夜未眠,三十年来点点滴滴的往事一齐涌上心头……

伊水河畔,流水潺潺,那跳动的双鳜鱼,还有梅尧臣着青衫骑白马的俊朗身影,隔着三十年岁月的风尘,依然是如此的清晰,就像发生在昨天:

  昔逢诗老伊水头,青衫白马渡伊流。(《哭圣俞》)

那时他们都年轻气盛、壮志满怀,在贤豪满前、人才济济的西京留守府如鱼得水。八节滩头湍急的涛声,和着他们锋发凌厉的高谈阔论久久地荡漾在香山的夜空:

  滩声八节响石楼,坐中辞气凌清秋。一饮百盏不言休,酒酣思逸语更遒。河南丞相称贤侯,后车王载枚与邹。我年最少力方优,明珠白璧相报投。诗成希深拥鼻讴,师鲁卷舌藏戈矛。(同上)

那时他们何曾料到,世路艰难,忧患重重?那时他们也不曾想过,人生苦短,聚散匆匆!几十年离合乖违之后,再相会已是垂垂老矣:

  与君结交游,我最先众人。我少既多难,君家常苦贫。今为两衰翁,发白面亦皱。(《依韵奉酬圣俞二十五兄见赠之作》)

五年来,同在京城,他们终于可以像在洛阳初识时一样,朝夕讲摩,形影相随。这对于历尽人生坎坷、世态炎凉而情谊不改、志趣依旧的两位沧桑老人来说,是多么值得庆幸的一场人生盛宴啊!

> 幸同居京城,远不隔重闉。朝罢二三公,随我如鱼鳞。君闻我来喜,置酒留逡巡。不待主人请,自脱头上巾。欢情虽渐鲜,老意益相亲。(同上)

相比较欧阳修的憔悴衰颓,年长五岁的梅尧臣仍然显得那么精神矍铄:

> 余狷而刚,中遭多难。气血先耗,发须早变。子心宽易,在险如夷。年实加我,其颜不衰。谓子仁人,自宜多寿。余譬膏火,煎熬岂久。事今反此,理固难知。(《祭梅圣俞文》)

原以为自己多病早衰,享寿不永,又怎能料到梅尧臣反而早早辞世!莫非真是世事无常,死生有命?老泪横流之际,他想起今年三月间的一件事情。那天梅尧臣迁尚书都官员外郎①,欧阳修特设酒宴为他庆贺,席间,刘敞开玩笑说:"圣俞的官职大概到此为止了。"

大家闻言都大吃一惊。刘敞笑着继续说:"昔有郑都官,今有梅都官也。"

郑都官是指晚唐著名诗人郑谷,刘敞本意是称赞梅尧臣诗歌成就可与郑谷比肩,但无意间却刺伤了梅尧臣那颗怀才不遇的心,因此那天他一直郁郁不乐。一个月后竟染病身亡。如今回想起来,真可谓是一语成谶啊!

---

① 尚书都官员外郎:阶官名,为文臣京朝官叙禄官阶,从六品上。

第二天一早,欧阳修强扶病体,到都门外为梅尧臣送行。伫立岸边,看着那条挂满白色幡幛的孤舟载着梅尧臣的灵柩渐渐消失在远方,一股强烈的孤凄之感将他紧紧包裹:

> 念昔河南,同时一辈。零落之余,惟予子在。子又去我,余存无几。凡今之游,皆莫余先。(《祭梅圣俞文》)

他觉得,随着梅尧臣的逝去,那个属于自己的时代似乎也渐渐远去了。

由梅尧臣参与编修的《唐书》,上年年底已经完稿,最后一次校对也在最近结束。七月十二日,进奏《唐书》二百二十五卷,其中欧阳修撰本纪十卷,宋祁撰列传一百五十卷,志五十卷、表十五卷由范镇、王畴、宋敏求、吕夏卿、刘羲叟、梅尧臣分撰,欧阳修修改定稿。按照以往惯例,朝廷修书,虽参与者众多,署名时只列出书局中官职最高者一人,欧阳修官高,应该署名。但欧阳修说:"宋公撰修列传,功深而日久,欧某岂可掩其名、夺其功!"

于是纪、志、表署名欧阳修,列传署名宋祁。宋祁听说后感叹道:"自古文人好相凌掩,此事前所未有也。"

为了和五代修撰的《唐书》相区别,这部新修《唐书》称为《新唐书》。《旧唐书》成书于文气卑陋的五代,撰稿时间又仓猝,因此"纪次无法,详略失中,文采不明,事实零落"(《进新唐书表》)。《新唐书》由欧阳修等著名文人以认真踏实的态度历十七年之功撰成,"事则增于前,其文则省"(同上),文采粲然,体例严谨,史实的收集、整理与考证也更为翔实准确,其中志、表尤为佳善。

《新唐书》进奏之后,仁宗大悦,诏命所有刊修及编修官皆晋级升官,并赐予金银器物以资奖励。欧阳修转为礼部侍郎,两次辞让

第六章 文坛始自嘉祐新

不允,只得受命。此时,他又情不自禁地想起梅尧臣,想起他们夫妻之间的一段笑谈。那是两年前的事情,当时梅尧臣刚刚被命预修《唐书》,想到从此必须天天到局修书,不似在国子监那般自由,曾对夫人感叹道:"我之修书,可谓猢狲入布袋——山野之性受到拘束了。"

夫人笑着回答道:"君于仕途何异鲇鱼上竹竿——越爬越上不去啊。"

豁达的梅尧臣一听,竟连连击掌,说道:"猢狲入布袋,鲇鱼上竹竿。好一对绝配佳联!古诗里正可用上呢!"

想起这些,欧阳修的心里就阵阵发酸,这个终身寒微的老诗人,如果能等到进奏《新唐书》的这一天,也算是晦暗仕途的些许亮色吧?可是,他却偏偏走得如此匆忙!

独坐窗前,欧阳修感到一种彻骨的疲乏与倦怠……

第七章　德隆位高责愈重

失去了今生最亲密的好友,欧阳修越发觉得人生鲜欢,意趣寡淡。《新唐书》一事了却之后,他又一连上了三道奏劄,请求出知洪州,他多么渴望能够回到枫叶红、稻花香的父母之邦,过着简单恬静的生活,休养疲累的身心:

> 为爱江西物物佳,作诗尝向北人夸。青林霜日换枫叶,白水秋风吹稻花。酿酒烹鸡留醉客,鸣机织苎遍山家。野僧独得无生乐,终日焚香坐结跏。(《寄题沙溪宝锡院》)

此时,也许唯一令欧阳修感到有些欣慰的是,身居高位,对善于识拔人才、提携后进的他来说,有了更多的机会、更大的便利。

虽然权位日隆,
欧阳修礼贤下士之心丝毫没有改变

嘉祐五年(1060)七月,朝廷决定明年举行制科考试。"制科"不同于三年一次的"进士"、"明经"一类的"常举"。制,是皇帝的命令。"制科"是由皇帝特别下诏并亲自主持、为选拔非常人才而特设

第七章　德隆位高责愈重

的一种考试。制科极严,按规定须由两名朝廷重臣举荐,同时呈进被荐者所作的五十篇文章,经过学士院严格的资格审查与考试之后,合格者方可参加御试。因此,有资格应试者已是极少,而最后有幸被录取的就更是少之又少,终两宋三百多年,开制科二十二次,入等者才四十一人。因此,制科出身,其荣耀又加倍于进士及第。

朝命一经下达,欧阳修立即就想到了苏轼兄弟,遂与天章阁待制杨畋相约,分别举荐苏轼、苏辙应材识兼茂明于体用科。在《举苏轼应制科状》中,欧阳修热情洋溢地写道:

> 伏见新授河南府福昌县主簿苏轼,学问通博,资识明敏,文采烂然,论议蠭出,其行业修饬,名声甚远。臣今保举,堪应材识兼茂明于体用科。

原来,苏轼兄弟已于嘉祐四年秋天服丧期满,嘉祐五年二月回到汴京,并授予了官职,苏轼被任命为河南府福昌县(今河南宜阳县西)主簿,苏辙也被任命为河南府渑池县(今河南渑池县)主簿。二人正准备趁着秋凉各自奔赴任所。这次意外之喜改变了他们的生活轨迹。随后,兄弟俩辞去新任,留京备考,顺利通过了学士院的审查,取得召试资格。第二年八月,应"贤良方正能直言极谏科",苏轼不负所望,荣膺榜首,被录为三等,苏辙也考入第四等。宋代制科惯例,一、二等皆虚设,实际最高等级为三等,其次为第三次等、第四等、第四次等(第五等不授)。自北宋开制科以来,只有吴育一人得过第三次等,其他都在四等以下,因此,苏轼得第三等是破天荒的。

得知这一消息,欧阳修的欣喜无以言喻。他仔细阅读了苏轼兄弟这次应试的所有策论,越读越喜欢,越读越痛快,遂铺开宣纸,纵笔写道:

337

> 往时作四六者,多用古人语及广引故事,以衒博学,而不思述事不畅。近时文章变体,如苏氏父子以四六叙述,委曲精尽,不减古人。自学者变格为文,迨今三十年,始得斯人,不惟迟久而后获,实恐此后未有能继者尔。自古异人间出,前后参差不相待,余老矣,乃及见之,岂不为幸哉!(《试笔》)

在举荐苏轼应制科不久,欧阳修又上《举章望之、曾巩、王回等充馆职状》。曾巩、王回嘉祐二年进士及第后已经为官一任,按规定可以申请参加馆阁考试,前提也是需要有重臣推荐,欧阳修自是义不容辞。章望之此时担任秘书省校书郎,欧阳修欣赏他"学问通博,文辞敏丽,不急仕进,行义自修"(《举章望之、曾巩、王回等充馆职状》),因此一并予以推荐。

同样是在欧阳修的一再推荐下,年过半百的眉山布衣苏洵,也于这年的八月八日得以免试任命为试校书郎,此后在朝廷参与《太常因革礼》的修撰。

虽然权位日隆,欧阳修礼贤下士之心却丝毫也没有改变。不仅一如既往地提携奖掖苏轼、曾巩等杰出人才,即使对于那些一度失足的年轻人也不轻易放弃。有个叫吴孝宗的青年,少年落魄,不拘小节,但文辞俊拔,有过人之处。一天,他给欧阳修写了一封长信,并附上所著《法语》等十多篇文章,欧阳修读罢大为惊叹,见面后就好奇地问:"你的文章写得如此精彩,而我以前一点也没听说过,王介甫(即王安石)、曾子固(即曾巩)都是你的同乡,他们也从未向我提起过你,这是怎么回事呢?"

吴孝宗顿时面红耳赤,低着头老老实实地回答道:"我年少无知的时候,不知自重,曾做过不少错事,在家乡名声不太好,所以不为王、曾二位前辈所赏识。"

对于这位知耻愿改的年轻人,欧阳修十分怜惜,临别前作长诗相赠:

> 自我得曾子,于兹二十年。今又得吴生,既得喜且叹。古士不并出,百年犹比肩。区区彼江西,其产多材贤。(《送吴生南归》)

诗歌开篇,将吴孝宗与自己的得意门生曾巩相提并论,认为是故乡江西比肩而出的难得之材。此时的吴孝宗对于自己的文章还没有足够的自信,欧阳修充分肯定他不凡的资质,就像当年的曾巩一样,拥有黄河之水般澎湃的才情,只需稍加疏导、调教,就能有很好的发展:

> 吴生初自疑,所拟岂其伦。我始见曾子,文章初亦然。昆仑倾黄河,渺漫盈百川。决疏以道之,渐敛收横澜。东溟知所归,识路到不难。(同上)

说到吴孝宗少年时代那一段不光彩的历史,欧阳修鼓励他道:

> 世所谓君子,何异于众人。众人为不善,积微成灭身。君子能自知,改过不逡巡。惟于斯二者,愚智遂以分。(同上)

君子与众人、智者与愚人的本质区别不在于是否犯错误,而在于是否能知过即改。一个人曾经犯错不要紧,只要敏于知过,勇于改过,仍然不影响他成圣成贤,这样的例子在历史上可说是数不胜数:

> 颜回不贰过,后世称其仁。孔子过知更,日月披浮云。子路初来时,鸡冠佩豭豚。斩蛟射白额,后卒为名臣。(同上)

颜回之所以为后世称道,是他不重犯同样的错误;孔子因为善于改过自新,就像浮云掩不住日月的光芒一样,他犯过的那些过失也丝毫无损于他作为千古至圣的崇高伟大;子路初入孔门,粗野无礼,倔强好斗,横行乡里,无恶不作,后来在孔子的悉心教育下幡然悔悟,成为一代名臣。因此,欧阳修谆谆告诫吴孝宗道:"子既悔其往,人谁御其新?丑夫祀上帝,孟子岂不云。"(同上)只要真正下决心悔过自新,无论是天上的神灵,还是世人,都不会不接纳、不会不欢迎的。

在欧阳修的教导和鼓励下,吴孝宗回乡之后,洗心革面,潜心读书,通过十年的勤奋努力,终于在熙宁三年(1070)的礼部省试中荣登奏名进士第一名。

嘉祐之政与欧阳修青年时代的理想、抱负相去甚远

转眼又是"重九"。这天清晨,云天漠漠,冷峭的寒风送来一两声断续的雁鸣。欧阳修坐在窗前,凝视着庭院里渐渐凋残的红叶,缕缕乡愁在心头悄然升起:

> 九月霜秋秋已尽,烘林败叶红相映。惟有东篱黄菊盛,遗金粉。人家帘幕重阳近。　晓日阴阴晴未定。授衣时节轻寒嫩。新雁一声风又劲。云欲凝,雁来应有吾乡信。(《渔家傲》)

他想起皇祐五年母亲下葬那天,当时因为身在服制之中,诸事未能

第七章　德隆位高责愈重

周备,在母亲的坟前,他仰天长号,抚心自誓,只等服丧期满,便向朝廷请求一个江西差遣,以便就近修理墓地,种植松柏、置田招客、盖造屋宇、刻立碑碣。当时乡人父老、亲族故旧,环列墓次,无不为他的孝心感动。谁知一入都门,羁绊重重,夙愿在心,迟迟难以实现,千里之外的父母坟茔也只能托堂弟欧阳焕代为照看。

七月十二日《新唐书》进奏之后,他先后呈上的三道求知洪州的奏章依然没有得到批准。尽管他求去心切,可朝廷仍是诚意挽留。宰相韩琦更是一再向仁宗皇帝建言,甚至说:"韩愈,唐之名士,天下望以为相,而竟不用,使愈为之,未必有补于唐,而谈者至今以为谤。欧阳修,今之韩愈也,而陛下不用,臣恐后人如唐,谤必及国,不特臣辈而已。陛下何惜不一试之,以晓天下后世也。"(宋·陈师道《后山谈丛》引)因此,朝廷不仅没有批准他出知洪州的请求,反而于十一月十六日任命他为枢密副使,成为朝廷最高军事机关的副长官,随即又兼任同修枢密院时政记①。皇上的一再眷顾、提拔,使欧阳修在感激之余,更觉无可奈何,只能在诗中抒写心中那一份永恒的渴望:

君不见颍河东岸村陂阔,山禽野鸟常嘲哳。田家惟听夏鸡(原注:鹌鹑,京西村人谓之夏鸡)声,夜夜垄头耕晓月。可怜此乐独吾知,眷恋君恩今白发。(《鹌鹑词》)

不过,既已就任新职,欧阳修仍然决心有所作为,他不愿意做一个尸位素餐、明哲保身的庸碌官员。在枢密使曾公亮的支持下,欧

---

① 同修枢密院时政记:宋代四种史官记事之一。宋真宗景德三年(1006)枢密院始置时政记,记录君臣奏对和宰执议政详情,以备修史。

阳修以他一贯认真踏实的作风大力振举纪纲,革除宿弊。他将各地兵力部署、地理远近等情况仔细稽考核实后,编为图籍,从而对全国军事形势了然于心,一些边防线上久缺屯守,他大力加以搜补,因此,数月之间,枢密院的工作便步入正常有序的轨道。

而在此之前,他还上了《论茶法劄子》《论监牧劄子》《论均税劄子》等,提出改革茶法、马政,罢除方田均税,以便民利民。

对于朝廷政治制度的一大关捩——台谏制度的完善与规范,欧阳修尤为关注。嘉祐六年(1061)四月二十七日,台谏官唐介等因言事得罪,被贬逐远方小郡。欧阳修随即上《论台谏唐介等宜早迁复劄子》为四位谏官辩护,请求皇帝特赐召还,"以劝守节敢言之士"。

台谏是朝廷权力机构的一种平衡机制。北宋之前,谏院并非独立职司,谏官原是宰相衙门的属官,其监督对象是皇帝;宋仁宗时,谏院成为独立机关,谏官由皇帝亲自除授,监督对象转以宰执、百官为主,职权范围得以扩大;同时又有谏官"风闻言事"的特许,鼓励"异论相搅",使之成为专制政权中一种有力的自我制衡的手段,客观上也活跃了政治上自由议论的风气。北宋立朝百余年间,"未尝罪一言者,纵有薄责,旋即超升,许以风闻,而无官长,风采所系,不问尊卑,言及乘舆,则天子改容,事关廊庙,则宰相待罪"(苏轼《上神宗皇帝书》)。之所以如此重视台谏,就是为了养其锐气,监督宰执,限制相权。

庆历新政时期的欧阳修、王素、蔡襄、余靖,是台谏官的杰出代表。那时,他们四人同心协力,极论时事,积极促成仁宗重用范仲淹、韩琦、富弼、杜衍,推动了"庆历新政"的实行。同时也以刚直敢言、不畏权贵的勇气和精神,极大地冲击了唯唯诺诺、明哲保身的官场习气,为革新士气、刷新朝政立下了汗马功劳,被时人称为

第七章　德隆位高责愈重

"一棚鹘"。

但是,在实际的政治生活中,台谏制度也是有弊端的,"群言夺于众力,所陈多未施设"屡见不鲜,皇帝虽有听言之勤而未见用言之效,加以"台谏之官资望已峻,少加进擢便履清华"(《荐王安石吕公著》),因此,至和、嘉祐以来就有一种舆论,认为台谏官们都是出于个人目的,以多言求骤进。这种舆论对皇帝有很大的影响,不再轻易采纳谏官的言论,致使台谏制度更难发挥正向积极的作用。

欧阳修上疏力陈人君拒谏之失。回想庆历年间,范仲淹、韩琦、富弼刷新朝政的行为与举措,是何等的雷厉风行!作为"新政"的舆论代言人和积极推行者,那时的欧阳修又是何等的激进勇锐!在实行新政的过程中,他们无一不抱着自我牺牲的大无畏精神!如今,经历了十多年宦海沉浮,这批当年的改革家重回朝廷,韩琦、富弼同掌朝政,欧阳修位在枢府,所面对的现实,一切并未改观,积弊依然存在。当年新政失败的教训、此后从政的丰富经验,促使他们反思过去,政见因而有所调整,不再一味激进,而渐渐趋于老成。这种改变无疑具有一定的现实性、合理性,但是也不能不承认,他们昔日那种勇于进取的精神已大大消减。多年以后,人们回望这段历史,都不禁发出惊叹与质疑:

前辈谓韩魏公(韩琦)庆历、嘉祐施设,如出两手,岂老少之异欤?(宋·吴曾《能改斋漫录》)

及韩、富再当国,前日事都忘了。富公一向畏事,只是要看经念佛。(宋·朱熹《朱子语类》)

韩、富初来时,要拆洗做过,做不得出去。及再来,亦随时了。(同上)

这种前后不一、自相乖违的做法,作为当事人之一的欧阳修,在他的诗文中曾不止一次地揭示了其中的底奥:

> 自从中年来,人事攻百箭。非惟职有忧,亦自老可叹。形骸苦衰病,心志亦退懦。前时可喜事,闭眼不欲见。(《读书》)

官场中难以躲闪的明枪暗箭,使欧阳修渐渐变得有些"退懦"怕事,健康状况的不断衰退,也使他觉得力不从心。然而,作为一名正直有为的士大夫,一方面忧国忧民,渴望改革,一方面惧谗畏讥,顾虑重重,这不能不使他陷入深深的苦闷:

> 某区区于此,忽复半岁。思有所为,则方以妄作纷纭为戒;循安常理,又顾碌碌可羞。(《与刘侍读原父》其二十一)

正因为如此,随着地位的日益升迁,他内心的苦闷也越来越深。至此,远离朝廷,赋闲隐退,是回避矛盾、解脱苦闷的唯一有效的途径。所以,自从嘉祐元年以来,他请求出知洪州已经不下十次,每篇求出的奏章都写得"辞极危苦"(《与王懿敏公仲仪》其八),"冀以危诚有以感动"(《与冯章靖公当世》其六)。

朝廷易代的艰危之际,
欧阳修尽职尽责地履行了一位宰执重臣的使命

嘉祐六年闰八月,富弼以母丧去宰相位,朝廷的人事又发生了一次变动。以韩琦为首相,曾公亮为次相,欧阳修任参知政事,进封

第七章　德隆位高责愈重

乐安郡开国公①,九月十一日同修中书时政记。从此,欧阳修成为朝廷举足轻重的显赫重臣,与韩琦同心辅政,每次商议国事,心所未可,未尝不力争,而韩琦亦欣然不疑,彼此相知益深。

此时,仁宗皇帝已经年过半百,尚未立嗣,朝廷大臣无不忧心忡忡。尤其是嘉祐元年正月仁宗得了一次暴病之后,百官纷纷交章劝谏,包拯、范镇所言尤为激切,富弼、韩琦、欧阳修也曾多次进言,但皇帝始终不置可否。这样五六年下来,人们也渐渐不敢再提。十月的一天,欧阳修在中书省(宰臣们议事处)值班,忽见内侍官送来一个信封,打开一看,是谏官司马光请立皇子的奏疏,接着知江州吕诲也疏论此事。当天晚上,欧阳修与曾公亮、韩琦商量,来日将这两封奏章呈交皇上,只要皇上稍有此意,就要极力促成。

第二天,奏事垂拱殿,两封奏章刚刚读完,未等宰臣们开口,仁宗马上说:"朕也思考了很久,但始终没有合适的人选。"

接着又左右顾盼地问:"宗室中有谁可堪此选?"

韩琦十分惶恐地回答道:"按制,皇家宗室不得与大臣交接,臣等无从了解。这等大事哪是我等臣下敢议论的,一切唯奉圣上御旨。"

仁宗接着说:"宫中曾养有二子,小者原本纯朴,近来发现有点不像样子,大者尚可。"

大家忙小心翼翼地问道:"请问其名?"

仁宗说:"名宗实,今年三十。"赵宗实是仁宗堂兄濮王赵允让之子,虽然四岁时即被仁宗养在宫中,并且屡有职任,但一直未予皇子名分。

---

①　开国公:宋代封爵十二级中的第六级。

既然已如此,韩琦等都附和赞成,当即便将建储之事定了下来。散会之前,欧阳修又说:"此事至大,臣等不敢立即执行,还请陛下今晚三思,明日再来取旨。"

次日,奏事崇政殿,三位宰臣再次请示。

仁宗说:"朕已决定,再无疑议。"

于是韩琦等又说:"凡事应有个循序渐进,且容臣等给新皇子商议一个合适的职衔。"

但是,当时赵宗实生父濮王过世不久,正在忧居之中,故朝廷颁旨特命起复,除泰州防御使,判宗正寺。赵宗实再三辞避,圣旨准许除服之后就命。

嘉祐七年(1062)二月一日,服除,赵宗实依然托疾力辞。这样一拖再拖,又到了七月。于是,三位宰臣一起开会,韩琦提议说:"宗正之命始出,人人皆知必为皇子,不如干脆正其名,使他明白愈辞愈进,以示朝廷之意不可回,或许就会接受。"

欧阳修、曾公亮都赞成。随后,他们将赵宗实写下的十多封辞让表呈交仁宗,仁宗说:"那么,下面该怎么办呢?"

欧阳修说:"宗室自来不领职事,今众人忽见越级擢拔宗实,又判宗正寺,这样一来天下皆知陛下将立他为皇太子。现在不如干脆正其名,直接立为太子。防御使判宗正寺的任命他可以推辞,如果立为太子,只须陛下命学士作一诏书,诏告天下,事情就定了,不由宗实不接受。"

仁宗沉思良久,望着韩琦说:"这样好吗?"

韩琦极力赞成。仁宗说:"那么,就尽快办理吧!"

于是,八月五日,仁宗正式颁发诏令,立赵宗实为皇子,改名赵曙。诏曰:

第七章　德隆位高责愈重

　　……右卫大将军、岳州团练使宗实,皇兄濮安懿王之子,犹朕之子也。少鞠于宫中而聪知仁贤,见于凤成,日者选于宗子。……朕蒙先帝遗德,奉承圣业,罔敢失坠。夫立爱之道自亲者始,固可以厚天下之风,而上以严宗庙也。其以为皇子。
（宋·李焘《续资治通鉴长编》引）

　　诏令颁布之后,仁宗皇帝又召集全体宗室成员入宫,明示立赵宗实为太子之意,随即命内侍省皇城司在内香药库之西营建皇子宫室。至此,困扰朝野近十年的一件大事终于解决了。

　　九月四日到七日,朝廷举行了一系列祭祀仪式,祭告天地、祖庙及历代先帝的陵寝,并大赦天下,文武百官及其亲属都得到封诰和赏赐。

　　仁宗建储一事,欧阳修起到十分重要的作用,不仅直接参与商议、筹划,所有奏请也多出自他的手笔,皇子改名劄子也是由欧阳修所撰。在劄子中,他罗列了十个日字旁的字请仁宗挑选,仁宗选取了最后一个字:曙。因此,在这次推恩封赏中,欧阳修进阶正奉大夫①,加柱国②,并赐"推忠佐理功臣"。

　　此后数月,朝廷并无多少大事,一切循常,君臣晏安。

　　十二月二十三日,仁宗召群臣往龙图阁、天章阁欣赏太祖、太宗、真宗御书,随后又至宝文阁亲作飞白书分赐群臣。飞白,是我国古代书法中的一种体式,笔画露白,有似枯笔所写,相传是东汉蔡邕所创,汉末魏初宫阙题署多用其体。宋代诸帝,皆擅书法,而仁宗以飞白知名。赐书之后,仁宗又作《观书诗》,令群臣唱和。当晚赐宴

---

① 正奉大夫:文散官名。宋前期二十九阶之第六阶。正四品上,系执政所带官阶。
② 柱国:勋级名。北宋十二勋级中第十一级,仅次于最高一级的上柱国。从二品。

群玉殿,传诏学士王珪撰写诗序,刊石于阁。

十二月二十七日,仁宗再召群臣于天章阁观赏三朝瑞物,宴集群玉殿。席间,仁宗举杯致辞:"天下安定,太平无事,今日之乐,与卿等共享,宜尽醉勿辞。"

当晚,人人尽欢,至暮方罢。

在步步显荣的日子里,欧阳修身着宰执大臣的朱紫官服,腰系金带,脚跨装有镀银鞍辔的御赐骏马,从游侍宴,先后写下不少应制诗,这些诗歌无非是些流连光景,歌功颂德,成就并不很高。他日常生活的内容,不过就是斋宫摄事(祭祀)和宫禁值宿等,因此,即使是应制之外,偶尔作诗,吟咏的内容也多少显得有些空虚。

对于这种德隆位重而无所作为的生活状态,欧阳修始终心怀愧疚。在写给朋友们的信中,他不断自怨自责:

某窃位于此,不能明辨是非,默默苟且,负抱愧耻,何可胜言!(《与王懿敏公仲仪》其十四)

某衰病碌碌,厚颜已多,有名即得引去矣。(《与苏丞相子容》其三)

某自承乏东府(中书政事堂,此指欧任参知政事),忽已半岁,碌碌无称,厚颜俯仰,尚思一有论报而去,……当自为计也。(《与富文忠公彦国》其三)

嘉祐八年(1063)上元节,京城和往常一样处处张灯结彩,士民群集御街,两廊下歌舞、百戏、奇术异能应有尽有,乐声悠扬。依照以往惯例,正月十四日一早,皇帝将游幸各宫寺与臣下欢饮终日,流连至日暮时分遂同往宣德门观灯,酒过五巡方罢。可是今年,自正月初仁宗就感到身体不适,所以十四日早上没有出

第七章　德隆位高责愈重

宫,直到晚上才勉强出席了慈孝寺、相国寺与端门的酒宴,酒过三巡即罢。从此之后,虽然每天照常上朝,身体却日复一日地衰弱了。

二月,仁宗病情加剧,朝廷忙奉旨颁发德音为仁宗祈求福寿,同时召集多名御医会诊。宰臣奏事改在仁宗寝宫福宁宫西阁。

三月二十二日,仁宗抱病临延和殿,亲试本榜礼部奏名进士。

三月二十九日,仁宗饮食起居如常,可是当天晚上初更时分忽然起床急命内侍进药,同时召皇后面见,待皇后赶到时,仁宗以手指心,已经不能说话,经抢救无效,于当晚三更时分溘然长逝,时年五十四岁。

仁宗皇后曹氏,是开国元勋曹彬的孙女,她个性沉稳,处事镇定,仁宗去世之后,左右慌乱不堪,曹后将所有宫门的钥匙收集起来,放在面前,同时派心腹内臣密召宰辅黎明进宫。第二天是四月一日,韩琦、曾公亮、欧阳修等天未放亮就到达禁中,与曹后商定召皇子即位。随即皇子抵达,闻知此事,连声说道:

"某不敢为,某不敢为。"

同时转身就跑。几名宰臣急忙上前拉住,给他戴上皇冠,披上龙袍。同时召殿前马步军副指挥使、都虞候及宗室刺史以上至殿前,宣读仁宗遗诏。又召翰林学士王珪起草遗制。王珪惶惧,不知从何下笔,韩琦说:

"大行皇帝在位共几年?"

王珪这才找到下笔的思路。到午后一两点钟,百官皆集,仍然身着吉服,只是解去金带和所佩金、银鱼袋,依次自垂拱门外步入福宁殿前痛哭。韩琦宣读遗制,英宗赵曙即皇帝位。百官于福宁殿东楹拜见新帝,随后又回到福宁殿前痛哭。

英宗初即位,宰臣奏事时,总是详问本末,然后裁决,无不得当,满朝文武翕然相庆,称为明主。谁知不久,英宗忽然患病,语无伦次,精神失常。几位宰臣忧心如焚,再三商量之后,只得请皇太后垂帘听政,与英宗共同处理朝务。

当时枢密使之职缺人,由于英宗患病没有亲政,即由二府①官员拟定。以欧阳修的资历应该擢升,但他本人坚决不同意。他说:

"此大不可也。如今天子不亲政,而母后垂帘,朝政得失,责任皆在我辈。倘若由我出任枢密使,人们会说我们几位大臣私相授受,互相封官进爵,如此何以镇服天下人心?"

欧阳修不愧是有眼光、有胸怀的政治家,韩、曾二相都觉得他说的很有道理,便放弃了这一动议。此时,前年去职的宰相富弼母丧已除,即将回朝,遂于五月十七日起富弼为枢密使。诏命发布之后,欧阳修致书富弼,深表切盼之情:

> 朝廷新有大故,时事多艰,旧德元臣,与国同体,驰骑奔走,不惟出处之节得宜,与来者为法,康时济物,愚智所同,有望于马首之来也。(《与富文忠公彦国》其四)

在这次朝廷易代的艰危之际,欧阳修尽职尽责地履行了一位宰执大臣的使命,为国家政治的平稳过渡立下了功劳。朝廷进其阶为金紫光禄大夫②,并赐"推忠协谋佐理功臣",予以嘉奖。

---

① 二府:北宋前期,中书门下(东府)与枢密院(西府)为中央最高政府与军事机构,对持文武二柄。
② 金紫光禄大夫:文散官名。魏晋以后,光禄大夫之位重者,加金章紫绶,因称金紫光禄大夫。北宋前期为文散官二十九阶之第四阶。正三品。系执政所带阶。

第七章　德隆位高责愈重

欧阳修仕途越来越顺遂，
心灵却越来越孤寂

几个月忧思煎迫之后，五月间，朝政总算步入正轨，欧阳修紧绷的神经也可以稍稍放松一点了。自去年以来，公余之暇，他就开始着手整理所藏的古石碑帖。近两年来，他的藏品越来越多，这很大程度上得益于好友刘敞。三年前，刘敞以翰林侍读学士出知永兴军，治所在长安。长安乃汉唐故都，历史悠久，文物遍地。刘敞本是博学好古之士，对古器的鉴赏尤为精深，时时发掘所得，无不尽力购藏。因为欧阳修一直致力搜集金石铭文，刘敞每有所得，必定寄赠拓本。收读刘敞来信来物，成为欧阳修一大人生乐趣：

　　复惠以古器铭文，发书，惊喜失声，群儿曹走问乃翁夜获何物，其喜若斯？（《与刘侍读原父》其二十七）

欧阳修自青年时代开始留意古代铭文，庆历四年出使河东时正式着手搜集，至今历时已经十八年之久，"中间虽罪戾摈斥，水陆奔走，颠危困踣，兼之人事吉凶，忧患悲愁，无聊仓卒，未尝一日忘也"（《与蔡君谟求书集古录序书》），因此所藏甚丰，而刘敞寄赠的诸多拓本，使他的收藏更加丰富：

　　蒙惠以《韩城鼎铭》及汉《博山盘记》，二者实为奇物。某集录前古遗文，往往得人之难得，自三代以来莫不皆有，然独无前汉字，每以为恨。今遽获斯铭，遂大偿其素愿，其为感幸，自宜如何！（《与刘侍读原父》其二十五）

秦汉以前，字画多见于钟鼎彝器之间，至东汉时，石刻方盛。欧阳修所集，上自周穆王以来，下至秦、汉、隋、唐、五代，所有金石遗文，古文奇字，莫不皆有。至此，他依次加以整理，汇编成《集古录》一千卷，自撰序言，请蔡襄书写。又计划每件铭文后撰一跋尾，举其大要，著为一书，皇祐年间居母丧时曾写过八九十篇，此后时有所作，不断增订、补充。欧阳修所撰《集古录跋尾》，考证金石铭文，纠正史传讹谬，开我国古代金石学之先河。

对于一位内心世界极为丰富的文人诗客，这每一件古碑刻不仅仅记录着一段历史，其跋文同时也标记了欧阳修自我的一段鲜活的人生经历。当他以学者的冷静和客观研究着这些古文字碑帖时，诗人的易感与深情又促使他回首往事，发而成文，将一篇篇考古文字写成一则则寓情于事的精妙小品：

> 右《幽林思》，庐山林薮人韩覃撰。余为西京推官时，因游嵩山得此诗，爱其辞翰皆不俗。后十余年，始集古金石之文，发箧得之，不胜其喜。余在洛阳，凡再登嵩岳，其始往也，与梅圣俞、杨子聪俱；其再往也，与谢希深、尹师鲁、王几道、杨子聪俱。当发箧见此诗以入集时，谢希深、杨子聪已死，其后师鲁、几道、圣俞相继皆死。盖游嵩在天圣十年，是岁改元明道，余时年二十六，距今嘉祐八年，盖三十一年矣。游嵩六人，独余在尔。感物追往，不胜怆然。六月旬休日书。（《集古录跋尾·唐韩覃幽林思》）

这则简朴无华的跋文作于嘉祐八年六月，回首往事，朋辈凋零，俯仰呜咽。这些年来，他的仕途越来越顺遂，可是心灵却越来越孤

第七章　德隆位高责愈重

寂,他常常追怀旧事,常常想念那些过世的老朋友。

六月三十日,欧阳修在书房中偶然翻到一幅杜衍的手迹,便情不自禁地想起了这位宽仁清俭的老人。皇祐四年(1052)南都分别之后,欧阳修与他"书问往还无虚月"(《跋杜祁公书》)。嘉祐二年(1057)二月,杜衍病逝,享年八十。当时欧阳修正在礼部省院考试进士,出闱后方才得知。他怀着悲痛的心情写下《祭杜祁公文》与《杜祁公墓志铭》,又编集在南都时二人唱和诗为一卷,留给两家子孙收藏。同时,他还将杜衍的书简、歌诗编为十卷珍藏起来,作为永久的纪念。杜衍以书法名世,正书行草皆有法度,晚年尤以草书为得意,清闲妙丽,得晋人风气。欧阳修一边欣赏着遗墨,一边提笔追述二人交往始末,最后写道:

> 余与时寡合,辱公之知,久而愈笃,宜于公有不能忘。矧公笔法为世楷模,人人皆宝而藏之,然世人莫若余得之多也。(《跋杜祁公书》)

七月二十四日,蔡襄手书欧阳修所撰《集古录目序》送到,欧阳修十分欢喜,反复品读之中,忽然又觉得有些伤感。当年在洛阳时,每有所作,谢绛、尹洙等无不争相传阅,先睹为快,对文章的评论也总能一语破的,切中肯綮,他们指出的很多优点,甚至连欧阳修自己也不曾意识到;而梅尧臣更是一位善良高尚的君子,"每见余小有可喜事,欢然若在诸己"(《集古录目序·跋》)……可是现在,三十多个春秋走过,三位好友都已逝去,自己也是既老且病,当年那种切磋指点、备受鼓舞的情形是再也不可能重现了!独坐书房,他黯然神伤:

> 此叙之作,既无谢尹之知音,而集录成书,恨圣俞之不见

也。悲夫!(《集古录目序·跋》)

这几年来,他也很少写诗了。诗歌创作的激情,原也是需要朋辈的相互感发与激励的。回想过去,他与梅尧臣、苏舜钦酬唱往还,诗思如潮,是何等的快意!在《感二子》一诗中,他写道:

> 黄河一千年一清,岐山鸣凤不再鸣。自从苏梅二子死,天地寂默收雷声。百虫坏户不启蛰,万木逢春不发萌。岂无百鸟解言语,喧啾终日无人听。

就像黄河水清、岐山凤鸣皆是自古难逢的祥瑞,苏舜钦与梅尧臣也是数百年不一遇的杰出人才,他们的去世,是宋代文坛的巨大损失,五彩缤纷、生气勃勃的诗国花园,从此变得黯然失色,再没有百花盛开的美景,再没有婉转动人的鸟鸣……

> 二子精思极搜抉,天地鬼神无遁情。及其放笔骋豪骏,笔下万物生光荣。古人谓此觑天巧,命短疑为天公憎。(同上)

他们的精思妙笔,令世间一切穷形尽相,使天地万物熠熠生辉。也许正是他们巧夺天工的超绝才情,连老天也感到了嫉妒,因此过早地夺去他们的生命!

朝廷依然维持着两宫同理朝政的格局

七月间,忽有契丹人韩皋谟等投奔宋朝,自称是契丹皇叔的使者,说皇叔密谋发动宫廷政变,夺取国主之位,请求宋朝出兵外应。

中书、枢密两府召开紧急会议讨论此事,会上,有人主张出兵,欧阳修说:"中国待夷狄,应以信义为本,怎能出兵帮助叛乱者?倘若事情没有成功,将来又如何向契丹国主解释?"

主张出兵的人当即大肆嘲笑道:"你真是个腐儒啊!腐儒啊!"

欧阳修仍然力争不已,最后朝廷采纳了欧阳修的主张,没有出兵。不久,有消息传来,契丹皇叔政变失败被处死。

自四月英宗患病以来,病情时好时坏,言语失常,行为乖错,往往触怒太后,太后越来越不能忍受,再加上太监任守忠在旁挑拨离间,渐渐就有了废立的想法。

两宫不和,直接关系到政局的稳定,几个月来欧阳修为此忧心忡忡,"力疲矣而勤劳不得少息,心衰矣而忧患浩乎无涯"(《跋学士院题名》),作为宰执大臣,他深深感到肩上责任的沉重,同时也非常怀念担任翰林学士时的轻松悠闲:

> 翰林平日接群公,文酒相欢慰病翁。白首归田徒有约,黄扉论道愧无功。攀髯(传说黄帝乘龙飞升,群臣攀持龙髯,龙髯拔落,龙飞去,故攀髯喻帝王之死)路断三山远,忧国心危百箭攻。今夜静听丹禁漏,尚疑身在玉堂中。(《夜宿中书东阁》)

嘉祐四年,欧阳修担任翰林学士,曾与韩绛、吴奎、王珪同值玉堂,那时公务清闲,文酒相欢,大家相约五十八岁致仕归田,韩绛还特意将这一约定写在玉堂的廊柱之上。如今,欧阳修已经五十七岁,当时的约定看来是无从履践了。尽管他常常自谦身为宰臣无补于朝廷,可是,适逢仁宗仙逝,英宗患病,两宫不和,正是国运艰难之际,他又岂能轻易言退?

十月二十七日,葬仁宗于永昭陵,宰相韩琦为山陵使,事毕回京复命。太后派中使送来一封文书,韩琦打开一看,里面罗列了英宗几个月来的种种过错。韩琦当着使者的面烧毁了这封文书,命他回奏道:"太后常说官家心神不宁,语言举动稍稍有失分寸,何足为怪?"

第二天,宰臣帝前奏事之后,太后呜咽流涕,历数英宗对自己的冒犯,说:"老身已经是忍无可忍了,须相公做主。"

韩琦说:"这都是因为生病的缘故,一旦病情好转,皇上一定不会这样。儿子有病,做母亲的能不宽容吗?"

太后很不高兴。欧阳修上前劝说道:"太后侍奉仁宗数十年,仁圣之德,著于天下。一般妇人的心性,很少有不妒忌的,当年张贵妃恃宠骄恣,太后尚且宽宏大量,处之裕如,今天母子之间反而不能容忍了吗?"

太后说:"如果大家都像你们这么理解我,那就好了。"

欧阳修说:"这些事情岂止我们几人知道,朝廷上下尽人皆知。"

太后的怒气这才稍稍有些缓和。欧阳修接着又说:"仁宗在位日久,德泽在人,人所信服。一旦驾崩,天下之人禀承遗命,拥戴嗣君,无有一人异议。我们几个大臣如果不按仁宗遗愿行事,而轻议废立,天下谁肯听从?"

太后闻言,沉默不语,她明白欧阳修说的合情合理,无从反驳。随后,韩琦等人又去拜见英宗,英宗说:"太后待我很不慈爱。"

大家纷纷劝解道:"自古圣帝明君不少,惟有舜帝被称为大孝,难道是其他的帝王都不孝吗?父母慈爱而子孝,这是常情,不足称道;只有父母不慈爱而子不失于孝道,才值得人们称道啊。如果陛下像事奉亲生父母一样事奉太后,太后岂有不慈爱的?"

英宗顿时醒悟,从此再也不提此事。一场危机总算得到化解。

经过半年多的调理,英宗的病情也有了很大好转,秋末,就能隔日于前、后殿视朝听政了。退朝之后,两府官员再入内东门小殿禀奏太后。

翌年新正,改元治平,史称宋英宗治平元年(1064),朝廷依然维持着两宫同理朝政的格局。二三月间,见英宗已能清醒独立地处理国事,太后两次亲书手诏,提出还政。大臣们将手诏呈交英宗,但英宗留之不出,未作批示。

四月,英宗的身体完全康复,二十三日前往相国寺、天清寺、醴泉观祈雨,整个京城为之沸腾,人们奔走相告,欢呼庆祝。五月某日,韩琦同时向英宗禀报了十几件重要事宜,英宗裁决如流,处置允当。韩琦自忖,英宗亲政的时机已经成熟,退朝后遂与曾公亮、欧阳修等商议,决定暗示太后尽速还政。随后,两府官员同至太后帘前,将英宗处理的事情禀奏太后,太后无不点头称是。同列官员退出之后,韩琦独自留下,对太后说:

"先帝葬礼之后,为臣就当求退,只因皇上身体欠佳,所以迁延至今。现在皇上听断不倦,实为天下幸事,为臣的使命也算是完成了。因此,今天先向太后禀报,请求辞去相位,出知外郡。"

太后随即明白了韩琦的用意,便说:"相公岂可求退?倒是老身本该安居深宫,每日在此,实在是出于不得已。且容老身先退。"

韩琦忙再拜称贺:"东汉时代的马皇后、邓皇后,乃千古留名的贤德后妃,亦不免贪恋权势。今太后能急流勇退,实为马、邓所不及。"

于是,他从怀中拿出几份奏章,说:"台谏亦有奏疏,请太后还政,不知太后决定何日撤帘?"

话音刚落,太后猛然站起,转身离去。韩琦遂即大声喝令仪鸾司撤帘。帘落之时,御屏后面太后的身影还依稀可见。

随即太后正式降诏还政。欧阳修受命撰写《皇太后还政合行典礼诏》,颁发全国。

五月十三日,朝廷举行隆重庆典,英宗亲政。从这天起,太后不再参与处理军国大事。

欧阳修不可避免地卷入了一场激烈的朝政斗争

这一年,欧阳修的个人生活却很不幸。他的身体依然不好,"衰病交攻,心力疲耗"(《与王懿敏公仲仪》其十六),牙齿也掉了,饮食也不好。更让他揪心的是,儿女们的健康状况也都很差。春末以来,疫病连连,四儿一女全都病倒了。仲夏又逢水灾,全家惊奔不暇。八月间,唯一的女儿竟病重夭折。这已是欧阳修失去的第四个孩子了,五十八岁的他老泪纵横,痛不欲生。悲悼未已,又接异母兄欧阳昞来信,一位侄儿也不幸病逝。在写给韩琦的信中,他说:

> 某以私门薄祜,少苦终鲜,惟存二侄,又丧其一。衰晚感痛,情实难胜。(《与韩忠献王稚圭》其二十五)

这些不幸的遭遇使他的健康状况进一步恶化。到年底深冬时节,头晕目昏,视物艰难。治平二年(1065)春天,又得了淋渴病(即糖尿病),"癃瘠昏耗,几不自支"(《与王龙图益柔》其七)。因此,正月二十三日,他向朝廷上表,请求解除参知政事之职,出知外州。可是,二十五日圣旨不允。二十六日、二十九日他又连上《乞外任第二表》《乞外任第三表》,依然不允。欧阳修无可奈何,只得强打精神,继续这日复一日的劳碌和忧思。

第七章　德隆位高责愈重

二月的汴京，春意已浓，沿街的垂柳与槐树都长出了嫩绿的叶子，可是逢上阴雨的天气，体弱衰颓的欧阳修仍感到寒气侵人，早早晚晚，行走在上朝下朝的路途上，他的心中总会涌起复杂难言的感慨：

> 宫柳街槐绿未齐，春阴不解宿云低。轻寒漠漠侵驼褐，小雨班班作燕泥。报国无功嗟已老，归田有约一何稽。终当自驾柴车去，独结茅庐颍水西。(《下直》)

未能如愿离朝外任，两个月后，欧阳修便不可避免地卷入了一场激烈的朝政斗争之中。

治平二年四月九日，英宗有旨，诏礼官及待制以上官员，详议崇奉濮王典礼。此事肇端于去年五月英宗亲政之初，当时普天同庆，朝廷百官依例加官进爵，恩泽遍及存亡，宗室已故诸王也都各加封赠。然而，濮安懿王是英宗的亲生父亲，中书省认为其封赠规格应该有别于诸王。那么，应该追封什么尊号？封赠的制书上又该如何称呼？这在以孝道治国的儒学政体中是一件至关重要的大事。为了慎重起见，韩琦等中书省宰臣奏请，将此事下达负责礼仪的有关部门进行讨论，寻求合适的解决方法。当时，英宗批示等仁宗去世两周年大祥之礼过后再行讨论。

此时，大祥祭礼已于三月二十九日如期举行，应该着手解决这个悬置近一年的封赠问题了。这是一个十分敏感的问题，从传统礼法而言，英宗既已承嗣仁宗，他与濮王之间就不再是父子，而只是君臣；可是，从个人情感而言，英宗显然是不情愿遵从这一礼法的，否则他就不会颁发详议的诏令。因此，诏令下达后，群臣观望，莫敢先发。唯有知谏院司马光奋笔倡言，他说：

> 为人后者为之子，不得顾私亲。……濮安懿王虽于陛下有天性之亲，顾复之恩，然陛下所以负扆(yǐ，屏风)端冕，子孙万世相承，皆先帝德也。(明·陈邦瞻《宋史纪事本末》引)

司马光主张尊濮王以高官大国，他的三位妃子：谯国夫人王氏(濮王正妻)、襄国夫人韩氏(濮王继妻)、仙游县君任氏(英宗生母)并封为太夫人。这一主张得到了翰林学士王珪等的响应。他们以司马光的奏稿为依据，结合众人的意见，认为濮王于仁宗为兄，英宗皇帝应称濮王为皇伯，封赠册书上则不直呼其名。

以韩琦、欧阳修为代表的中书宰执却不同意司马光、王珪等的观点。他们引用《仪礼·丧服记》《开元开宝礼》等典籍，认为"所生、所后皆称父母，而古今典礼皆无改称皇伯之文"(欧阳修《濮议一》)，英宗应称濮王为皇考。并建议将两派意见同时下达，让朝臣们展开讨论。

六月二十一日，英宗再下诏令，命三省并御史台官员共同详议。事情很快传到太后的耳中，正当人们各持己见争论不休之际，六月二十三日，太后传出手诏，严厉斥责中书省不当议称皇考。韩琦等将讨论详情回奏太后，认为称皇伯更属无稽之谈。英宗见到太后手书之后，十分惊骇，连忙降诏，暂停讨论。

然而不久，礼官范镇等又上疏力请行皇伯之议，侍御史吕诲、范纯仁，监察御史吕大防等也纷纷声援，然而英宗既不愿遵从皇伯之议，又不便违背皇太后的意旨，决定暂缓做出决定，因此，对这些奏章一律留中不出，未作批示。

除此之外，台谏官们的其他奏论也多不被英宗采纳。作为一种监察制度，北宋台谏在朝廷事务中一直发挥着重要的作用，尤其是近三十多年来,台谏的言论备受人主重视。对比过去,不能不令当今的台谏官们积愤抱怨,因而迁怒于执政的宰辅大臣。

十二月十九日,吕诲上疏,指责韩琦"自恃勋劳,日益专恣,广布朋党,隳紊法度",并说他力倡皇考之议,是谄谀邀宠的行为,其结果是"致两宫之嫌猜,贾天下之怨怒,谤归于上"。不仅如此,他还壅塞言路,意欲专权,"使忠臣抱吞声之恨,圣君有拒谏之名"(宋·李焘《续资治通鉴长编》)。

治平三年(1066)正月七日,吕诲又与范纯仁、吕大防联名上疏。因为欧阳修是中书省礼制思想的主脑,有关奏章也多出自欧阳修之手,因此这一次,他们将欧阳修作为重点攻击的目标:

> 豺狼当路,击逐宜先;奸邪在朝,弹劾敢后?伏见参知政事欧阳修,首开邪议,妄引经据,以枉道悦人主,以近利负先帝,欲累濮王以不正之号,将陷陛下于过举之讥,朝论骇闻,天下失望,政典之所不赦,人神之所共弃!(宋·李焘《续资治通鉴长编》引)

接着历数韩琦、曾公亮,以及与欧阳修同为参知政事的赵概,苟且依违,附会不正,请求皇帝将他们一并罢黜。正月十三日和十八日,三人又接连上了两道弹章,仍以欧阳修为主要弹劾对象。在此前后,吕诲还有五道奏章,劾奏韩琦不忠。与此同时,中书宰执们也有劄子自辩。

正当两派相持不下之时,正月二十二日,朝廷颁发了曹太后的手书,诏曰:

> 吾闻群臣议请皇帝封崇濮安懿王,至今未见施行。吾再阅

前史,乃知自有故事。濮安懿王、谯国太夫人王氏、襄国太夫人韩氏、仙游县君任氏,可令皇帝称"亲";仍尊濮安懿王为濮安懿皇,谯国、襄国、仙游并称后。(同上)

英宗立即下诏谦让,不受尊号,只称"亲",即园立庙,以王子宗朴为濮国公,奉祠事。并令臣民避王讳。

曹太后态度的突然转变,不能不令朝臣们感到震惊和疑惑。人们纷纷传说,太后手书并非出自本意,乃是韩琦交结宦官苏利陟、高居简,眩惑太后写成的。司马光首先发难,吕诲、范纯仁、吕大防等纷纷上书,认为宰执大臣假借太后之命文过饰非,"欲自掩其恶,而杜塞言者之口"(宋·李焘《续资治通鉴长编》引),请求太后、英宗收回诏命。这一道道奏章,无不气激词愤,竟至诬人私德,侮辱人格,渐渐偏离了争辩的主题,变成了失去理性的意气之争。韩琦读过范纯仁的奏章后,黯然神伤,对同僚说:"我与范希文(范仲淹字希文)情同兄弟,视范纯仁亲如子侄,他怎忍心如此相攻?"

君命不可回,于是吕诲等人以所论奏不见听用,坚决辞去台谏之职,家居待罪。英宗皇帝多次挽留,吕诲等坚辞不受,并说与宰执大臣势难两立。皇帝没办法,只得征求执政的意见。韩琦、欧阳修等回答道:"御史以为理难并立,若臣等有罪,当留御史。"

英宗犹豫再三,决定贬黜台谏官,但又关照说:"不宜责之太重。"

二月二十四日,诏令吕诲出知蕲州,范纯仁通判安州,吕大防知歙州休宁县。当时,赵鼎、赵瞻、傅尧俞出使契丹回到汴京,听说后也上疏要求同贬,因为之前他们都是台谏派的支持者。于是,赵鼎通判淄州,赵瞻通判汾州,傅尧俞通判和州。知制诰韩维及司马光也请求同贬,皇帝没有批准。翰林侍读吕公著上言道:"陛下即位以来,纳谏之风未显,而屡黜言官,何以教化天下?"

皇帝不听。吕公著请补外,于是出知蔡州。

至此,持续十八个月的论战终于平息了,这就是北宋历史上著名的"濮议"。然而,"濮议之争"对欧阳修个人的影响还远远没有结束,他还将为此付出更为惨痛的代价。今天看来,这场论争并没有什么意义,更没必要对两派观点做是非评判。值得反省的是,两党相争中表现出来的意气用事、甚至"争之不得,则发愤而诬人私德"(梁启超《王安石传》)的不良现象。事实上,对立两党皆不乏品格高尚的君子,力主濮议的韩琦、欧阳修立身事君,大节昭昭,首攻濮议的司马光也是道德名望众口皆碑的人物,然而,一旦陷入混战,则皆不免争强好胜,有失理性,这种现象不能不令人深思。

经历了太多宦海风波,
欧阳修更加敬佩韩琦的光明磊落与胸怀博大

治平二年五月,濮议初起时,枢密使富弼便请了病假,宰相韩琦、曾公亮权兼枢密院公事。中书省主张追崇濮王,富弼坚决反对。他曾对人说:

"欧阳修读书知礼法,怎么能干出这种事情?这是辜负仁宗,坑害主上啊!"

事实上,富弼与韩琦、欧阳修之间的隔阂并不是从濮议开始的。嘉祐八年六月,富弼除母丧回京任枢密使以来,彼此的关系就开始发生了微妙的变化。嘉祐初,韩琦、富弼同为宰相时,每有大事,总会与枢密使共同商议。可是现在,除非皇上有旨命二府协商,韩琦很少主动征询富弼的意见,富弼因此感到很不痛快。特别是治平元年五月请太后撤帘还政一事,富弼事先一无所知,听说之后,大吃一惊,他气愤地说:"我富弼备位辅佐,其他事情固然可以不必预先知道,此等大事,韩公事前怎能不跟我通报一声?"

有人因此责怪韩琦,韩琦说:"撤帘还政这样的事情,一定要做得仿佛完全出于太后的意愿,才能保全太后的体面,事前又怎可公之于众呢?"

从此,富弼对韩琦的怨恨更深了。

英宗亲政之后,臣僚加官进爵,富弼坚决不肯接受,他说:"先皇立陛下为皇子,乃太后之功也。陛下未报太后大功,先录微臣之小劳,此非仁宗之意也。当时,宗室之中与仁宗血缘相亲的不止陛下一人,最后以陛下为子,就是因为陛下孝德彰闻。而陛下即位后,却做了很多令太后失望的事情。太后曾对臣与胡宿、吴奎等说:'无夫妇人,孤苦无告。'臣等伤心悲痛,不忍卒闻!这难道不是辜负仁宗吗?"

说到这里,他用手中笏板指着御座,说道:"倘若不是陛下有孝德,怎可坐在这个位子上?"

英宗俯身鞠躬,回答道:"不敢。"

而欧阳修与韩琦在政事上配合默契,虽偶有异议,也能坦诚相待,因此情谊日笃。渐渐地,富弼与欧阳修之间也越来越疏远了。到"濮议之争"爆发,彼此就成为完全对立的两派。

在濮议如火如荼之际,富弼先后写了二十多道奏章,请求免去枢密使之职离朝外任,英宗挽留不住,遂于治平二年七月五日罢为镇海节度使、同平章事、出判河阳。临行之前,他在给英宗的奏疏中说:

> 臣禀性愚直,生平未常敢作分毫过恶,……今陛下侍从臣僚中,亦有谤臣者不少,臣事陛下如事先帝,尽心无隐,惟道是

第七章 德隆位高责愈重

从,陛下已尽见。"(宋·李焘《续资治通鉴长编》引)言语之中已完全将韩琦、欧阳修等视为小人。

富弼于初秋离开汴京,欧阳修没有前去送行,只写了一封短简,信中说:"今者大旆当西,不一造门下,窃意不近人情,兼料诸公意必同此,所以虽承诲勒,未敢闻命也。"(《与富文忠公彦国》其六)他对双方的政见歧异并不讳言。从此以后,他们之间再也没有任何的联系。韩琦依然怜惜旧日情谊,每到富弼生日,不论远近,必派专人带上亲笔书简前往祝贺,而富弼托以老病,从不回复。熙宁年间,欧阳修、韩琦先于富弼去世,富弼也未派人前往祭吊。

富弼离朝后,英宗打算任命欧阳修为枢密使,但是欧阳修力辞不拜。欧阳修的为人,英宗已是十分了解,他非常欣赏欧阳修耿直的性格,同时也不免为他在朝臣中的处境感到担心。

一天,英宗在崇政殿单独召见欧阳修,奏事完毕后,就十分关切地询问他的生活近况。谈话中,欧阳修说:"听说最近台谏连上奏章,指责我不该力主濮王之议,幸蒙陛下保全,知道这并非我一人的主张,陛下压住了所有台谏的奏章,弹劾的风潮才稍有平息。"

英宗说:"参政秉性耿直,不避众怨,每次奏事,与两位相公有所异同时,便相折难,言语之间无所顾忌。我还听说,台谏论事时,参政也往往面折其短,就像平时奏对时一样。可以想见,你一定会得罪不少人。今后还是应该稍微注意一下方式方法。"

"臣虽愚拙,但一定谨受圣训。"欧阳修感激地回答。

在三十多年的宦海生涯中,欧阳修刚直的性格确实已经让他吃尽了苦头。政敌的攻击与陷害,友朋的误会与决裂,在他的心中留下了一道道难愈的伤痕。也许正因为如此,他越来越深地感受到韩琦的光明磊落与胸怀博大。自从嘉祐六年担任参知政事,每当意见相左,欧阳修未尝不力争到底,而身为首相的韩琦总能欣然忘怀,四五年来,始终无间。对于欧阳修的一些学术观点,如怀疑《周易·系辞》不是孔子所作,又如对隋唐之际的大儒文中子王通的批评等等,韩琦并不苟同,但他能求同存异。因此,欧阳修感叹道:"即使一百个欧阳修加起来,也不能跟韩公媲美!"

韩琦则说:"欧阳永叔与我相知,没有其他,就因为我韩琦以诚待人。"

欧阳修对韩琦由衷敬佩之情在这年秋天所作的《相州昼锦堂记》一文中有着集中的体现。韩琦是相州(今河南安阳)人,至和二年(1055)曾任相州知州,昼锦堂是他当时在州署后园所盖的建筑。文章采用正题反做的写法,开篇从人之常情着笔:

> 仕宦而至将相,富贵而归故乡,此人情之所荣,而今昔之所同也。盖士方穷时,困阨闾里,庸人孺子皆得易而侮之,若季子不礼于其嫂,买臣见弃于其妻。一旦高车驷马,旗旄导前而骑卒拥后,夹道之人相与骈肩累迹,瞻望咨嗟,而所谓庸夫愚妇者,奔走骇汗,羞愧俯伏,以自悔罪于车尘马足之间。此一介之士得志当时,而意气之盛,昔人比之衣锦之荣者也。

西楚霸王项羽曾说:"富贵不归故乡,如衣绣夜行,谁知之者?"(汉·司马迁《史记·项羽本纪》)虽然当时就有人嘲笑他沐猴而冠,然而,从古至今,又有几人不在内心深处向往着"仕宦而至将相,富贵而归故乡"呢?富贵还乡,犹如衣锦昼行,人人可见,人人以之为荣,此情此心,今古相通。在充满了功利的现实世界中,穷街陋巷的寒士往往人人可欺,高车驷马的贵人则个个趋奉,穷达贵贱之间其人生境遇有着天壤之别,苏秦、朱买臣的经历就是最为典型的例子。所以,

第七章　德隆位高责愈重

经历了落魄之悲,又沉醉于得志之快的苏秦会发出这样的感慨:"人生世上,势位富贵盍可忽乎哉!"(《战国策·秦策》)读到这里,人们不禁会想,韩琦富贵还乡,并建昼锦堂,显然也是为了炫耀富贵吧?不!文章随即笔锋一转,写道:

> 惟大丞相魏国公则不然。公,相人也。世有令德,为时名卿。自公少时,已擢高科、登显仕,海内之士闻下风而望余光者,盖亦有年矣。所谓将相而富贵,皆公所宜素有。非如穷厄之人侥幸得志于一时,出于庸夫愚妇之不意,以惊骇而夸耀之也。

韩琦出身世家,父亲韩国华,官至谏议大夫。天圣五年,韩琦年方二十,即举进士第二,步入仕途,从此一帆风顺,步步荣显,其名声远播,为世人闻风下拜、钦佩仰望已经很多年了。因此,"仕宦而至将相",对于韩琦来说,原是顺理成章的事情。不像那些穷困潦倒之士,一时侥幸得志,大大出乎常人意料之外,从而以惊骇的目光大加夸耀。

> 然则高牙大纛(dào,用象牙装饰旗杆的大旗)不足为公荣,桓圭衮冕不足为公贵;惟德被生民而功施社稷,勒之金石,播之声诗,以耀后世而垂无穷。此公之志,而士亦以此望于公也。岂止夸一时而荣一乡哉!

韩琦一生,未经困厄,也没有遭受过势利小人的欺凌侮辱,不存在夸耀富贵以洗雪耻辱的心理。因此,对于这样英伟盖世的人来说,出行时热闹烜赫的仪仗不足以显示他的荣耀;唯有公侯可以执掌的玉制礼器、可以穿戴的华丽冠服也不足以显示他的高贵。造福于民，为国家建立不朽的功勋，从而青史留名，永垂不朽，才是他的志向所在，而这也是全国士大夫们对他的由衷期望，又岂只是炫耀一时，荣耀一乡呢？那么，既然如此，他为什么要在家乡建堂并取名"昼锦"？顺着这一思路，作者写道：

> 公在至和中尝以武康之节来治于相，乃作昼锦之堂于后圃。既，又刻诗于石，以遗相人。其言以快恩仇、矜名誉为可薄，盖不以昔人所夸者为荣，而以为戒。于此见公之视富贵为如何，而其志岂易量哉！

昼锦堂建于至和年间，当时，韩琦以武康军节度使的身份出守相州。堂成之后，他曾作《昼锦堂》诗明志，诗歌开篇即概述了古往今来所谓衣锦还乡的人之常情，并对之予以坚决的否定：

> 所得快恩仇，爱恶任骄猖。其志止于此，士固不足羡。

他对报恩泄怨、炫耀富贵的行为十分鄙薄，更不把前人所夸耀的东西当作荣耀，而是当作警戒，他明确表示："兹予来旧邦，意弗在矜炫。……庶一视题榜，则念报主眷。"（宋·韩琦《昼锦堂》）由此可以看出，他视富贵如浮云的崇高境界。有此境界方能成其事业：

> 故能出入将相，勤劳王家，而夷险一节。至于临大事、决大议，垂绅正笏，不动声气而措天下于泰山之安，可谓社稷之臣矣！其丰功盛烈，所以铭彝鼎而被弦歌者，乃邦家之光，非闾里之荣也。（《相州昼锦堂记》）

第七章　德隆位高责愈重

自康定元年以来,韩琦先后担任陕西路安抚史、枢密副使、枢密使、参知政事,直到嘉祐三年入朝为相至今,二十多年来确实是出将入相,勤勤恳恳,无论平安与艰险,始终不改节操。尤其是嘉祐八年仁宗去世,太后与英宗失和,继之又兴起"濮议之争",真可谓千钧一发的多事之秋。作为宰相的韩琦,必须支撑朝廷、稳定政局,不仅要有极大的智慧,还需有不计个人安危得失的胆识与气魄。当时有人劝他:"您知无不为,所做的一切,确实都很好,可是在这种形势多变的时候,万一有所差失,不仅自身难保,恐怕还会殃及全家。"

韩琦感叹道:"这是什么话呀!人臣尽力事君,死生以之,至于成败,乃是天意。岂可因为担心顾虑就畏缩不前、不去作为呢?"

事实证明,韩琦无愧于历史赋予他的重大使命,履险如夷,从容不迫,把国家治理得像泰山一样安稳,避免了可能发生的动荡与风波,真不愧为国家的中流砥柱!为此,《宋史·韩琦传》也为他写下了浓墨重彩的一笔。

同为宰辅的欧阳修,多年来与韩琦配合默契,亲历了多少惊心动魄的朝政风云,对于其间的艰难与危险体会极深,因而也更加了解韩琦。文章写成之后,他曾对门生晁端彦说:

"'垂绅正笏,不动声气而措天下于泰山之安',这几句写韩公,无一字溢美,都是我亲眼所见,只是据实记下。在那些国家安危系于一线的关键时刻,所有人都惊恐战栗,冷汗淋漓,说不出一句话,只有韩公从容坦然,好像什么事也没有发生,真是人所不及啊!"

然而,"濮议之争"爆发之后,这样一位顶天立地的社稷功臣,却遭受到许多无端的指控和侮辱,令欧阳修十分痛心。虽然没有去过昼锦堂,但欧阳修读过韩琦的《昼锦堂》诗,深深了解韩琦的为人,了解他为国家做出的所有无私的牺牲与奉献,并对他立德、立功、立言

的高远志向充满敬意,因此,在这个是非淆乱、意气相胜的时刻,欧阳修满怀感慨地写下了这篇不朽名作。文章结语说:

> 余虽不获登公之堂,幸尝窃诵公之诗,乐公之志有成,而喜为天下道也。于是乎书。尚书吏部侍郎、参知政事欧阳修记。

读罢全文,韩琦极为爱赏,对于欧阳修的知己之情深感欣慰,每有空闲,便情不自禁地取出来赏玩一遍。几天之后,欧阳修又派书童送来另一个抄本,说:"上次送来的文章有不够妥帖之处,请以这个新的抄本为准。"

韩琦再三玩味,发现前后两个版本仅有一个细微的差异:原文开篇"仕宦至将相,富贵归故乡"两句,改为"仕宦而至将相,富贵而归故乡"。虽然只是各添了一个"而"字,但语调更为舒缓,很好地体现了富贵者意骄气满的神情,使文义的表达更为舒畅。

治平三年四月,苏洵病逝,欧阳修为之痛惜不已

纷纷扰扰之中,身为宰执却蒙受了无数的羞辱,本已衰病交攻的欧阳修更觉意气消沉。春花秋月,良辰美景,都不再能激起他的兴趣、排遣他的忧思:

> 节物岂不好,秋怀何黯然。西风酒旗市,细雨菊花天。感事悲双鬓,包羞食万钱。鹿车(指简陋的小车)终自驾,归去颍东田。(《秋怀》)

第七章　德隆位高责愈重

他真的累了,真的希望能在颍州的山野中过着自由自在的隐居生活。上朝下朝的途中,骑在金鞍玉辔的高头大马上,他总是情不自禁地陷入对往昔的追忆之中,他常常突然发现自己口中念念有词,不知不觉间念出的都是梅尧臣、苏舜钦等过世的好友的诗篇:

> 兴来笔力千钧劲,酒醒人间万事空。苏梅二子今亡矣,索寞滁山一醉翁。(《马上默诵圣俞诗有感》)

他是那么的衰弱、孤独,而又屈辱,觉得再也不能这么下去了。治平三年(1066)三月二十四日至四月初,他先后写了八道表、劄乞求外任,可圣旨批答一律不允。

春夏之交,冷暖无常,欧阳修的淋渴病(糖尿病)又严重了,只得请假在家休息。此时,刚刚完成《太常因革礼》编修工作的苏洵也病倒在家。欧阳修十分关心,多次写信问候:

> 初闻风气不和,谓小小尔。昨日贤郎学士见过,始知尚未康平。旦夕来,体中何似?更冀调慎药食。(《与苏编礼洵》其三)

每当苏轼兄弟来欧府探望老师,欧阳修一定会仔细询问苏洵的病情和用药情况,如果觉得有不妥之处,便立即写信劝说:

> 自以拙疾数日,阙于致问,不审体中何如,必遂平愈。孙兆药多凉,古方难用于今,更且参以他医为善也。(《与苏编礼洵》其四)
>
> 数日来,尊候必更痊安。单药得效,应且专服,千万精审,

371

无求速功。(《与苏编礼洵》其五)

可是,苏洵的病情时好时坏,至四月二十八日竟至不起,享年五十八岁。欧阳修痛惜不已,在《苏主簿挽歌》中,他写道:

> 布衣驰誉入京都,丹旐(出丧时棺前的招魂幡)俄惊反旧间。诸老谁能先贾谊,君王犹未识相如。三年弟子行丧礼,千两乡人会葬车。我独空斋挂尘榻,遗编时阅子云书。

苏洵晚年以一介布衣而名震京师,他杰出的才华堪与汉代著名的文学家贾谊、司马相如、扬雄(字子云)相媲美。然而,长才未展,壮志未酬,却撒手而去!欧阳修设想,当插满幡幛的丧船缓缓驶回苏洵故里眉山时,弟子、亲友与乡邻该是何等的哀恸!而在京城,在欧阳修那间留下过苏洵无数的笑语与足迹的书房中,那个落寞的老人,那个苏洵一生感激不尽的知己与恩人,正默默地珍藏着为苏洵专设的坐榻,时时翻阅他留下的著作,以寄托无限的哀思与怀念。

苏洵逝世的消息奏闻朝廷后,英宗诏赐银一百两,绢一百匹,韩琦赠银三百两,欧阳修赠银二百两,苏轼兄弟一一婉言谢绝,只求追赠官爵。于是英宗诏赠苏洵光禄寺丞,并命官府派船,专程护送苏洵的灵柩回四川老家。临行之前,苏轼兄弟请求欧阳修为父亲撰写墓志铭,欧阳修慨然允诺。

苏洵是科举考试中的失败者,他一生没有做过官,只有朝廷赐予的霸州文安县(今河北文安县)主簿的虚衔,晚年因欧阳修的极力推荐,被任命为秘书省校书郎,参与《太常因革礼》的编修工作。在来年完成的《故霸州文安县主簿苏君墓志铭》一文中,欧阳修重点介绍了苏洵文学上的成就,及其品德、才能、学识三方面的过人之处,他说:

第七章　德隆位高责愈重

> 君之文,博辩宏伟,读者悚然想见其人。既见,而温温似不能言;及即之,与居愈久而愈可爱;问而出其所有,愈叩而愈无穷。呜呼,可谓纯明笃实之君子也!

苏洵的文章,长于论辩,气势宏放,读其书能感受到他的人品与风貌。不过,初见时你会觉得他平和温雅,不善言辞;进一步接触之后,你会发现和他相处越久就越是可亲可爱;而当他偶尔发表对人对事的见解时,就更是辩论愈深入,其精思妙想就愈是层出不穷。因此,近十年的交往中,欧阳修深深地感到,他确实是一个纯朴明慧、忠厚笃实的人。

苏洵早年不喜读书,二十七岁才折节发愤,累举进士不第,又举制科落榜,这些人生挫折并没有斫伤他追求理想的决心与毅力:

> 退而叹曰:此不足为吾学也。悉取所为文数百篇焚之,益闭户读书,绝笔不为文辞者五六年。乃大究六经、百家之说,以考质古今治乱成败、圣贤穷达出处之际,得其粹精,涵蓄充溢,抑而不发。

他有着常人少有的否决自我的勇气,也能忍受常人所难耐的书斋寂寞,正是这些可贵的品质,使他得以大器晚成:

> 自来京师,一时后生学者皆尊其贤,学其文以为师法。以其父子俱知名,故号"老苏"以别之。
>
> 眉山在西南数千里外,一日父子隐然名动京师,而苏氏文章遂擅天下。

从苏洵的人生经历中,欧阳修深深地体会到,为学不晚,只要抱负坚定,刻苦努力,即使是人到中年,依然可以成就一番伟大的事业。

> 又逢朝廷多事,
> 求退心切的欧阳修只能隐忍待时,
> 却等来一场飞来横祸

时序如梭,转眼夏秋过去,冬至又已来临。冬至过后,一阳来复,白昼渐长,因此古人十分重视冬至节气,"虽至贫者,一年之间积累假借,至此日更易新衣,备办饮食,享祀先祖,官放关扑,庆贺往来,一如年节"(宋·孟元老《东京梦华录·冬至》)。然而今年的冬至,朝廷上下却是阴霾密布,英宗皇帝又病倒了,不仅多日不能临朝,而且不能说话,只能以笔代言,一切军国大事的处理都写在纸上。虽有御医多方救治,病情仍是日见沉重,朝臣们个个忧心如焚。十二月,监察御史里行刘庠奏请速立皇子,病中的英宗很不高兴,不予批示。

一天,宰相韩琦等问安之后,退出御殿,英宗的长子颍王赵顼跟着出来,忧形于色,对韩琦说:"这可如何是好?"

韩琦说:"愿大王朝夕不离皇上左右。"

颍王回答道:"侍奉父亲,乃是为人之子的本分。"

韩琦说:"我所指的不止于此。"

颍王闻言,恍然大悟。

十二月二十一日,英宗的病情进一步恶化。宰臣们问安之后,韩琦上前奏道:"陛下久不视朝,中外忧惧惶恐,宜早立皇太子以安众心。"

第七章 德隆位高责愈重

英宗点了点头。韩琦请英宗亲笔书写,英宗把笔写道:"立大王为皇太子。"

韩琦说:"陛下所指是颖王吧?请陛下明示。"

英宗遂在下面加写:"颖王顼。"

韩琦忙召内侍高居简,将御书交给他,命翰林学士起草制书。不一会,翰林学士承旨张方平火速赶到,在御榻前待命。英宗靠在几案上,含含糊糊地说了几句话,张方平不能辨识。英宗以手指在几案上画字,张方平忙递上纸笔,英宗写下"来日降制立某为皇太子"十个字,其中所书名字不甚分明,张方平又呈上纸笔,请皇上再写,英宗遂写下"颖王"二字,又写下"大大王"三字。张方平领旨,在他退出的那一刻,英宗不禁潸然泪下。

从御殿退出后,枢密使文彦博对韩琦说:"您注意到皇上的脸色了吗?人生至此,虽是父子相传,也不能不感到凄怆啊!"

韩琦伤感地回答道:"国家大事,只能如此,否则又能如何呢?"

治平四年(1067)正月八日,英宗病逝,年仅三十六岁,在位五年。同一天,年方二十的太子赵顼即皇帝位,是为神宗。尊皇太后曹氏为太皇太后,皇后高氏为太后。百官加官一等,各有赏赐。

此时,欧阳修已经六十一岁,求退之心比以往更为急切,可是,又逢朝廷多事,他也只能隐忍待时了。但有谁能料到,他等来的竟是一场飞来横祸!

由于一年前的"濮议之争",朝中不少人都对欧阳修恨之入骨,很想将他弹劾去位,只是苦于找不到机会。

二月,朝廷为英宗举行大丧仪式,百官皆缟服素袍,以示哀悼。欧阳修一时疏忽,在丧服里面穿了一件紫底皂花紧丝袍,拜祭时被监察御史刘庠发现,立即上书弹劾:

375

>　　细文丽密,闪色鲜明,衣于纯吉之日,已累素风;服于大丧之中,尤伤礼教。(宋·吕希哲《吕氏杂记》引)

强烈要求朝廷对欧阳修予以贬责。神宗皇帝压下了这份奏章,只是派内使悄悄告诉欧阳修,叫他尽快换掉里面的紫花袍子。欧阳修极为惶恐,回家后立即闭门待罪。神宗又派内使宣召,仍命回政事堂办事。

"紫袍"事件刚刚过去,一次更大、更恶毒的弹劾又落在了欧阳修的头上。此事须从去年说起。

淄州知州薛宗孺,是欧阳修夫人的堂弟,他在任水部郎中时曾荐举崔庠充京官,后来崔庠因贪赃枉法被拘捕,薛宗孺也牵连受审。他原想,朝中有人好做官,倚仗身为参政的堂姐夫的势力,可以很快获得赦免。谁知欧阳修不仅没有出面为他说话,反而郑重申明,不可因他是自己的亲戚而侥幸免罪,结果薛宗孺被依法罢免了官职。薛宗孺怀恨在心,不久前回到京城,便到处散布流言,说欧阳修有才无行,老不知羞,和长儿媳吴氏关系暧昧。谣言传到集贤校理刘瑾的耳中,刘瑾与欧阳修素为仇家,于是添油加醋一番,告诉了御史中丞彭思永。彭思永又将这番话传给了他的下属蒋之奇。蒋之奇是嘉祐二年进士,与欧阳修有座主与门生的关系,欧阳修对他一直颇为爱重。治平二年九月蒋之奇应制科不入等,适逢"濮议之争"如火如荼之际,遂前往欧阳修府中拜访,极言追崇濮王的合理性与必要性,使置身重围之中的欧阳修感到莫大的欣慰。治平三年二月,"濮议之争"平息,吕诲、范纯仁、吕大防等台谏官被贬出京。三月十四日,在欧阳修的极力推荐下,蒋之奇被任命为监察御史里行。然而,在"濮议"的问题上,执政大臣虽然占了上风,但舆论却普遍同情被黜免的台谏官。在这场风波之后,因欧阳修的推荐而新任

第七章 德隆位高责愈重

谏官的蒋之奇自然不为众人所容,被朝臣目为奸邪,他为此十分苦恼,试图改变这种窘迫的处境。从彭思永那里听说这个谣言后,蒋之奇觉得是个极好的机会,决定借此洗刷恶名,遂连夜写下了弹劾的奏章。神宗读罢谏章,并不相信,蒋之奇忙引彭思永为证,伏地叩首,坚决请求朝廷将欧阳修处以极刑,暴尸示众。随后,彭思永也上书说欧阳修罪当贬窜,并对神宗说:"如果仅凭一个谣言就要究治其罪,确实说不过去,但是欧阳修首开濮园之议已经触犯了众怒。"

于是神宗将蒋之奇、彭思永的奏章转给了枢密院。欧阳修很快得知这一情况,极为愤怒,立即上章请求彻底追查此事。他说:

> 臣忝荷国恩,备员政府,横被污辱,情实难堪!虽圣明洞照,察臣非辜,而中外传闻,不可家至而户晓。欲望圣慈解臣重任,以之奇所奏出付外庭,公行推究,以辨虚实。(《乞根究蒋之奇弹疏劄子》)

并说:

> 臣身为近臣,忝列政府,今之奇所诬臣之事,苟有之,是犯天下之大恶;无之,是负天下之至冤。犯大恶而不诛,负至冤而不雪,则上累圣政,其体不细。(《再乞根究蒋之奇弹疏劄子》)

他接连上了三道劄子,并且杜门不出,请求罢去参知政事之职,以便朝廷调查此事时,所差官吏无所畏避,秉公执法。

迟暮之年,再一次蒙受如此污秽的诋毁,欧阳修本已衰颓的心境变得更为惨淡,独坐书斋,他深深感受到人生寡欢,生命的价值、存在的意义竟是这样的虚无!

> 老者觉时速,闲人知日长。日月本无情,人心有闲忙。努力取功名,断碑埋路旁。逍遥林下士,丘垅亦相望。长生既无乐,浊酒且盈觞。(《感事四首》其一)

人生在世,无论你选择哪一种生活方式,最后都一样逃不脱死亡的结局。出于对生命有限性的恐惧,道教提倡长生之术,然而:

> 仙境不可到,谁知仙有无?或乘九班虬,或驾五云车。朝倚扶桑枝,暮游昆仑墟。往来几万里,谁复遇诸途?……人生不免死,魂魄入幽都。仙者得长生,又云超太虚。等为不在世,与鬼亦何殊?(《感事四首》其三)

那些传说中得道成仙的人,骖鸾驾凤,远离红尘,无人可见,无人能知,和千千万万不免一死的普通人相比,其本质的意义又有什么不同呢?

学仙求道可笑,而富贵功名更加虚妄:

> 朱门炙手热,来者无时息。何尝问寒暑,岂暇谋寝食。强颜悦憎怨,择语防仇敌。众欲苦无厌,有求期必获。敢辞一身劳,岂塞天下责。风波卒然起,祸患藏不测。(《感事四首》其四)

在此期间,神宗就如何处理欧阳修"长媳案",曾秘密咨询天章阁待制孙思恭。孙思恭虽与欧阳修素无私交,但他很客观,他认为欧阳修是一个难得的忠臣,因此极力解救。于是神宗派人将蒋之奇、彭思永的奏折从枢密院取回,连同欧阳修的所有奏章批付中书省，要求仔细查问劾奏者的消息来源，有何真凭实据，以辨明事实真相。同时，又派内侍朱可道前往欧阳修府上探望，亲赐手诏，抚问慰安：

> 春寒安否？前事，朕已累次亲批出诘问因依从来，要卿知。(《神宗御剳》[欧阳修《谢赐手诏剳子》附，见《欧阳修全集》])

在调查过程中，蒋之奇交待消息来自彭思永，彭思永与刘瑾是同乡好友，不愿牵累于他，因此一口咬定乃是道听途说之言，由于年老昏昧，记不清具体出自谁口。并堂而皇之地说："朝廷规定，允许御史风闻言事，其目的就是为了避免偏听偏信，如果非得查个水落石出，并将最先传话的人严加惩处，那以后恐怕就再也听不到什么不同的意见了。微臣宁愿身受重罚，也不愿堵塞了天子的言路。"

案情审查至此，再也无法进行下去。欧阳修又连上四道奏章，恳求朝廷务必推究虚实，还其清白。他还分析道：

> 之奇初以大恶诬臣，期朝廷更不推究，便有行遣。及累加诘问，遂至辞穷也。不然，思永、之奇惧见指说出所说人姓名后，朝廷推鞫，必见其虚妄，所以讳而不言也。(《再乞诘问蒋之奇言事剳子》)

这时，亲家吴充也上书朝廷，极力请求辨明真相，明示天下，使门户不致枉受污辱。于是神宗再次批示中书省，要求彭思永、蒋之奇交待传话人姓名，及其所言的具体依据。但彭思永仍然不愿供出刘瑾，坚称此事乃道听途说，愿意承担全部责任。

三月四日，朝廷宣布了处分结果。御史中丞、工部侍郎彭思永降给事中、知黄州，主客员外郎、殿中侍御史里行蒋之奇降太常博士、监道州酒税。同时张榜朝堂，严厉谴责蒋之奇、彭思永对欧阳修的弹劾乃"空造之语"，"皆狂谰而无考"，并指出：

> 苟无根之毁是听，则谩欺之路大开，上自迩僚，下逮庶尹，闺门之内，咸不自安。（宋·司马光《涑水纪闻》引）

此时，欧阳修杜门在家已经很多天了，神宗派内使朱可道前往欧阳修府上，再赐手诏，劝他重回中书省供职：

> 春暖，久不相见，安否？数日来，以言者污卿以大恶，朕晓夕在怀，未尝舒释。故累次批出，再三诘问其从来事状，讫无以报。前日见卿文字，力要辩明，遂自引过。今日已令降黜，仍出榜朝堂，使中外知其虚妄。事理既明，人疑亦释，卿宜起视事如初，无恤前言。（《神宗御劄》）

然而，欧阳修去意已决。他接连上了三表三劄，坚辞参知政事之职。他说：

> 臣拙直多忤于物，而在位已久，积怨已多。……叵使臣复居于位，只如前日所为，则臣恐冤家仇人，以臣不去，必须更为朝廷生事，臣亦终不能安。（《又乞外郡第一劄子》）

如不去职，欧阳修担心将来还会受谤，这不是没有可能，其情确实可悯。于是，三月二十四日，神宗皇帝终于批准了欧阳修的请求，除观文殿学士、转刑部尚书,知亳州(今安徽亳县),改赐"推诚保德崇仁翊戴功臣"。诏令下达当日,神宗皇帝又派中使传宣抚问,叮咛慰谕,以表眷顾恩宠之意。

闰三月三日,枢密院颁发欧阳修统辖亳州戍兵军令。辞别神宗,欧阳修离开工作、生活了整整十四年的汴京。伫立船头,回望岸上送行的亲友故旧,他以一首《明妃小引》含蓄地道出了此时心中复杂难言的深沉感慨:

> 汉宫诸女严妆罢,共送明妃沟水头。沟上水声来不断,花随水去不回流。上马即知无返日,不须出塞始堪愁。

十四年来,他竭尽了忠诚,也饱尝过自责;他享受了尊荣,也蒙受过羞辱;他赢得了朋友,也失去过友谊;他刚直的性情使他倍受舆论的推崇,也使他结下了无数的仇怨……如今,他将远离这座让他充满了眷恋又充满了倦怠的城市,从此不再回来……

第八章　颍水西畔六一居

治平四年(1067)闰三月,欧阳修离开了汴京。"优游田亩,尽其天年"(《归田录序》),已成为他晚年坚执不舍的人生目标,至于出知地方官,对他而言,亦不过是致仕归田的第一步。因此,临行前他请求取道颍州,稍做停留。

暮春时节,美丽富庶的颍州显得分外动人:黄莺儿在树丛间宛转啼鸣,酸甜的桑葚长满枝头,紫红的樱桃,金黄的麦穗在薰风中散发出阵阵清香。

  黄栗留鸣桑葚美,紫樱桃熟麦风凉。朱轮昔愧无遗爱,白首重来似故乡。(《再至汝阴三绝》其一)

抚今追昔,欧阳修的心情十分激动。他自愧当年出知颍州时,并无多少可以称道的善政业绩,可是,自从第一次踏上这块土地,就已深深地被它吸引,此情此意,不随时光流逝而稍减,反因岁月迁转而日增。如今,白首归来,欧阳修就像漂泊的游子回到了故乡,心中涌起一股久违的亲切、温暖与安宁之感。

第八章　颍水西畔六一居

在欧阳修心中,颍州是一块永恒的乐土

欧阳修这次回颍州,主要是想营造一处新居,为将来退休归隐做准备。不过,回来后他发现,皇祐年间守母丧时买下的旧居"地势喧静得中,仍不至狭隘"(《与曾舍人巩》),只需进行一些改建扩建就可以居住,估计不出一年就能收拾妥当。这样,一年以后他就可以正式请求致仕归田了!欧阳修不由兴冲冲地设想起退休以后的快乐生活:

> 齿牙零落鬓毛疏,颍水多年已结庐。解组便为闲处士,新花莫笑病尚书。青衫仕至千钟禄,白首归乘一鹿车。况有西邻隐君子,轻蓑短笠伴春锄。(《书怀》)

诗中所说"西邻隐君子",即欧阳修出守颍州时期便已结识的常秩。常秩字夷甫,颍州人,早年投考进士失败之后,屏居乡里,一心研究《春秋》之学。欧阳修知颍州时,曾令属吏考核郡中户籍,决定税收等级,常秩列在第七等。张榜公布后,乡里民众联名请求道:

"常秀才清廉贫寒,希望知州能降低他的缴税等级。"

欧阳修十分奇怪,通常税收等级评定,常免不了各种纠纷,人们总是怨自己缴得多,别人缴得少。这常秩究竟是怎样一个人,竟得到这么多百姓的爱护?他派人四处调查了解,所到之处一片赞扬,大家都说:"常秀才孝悌有德,确实不是一般人可比的。"

于是,欧阳修免除了常秩的税收,并邀请他到府中相见。

有欧阳修的延誉,常秩很快以其德行节操和经术研究知名全国。嘉祐、治平年间,朝廷曾多次征召,但他一再婉拒,依然过着恬

淡的隐居生活，因此深受欧阳修的敬重。

此时，老友陆经任颍州知州，欧阳修闲居无事，常与陆经酬唱应答，十分惬意。陆经能诗善文，工于书法，早年与欧阳修为布衣之交。景祐元年进士及第后，与欧阳修同朝共事，"周旋馆阁，诗文往复，相与至厚"（宋·马端临《文献通考》）。可惜时运不济，中年坎坷流离，屡起屡仆，因而贫困不堪。欧阳修极为同情好友的不幸，常常设法不露痕迹地给予他帮助，每次替人作碑志，总是预先跟人讲好，墓志写成后，必须请陆经书写，陆经因此赚到不少润笔之资，"书名亦自此而盛"（宋·董更《书录》）。由于一直没有机会一展长才，雄心犹在的陆经身在颍州，颇有投闲置散之感，虽然年事已高，对人生的风霜雨雪，仍无所畏惧，因此他的诗歌常以颍水比潇湘，抒发怀才不遇的感慨；而欧阳修的心境却与他恰恰相反，历尽了宦海风波，早已意兴阑珊，他急切地渴望回归田园，过上饮酒、清谈的闲适生活。在《奉答子履学士见赠之作》中，他写道：

> 谁言颍水似潇湘，一笑相逢乐未央。岁晚君尤耐霜雪，兴阑吾欲返耕桑。铜槽（榨酒工具）旋压清樽美，玉麈（zhǔ，玉麈即拂尘，魏晋时代文人清谈时常手持玉麈）闲挥白日长。预约诗筒屡来往，两州鸡犬接封疆。

在欧阳修心中，颍州是一块永恒的乐土，从皇祐二年（1050）移知南都到今天重回颍州，十八年来，他历事三朝，备位二府，"思颍之念未尝少怠于心"（《思颍诗后序》），曾先后写下怀念颍州的诗歌达十三篇之多。如今，他将旧稿一一理出，编为一册，名为《思颍诗》，并作《思颍诗后序》。他多么希望从此不再离开！然而，目前这还只是一个美好的愿望，不久之后，他就要前往亳州，继续他的宦海漂流。颍

第八章 颖水西畔六一居

州与亳州接壤,鸡犬之声相闻,他与陆经约定,分别后一定要诗书往还,音问常通。

五月二十五日,欧阳修离开颖州,到亳州就任。亳州在当时亦属上邦名郡,虽不及颖州山清水秀、物产丰饶,但适逢年丰岁稼,人民安居乐业,州府政务颇为清闲,对于一心求退的欧阳修来说,正是一个难得的所在:

> 使君居处似山中,吏散焚香一室空。雨过紫苔惟鸟迹,夜凉苍桧起天风。白醪酒嫩迎秋熟,红枣林繁喜岁丰。寄语瀛洲未归客,醉翁今已作仙翁。(《郡斋书事寄子履》)

清静、悠闲、安定、丰实,这样的氛围特别契合一个迟暮老者的心境。欧阳修把这里看成他仕宦生涯的最后一站,一个告老归田前的暂时过渡,他甚至不打算等到颖州旧居的改建最后完成,就要"不待巢成而敛翼矣"(《与吴正肃公长文》其十三)。在写给大儿子欧阳发的信中,他列出了这样一个时间表:

> 吾此只为一岁计,不候宅成,只候买得材料,便决去躬亲盖造,必更精洁也。此郡闲僻,未去间足以颐养。(《与大寺丞发》其三)

职闲心静,欧阳修将嘉祐四年夏天即已开始撰写的那些记录朝廷轶闻趣事的随笔整理成书,名为《归田录》。这本随笔集的命名即已充分体现了欧阳修此时的最大心愿,而同时所作的《归田录序》更以主客对答的结构方式,陈述了自己虽然"备位朝廷,与闻国论",却"既不能因时奋身,遇事发愤,有所建明,以为补益;又不能依阿取容,以徇世俗,使怨疾谤怒丛于一身,以受侮于群小"的现实处境,因而决心"乞身于朝,退避荣宠,而优游田亩,尽其天年"。

据说,《归田录》还未最后定稿时,《归田录序》便不胫而走,被人们广泛传抄,神宗皇帝读到后,忙派太监索阅全书,由于书中记有不少有关时政的见闻和议论,在宦海波涛中饱受颠簸的欧阳修不得不格外谨慎,匆忙之中进行了大量删节,为了保证篇幅,又加入了一些无关大旨的轶闻趣谈。一旦缮写进呈之后,原本也不敢保存,从此,这部书的本来面目不复得见。但书中内容仍以记录作者耳闻目睹的人物事迹、职官制度和官场轶闻为主,文笔生动,仍具有较高的史料价值和文学价值,对宋代以及后世的笔记小说、野史札记也产生了深远的影响。

欧阳修倍感生命的脆弱, 开始渐渐改变对佛、道的态度

秋天的亳州红枣压枝,金菊满地,欧阳修的心情也格外地轻松自在,几年来一直在渐渐枯竭的诗歌创作灵感,此时似乎又被重新激发起来:

亳州特有的自然美景使他无比沉醉:

鸟衔枣实园林熟,蜂采桧花村落香。(《戏书示黎教授》)

清静悠闲的日常生活令他深感惬意:

梦回枕上黄粱熟,身在壶中白日长。(《答子履学士见寄》)

第八章　颍水西畔六一居

老友陆经时寄佳篇,两州相望,诗潮激荡:

> 颍亳相望乐未央,吾州仍得治仙乡。……每恨老年才已尽,怕适时敌力难当。(《答子履学士见寄》)
> 聊效诗人投木李,敢期佳句报琅玕。(《寄枣人行书赠子履学士》)

州学黎教授朝夕相随,饮酒赏菊,其乐融融:

> 共坐栏边日欲斜,更将金蕊泛流霞。(《七言二首答黎教授》其二)
> 养丹道士颜如玉,爱酒山公醉似泥。(同上其一)

然而,"人有悲欢离合,月有阴晴圆缺"(苏轼词句),如诗如画的日子,对于惨淡人生而言,总只是短暂的插曲。正当欧阳修自比"仙翁"逍遥于"仙乡"之际,不幸的消息又一个接一个地将他宁静的生活打破。

八月,正在为母守制的蔡襄卒于家乡福建仙游县,享年五十六岁。噩耗传来,欧阳修十分悲痛。他与蔡襄同年及第,同登谏列,在"庆历新政"时期携手奋战,三十多年的宦海生涯中,出处进退,始终无间。蔡襄以书法名世,在中国书法史上被称为"北宋四大家"之一,欧阳修受其影响,曾一度学书不辍,每得书帖藏品,必请蔡襄为之鉴定品评。蔡襄平生手书小简、残篇断稿,无不被人视为至宝,但他从不肯为人书写刻石,唯独喜欢书写欧阳修的文章。如欧阳修所作《陈文惠公神道碑铭》、《薛将军碣》、《真州东园记》、《杭州有美堂记》、《相州昼锦堂记》,以及《集古录目序》等,都是经蔡襄书写后刻石的。前不久,蔡襄又手书欧阳修景祐元年所作《洛阳牡丹记》一文,"刻而自藏于其家"(《牡丹记跋尾》),并派人将摹本送给欧阳修。可是谁又能想到,"使者未复于闽,而凶讣已至于亳矣"(同上)!《洛阳牡丹记》竟成为蔡襄的绝笔之作!欧阳修不禁仰天悲叹:

> 於戏!君谟之笔既不可复得,而余亦老病不能文者久矣,于是可不惜哉!(《牡丹记跋尾》)

好友辞世的悲痛尚未被时间抹平,九月间,欧阳修唯一的同胞妹妹又不幸病逝。接踵而至的死亡变故,使已届暮年并且百病缠身的欧阳修倍感生命的脆弱。作为一位以恢宏儒学为己任的思想斗士,欧阳修"生平不肯信老、佛"(宋·江少虞《事实类苑》)。然而,注重世间伦理、以治国平天下为旨归的儒家哲学,虽有"杀生成仁"、"舍生取义"的训示,却并不能解决平常人在平常境遇中的生死、无常之惑。而佛、道两家之所长,恰在于探究生命起源、关注本体存亡,消解痛苦,安顿身心,使人们在面对生死祸福等问题时,具有一种主动从容的超越态度。正因为如此,欧阳修开始渐渐地改变了对佛、道的态度。

也许,欧阳修从来就算不上是一位"纯儒"。早在明道元年他与谢绛等人同游嵩山,就曾为善于持诵《法华经》的汪僧的谈辩而"心醉色怍,钦叹忘返"(宋·谢绛《游嵩山寄梅殿丞书》);随后又因好友石延年、苏舜钦的关系,而与惟俨、秘演、文莹等僧人有密切往来;景祐年间曾校注删正道教养生书籍《黄庭经》;"庆历新政"失败之后,极度苦闷之中,他还曾一度求助于佛、道……然而,为服从于排佛的政治主张,这一切都作为个人隐私"秘不外示"(同上)。"政治家对于佛教的排斥与作为个体的人的心灵对于佛学的接受,在欧阳修身上是

第八章　颍水西畔六一居

可以共存的,只不过前者可以公之于众,而后者则不足与外人道而已。"(王水照《宋代文学通论》)

此时,欧阳修既已决心致仕归田,心中自然少了许多顾忌,每闻得道异人,总是设法相邀一见。嵩山道士许昌龄是当时名扬天下的"活神仙",他居住在河南府登封县境内石唐山峰顶的紫云洞,善于预测人的寿夭祸福。这年秋冬,许昌龄杖策漫游,来到亳州。欧阳修听说后,将他请到州衙。这位许道人果然是气度不凡,只见他身材颀长,面貌清癯,鬓发乌亮,双目炯炯有神,飘飘然有尘外之姿。欧阳修十分欢喜,作《赠隐者》诗:

　　五岳嵩当天地中,闻君仍在最高峰。山藏六月阴崖雪,潭养千年蜕骨龙。物外自应多至乐,人间何事忽相逢。饮罢飘然不辞决,孤云飞去杳无踪。

此后连续多日,欧阳修听他谈玄论道,豁然有悟,对于神仙道化之术不禁心驰神往。但许昌龄认为欧阳修身体的根本已坏,此时修道,为时已晚。谈话中,许道士还提及明道元年欧阳修与谢绛等人同游嵩山时的一件往事。那次游山的最后一天,欧阳修一行来到石堂山紫云洞,发现峭壁之上好像有"神清之洞"四个大字,笔势刚劲,精妙无比。如此陡峭的悬崖,就连猿猴也难以攀缘,这四个字显然不可能是人力所为。大家纷纷猜测,有的认为是苔藓自成文字,有的认为是造化神笔,七嘴八舌,莫衷一是。询问紫云洞的道士及附近的居民,都说以往从未见过。游山归来后,谢绛在《游嵩山寄梅殿丞书》中详细地记录了此事,几十年过去,始终是一个未解的谜团。今天,参透天机的许道士提起此事,一定有其深意,可惜两人谈话时没有第三个人在场,而欧阳修"默有所契,语秘不传"(宋·江少虞《事

389

实类苑》引《西清诗话》载)。据说,直到熙宁五年(1072),欧阳修临终之际,乃作诗寄许道士,诗曰:

> 石唐仙室紫云深,颍阳真人此算心。真人已去升寥廓,岁岁岩花自开落。我昔曾为洛阳客,偶向岩前坐盘石。四字丹书万仞崖,神清之洞锁楼台。云深路绝无人到,鸾鹤今应待我来。(《戏石唐山隐者》)

如今,欧阳修集中确有此诗。然而,此诗是否欧阳修临终之作,是否真是回应许道士所透露的玄机,又成了另一个无法破解的谜团。也许它不过是一个富于浪漫色彩的联想、想象。但对于"人物、文章俱为天下第一"的欧阳修,人们宁愿相信他本来就是"神仙中人"(宋·胡仔《苕溪渔隐丛话》),山中乍现的"神清之洞"四字,就是向世人昭示他不平常的身份与来历。

不过,欧阳修此时对玄奥神秘的佛、老之学虽已有所兼容,但仍是谈不上倾心信仰。此后不久所作的《升天桧》一诗,便集中体现了这一点。

升天桧,是指亳州太清宫的八棵古老的桧树。传说,这八棵桧树是道教始祖老子亲手所植,三千年前,老子乘白鹿升天得道,就是凭借这八棵高耸入云的桧树步入青冥的。熙宁元年(1068)二月十八日,欧阳修循例出城举行新春劝农仪式,途中率僚属前往拜谒太清宫诸殿,"徘徊两阙之下,周视八桧之异"(《集古录跋尾·在清东阙题名》),他不禁对人们津津乐道的传说提出了质疑:

> 惟能乘变化,所以为神仙。驱鸾驾鹤须臾间,飘忽不见如云烟。奈何此鹿起平地,更假草木相攀缘。乃知神仙事茫昧,

第八章　颍水西畔六一居

真伪莫究徒自传。

传说中的神仙都能乘风御气,驭鸾驾鹤,为什么作为仙人坐骑的白鹿却起于平地,还要依托桧树才能升天呢?由此可见,神仙之事并不可信,不过是人们随口相传,真伪难辨。这一天,走在早春的原野上,听声声鸣鸦,看春光乍现,欧阳修心中挥之不去的,仍是致仕归田的深挚梦想:

> 拥旆西城一据鞍,耕夫初识劝农官。鸦鸣日出林光动,野阔风摇麦浪寒。渐暖绿杨才弄色,得晴丹杏不胜繁。牛羊鸡犬田家乐,终日思归盍挂冠。(《游太清宫出城马上口占》)

移知青州后,欧阳修以惯有的宽简风格,将日常的政务处理得井井有条

劝农回城,欧阳修自忖一年之期时日已近,于是满怀期望地写下《亳州乞致仕第一劄》。他说:

> 怨嫉谤谗,喧腾众口,风波陷阱,仅脱余生。忧患既多,形神俱瘁,齿发凋落,疾病侵陵。故自数年以来,窃有退休之志。……职事至简,犹多妨废;坐尸厚禄,益所难安。

世路险恶,他是真的怕了;年老体衰,他也是真的累了。他深深地怀念颍州,常常在想象中乘一叶扁舟在清澈的颍水漫游,听两岸蝉鸣,闻一路荷香,在风景绝美的焦陂,像自号"四明狂客"的唐代诗人贺知章一样,金龟换酒:

> 焦陂荷花照水光,未到十里闻花香。焦陂八月新酒熟,秋水鱼肥脍如玉。清河两岸柳鸣蝉,直到焦陂不下船。笑向渔翁酒家保,金龟可解不须钱。明日君恩许归去,白头酣咏太平年。(《忆焦陂》)

然而,事与愿违,从二月到七月,他接连上了五表、四劄请求致仕,朝廷依然不允。不仅不允,八月四日,又有诏令转兵部尚书,改知青州(今山东益都),充京东东路安抚使。

北宋前期,尚书不是具体实职,而是文官迁转官阶,共分六部,由低到高依次为:工部、礼部、刑部、户部、兵部、吏部。欧阳修去年春天离京时,由左丞跨工部、礼部,直接晋升为刑部尚书,如今刚刚一年过去,又跨户部而直升为兵部尚书,"尚书六曹,一岁之间,超转其五"(《辞转兵部尚书劄子》),欧阳修认为自己是无功受赏,深感不安,因此坚辞不受。安抚使则是负责各路军务治安的长官。京东东路下辖八州一军,除路府所在地青州之外,还有齐、密、沂、登、淮、淄七州以及淮阳军,责任十分重大,欧阳修年老体衰,去意已决,更觉难负重任,因此,他接连上了三道《辞免青州劄子》,退而求其次,请求留在亳州任上,但仍是没有得到批准。

无奈之下,欧阳修不得不启程赴任。初冬的北国,景物已是如此地寥落苍凉,霜天晓角,划破寂静的长空,南归的雁群惊慌地躲进灰色的云层;侵晓鸡鸣,唤醒了沉睡的大地,茫茫大海上初升的太阳也仿佛带着凛凛的寒意……

> 国恩未报身先老,客思无憀岁已昏。(《晓发齐州道中二首》其一)

第八章 颍水西畔六一居

低吟着新作的诗句,欧阳修思绪翩翩,心中无比惆怅:

> 轩冕非吾志,风霜犯客颜。惟应思颍梦,先过穆陵关。(《晓发齐州道中二首》其二)

随着北去的脚步,颍州是一点一点地远了,那遥远的海滨,那高峻险要的穆陵关,千山万水的相隔,从今以后,即便是梦归颍州,也不能不畏惧路途的艰险啊。

十月二十七日,欧阳修终于到达青州。为了表达对新任知州的欢迎,依照惯例,当地猎户纷纷给州府敬献猎物,"前日献一豹,今日献一狼"(《射生户》),一天,有位猎户献上一只驯鹿。看着这只绳缚网罗的无辜的驯鹿,欧阳修不禁有种同病相怜之感。他将驯鹿养在府中,决定等来年春暖草香时放归山林:

> 朝渴饮清池,暮饱眠深栅。惭愧主人恩,自非杀身难报德。主人施恩不待报,哀尔胡为网罗获。南山蔼蔼动春阳,吾欲纵尔山之傍。岩崖雪尽飞泉溜,涧谷风吹百草香。饮泉龁草当远去,山后山前射生户。(《驯鹿》)

和扬州、南京一样,青州辖地宽广,是当时有名的大郡,加以身兼京东东路安抚使,欧阳修的责任可谓十分重大。但他以惯有的宽简风格,将日常的政务处理得井井有条。

欧阳修生性仁恕,始终牢记着父亲的遗训,刑罚处置力求从宽。他常说:"汉代法律规定,只有杀人者处以死刑,汉以后量刑过重,死刑太多。"

由他亲自审理的死囚案件,除了那些已经杀人致死者外,其余的他总是尽可能在法律允许的范围内,为他们"死中求活"。登州沙门岛(今山东长岛县庙岛),是北宋死囚赦免犯流放地。由于年积月累,岛上罪囚众多,而官府仅提供三百人的口粮,于是岛上掌管罪犯的寨主自作主张,将多余的犯人投入大海。如此专横滥杀之下,寨主李庆两年之中竟杀了七百余人。登州知州马默了解到这一情况,十分震惊,他一面采取措施严加管理,一面向上级部门京东东路安抚使司反映。官员们普遍认为,岛上罪囚既多,一则供给有限,二则难以掌控,不如听任寨主随意处置。欧阳修坚决反对这种草菅人命的做法,他说:"人命关天,朝廷既已赦免了死罪的人,寨主怎可无端将他杀害?与其这样,何不当初就在本地处死?"

他连夜上章,奏请朝廷减少发配到沙门岛的罪犯人数,将那些原本发配到沙门岛,但罪行较轻的囚犯发配到其他远恶军州;同时,对于沙门岛上流放多年而且罪行较轻的囚犯,酌情量移。这样,既能缓减沙门岛上供给与管理上的压力,又可保全囚犯的性命。

欧阳修以博大的仁爱精神,关注这些和自己没有任何关系的罪囚,为他们赢得基本的生存权利;而对和自己有过节甚至仇怨的人,也同样能以宽广的胸怀秉公执法。

青州下属的临淄县,县令蒋之仪是蒋之奇的胞兄,他因事得罪了京东东路安抚使司和转运使司的个别官员,这些人都知道,去年春天,蒋之奇忘恩负义,兴起"长媳案"风波,诬陷欧阳修,给欧阳修的身心造成了巨大的伤害。如今欧阳修移镇青州,正好可以借他之手来打击蒋之仪。因此,他们在欧阳修面前极力诋毁蒋之仪,请求欧阳修对他严加惩处。但是,欧阳修并没有像他们所期望的那样从个人私利和感情出发,不分青红皂白地处理此事,而是秉持着公正客观的原则,派人进行周密细致的调查,发现蒋之仪并无过失,因此反而亲自出面极力保全,使他得以幸免。

经过欧阳修的悉心整治,京东东路安抚使司乃至青州的一切事务都井然有序。但他心中仍然常常感到愧疚,作为一名关心民瘼的正直官员,他深知"民间兴利趋公,事目百端"(《与薛少卿公期》其十五),自己老病益衰,精力不济,很多事情都无法落到实处。"苟禄偷安,负愧而已"(同上),这也是他殷切思归的重要原因。

精心修改《先君墓表》,改题为《泷冈阡表》

神宗皇帝仍然眷顾着这位离朝外任的老臣,熙宁二年(1069)三月,曾派内侍前往青州探望,并赐香药一银盒,又赐新校订的《汉书》一部。这部《汉书》由秘书丞陈绎重校,欧阳修曾负责审阅。

多年来,文化学术已成为欧阳修生活的一个重要部分,如今虽然两眼昏花,百病缠身,但公余之暇,他依然著述不辍。此时,其重点研究的是《诗经》,此项研究始于贬谪夷陵时期。他以一如既往的疑古疑经的精神,对传统传注提出尖锐批评,指出其中种种"臆说"、"衍说"和"曲说",主张从《诗经》原文出发,探求经典本义,撰成《诗本义》一书。在写给朋友的信中,他说:

> 诗义未能精究,第据所得,聊且成书,正恐眼目有妨,不能卒业,盖前人如此者多也。今果目视昏花,若不能草草了之,几成后悔。(《与颜直讲长道》其六)
> 某承见谕诗义,晚年迫以多病,不能精意,苟欲成其素志,仅且了却,颇多疏谬。若得一经商榷,何幸如之!(《与王龙图益柔字胜之》其九)

对于这部凝聚多年研究心得撰成的书稿,欧阳修并不十分满意,依他精益求精的性格,还需要不断修改、反复考订。只是迫于眼病日益恶化,担心半途而废,这才匆匆定稿。

老三欧阳棐如今已是父亲的得力助手,帮助父亲查找资料,誊录草稿等。嘉祐年间,欧阳修将数十年来收集的金石碑刻加以整理,成《集古录》一千卷,又为每件铭文撰一跋尾,举其大要,著成《集古录跋尾》十卷。现在,欧阳修又命欧阳棐依时代先后,将所有碑刻"各取其书撰之人,事迹之始终、所立之时世"(欧阳棐《录目记》),编为《集古录目》十卷,"以附于跋尾之后"(同上)。至此,有关《集古录》的全部工作才算最后完成。

此外,欧阳修还将皇祐、至和年间就已开始撰写的《欧阳氏谱图》做了最后的删订,并作《欧阳氏谱图序》。谱牒之学兴盛于魏晋南北朝时期,唐代以后逐渐衰落,"士大夫不讲,而世人不载,于是乎由贱而贵者耻言其先,由贫而富者不录其祖"(苏洵《谱例》),到宋初时几至于废绝。欧阳修与苏洵不约而同地各自考述、记录了自己家族的世系,开宋人私家修谱的先河,从而挽救了这一行将消亡的绝学,为我国谱牒学的发展做出了重要贡献。

世谱修成后,欧阳修又将皇祐五年所作的《先君墓表》进行了精心的修改,题为《泷冈阡表》。这篇著名的碑文平易质朴,情真意切,记叙了父亲的清廉正直、宅心仁厚与母亲的勤劳节俭、安贫乐道,抒发了作者的哀悼父母之情和褒扬先人品格、事迹之意。这篇文章被人们誉为"千古至文"。如今初稿和定稿都收在欧阳修的文集中。将两篇文章进行对照比较,修改的地方一目了然。有的是通过添加或修改虚词,使文章更具一唱三叹、平易流畅的情韵。如文章叙述父亲欧阳观当地方官时,处理"死狱"极其审慎、谨严,对要判死刑的

第八章 颍水西畔六一居

案件总是从另一角度去考虑能否减刑;经过这番考虑仍然不能减刑,这才略无遗憾。初稿写道:

> 求其生而不得,则死者与我皆无恨。

只是一般叙述句,而定稿改为:

> 求其生而不得,则死者与我皆无恨也。

加一"也"字,就更准确地传达出欧阳观说话时的肯定语气。随后叙述母亲郑氏对此事的评论,初稿写道:

> 其心诚厚于仁者也。

也只是一般的判断句,而定稿则前加"呜呼",后改"也"为"耶",一变而为感叹句式:

> 呜呼!其心厚于仁者耶!

加重了赞颂的感情色彩,与全文强烈的抒情气氛相协调。

有的则通过个别字、句的调整替换或添加,使全文脉络更加清晰,结构更加严谨。如初稿中叙述母亲郑氏对作者说:

> 吾于汝父,知其一二而已也,此吾之所恃也。

定稿改为:

> 吾于汝父,知其一二,以有待于汝也。

这样一改,从母亲对儿子的期待,变为从母亲口中转述父亲对他的期待。而这一点正是《泷冈阡表》行文脉理的关捩。改"恃"为"待",既呼应文章开头:

> 非敢缓也,盖有待也。

并为结尾伏笔:

> 又载我皇考崇公(欧阳观封崇国公)之遗训,太夫人之所以教而有待于修(欧阳修)者,并揭于阡(立碑揭示于墓道上)。

三个"待"字隐然贯穿全文,成为行文的中心线索。而首尾两个"待"字都是新添加的:开头一句是解释父亲死后六十年才立墓碑、写成本文的原因,不是有心拖延,而是有所"待":按照宋朝的规定,子孙显贵,已经亡故的父祖皆有赠封赐爵的荣耀,因此,迟作阡表就是为了等待自己功成名就,在古人看来,子孙的成就与名声乃是祖上积善的余庆。结尾处即历数欧阳修一家所受皇恩封赏,表示"待"果然有了着落,没有成为空待,用以进一步赞美亡父的仁德。这虽是一般墓表的题中应有之义,其思想观念,我们不一定认同;但从写作技巧的角度看,这类复笔,既能保持文气浩瀚如行云流水,又能在节骨点上作呼应或小顿,使文气凝聚不散,这在长篇散文中尤见功效。同时,初稿和定稿的主要文字都是借母亲之口述说亡父事迹,但定稿更突出父对子的"待",其他几处的修改也服从于这一点。如定稿

第八章 颍水西畔六一居

中记叙父亲曾说:

> 术者谓我岁行在戌将死(在戌年将死去),使其言然,吾不及见儿之立也。

这段话初稿中原是:

> 岁行在戌,我将死,不及见儿之立也。

初稿把话说得太实,又没提及这是根据算命人的推测,使人感到突兀;定稿语意合情合理,态度委婉沉痛,更流露出对儿子期待的殷切。又如在母亲述说父亲事迹以后,以总结的语气说道:

> 吾不能教汝,此汝父之志也。

这两句初稿中没有。加上这两句,一方面使母亲的长篇讲述有一个相应的收束,也与紧接的下文"修泣而志之(记住它),不敢忘",绾合密切,语气一贯;另一方面也为了把母亲的长篇讲述归结为"汝父之志",强调这是父亲生前对他的教诲和期待。

修改之后的文章更加纡徐婉转、唱叹有情,处处表现出欧阳修在用字遣句、布局谋篇的艺术匠心。从《先君墓表》到《泷冈阡表》,我们可以清楚地看到欧阳修千锤百炼、精益求精的写作态度。

勤于修改,善于修改,是欧阳修的写作秘诀。每篇文章写成之后,他总是习惯于将初稿"贴之墙壁,坐卧观之"(宋·何薳《春渚纪闻》),反复琢磨,反复修改,直到满意为止。从初稿到定稿,删削改易,往往十不存五六,"至有终篇不留一字者"(宋·陈善《扪虱新话·文贵精工》)。哪怕是写张一二十字的小柬,他也会预先打个草稿。因此,他传世的文章,无不"明白平易,若未尝经意者,而自然尔雅,非常人所及"(宋·阙名《南窗纪谈》)。

离朝外任以来,公务相对轻闲,他开始整理自己平生所作的诗文,每一篇都仔细地加以推敲,整日冥思苦想,殚精竭虑。薛氏夫人十分担心他的身体,劝阻道:"何必如此自讨苦吃?难道还怕被先生骂不成?"

他笑着回答道:"不怕先生骂,是怕后生笑!"

他曾多次将自己的这一写作经验毫无保留地传授给前来求教的晚辈,他说:

(作文)无它术,唯勤读书而多为之,自工。世人患作文字少,又懒读书,每一篇出,即求过人,如此少有至者。疵病不必待人指摘,多作自能见之。(苏轼《记欧阳公论文》引)

随笔集《归田录》中所记录的一个卖油翁的故事,也是他常常用来启迪儿辈后生们勤学苦练的生动事例:

陈康肃公善射,当世无双,公亦以此自矜。尝射于家圃,有卖油翁释担而立,睨之,久而不去。见其发矢,十中八九,但微颔之。

康肃问曰:"汝亦知射乎?吾射不亦精乎?"

翁曰:"无他,但手熟尔。"

康肃忿然曰:"尔安敢轻吾射!"

翁曰:"以我酌油知之。"

乃取一葫芦置于地,以钱覆其口,徐以杓酌油沥之,自钱孔入而钱不湿。

因曰:"我亦无他,惟手熟尔。"

康肃笑而遣之。此与庄生所谓"解牛"、"斫轮"者何异!

陈康肃公即宋初名臣陈尧咨,宋真宗咸平三年(1000)进士第一,官至龙图阁直学士、翰林学士、武信节度使。康肃是他的谥号。他以气节自任,擅长射箭,自称"小由基"(养由基,春秋楚国大夫,善射)。然而,即便是当世无双的神射手,在卖油老人看来亦不过是"熟能生巧"而已。因为,文中的卖油翁与《庄子》寓言中善于解牛的庖丁、善于斫轮的轮扁一样,在实践中练就了真功夫,从而深切地认识到不平凡出自于平凡之中的道理。

千里之外的京城,
一场轰轰烈烈的变法运动开始了

莫嫌白发拥朱轮,恩许东州养病臣。饮酒横琴销永日,焚香读《易》过残春。(《读易》)

当欧阳修怀着"养拙待归"的心态在青州过着平静的生活时,千里之外的京城,一场轰轰烈烈的变法运动已经开始了!这场变法运动的主持者,正是欧阳修赏识并多次推荐的王安石。

在长期的州县地方官任上,王安石对社会现实、民生疾苦有了深刻的认识,他在鄞县、舒州、常州等地试行的改革措施,也收到了显著的成效,逐渐形成一整套变法理论和方案。嘉祐三年受诏还京,任三司度支判官后,他写下长达万言的《上仁宗皇帝言事书》,对朝政提出了改革意见。尽管没有得到采纳,但他的英伟卓识和"视富贵如浮云,不溺于财利酒色"(宋·黄庭坚《跋王荆公禅简》)的高尚品德,使他在士林中的声望持续攀升。他依然屡屡辞却人人欣羡的晋升机会,但他越是拒绝,朝廷就越欲委以重任:

> (嘉祐四年五月)度支判官、祠部员外郎王安石累除馆职并辞不受。中书门下具以闻,诏令直集贤院。安石犹累辞,乃拜。
> (嘉祐五年四月)己卯,度支判官、祠部员外郎、直集贤院王安石同修起居注。安石以入馆才数月,馆中先进甚多,不当超处其右,固辞之。
> (嘉祐五年十一月)度支判官、祠部员外郎、直集贤院王安石同修起居注。……安石终辞之,最后有旨令阁门吏赍敕就三司授之,安石不受,吏随而拜之,安石避于厕,吏置敕于案而去,安石遣人追还之,朝廷卒不能夺。
> (嘉祐六年六月)戊寅,度支判官、刑部员外郎、直集贤院、同修起居注安石知制诰。初,安石辞起居注,既得请,又申命之,安石复辞,至七八月乃受。于是径迁知制诰,安石遂不复辞官矣。(宋·李焘《续资治通鉴长编》)

因此,到仁宗嘉祐六年,王安石已经进入了朝廷决策的核心集团。英宗治平元年,他因母丧退居江宁,治平四年三月除丧,知江宁府,九月,即除翰林学士。当时,英宗去世,神宗初立。

嘉祐以来,大规模的边境冲突基本平息,社会经济持续发展,但是这种安定与繁荣仅仅是一种表面现象,"庆历新政"前后所面临的种种社会危机依然没有缓解,随着时间推移,潜在的社会矛盾日益严峻。每年向西夏输纳银七万两,绢五千匹,茶三万斤,向辽

第八章　颍水西畔六一居

国输纳银二十万两，绢三十万匹，给国家财政造成沉重负担。国家贫弱，民不聊生，内忧外患迫在眉睫。新的改革浪潮在士大夫中蓬蓬勃勃地酝酿着，仿佛地下奔腾汹涌的熔浆，只等着一个突破口的打开。

神宗赵顼是英宗皇帝的长子，治平四年继皇帝位，正当奋发有为的二十年华，面对积贫积弱的尴尬局面，深感屈辱，决心锐意求治，富国强兵。他曾和大臣谈及太平兴国四年（979）宋太宗御驾亲征与辽作战，惨败而归的往事，心情无比沉痛，他说：

"太宗自燕京城下兵败，被北虏穷追不舍，仅得脱身，所有随身携带的器物，随行侍候的嫔妃都被掳走，太宗腿上连中两箭，每年都要发病，他的逝世，也是由于箭伤复发。像这样不共戴天之仇，我们还要年年捐银输帛，为人子孙者应当这样吗？"说着说着，泣不成声。

有一次，他还身着戎装到后宫去见祖母（仁宗妻曹后），以表达自己发奋图强的志向。

即位以来，他开始广泛征询大臣的意见，探求革新之路。

他召富弼入对，富弼说："陛下即位之始，当先布德泽，愿二十年口不言兵。"

他向司马光请教，司马光说，人主应先修身而后治国。

这些元老大臣深知天下之事积重难返，希望神宗沉着冷静，切合实际，循序渐进地打开局面。然而，稳健常常流于因循苟且，过分强调客观困难则可能变得庸碌无为。因此在神宗皇帝看来，他们都过于老成持重，早已失去了"庆历新政"时的勇锐之气，他们的谈话往往空泛而不着边际，丝毫不能解救当务之急。痛感无人共商大计，年轻的皇帝陷入无限的焦虑和苦闷。这时，他想起了翰林学士王安石。

熙宁元年(1068)四月,由神宗授意,王安石以翰林学士越次入对。君臣一见如故,在一系列重大国策上取得高度一致。王安石怀着乐观、豪迈的心情对神宗说:"大有为之时,正在今日!"

年轻的皇帝心潮澎湃,信心倍增,以坚定的目光注视着远方,仿佛已看到了灿烂辉煌的前景。这场历史上著名的变法运动,就在大势所趋的社会历史背景下,在百年难逢的君臣遇合的关键点上,奏响了激扬奋进的序曲!

经过一年的酝酿和准备,熙宁二年(1069)二月,神宗起用王安石为参知政事。雷厉风行的王安石受命执政,立即建立起一个负责制定户部(掌管户口、赋税和榷酒等事)、度支(掌管财政收支和粮食漕运等事)、盐铁(掌管工商收入和兵器制造等事)三司条例的专门机构,命名为"制置三司条例司",作为主持变法的新机构。

历时十八年的变法运动正式开始。

在神宗皇帝的信任和支持下,王安石勇往直前,颁布了一系列新法,大刀阔斧地推进改革。新法的具体内容可分为理财和整军两类。属于理财的有青苗法①、免役法②、均输法③、市易法④、方田均

---

① 青苗法:为了免除农民在青黄不接时受到高利贷的盘剥,由官府向他们贷款,每年两次,利息二分;在夏、秋时随两税还纳(实际上年息四分)。

② 免役法:宋朝原来实行差役法,官府有各类繁重差役,由民户自己服役,常使当役人倾家荡产。免役法改为向官府交钱,由官府雇人充役;民户按户等的不同交纳不同数量的役钱。

③ 均输法:当时税收制度有个严重弊端,各地区上供财赋,不管年成丰歉,产地远近,都是同一定额,富商大贾便乘机倒卖取利。均输法规定设发运使官,根据各地财赋情况和京城库存数量,统一处置,"徙贵就贱,用近移远",对各地供办的物品有变易调整之权。

④ 市易法:设立常平市易司,管理市场,控制物价,并向商人贷款或赊售货物,取年息二分。

税法①、农田水利法②等;属于整军的有减兵并营③、将兵法④、保马法⑤、保甲法⑥等。理财是为了"富国",整军是为了"强兵",最终目的是为了充实财力和军力,从这两个方面巩固赵宋王朝的统治。

一时之间朝野震惊,舆论汹汹。尽管这是一个人心思变的时代,人们普遍地求变图新,但政治、社会变革是涉及各个阶层人们的群体实践活动,其中会不可避免地卷入许多复杂、琐碎、偶然的因素,因此,在改革的具体措施方面,人们又有着种种不同甚至是截然相反的观点和设想。同时,这又是一个因循守旧已成习惯的社会,人们虽然早已不满现状,但又好像暗暗地害怕变化,他们心里没有安全感,对结果的忧虑也助长了抵触情绪的蔓延。

变法运动刚开始时,
欧阳修没有发表任何评论

面对如此雷厉风行的变法声势,欧阳修的内心十分复杂。作为一名长期执掌大政的正直官员,他清楚地意识到朝廷政治、经济和军事危机的不断深化,并为之忧虑已久,早在皇祐年间所作的《奉答子华学士安抚江南见寄之作》一诗中,他就曾写道:

> 百姓病已久,一言难遽陈。良医将治之,必究病所因。天

---

① 方田均税法:为防止大地主隐瞒田产,赋税不均,决定丈量田地,按土质肥瘠规定税额。
② 农田水利法:奖励兴修水利,必要时用官府贷款加以资助。
③ 减兵并营:裁减五十岁以上的老弱兵士,进行全国军队的整编。
④ 将兵法:置将练兵,使各地将官自专军队事务,改变过去"兵不识将,将不识兵"的情况。
⑤ 保马法:奖励民间代官府养马。
⑥ 保甲法:以十户为保,五十户为大保,十大保为都保,加强地方行政的控制,建立地主武装,以防止农民的反抗。

下久无事,人情贵因循。优游以为高,宽纵以为仁。今日废其小,皆谓不足论。明日畏其大,又云力难振。旁窥各阴拱,当职自逡巡。岁月侵躔颓,纪纲遂纷纭。

他认为,国弱民贫的原因在于弥漫朝野之间的因循苟且的不良习气,当政者优柔寡断,士大夫坐观成败,致使纪纲荡然,政事日坏。因此,他渴望一场行之有效的改革,来刷新朝政、化解危机!同时,他也深切地认识到,积贫积弱之弊已非一般常药所能医治,需要痛加针砭:

　　疾小不加理,浸淫将遍身。汤剂乃常药,未能去深根。针艾有奇功,暂痛勿吟呻。痛定肢体胖,乃知针艾神。猛宽相济理,古语六经存。蠹弊革侥幸,滥官绝贪昏。牧羊而去狼,未为不仁人。俊乂沉下位,恶去善乃伸。贤愚各得职,不治未之闻。(同上)

孔子曾说过:"政宽则民慢,慢则纠之以猛;猛则民残,残则施之以宽:宽以济猛,猛以济宽,政是以和。"(《左传·昭公二十年》)因此,欧阳修主张猛宽相济,对那些贪官、滥官、昏官,必须予以坚决彻底的打击,就像牧羊人消灭豺狼虎豹一样,绝不手软!这样才能做到贤愚各得其所,实现政治的清明。

　　然而,亲身经历过"庆历新政",又亲自担任参知政事整整七年,欧阳修深知,天下之事,积重难返,牵一发而动全身。因此,他接着又说:"此说乃其要,易知行每艰。"(同上)而在《与田元均论财计书》中,他更具体地阐述道:

　　建利害、更法制甚易,若欲其必行而无沮改,则实难;裁冗长、塞侥幸非难,然欲其能久而无怨谤,则不易。为大计既迟久而莫待,收细碎又无益而徒劳。

分辨有利或有害的措施,改革法规与制度很容易,但要使这些有利的新政措施顺利推行而不受到阻挠破坏,则很难;裁减冗官、杜绝营私舞弊不难,但要长期坚持,不受到攻击和诋毁则不容易。从根本上进行改革收效慢,难见实效,大家等不及;而做局部的、眼前的枝节改革,又徒费精力,无补于事。这封信作于皇祐二年(1050),"庆历新政"退潮将近五年,可说是欧阳修对这场他曾经寄予无限期望的革新运动痛定思痛的深刻总结。

也许正是出于这种极为复杂的心态,在变法开始的第一年中,欧阳修没有对此事发表任何评论,直到熙宁三年(1070)正月青苗法颁布强制推行。

青苗法是王安石变法的一项重要内容。由于以往每年青黄不接时,豪强兼并之家乘人之危,放高利贷获取巨利。青苗法即针对这一情况,试图以政府的力量平抑兼并之家放贷的影响,农民直接向官府贷款度过饥荒,待到秋收之时再本息偿还,贷款利息统一规定为百分之二十。这样,既可以增加国家财政收入,又可以使百姓免受高利贷的盘剥。立法的本意并非不好,实际执行过程中却出现了严重的问题。原来规定借贷自愿,结果却实行强制性"抑配",加上许多地方官为了多取息钱,邀功请赏,往往在规定的利息之外,又附加名目繁多的种种收费名目。目睹这一情况,欧阳修深感不安,他以数十年丰富的为政经验,清楚地预见到强制推行青苗法可能出现的不良后果:广大民众被迫接受国家的贷款,春借秋偿,秋借春还,本利相加,一旦遇上天灾人祸,根本无法偿清,在官府严催紧逼之下,只好又付出加倍的利息向豪强富户借钱,来偿还官债,以至于弄得倾家荡产。尽管国家因青苗法所得的利益将十分可观,贫苦百姓却深受其害。这与欧阳修一贯坚持的爱民、便民的为官原则不相符合。

三月,欧阳修奏上《言青苗钱第一劄子》,对青苗法的实行提出了三条建议:第一,为了体现青苗法旨在利民、不在谋利,请求取消百分之二十的利息。第二,对特困户、或因水旱灾害而造成拖欠青苗钱的农户,暂停发放青苗钱,并准予暂不交还所欠款项。第三,罢除派遣到各路催督青苗钱发放的提举、常平官,将禁止摊派落到实处,真正做到让百姓借贷自愿。

然而,此时,在改革浪潮的激励下,神宗皇帝和王安石这两个同样自信、同样果决、同样坚定的人,正怀着迫切的、急于求成的心情走自己的路,况且,各种各样反对的声浪是如此繁杂而巨大,他们根本无暇分辨哪些声音是合理的、中肯的,哪些声音则是恶意的、毫无道理的。在这种情况下,欧阳修派快马火速递呈的奏疏有如石沉大海,杳无音信。

光阴荏苒,倏忽又到了五月,眼看青州境内春季发放的"夏料青苗钱"至今没有一户偿还,按照朝廷命令,"秋料青苗钱"的发放又已迫在眉睫。欧阳修感到,长此以往,必将后患无穷,他为此深深忧虑。五月十九日,他不顾朝廷三令五申,毅然奏上《言青苗第二劄子》,再次对青苗法的推行提出异议,请求朝廷允许停发"秋料青苗钱"。由于时间紧迫,他甚至冒着极大的风险,没等朝廷批复,就擅自命令京东东路各州军停止发放"秋料青苗钱"。欧阳修的这一做法,引起朝廷极大的不满,在当时变法与反变法斗争极为尖锐的时刻,照例是要被严加惩治的。但是碍于他的声望,神宗和王安石还是宽恕了他,只在五月二十一日颁发了一道诏令予以批评,并特许免罪。

第八章 颍水西畔六一居

神宗皇帝很想让欧阳修出任宰相，曾多次与王安石讨论此事

此时，欧阳修青州之任即将期满，朝廷正在考虑他的新的任命。自熙宁二年（1069）二月以来，神宗皇帝重用王安石主持变法，但是，作为一位稳重心细，有胆有识的最高统治者，年轻的皇帝并不打算一味标新立异，完全不顾祖制旧法。尽管他厉行变法，渴望能够改写历史，但在朝廷最高权力机构的人事任免问题上，他始终严格承袭着作为"祖宗家法"的制衡术：用政见不一的人互相制约，既可以集思广益，又可以使自己不受制于某一方。因此，组成熙宁中书内阁的五位宰执大臣，其政治态度可说是各个不一。当时人们以"生"、"老"、"病"、"死"、"苦"戏称五位宰辅。"生"是指参知政事王安石，他年富力强，生机勃勃；"老"是指宰相曾公亮，他年逾古稀，老态龙钟，正在请求告老归乡；"病"是指宰相富弼，他不赞成大变法度，尤其不赞成军事改制，常常称病不朝，消极抵抗；"死"是指参知政事唐介，他是王安石最坚决的对立派，直言极谏，不被采纳，整日忧心忡忡，变法开始不久就因病去世；"苦"是指参知政事赵抃，他也不赞成王安石变法，但因大势所趋，深知无力阻挡，只是连连叫苦。

由于曾公亮确已老迈，致仕求退已是刻不容缓。神宗皇帝很想让欧阳修出任宰相，曾多次与王安石讨论此事。一天，他说："欧阳修与邵亢相比较怎么样？"

邵亢字兴宗，英宗朝时因论事得体，被赞为"国器"，以知制诰知谏院。神宗即位后，迁龙图阁直学士，进枢密直学士、知开封府，治平四年九月，拜枢密副使。

王安石实事求是地回答道:"邵亢比不上欧阳修。"

神宗又问:"和赵抃相比较呢?"

"胜过赵抃。"王安石说。

过了几天,神宗又问王安石:"欧阳修和吕公弼相比较呢?"

吕公弼字宝臣,是已故宰相吕夷简的儿子,时任枢密使。

王安石回答道:"欧阳修胜过吕公弼。"

"那么,和司马光相比又怎样?"

王安石想了想说:"欧阳修比司马光也要强些。"

于是,神宗决定起用欧阳修。但王安石劝阻道:"陛下应该先召欧阳修进京,和他谈论时事,考察他是否确实有补于政。"

熙宁三年(1070)四月二十九日,神宗派内侍冯宗道前往青州慰问欧阳修,同时宣布任命欧阳修为宣徽南院使①、判太原府②、河东路经略安抚使③,并命他尽快进京朝见。

这一任命完全出乎欧阳修的意料之外。他求退心切,知道朝廷不会轻易同意他告老归田,所以去年冬天曾两上章疏,请求移知邻近颍州的淮南小郡寿州(今安徽寿县),希望逐步卸去重任,谁知竟然是"每求退则得进,每辞少则获多"(《辞宣徽使判太原府劄子》)!为此他深感不安,不肯接受任命,将敕告寄存在州军资库,连上四道《辞宣徽使判太原府劄子》,请求朝廷收回这一任命。

而与此同时,五月十九日欧阳修所上的《言青苗第二劄子》,以及他擅自于京东东路各州军停放秋料青苗钱的行为,也使王安石越

---

① 宣徽南院使:职事官名,或为加官。位于枢密使之下,枢密副使之上。多用以优待勋臣、外戚等。
② 判太原府:府,同州,是地方行政编制单位名,但府会较尊。判,二品以上及带中书、枢密院、宣徽院使职事者,称"判"。
③ 经略安抚使:差遣名。以文臣总制一路军事、民政、防范武帅专制。位高于安抚使。

第八章　颍水西畔六一居

来越清楚地意识到欧阳修不可能成为自己变法事业的同路人,他开始竭力阻挠神宗起用欧阳修。他对神宗说:"陛下欲重用欧阳修,可是欧阳修对时政的看法大有问题,如果由他主政,恐怕会妨碍陛下想要成就的事业。"

神宗叹息道:"可是除了欧阳修,我们现在也很难找到一个德高望重的人来主持朝政啊。"

王安石说:"宁愿用才德平庸之辈,也不能用一个可能会从中作梗的人。"

神宗说:"宰相,还是应该找肯做事,有担当的人。"

王安石说:"肯做事固然很好,但如果所做的事情与理相背,岂不是误了陛下的大事？陛下行事未免过分在意朝野舆论,一旦受其牵制,就会贻误事机,所以为臣不能不感到担忧啊！"

神宗沉默良久,回答道:"还是等欧阳修进京以后再慢慢商议吧。"

王安石深知欧阳修在士林中的声望,一旦入主朝政,很有可能形成一股反对新法的强大势力,因此,他坚决地对神宗说:"微臣以为,欧阳修执政必定无补于时事,只会使那些好为异论者追随其后,给朝廷添乱。"

这番对话,远在千里之外的欧阳修自然是毫不知情,但是,几年来,他求退之心日益强烈,而这一年多对新法实践的冷静观察,他深感自己的政见与王安石相去太远。王安石变法以富国强兵为宗旨,所颁行的一系列新法都围绕着增加国家财政收入这一中心,在"国计"与"民生"这两端上,重心明显倾向"国计"而忽视"民生"。新法实行之后,国家收入迅速增加,与此同时,百姓的负担也日益加重。加上所用非人,一些贪利求进的地方官,为了个人升官晋级,不惜严刑重法压榨人民,王安石主观上的"良法美意"在实践中却部分地变

411

质,成了"扰民"的工具。欧阳修的变革主张历来是以整顿吏治、爱民、节用为核心,其具体的施政原则也是以镇静宽简为本,反对"扰民"。同时,在改革的强度上,对于王安石如此大刀阔斧的作为,欧阳修也有不同看法。他历来主张渐变而非突变,因循保守则恐国势日危,改革旧章又怕另滋扰乱,矫枉不能过正,力图掌握分寸和限度。

"道不同,不相为谋",眼前的形势,更坚定了欧阳修的退隐之心。他迟迟不肯进京,五月二十二日到六月十五日,又先后递呈了第五道、第六道《辞宣徽使判太原府劄子》,同时致书中书省,请求免除朝命,改知与颍州毗邻的小郡蔡州(今河南汝南)。在《辞宣徽使判太原府劄子》其六中,他说:

> (臣)历官以来,多触罪辜,屡罹忧患,盖以不通时务,不习人情,加以晚年继之以衰疾,识虑昏眊,举事乖违。大抵时多喜于新奇,则独思守拙,众方兴于功利,则苟欲循常。……臣宜所必辞者三:义所难安,一也;精力已衰,二也;用非所学,三也。

明确表示了自己"守拙"、"循常",反对"新奇"、"功利"的政治态度。七月三日,朝廷同意了欧阳修的请求,罢宣徽南院使,复为观文殿学士,改知蔡州。

欧阳修写下《六一居士传》,
由表及里、由浅入深地解读这一别号

熙宁三年(1070)八月,欧阳修终于如愿以偿地踏上了南归之路。蔡、颍连疆,赴任途中,他决定先回颍州小住数日。颍州旧居的

改建扩建已经完成,窗明几净,花木成荫,书房中井然有序地陈列着琴、棋、书、画,和欧阳修多年来收集的金石遗文,处处显示出舒适和安宁。他以无比惬意和赏爱的目光环视着周遭的一切,设想着自己归耕田亩后的优游生活。

早在治平三年(1066),他就仿效古代隐居之士,为自己取了一个新的别号:六一居士。这一别出心裁的名号,许多人不解其意。闲居颍州,欧阳修写下《六一居士传》,对这一别号进行了由表及里、由浅入深的生动解读:

> 六一居士初谪滁山,自号醉翁。既老而衰且病,将退休于颍水之上,则又更号六一居士。
>
> 客有问曰:"六一何谓也?"
>
> 居士曰:"吾家藏书一万卷,集录三代以来金石遗文一千卷,有琴一张,有棋一局,而常置酒一壶。"
>
> 客曰:"是为五一尔,奈何?"
>
> 居士曰:"以吾一翁老于此五物之间,是岂不为六一乎?"

文章以主客问答的形式解说"六一"之意,生动而诙谐。

读书,是欧阳修从小养成的一大爱好,通过读书,他由一名贫寒的士子,成长为北宋政治、思想、文化领域举足轻重的人物。几十年风霜雨雪,他享受了荣光,也经历了忧患,年少时种种浓情意趣,在岁月的剥蚀下渐渐消散,而书籍,依然是他生活中永不厌倦的真实友伴。嘉祐年间所作的《读书》诗中他写道:

> 吾生本寒儒,老尚把书卷。眼力虽已疲,心意殊未倦。……自从中年来,人事攻百箭。非惟职有忧,亦自老可

叹。形骸苦衰病,心志亦退懦。前时可喜事,闭眼不欲见。惟寻旧读书,简编多朽断。古人重温故,官事幸有闲。乃知读书勤,其乐固无限。

早年家境清贫,无书可读,只能借书来抄读背诵。如今家藏万卷,卷卷精善,还有千卷极为难得的金石遗文,这在欧阳修看来,是比任何权位和家产更珍贵的财富。

除了读书,抚琴也是欧阳修闲暇之时自我调节、娱情遣兴的重要手段。他体质羸弱,多忧易感,最初接触琴道,只是希望借以调养身体。接触多了,他发现琴乐"喜怒哀乐,动人心深,而纯古淡泊,与夫尧舜三代之言语、孔子之文章、《易》之忧患、《诗》之怨刺无以异。其能听之以耳,应之以手,取其和者,道其堙郁,写其忧思,则感人之际亦有至者焉。"(《送杨寘序》)弹琴这种技艺虽然微不足道,但当技艺精湛时,从洪亮的宫声到细弱的羽声,随着琴弦的操弄,声调便会迅速地随着情感的变化而变化。有时激昂澎湃,有时哀怨凄凉,有时祥和舒畅,有时飘逸清明……总之,琴声与人性相通,人能借琴音抒怀。景祐年间远谪夷陵,琴声帮他驱走寂寥:

江水深无声,江云夜不明。抱琴舟上弹,栖鸟林中惊。游鱼为跳跃,山风助清泠。境寂听愈真,弦舒心已平。(《江上弹琴》)

庆历年间贬居滁州,琴声为他排遣忧烦:

郡斋日午公事退,荒凉树石相交加。李师一弹凤凰声,空山百鸟停呕哑。(《赠无为军李道士》其二)

第八章 颍水西畔六一居

> 长松得高荫,盘石堪醉眠。止乐听山鸟,携琴写幽泉。(《游琅琊山》)

嘉祐在朝位高责重,琴声为他调节身心:

> 自从还朝恋荣禄,不觉鬓发俱凋残。耳衰听重手渐颤,自惜指法将谁传?偶欣日色曝书画,试拂尘埃张断弦。娇儿痴女绕翁膝,争欲强翁聊一弹。(《奉答原甫见过宠示之作》)

如果说,琴、书、金石是独处时的良伴,那么,饮酒、对弈,则是友朋相聚时必不可少的节目:

> 春笋解箨,夏潦涨渠,引流穿林,命席当水,红薇始开,影照波上,折花弄流,衔觞对弈……(《游大字院记》)

这是青春飞扬的华年盛事,文酒相酬、雅集频仍。

> 临溪而渔,溪深而鱼肥;酿泉为酒,泉香而酒洌;山肴野蔌,杂然而前陈者,太守宴也。宴酣之乐,非丝非竹,射者中,弈者胜,觥筹交错,起坐而喧哗者,众宾欢也……(《醉翁亭记》)

这是忧患丛生的中年际遇,寄情山水、与民同乐。

总之,在漫长而艰辛的人生历程中,琴、棋、书、酒、金石遗文,给了欧阳修最深刻的心灵慰藉,无怪乎在仕宦之余,他渴望能够"老于此五物之间"。然而,这还不过是"六一居士"最表层的意蕴,家喻户晓的"醉翁"名号何以要特意加以更改?这其中折射出欧阳修壮年

415

和晚年的不同心态、志向和情趣。在解释了何为"六一"之后,《六一居士传》借客的进一步问难,委婉从容地将话题引向深处:

> 客笑曰:"子欲逃名者乎?而屡易其号,此庄生所诮畏影而走乎日中者也。予将见子疾走大喘渴死,而名不得逃也。"
> 居士曰:"吾固知名之不可逃,然亦知夫不必逃也。吾为此名,聊以志吾之乐尔。"

作为一名士大夫,青年时代寒窗苦读,就是为了干名位,成事功,然而,一旦功成名就,才发现功业与劳苦俱来,名位与忧患相生,至此,虽欲逃名而名紧随,虽欲避名而名紧追。靠更换名号来"逃名",就像庄子寓言中讥诮的那个害怕影子的人,在中午的阳光下狂奔疾走以摆脱影子的追随,显然是徒劳的。欧阳修深知此理,因此他说,更换名号不过是表述自己的志趣罢了。下文便很自然地转入到晚年志趣的抒写:

> 客曰:"其乐如何?"
> 居士曰:"吾之乐可胜道哉!方其得意于五物也,太山在前而不见,疾雷破柱而不惊;虽响九奏于洞庭之野,阅大战于涿鹿之原,未足喻其乐且适也。然常患不得极吾乐于其间者,世事之为吾累者众也。其大者有二焉,轩裳珪组劳吾形于外,忧患思虑劳吾心于内,使吾形不病而已瘁,心未老而先衰,尚何暇于五物哉!虽然,吾自乞其身于朝者三年矣,一日天子恻然哀之,赐其骸骨,使得与此五物皆返于田庐,庶几偿其夙愿焉。此吾之所以志也。"

对于晚年的欧阳修来说,人生最大的乐趣莫过于可以专心得意于琴、棋、书、酒与金石拓本之间,陶醉其中,泰山在前也看不见,疾雷破柱也不惊慌。即便是成就像尧、舜一样的辉煌功业,其快乐与适意也远远比不上这种充满艺术气息的隐居生活。多年以来,轩冕荣华的拘束,世事俗务的纠缠,使他心劳力瘁,未老先衰,根本无暇享受优游五物的乐趣。庄子曾说过,人要逃避自己的影子,最好的办法就是从阳光下走到阴处;人要怕见自己的脚印,只须停下来不再前行。要摆脱物累世虑,就只有辞官归隐。一旦脱离了官场,与功业俱来的劳苦,与名位相生的忧患,都不必逃而自然消失了。更改名号虽然不能"逃名",但新的名号所寄寓的息影林泉的志向和追求,却可以使名不必逃而自泯无痕。

也许,从庄子"无待于外"的理想标准来看,系心于琴、棋、书、酒、金石遗文,仍不免于"为物所役"。但是,欧阳修取名"六一居士",并不是要做一个避世的超人,他只是要表达自己思归求退、安享晚年的心愿。"六一"之乐是一种向往,一种追求,是他最后的一个人生目标。而这种"乐"只有在辞官归老后才能变为现实。

年华渐老、衰病侵凌,
欧阳修一再上书请求归老

在颍州的日子总是过得那么快,倏忽一个多月就过去了。三年前编集的十三首《思颍诗》,已由陆经拿去刻于石上。如今,欧阳修整理亳州、青州任期的诗稿,发现怀念颍州的诗篇竟达十七首之多,他不禁感叹道:

> 盖自南都至在中书十有八年而得十三篇,在亳及青三年而

得十有七篇,以见余之年益加老,病益加衰,其日渐短,其心渐迫,故其言愈多也。(《续思颖诗序》)

《礼记·檀弓》曰:"七十不俟朝。"欧阳修刚刚六十四岁,朝廷自然有足够的理由一再挽留他,因此,尽管对仕宦生活充满了深深的倦怠,他仍得强打精神,奔赴新的任所。

九月二十七日,欧阳修抵达蔡州,好在这里与颍州相隔咫尺,而且郡小地偏,可以养拙偷安。但无所作为并不是欧阳修的风格,数十年来,无论在朝还是外任,执政为民,不求声誉,是他坚持不舍的从政原则。此时所作的《岘山亭记》一文就集中体现了他的这一思想。

岘山位于汉水之滨,在今湖北襄阳市南,它是一座并不十分引人注目的小山,因与东晋名将羊祜、杜预有关而闻名于世。当年晋室初立,与吴国对峙,荆州以其独特的地理位置,成为晋朝的战略要地。羊祜受命都督荆州诸军事,他"开设庠序(学校),绥怀远近,甚得江汉之心"(唐·房玄龄等《晋书·羊祜传》),临终之际,举杜预自代。杜预领兵伐吴,于太康元年(公元280)平定吴国,实现统一大业。他们建立了丰功伟绩,令人敬佩不已,流风余韵,"蔼然被于江汉之间"(《岘山亭记》),引起后人深深的怀念,对羊祜的怀念尤其深切。史书记载,羊祜每次出兵吴国境内,对吴地百姓秋毫无犯,"刈谷为粮,皆计所侵送绢偿之";每次率领亲兵打猎,"若禽兽先为吴人所伤而为晋兵所得者,皆封还之",吴地百姓"翕然悦服,称为羊公",从不直呼其名。羊祜去世之后,襄阳百姓为之建碑立庙,岁时祭祀,"望其碑者,莫不流涕,杜预因名为堕泪碑"(唐·房玄龄等《晋书·羊祜传》)。

岘山上原有一座亭子,据说是羊祜当年游玩的地方。数百年来,这座亭子在风雨的剥蚀下虽然屡次毁坏,由于后人对羊祜的追怀仰慕,又屡次得到修复或重建。熙宁二年(1069),荆州知州史中辉依据亭子旧有的规模加以更新和扩建,四周修起壮观的回廊,又扩大了后轩,使它们与亭子相称。竣工之后,请欧阳修为之做记。

欧阳修十分敬仰羊祜、杜预的功业和仁政,认为"足以垂于不朽"(《岘山亭记》),但是对于他们"汲汲于后世之名"的做法却颇不以为然。他说:

> 传言叔子(羊祜字叔子)尝登兹山,慨然语其属,以谓此山常在,而前世之士皆已湮灭于无闻,因自顾而悲伤。然独不知兹山待己而名著也。元凯(杜预字元凯)铭功于二石,一置兹山之上,一投汉水之渊。是知陵谷有变而不知石有时而磨灭也。岂皆自喜其名之甚而过为无穷之虑欤?将自待者厚而所思者远欤?

据说,羊祜曾与僚属同登岘山,见山间草木荣枯、花开花落,兴起永恒与无常的悲感,不禁泪如雨下,感叹道:"自有宇宙,便有此山,由来贤达胜士登此眺望如我与卿者多矣,皆湮灭无闻,不可得知,念此使人悲伤。"(宋·李昉《太平御览》卷四十三引《十道志》)

而杜预曾把自己平吴的功绩刻入两块碑石,一块立在岘山之上,一块沉入汉水之中,以备千年万代之后,天地运转,高山降为山谷,山谷升为崇陵之时,自己的功业声名依然得以在世间流传。他知道陵谷会有变化,却不知道石碑也会因时间久远而风化磨灭。

欧阳修认为,无论是羊祜的慨叹,还是杜预的碑石,都说明他们过于看重自我,过于追求身后的名声。妄求身后之名终究无益,只有实际的政绩仁心才能永垂不朽。事实证明,岘山因建立了不朽功业的羊、杜而闻名,不是羊、杜借岘山而传名。欧阳修以此自勉,同时也勉励史中辉摒弃好名记功之心,以建立羊、杜那样的功业来追慕先贤遗风。文章意旨含蓄,神韵飘渺,"如所谓吸风饮露,蝉蜕尘埃者"(清·姚鼐《古文辞类纂》)。

正因为抱持着这样的信念,四十年来,他立朝刚正,不避仇怨,历届地方官任上,也处处以利民便民为宗旨。一旦自觉年华渐老、衰病侵凌,体力与精力都难以胜任其职时,他就一再上书请求归老,不愿意做一个贪禄恋宠、尸位素餐的庸碌官员。这一思想在欧阳修心中可谓由来已久,一以贯之。二十年前在任南都留守时就曾写道:

> 报国如乖愿,归耕宁买田。期无辱知己,肯逐利名迁。(《答太傅相公见赠长韵》)

熙宁四年(1071)春天,欧阳修来到蔡州快半年了,他的身体状况日益衰颓,百病交攻,不得不告假家居。病中,他又一次写下了请求致仕的表疏。可是这年三月,西夏军队攻陷抚宁堡(今陕西米脂县西),边情紧急,朝廷上下人心忧惧。当此之际,欧阳修不便以个人私事烦扰朝廷,只得暂且搁置未发。

迟暮之年,最易怀旧,对于欧阳修这样内心丰富、深于情、笃于义的人来说尤其如此。抱病闲居,他常常情不自禁地追怀往事,感叹人事沧桑、盛衰无定。三月的一天,当他为过世十五年的老友江邻几的文集撰写序文时,汹涌的感伤之情几乎让他难以自持。

第八章 颍水西畔六一居

江邻几,名休复,天圣二年(1024)进士。他"学问通博,文辞雅正深粹,而议论多所发明,诗尤清淡,闲肆可喜"(《江邻几文集序》),与梅尧臣、苏舜钦、欧阳修等交往密切。庆历四年(1044),苏舜钦监进奏院时,祀神会饮,为政敌乘机弹劾,被革职除名。江邻几因参与聚饮而获罪,贬为蔡州监商税,终身不得重用,嘉祐五年(1060)暴病而亡。当时,欧阳修曾满怀悲痛为他撰写墓志铭,十五年后的今天,"又于其家得其集而序之"(同上)。序文抚今追昔,呜咽吞吐,抒发了交游零落、死生盛衰的深沉感慨,对江邻几等友人"仕宦连蹇,志不获伸"的人生遭遇寄予无限同情与哀挽,同时,坚信他们的文章能"垂世而行远",体现了欧阳修追求"三不朽"的人生理想。

自从庆历七年(1047)尹洙去世,二十五年来,欧阳修已先后为二十余位好友撰写过墓志铭,回首往事,他不禁仰天长嘘:

> 呜呼! 何其多也! 不独善人君子难得易失,而交游零落如此,反顾身世死生盛衰之际,又可悲夫! 而其间又有不幸罹忧患、触网罗,至困厄流离以死,与夫仕宦连蹇,志不获伸而殁,独其文章尚见于世者,则又可哀也欤! 然则虽其残篇断稿,犹为可惜,况其可以垂世而行远也!(《江邻几文集序》)

人生短暂,君子难得,交游易失,这一切已足够让人不胜其悲! 更何况人生的旅途上充满了艰难险阻、陷阱网罗,贤人君子往往困厄终生、有志难酬! 唯一值得欣慰的是,他们将满怀的理想、抱负与热情倾注于文字之间,他们的精神将随同他们的文章传于后世,永垂不朽! 因此,即便是残篇短简,也值得我们加倍地珍惜。

由于文才卓著,欧阳修一生因人之请撰写了大量的碑志墓铭,记录了自明道、景祐以来诸多名卿巨公、贤人志士的功业伟绩、德行大节,可以说每一篇碑铭都是一篇生动的人物传记。这些文章所记录的人物,大多都是欧阳修的朋友故旧。他们生时,大家"平居握手言笑,意气伟然"(《江邻几文集序》),而转瞬间斯人已逝,"遽哭其死,遂铭其藏"(同上)。生死之间,竟是如此地轻易,如此地让人猝不及防!因此,每一篇铭文的写作,对欧阳修来说,都是一次今昔盛衰之感的强烈冲击。

四月中旬,边境的紧张局势有所缓解,欧阳修不想再拖延下去了,急忙呈上早已写好的《蔡州再乞致仕表》与《蔡州再乞致仕劄子》,请求朝廷批准他解职归田。为了表示自己的决心,不待朝廷批复,五月间,他又接连呈上再乞致仕《第二表》、《第二劄子》与《第三表》。他去意已决,整装待命,志在必归。六月十一日,他终于得到神宗的恩准,以太子少师①、观文殿学士②致仕。

按照古代的礼法传统,大臣退休的年限是七十岁。而欧阳修早在六十一岁知亳州时,就已六次上章请求退归。虽然朝廷曲意挽留,数加优礼,而他求退之心始终不变。这种不恋权位,急流勇退的精神风范,"近古数百年所未尝有"(欧阳发《先公事迹》),天下士大夫无不惊叹仰望。《神宗实录·欧阳修传》称其"可谓有君子之勇"!

欧阳修于六月十七日接到朝廷准予致仕的诏命,他归心似箭,早已整装待发,"适值久雨,积水为阻,三五日始遂东归"(《与吴正献公冲卿》其五)。

---

① 太子少师:东宫辅佐太子的官,是所谓"三少"(少师、少傅、少保)之首,从二品。在宋代多为宰相退休时的赠衔,而且很少授置。
② 观文殿学士:诸学士之首,从二品,一般是现职。唐代致仕无俸,从宋真宗起,给一半料钱。欧阳修以观文殿学士带职致仕,就是享受全俸。

欧阳修一身道服，
安闲、恬淡地隐居在西湖西畔、颍水之滨

熙宁四年（1071）七月初，欧阳修回到了他魂牵梦萦的颍州：

> 悠悠身世比浮云，白首归来颍水浈。曾看元臣调鼎鼐，却寻田叟问耕耘。（《退居述怀寄北京韩侍中二首》其一）

退出人生的竞技场，从充满风波的政治生活中解脱出来，他感到无比的轻松、自在。从此，他一身道服、羽衣鹤氅，安闲、恬淡地隐居在西湖西畔、颍水之滨：

> 无穷兴味闲中得，强半光阴醉里销。静爱竹时来野寺，独寻春偶过溪桥。犹须五物称居士，不及颜回饮一瓢。（同上，其二）

颍州西湖美丽的风光，曾无数次激起他盎然的诗兴。如今挂冠归来，更觉得"清风明月，幸属于闲人"（《西湖念语》）。有时结伴同游，有时乘兴独往，"鸣蛙暂听，安问属官而属私；曲水临流，自可一觞而一咏"（同上）。流连赏玩之余，"因翻旧阕之辞，写以新声之调"（同上），欧阳修将二十年前所作的一些歌词加以整理和补充，命人用笙箫伴奏演唱，这就是著名的《采桑子》十首。这组《采桑子》词，均以"西湖好"起句，为连章鼓子词①，歌咏颍州西湖风物之美与自己流连光景的愉悦心情：

---

① 鼓子词：宋代流行的一种说唱艺术。以同一词调重复演唱，内容多叙事写景。

　　　　轻舟短棹西湖好。绿水逶迤。芳草长堤。隐隐笙歌处处随。　　无风水面琉璃滑,不觉船移。微动涟漪。惊起沙禽掠岸飞。(《采桑子》其一)

静日无风,任一叶轻舟在辽阔澄碧的湖面悠然飘浮。绿水迢遥,芳草铺满长堤,微波轻动处,成群的鸥鹭扑翅惊飞……悠扬的笙歌,不知从何处游船上隐约传来,与这无边的美景融为一体,恍如天籁……

　　　　春深雨过西湖好,百卉争妍。蝶乱蜂喧。晴日催花暖欲然(同"燃")。　　兰桡画舸悠悠去,疑是神仙。返照波间。水阔风高扬管弦。(《采桑子》其二)

仲春时节,雨过初晴,明媚的春阳洒满大地。湖畔芳草鲜美,百花竞放,蝶舞蜂鸣;湖上画船飘荡,弦管阵阵,笑语声声……此情此景,不是仙境,胜似仙境。

　　　　画船载酒西湖好,急管繁弦。玉盏催传。稳泛平波任醉眠。　　行云却在行舟下,空水澄鲜。俯仰流连。疑是湖中别有天。(《采桑子》其三)

载酒游湖,自是兴味无穷。在轻松欢快的乐声中传杯催盏,在平波细浪的宁静水面上恬然醉眠……水天一色,澄明鲜润,天光云影倒映水中,飘忽的流云在舟畔嬉戏,仰观俯察之际,诗人几乎怀疑湖中别有云天……

第八章　颍水西畔六一居

阳春艳景的西湖固然美好,而当百花凋零,春光已去,西湖依旧有一份清淡平和之趣:

> 群芳过后西湖好,狼藉残红。飞絮蒙蒙。垂柳栏干尽日风。　笙歌散尽游人去,始觉春空。垂下帘栊。双燕归来细雨中。(《采桑子》其四)

微风中,看落英缤纷、垂柳依依、飞絮悠然飘过晴空……黄昏后,听呢喃燕语、细雨沙沙,双燕相随飞回新巢……平淡而不乏味,寂寥却不伤感,从容,安详,宁静,澹然,就像作者的人生历程——"绚烂之极归于平淡"。无怪乎前人评曰:"此词虽意在写暮春景物,而作者胸怀恬适之趣,同时表达出之。"(刘永济《唐五代两宋词简析》)

对于经历了繁华与沧桑的欧阳修来说,西湖的美好不分清晨傍晚、春夏秋冬,也无论热烈开朗、清静冷寂:

清明上巳西湖好,宝马香车,满目繁华……
荷花开后西湖好,红幢绿盖,烟雨微微……
风清月白西湖好,一片琼田,鸥鹭闲眠……
残霞夕照西湖好,十顷波平,莲芰香清……

"江山风月,本无常主,闲者便是主人。"(苏轼语)欧阳修既是西湖的主人,又是西湖的朋友,更是西湖的知己:

> 何人解赏西湖好,佳景无时。飞盖相追。贪向花间醉玉卮。　谁知闲凭栏干处,芳草斜晖。水远烟微。一点沧洲白鹭飞。(《采桑子》其五)

在远离了是非争斗,摆脱了荣辱忧患之后,人与自然的和谐,心与物的统一,带给他最深的快乐,最大的安慰!

富贵如浮云。欧阳修甚至将自己"历仕三朝,备位二府"的从政经历自嘲为"卖弄"。当年与韩绛、吴奎、王珪同为翰林学士时,他们曾相约五十八岁致仕,如今虽然已经"过限七年",终于得以"乞身归老",也算是言出必行,宿愿得偿了。在寄给老友韩绛的诗中他不无得意地写道:

> 人事从来无定处,世途多故践言难。谁如颍水闲居士,十顷西湖一钓竿。(《寄韩子华》)

深感自己来日无多,
欧阳修将引导和统率文学发展的重任托付给苏轼

西风袅袅,黄菊盛开。九月的一天,欧阳修迎来了他的两位高足——苏轼、苏辙。一时间笑语喧阗,好不热闹。自从治平三年(1066)苏洵去世,苏氏兄弟扶柩还乡,师生分别已经五年多了。

苏氏兄弟于熙宁元年(1068)服丧期满,熙宁二年二月回到朝廷,很快卷入变法与反变法的朝政斗争中。苏辙曾在变法核心机构制置三司条例司任职,因与王安石的助手、变法派的另一重要人物吕惠卿政见不合,不久便被排挤出来,又因上书批评新法,几乎被治罪,熙宁三年外放,出任陈州学官。而苏轼也因一再上书反对新法而遭到御史弹劾,于熙宁四年七月离京,出任杭州通判。赴任途中,苏轼带着一家大小先到陈州,与苏辙一家相聚。随后,兄弟俩又结伴同来颍州,拜望恩师。久别重逢,大家都感到特别兴奋。

几年不见,刚刚六十五岁的欧阳修已是须发皆白,老眼昏花,双

第八章 颍水西畔六一居

耳重听,步履艰难,一副衰弱无力的龙钟老态。苏轼兄弟不禁一阵心酸。这位文章风节可为万世之表的老人,这一生是多么不容易啊!历尽了政海的波澜,遭受了无数次政敌的攻击和诬蔑。可欣慰的是,他终于可以自在安详地在美丽的大自然的怀抱,度过他生命的黄昏。

苏轼兄弟的到来,令欧阳修分外高兴。他们兴致勃勃地游览西湖,饮酒赋诗,畅谈终日。诗兴酒力使欧阳修神采奕奕、双目炯炯,衰老的面容顿现光彩。苏轼不禁提笔写道:

> 谓公方壮须似雪,谓公已老光浮颊。揭来湖上饮美酒,醉后剧谈犹激烈。(苏轼《陪欧阳公燕西湖》)

新霜已降,湖边草木尽皆枯萎,只有芙蓉、晚菊竞相盛开,在寒风中争奇斗艳。苏轼插花起舞,恭祝恩师健康长寿。而欧阳修对生命自有其达观的体认:

> 湖边草木新著霜,芙蓉晚菊争煌煌。插花起舞为公寿,公言百岁如风狂。赤松共游也不恶,谁能忍饥啖仙药。已将寿夭付天公,彼徒辛苦吾差乐。(同上)

韩愈曾有诗云:"男儿不再壮,百岁如风狂。"(唐·韩愈《此日足可惜一首赠张籍》)寿数的长短并不重要,重要的是生命过程中的质量和意义。追随赤松子一类传说中的仙人学道求长生,或许也是一种不错的选择,但是忍饥挨饿,学习辟谷导引,以便服食仙药,恐怕也不是一般人可以做到的。因此,欧阳修将死生寿夭坦然付予天公,以平淡恬适的心情安度晚年。

虽然老迈衰迟,但欧阳修依然思维敏捷,谈锋甚健。一天,苏轼朗诵表兄文同的诗句:"美人却扇坐,羞落庭下花。"

诗句清雅动人,自然天成。欧阳修点头笑道:"与可(文同字与可)无此句,此句与可拾得耳!"

而苏轼的机智也常常引得欧阳修开怀大笑。有一次,谈到医生用药,欧阳修说:"从前,有人乘船遇风,因受惊吓而得病,医生取来多年船舵,从舵工手汗浸染之处刮下一些碎末,与丹砂、茯苓等一同煎成汤药,病人服用之后,竟然药到病除。"

《本草注别药性论》一书也有类似的记载:"止汗,用麻黄根节及故竹扇为末服之。"

因此,欧阳修说:"医生以意用药,多如此类。看似儿戏,却也有见效的。这种事情,很难盘根究底,做出合理的解释。"

苏轼应声说道:"那么,用笔墨烧成灰给人喝,应该可以治昏庸懒惰之病。以此类推,喝伯夷的洗脸水可以治贪;吃比干的剩饭可以治佞;舔樊哙的盾牌可以治怯;嗅西施的耳坠可以治丑……"

话没说完,欧阳修早已笑得银须乱颤。

不过,谈笑之余,欧阳修仍有许多十分郑重、严肃的话题要和苏轼交谈。

宋初以来,文人的文学结盟意识日益强烈和自觉,已经演变成为与文人价值取向稳固相连的普遍的社会心理。文学结盟思想的自觉和强烈,反映了宋代知识分子崇尚"统序"的文化思潮。在当时许多文化领域内,几乎都发生过关于"统"的大论战:史学领域中的"正统"之争,政治哲学领域中的"道统"之争,散文领域中的"文统"之争,佛学领域中的"佛统"之争,乃至政治斗争领域中的朋党之争,趋群化和集团性的意识深深地渗透进宋代知识分子的内心,成为他们一种根深蒂固的观念。钱惟演之所以对幕府文士礼待优渥,"不樱以吏事"(《四朝国史·欧阳修传》),就是出于培养传人的愿望。他曾对谢绛、尹洙、欧阳修等人说:"君辈台阁禁从之选也,当用意史学,以所闻见拟之。"(宋·邵伯温《邵氏闻见录》)

这位馆阁学士出身的"西昆体"代表作家,正是以自己的方式期待于后辈,尽管他并未着眼于文学事业的传承,但"台阁禁从之选"也是广义的"文学"侍从之臣。

欧阳修则更为明确。主盟文坛以来,他就有意识地挑选后继者。首先选择的是曾巩,其次是王安石。从个人性格志趣而言,欧阳修与曾巩无疑最为情投意合,在曾巩身上可以处处看到欧阳修的影子,但曾巩在功名上很不如意,直到三十七岁才考中进士,在士大夫阶层的影响有限。就当时在士大夫中的声誉而言,王安石无疑知名度最高,他"名重天下,士大夫恨不识其面"(宋·朱熹《宋名臣言行录》引司马光语)。但他热望成为杰出的思想家和政治家,其志主要不在文学方面。于是,苏轼以其倾荡磊落的文学全才脱颖而出,受知于欧阳修,并被文坛一致认同。初读苏轼的文章,欧阳修曾惊喜地说:"读轼书,不觉汗出,快哉!快哉!老夫当避路,放他出一头地也!可喜!可喜!"(《与梅圣俞》)

并预言:"三十年后,世上人更不道着我。"(宋·朱弁《风月堂诗话》引)未来的文坛将属于苏轼。

如今,十五年过去,苏轼已经成长为新一代的文坛巨匠。欧阳修深感自己来日无多,决定趁这次难得的相聚将引导和统率文学发展的重任托付给苏轼,以保持文学发展的连续性和后续力。他以衣钵相授的口吻对苏轼说:"我已经年纪老大,力不从心,今后文坛的发展就寄望于你了。"

苏轼郑重地再拜稽首,回答道:"您对学生的期望太高了,虽然如此,学生不敢不勉力为之。"

对于苏轼在这场变法与反变法的斗争中能坚持自己的政治观点,不首鼠两端,不随波逐流,刚直敢言,独立不回,欧阳修深表赞赏。他说:"我所谓文,必与道俱。见利而迁,则非我徒!"(宋·苏轼《祭欧阳文忠公及夫人文》)

苏轼再次避席跪下,拱手而拜,回答道:"老师的教导,学生至死不忘!"

在此后的岁月中,苏轼以他全部的人生实践了自己的诺言。政治上,他充满了"以天下为己任"的责任感和使命感,胸襟坦荡,正气凛然,不向任何权势低头,只对自己的思想与行为负责。因此,他的一生几与祸患相始终,承受了几起几落、大起大落的生活波折。但是,迫害和打击没有消磨他致君尧舜、匡世济时的政治热情,没有斫伤他批评现实、敢为天下先的勇锐之气;无尽无休的苦难也没有使他厌倦人生,变得冷漠,走向虚无。

文学上,苏轼以他澎湃的才情,闳博的学识,丰富而深刻的人生体验,熟练地驾驭各种艺术手法,诗、词、文创作均取得辉煌的成就。同时,像欧阳修一样,他总是不遗余力地奖掖贤才,提携后进,不仅以他卓越的文学才华,而且以他豁达宽容、极富亲和力的人格魅力,赢得了文坛一致的拥戴。在苏轼的领导下,北宋文坛新人辈出,百花齐放,一个新的文学高峰随之出现。

二十年后,苏轼以龙图阁学士出知颍州,重访旧居,缅怀先师,不禁潸然泪下。感伤之余,他坦然陈言,告慰老师:

凡二十年,再升公堂。深衣庙门,垂涕失声。白发苍颜,复见颍人。颍人思公,曰此门生。虽无以报,不辱其门。清颍洋洋,东注于淮。(苏轼《祭欧阳文忠公及夫人文》)

《六一诗话》以漫谈的方式论诗，创立了文学批评史著述的新体裁

送别苏轼兄弟之后，天气也一天一天地见冷了。虽然不能时常外出，但家藏琴一张、棋一局、酒一壶、书一万卷、金石拓片一千卷，欧阳修亦颇得闲中趣味。优游文字之间，是他最大的快乐。最近，他又在写一部新书，名为《诗话》（后人改称《六一诗话》），以随笔、漫谈的方式论诗。全书共二十八则，内容涉及很多方面，有的记录诗坛轶闻掌故，有的提出自己对诗歌的批评和议论。虽然他自述其写作目的只是"以资闲谈"，但仍具有一定的史料价值，其独特的见解也往往能启发或深化读者对诗人诗作的理解。如，下面两则记录宋初文人补杜诗的诗话，便是十分典型的例子：

> 陈舍人从易当时文方盛之际，独以醇儒古学见称，其诗多类白乐天。盖自杨刘唱和《西昆集》行，后进学者争效之，风雅一变，谓之昆体。籍是唐贤诸诗集，几废而不行。
> 陈公时偶得杜集旧本，文多脱误，至《送蔡都尉》诗云："身轻一鸟"。其下脱一字。陈公因与数客各用一字补之。或云"疾"，或云"落"，或云"起"，或云"下"，莫能定。其后得一善本，乃是"身轻一鸟过"。陈公叹服，以为虽一字，诸君亦不能到也。

陈从易，字简夫，端拱二年（989）进士，官至中书舍人，是一位品格端方、纯正古直的儒者，诗歌创作多学白居易，诗风明白晓畅，主张反映现实生活。这则诗话通过记录陈从易与诸位友人补杜诗而不及

原作的故事,称赞杜甫用字精确。同时,也从侧面反映了北宋初年以杨亿、刘筠为代表的西昆体诗风盛行时,唐代诗集几乎湮没不传的诗坛景况。

早年与梅尧臣等切磋诗艺,衡艺论文的许多片断回忆,如今也时时浮现在欧阳修的脑海,并见之于笔端:

> 圣俞常语予曰:"诗家虽率意,而造语亦难。若意新语工,得前人所未道者,斯为善也。必能状难写之景如在目前,含不尽之意见于言外,然后为至矣。贾岛云:'竹笼拾山果,瓦瓶担石泉。'姚合云:'马随山鹿放,鸡逐野禽栖。'等是山邑荒僻,官况萧条,不如'县古槐根出,官清马骨高'为工也。"
>
> 余曰:"语之工者固如是。状难写之景,含不尽之意,何诗为然?"
>
> 圣俞曰:"作者得于心,览者会以意,殆难指陈以言也。虽然,亦可略道其仿佛。若严维:'柳塘春水漫,花坞夕阳迟。'则天容时态,融和骀荡,岂不如在目前乎?又若温庭筠:'鸡声茅店月,人迹板桥霜。'贾岛:'怪禽啼旷野,落日恐行人。'则道路辛苦,羁愁旅思,岂不见于言外乎?"

这则诗话提出了诗歌创作的两个重要观点。所谓"意新语工",就是要求诗歌创作必须具有独创性;所谓"状难写之景如在目前,含不尽之意见于言外",则是要求诗人必须把难以描摹的景物和情思,化为既生动又含蓄的诗的语言,使读者既有"如在目前"的感受,又能引发深广的联想。梅尧臣的这些宝贵的创作经验,当年曾给予欧阳修深刻的启迪。如今,他又将这些经验记录成文字,传于千年万代,成为永久的精神财富。

庆历年间,在《梅圣俞诗集序》中,欧阳修曾提出了著名的"穷而后工"的诗歌理论,这一思想在《六一诗话》中也有鲜明体现:

> 孟郊、贾岛皆以诗穷至死,而平生尤自喜为穷苦之句。孟有《移居》诗云:"借车载家具,家具少于车。"乃是都无一物耳。又《谢人惠炭》云:"暖得曲身成直身。"人谓非其身备尝之不能道此句也。贾云:"鬓边虽有丝,不堪织寒衣。"就令织得,能得几何! 又其《朝饥》诗云:"坐闻西床琴,冻折两三弦。"人谓其不止忍饥而已,其寒亦何可忍也。

正因为具有切身体验,孟郊、贾岛才写出了这些具有真情实感的作品。与之相反,诗坛上却总有一些人忽视生活体验、不注重反映社会现实,欧阳修对此进行了尖锐的嘲讽:

> 仁宗朝有数达官以诗知名,常慕白乐天体。故其语多得于容易,尝有一联云:"有禄肥妻子,无恩及吏民。"有戏之者云:"昨日通衢,遇一辎軿,车载极重,而羸牛甚苦,岂非足下肥妻子乎?"闻者传以为笑。

中唐诗人白居易倡导平易浅显的诗风,其目的是为了弘扬诗歌反映现实,裨补时政的社会政治功能,曾明确提出:"为君为臣为民为物为事而作,不为文而作也。"(唐·白居易《新乐府序》)而宋初的某些达官贵人,既没有白居易这样的深刻的创作理念和对现实的真切反映,又没有白居易那样精湛的艺术功力,只是模仿白居易诗歌的浅近流利,所以不免写成顺口溜似的缺乏诗味的作品,从而贻笑大方。

此外,《六一诗话》中还记录了欧阳修对他情有独钟的中唐文学家韩愈的一段精彩评论,他说:

> 退之笔力无施不可,而尝以诗为文章末事。故其诗曰"多情怀酒伴,余事作诗人"也。然其资谈笑、助谐谑、叙人情、状物态,一寓于诗,而曲尽其妙。此在雄文大手,固不足论,而予独爱其工于用韵也。

尽管韩愈在思想意识上比较轻视诗歌创作,自称"余事作诗人",但他的诗歌依然取得了很高的成就,内容上无意不可入诗,表现手法上也是记叙、描写、议论、抒情无施不可,体现出极为充沛的才力。欧阳修曾刻意学习韩愈的诗歌,他的得意之作《庐山高》,就颇似韩愈诗风。对于韩愈多方面的诗歌成就,欧阳修最为推崇的则是他以文为诗、用韵追求新奇险怪的特色:

> 盖其得韵宽,则波澜横溢,泛入傍韵,乍还乍离,出入回合,殆不可拘以常格,如《此日足可惜》之类是也。得韵窄,则不复傍出,而因难见巧,愈险愈奇,如《病中赠张十八》之类是也。

宽韵之诗他往往时时破韵,窄韵之作倒反而严守韵部,从而使他的诗作无不呈现出雄奇多变的态势。在与梅尧臣讨论时,欧阳修曾用一个十分生动的比喻描述了韩愈作诗的特点:

> 余尝与圣俞论此,以谓譬如善驭良马者,通衢广陌,纵横驰逐,惟意所之;至于水曲蚁封,疾徐中节,而不少蹉跌,乃天下之至工也。圣俞戏曰:"前史言退之为人木强,若宽韵可自足而辄

傍出,窄韵难独用而反不出,岂非其拗强而然欤?"坐客皆为之笑也。

韩愈作诗,就像一个善驭的骑手,驾着一匹千里马在辽阔的原野上任意横行,而一旦遇到险滩狭路,则从容有度,丝毫无爽。而梅尧臣的回答更令人绝倒,他开玩笑说:"史书上曾说,韩愈个性倔强。他写诗宽韵往往旁出,而窄韵反而谨守,难道不是因为执拗才这样的吗?"

《六一诗话》中诸如此类的片段,轻松、随意,而精彩时现。该书问世之后,很快风行一时,人们纷纷效仿,各种各样的《诗话》层出不穷。从此,"诗话"作为一种独特的文学批评形式正式诞生,影响所及,文学的其他领域又先后出现了"文话"、"词话"、"曲话"等等,成为中国文学批评史上一种重要的著述体裁。

欧阳修将款待赵概的厅堂命名为"会老堂"

老得闲来兴味长,问将何事送余光。春寒拥被三竿尺,宴坐忘言一炷香。(《答枢密吴给事见寄》)

闲处光阴容易抛,倏忽之间又已是岁末春初。著述之余,欧阳修时而乘兴游湖,时而琴棋自适,即便是拥被闲眠、焚香独坐,也自觉颇得闲中趣味。唯一遗憾的是,僻处颍州,亲朋旧友难得一见,有时未免稍感寂寥。因此,当老友赵概来信表示,等到春暖花开之际,将自南都(今河南商丘)驾舟来访时,欧阳修感到异常兴奋,怀着无比激动和期盼的心情在回信中写道:

> 所承宠谕春首命驾见访,此自山阴访戴之后,数百年间未有此盛事。一日,公能发于乘兴,遂振高风,使衰病翁因得附托,垂名后世以继前贤,其幸其荣,可胜道哉!(《与赵康靖公叔平》其九)

所谓"山阴访戴",是东晋名士留下的一段率性而为的风流佳话。据《世说新语》记载:

> 王子猷居山阴,夜大雪,眠觉,开室命酌酒,四望皎然,因起彷徨,咏左思《招隐诗》。忽忆戴安道,时戴在剡,即便夜乘小船就之,经宿方至,造门不前而返。人问其故,王曰:"吾本乘兴而行,兴尽而返,何必见戴?"

任由情性,不拘常规,这是自古文人所神往的潇洒境界。如今赵概已年近八旬,仍有此豪兴,千里访友,不能不令欧阳修欣喜感佩。

熙宁五年(1072)三月,赵概如约来访。欧阳修喜不自胜,盛情款待,翰林学士、知颍州吕公著应邀预会。席间,欧阳修深情地举杯致辞,他说:

> 安车以适四方,礼典虽存于往制。命驾而之千里,交情罕见于今人。(《会老堂致语》)

赵概跋山涉水,"远无惮于川途,信不渝于风雨"(同上),千里相访,确实是令里间拭目、陋巷生光的一时盛事!情动于中,欧阳修即席赋诗道:

欲知盛集继荀陈,请看当筵主与宾。金马玉堂三学士,清风明月两闲人。红芳已尽莺犹啭,青杏初尝酒正醇。美景难并良会少,乘欢举白莫辞频。(同上)

此诗一出,即为人们广泛传诵,其中颔联最为脍炙人口。"两闲人"是指退休后悠闲度日的赵概和欧阳修,他们两人都曾任翰林学士,加上现任翰林学士吕公著,正所谓"三学士"。欧阳修还特意将款待赵概的这间厅堂命名为"会老堂",以纪念这次难得的相聚。

阳春三月,芳林遍野,惠风和畅,两位老人意兴无穷,有时相携出游,共赏西湖的美丽春光;有时相对小酌,畅谈过往的纷纭世事。回首数十年风雨仕途,两位历仕三朝的老臣,都有着万千的感慨。人说世路险恶,人心难测,而波谲云诡的政坛更使得多少好友反目成仇,交情难得有始有终,却不知"路遥知马力,事久见人心"。庆历之初,欧阳修与赵概同在馆阁,彼此并不是十分相得。赵概生性寡言,不善文辞,欧阳修心中不免有些轻视;欧阳修个性张扬,锋芒毕露,赵概也难免有些不以为然。但是,随着时间的流逝,他们逐渐改变了对对方的看法。庆历五年(1045),当欧阳修身陷"盗甥案"的危机之中时,满朝大臣无人敢言,唯有赵概挺身相救。而那时,他们两人之间还几乎没有任何私交。赵概敬重欧阳修立朝刚正,公而忘私,欧阳修则感佩赵概至诚待人,秉性平和。此后两人同参大政,友情日笃。在《会老堂》诗中,欧阳修十分感慨地写道:

古来交道愧难终,此会今时岂易逢?出处三朝俱白首,凋零万木见青松。公能不远来千里,我病犹堪醻一钟。已胜山阴空兴尽,且留归驾为从容。

赵概在颍州盘桓一月有余,如果不是他的子孙们多次派人来接,欧阳修还不舍得放他回去。长亭送别,芳草连天,弦管齐奏,酒酣耳热之际,欧阳修倚声填词,文不加点,作《渔家傲》一首相赠:

> 四纪才名天下重,三朝构厦为梁栋。定册功成身退勇,辞荣宠,归来白首笙歌拥。　顾我薄才无可用,君恩近许归田垅。今日一觞难得共,聊对捧,官奴为我高歌送。

赵概早年以第三名进士及第,一时间名重天下。四十八年的仕宦生涯中,他历仕仁宗、英宗、神宗三朝,官至枢密副使、参知政事。仁宗、英宗去世前后,他与韩琦、欧阳修等拥立太子、扶持新帝,稳定了国家大局,立下安邦定策的不朽功勋。但他淡泊名利,功成身退,于熙宁初致仕归田,退居南都。

送别好友,欧阳修依依不舍,分外珍惜这难得的相聚时刻。临别之际,两位老人举杯痛饮,互道珍重,欧阳修还再三表示,明年此时,他一定会前往南都回访。可谁知道,这竟是一个无法实现的诺言!

赵概离去后,欧阳修顿时觉得有几分寂寥。这天,风清日午,他独坐会老堂中,凭窗远眺,见碧绿如洗的原野上,乡村野老欣然自在地劳作,有如神仙中人一般地逍遥,不由想起了远方那位同样逍遥自适的老友:

> 积雨荒庭遍绿苔,西堂潇洒为谁开?爱酒少师花落去,弹琴道士月明来。鸡啼日午衡门静,鹤唳风清昼梦回。野老但欣南亩伴,岂知名籍在蓬莱。(《叔平少师去后会老堂独坐偶成》)

第八章 颖水西畔六一居

他将这次相聚中所作诗词誊抄数份,分寄各地友人,一时传为盛事,唱和此伏彼起。

熙宁五年闰七月二十三日,一代文豪欧阳修病逝于颍州

初夏时节,昼长夜短,气候宜人。趁此良辰,欧阳修在儿子们的帮助下将旧作整理编集。为了不使自己的作品贻误后人,每篇编入文集的作品都经过认真的审阅,反复的修改,"往往一篇至数十过,有累日去取不能决者"(宋·马端临《文献通考·经籍考》)。他一生著述甚多,如此字斟句酌,精益求精,工作量的巨大是可想而知的。七月,《居士集》五十卷终于编定,看着编排有序的一摞文稿,欧阳修不禁长嘘了一口气。

然而,他生命的旅程也已走到了尽头!闰七月,许多积年旧疾并发,病势日益沉重,终于卧床不起。躺在病床上,欧阳修思路清晰,心境平和,对于生死,他早已泰然处之。他想起至和元年(1054)写给弟子徐无党的一篇送序文:

> 草木鸟兽之为物,众人之为人,其为生虽异,而为死则同,一归于腐坏、澌尽、泯灭而已。而众人之中,有圣贤者,虽死而不朽,逾远而弥存也。其所以为圣贤者,修之于身,施之于事,见之于言,是三者所以能不朽而存也。(《送徐无党南归序》)

人生一世,草木一秋,最后都不免于一死,唯有圣贤可以凭借道德、功业和文章垂于后世,死而不朽。他虽不敢以圣贤自居,但儒家"立

德、立功、立言"的"三不朽"古训,使他把自我道德人格的完善、社会责任的完成和文化创造的建树融合一体,作为毕生追求的人生目标。回顾平生,他心地坦然,无怨无悔,六十六年漫长而又短暂的人生历程中,他已竭尽全力,没有虚度此生。想到这里,他的脸上不禁露出了安详的笑容。他将四个儿子叫到床前,平静地交待了后事。他说:

"韩公(韩琦)与我一生相知,出处进退,无不了然。我死之后,就请韩公为撰墓志铭。"

儿子们含泪答允。此时秋风肃肃,秋雨凄凄,欧阳修想起他平生最爱的西湖,喃喃念道:

> 平生为爱西湖好,来拥朱轮。富贵浮云,俯仰流年二十春。 归来恰似辽东鹤,城郭人民。触目皆新。谁识当年旧主人。(《采桑子》其十)

这是他去年整理补充的连章鼓子词《采桑子》十首的最后一首。据《搜神后记》记载:

> 丁令威,本辽东人,学道于灵虚山。后化鹤归辽,集城门华表柱。时有少年举弓欲射之,鹤乃飞,徘徊空中而言曰:"有鸟有鸟丁令威,去家千年今始归。城郭如故人民非,何不学仙冢垒垒。"遂高上冲天。

去年秋冬写作这首《采桑子》时,欧阳修是以丁令威化鹤归辽的传说,比喻自己二十年后重回颍州,城郭依旧,山河依旧,而人事已非。如今想起,竟又是别一种的沧桑情怀!连绵雨季中,那美丽的

第八章　颍水西畔六一居

焦陂一定是水涨平皋了吧？秋风秋雨，游人稀少，秋花寂寂，空对亭阁楼台……他向儿子要过纸笔，挣扎着匍匐枕上，写下他平生最后的作品：

> 冷雨涨焦陂，人去陂寂寞。惟有霜前花，鲜鲜对高阁。(《绝句》)

熙宁五年(1072)闰七月二十三日，一代文豪欧阳修病逝于颍州，享年六十六岁。薛夫人和四个儿子、四个孙男、六个孙女为他送终。

讣闻很快传遍全国。天子震悼，为之辍朝一日；正人节士，无不骇然相吊，痛失仰依。韩琦、范镇、曾巩、王安石、苏轼等诸多故旧、门生纷纷撰文哭祭：

> 公之文章，独步当世。……公之谏诤，务倾大忠。……公之功业，其大可记。……公之进退，远迈前贤。……忽承讣音，且骇且悲。哀诚孰诉？肝胆几堕。公之逝矣，世鲜余知。不如从公，焉用生为？(宋·韩琦《祭少师欧阳永叔文》)

> 惟公平生，谅直骨鲠。文章在世，炜炜炳炳。老释之辟，贡育之猛。拒塞邪说，尊崇元圣。天下四方，学子甫定。迩来此风，勃焉而盛。……(宋·范镇《祭欧阳文忠公文》)

> 闻讣失声，皆泪横溢。戆冥不敏，早蒙振拔。言由公诲，行由公率。戴德不酬，怀情独郁。(宋·曾巩《祭欧阳少师文》)

> 如公器质之深厚，智识之高远，而辅学术之精微，故充于文章，见于议论，豪健俊伟，怪巧瑰琦。其积于中者，浩如江河之停蓄；其发于外者，烂如日星之光辉；其清音幽韵，凄如飘风急

雨之骤至；其雄辞闳辩，快如轻车骏马之奔驰。……

　　自公仕宦四十年，上下往复，感世路之崎岖。虽屯邅困踬，窜斥流离，而终不可掩者，以其公议之是非。既压复起，遂显于世。果敢之气，刚正之节，至晚而不衰。（宋·王安石《祭欧阳文忠公文》）

　　呜呼哀哉！公之生于世六十有六年，民有父母，国有蓍龟。斯文有传，学者有师。君子有所恃而不恐，小人有所畏而不为……

　　昔我先君，怀宝遁世，非公则莫能致。而不肖无状，因缘出入，受教于门下，十有六年于兹。闻公之丧，义当匍匐往救，而怀禄不去，愧古人以忸怩。缄词千里，以寓一哀而已。……（宋·苏轼《祭欧阳文忠公文》）

　　熙宁五年（1072）八月十一日，欧阳修被赠予太子太师[①]之职。熙宁七年（1074）八月，谥号"文忠"[②]。熙宁八年九月二十六日，葬于开封府新郑县旌贤乡刘村（今河南新郑县辛店乡欧阳寺村）。

[①] 太子太师：辅导太子的官，从一品。宋承唐制，以太子太师、太子太傅、太子太保为三师。
[②] 宋·李清臣《谥诰》：道德博闻曰文，廉方公正曰忠。

结束语　风神奕奕立当朝,德业煌煌传万世

　　西湖南北烟波阔,风里丝簧声韵咽。舞余裙带绿双垂,酒入香腮红一抹。　　杯深不觉琉璃滑,贪看六幺花十八。明朝车马各东西,惆怅画桥风与月。

欧阳修的这首《木兰花令》以及其他吟咏颍州西湖的词作,以其情韵隽永盛唱当时而流传后世。元祐六年(1091)九月一个清冷的月夜,新任颍州知州苏轼泛舟颍水,听到水远烟微之处传来熟悉的歌声,细听乃是欧阳修的词作,心中不禁百感交集:

　　霜余已失长淮阔,空听潺潺清颍咽。佳人犹唱醉翁词,四十三年如电抹。　　草头秋露流珠滑,三五盈盈还二八。与余俱是识翁人,惟有西湖波底月。(宋·苏轼《木兰花令》)

四十多年过去(四十三年前欧阳修出知颍州),恍如闪电,转瞬即逝,如今老成凋谢,年轻人一代代成长,在这清清的颍水河上,熟识欧公音容笑貌的,除了天上的明月,恐怕就只有我这个白发门生了!

　　子在川上曰:"逝者如斯夫! 不舍昼夜。"(《论语·子罕》)

时光飞逝,岁月无情,古往今来,任谁也无法逃过这永恒的规律。然而,哲人其萎,德业长存!"英魂灵气,不随异物腐散,而长在乎箕山之侧与颍水之湄"(宋·王安石《祭欧阳文忠公文》)。

欧阳修是北宋前期升起的一颗文化巨星,他视野开阔,博古通今,以勤奋和睿智,在诸多文化领域取得杰出成就,成为一代文化的结晶和代表。

当唐末五代柔靡浮艳的文风盛行之际,当诸多古文作家矫枉过正、误入歧途之时,欧阳修主盟文坛,以他健全通达的文学观念,既惩余风,又革新弊,正确地引导了宋代古文运动的发展方向,奠定了宋代散文平易自然,流畅婉转的群体风格,取得了古文运动的全面胜利。欧阳修领导的北宋古文运动的圆满成功,结束了骈文从南北朝以来长达六百年的统治地位,为以后元、明、清三代提供了一种较之唐代散文更便于论事说理、抒情言志的新型"古文"。

作为一代文章宗师,欧阳修本人即是这种新型古文最有代表性的作家,他流传至今的五百余篇作品,是他文学创作中成就最高的部分。"文备众体,变化开阖,因物命意,各极其工"(宋·吴充《欧阳公行状》),无论是政论、史论、亭台记、游记,还是墓志、祭文、书简、题跋,他都能得心应手地驾驭,写出了诸多传诵千古的名篇佳作。有关欧阳修散文的主体风格,苏洵有一段极为精当的评论:

> 韩子(韩愈)之文,如长江大河,浑浩流转,鱼鼋蛟龙,万怪惶惑,而抑遏蔽掩,不使自露;而人望见其渊然之光,苍然之色,亦自畏避,不敢迫视。执事(欧阳修)之文,纡余委备,往复百折,而条达疏畅,无所间断,气尽语极,急言竭论,而容与闲易,无艰难劳苦之态。(宋·苏洵《上欧阳内翰第一书》)

结束语　风神奕奕立当朝，德业煌煌传万世

　　从韩愈到欧阳修，散文的审美旨趣发生了很大的变化，从崇尚骨力到倾心于风神姿态，从豪迈雄健、格高气壮，到婉转流畅、从容自如。尽管欧阳修极为推崇韩愈，从少年时代起就以韩愈文章作为自己文学追求的最高境界，以为"学者当至于是而止尔"（《记旧本韩文后》）；但他并非机械模仿，而是批判地继承，在吸收韩文特长的基础上，独树一帜，自成一家，成为继韩愈之后又一位散文大师。他杰出的散文对当时以及后世，无不具有典范的意义，"故天下翕然师尊之"（苏轼《六一居士集叙》）。"至修文一出，天下士皆向慕，为之唯恐不及，一时文字，大变从古，庶几乎西汉之盛者，由修发之。"（叶涛《重修[神宗]实录》欧阳修本传）

　　在诗歌方面，欧阳修和梅尧臣、苏舜钦一起，突破了初盛唐形成的诗歌传统、审美情趣和观念，开创了有宋一代诗歌的崭新面貌。据不完全统计，欧阳修传世的诗作约有八百五十多首。他善于将传统题材翻出新意，从前人不大留意之处加以拓展。他运用诗歌参政议政、反映民瘼，表现出浓厚的社会政治意识；他喜欢在诗歌中描写细小的日常生活事物，将士人的文化情趣注入其中。作为古文大家，欧阳修还将散文的笔法引入诗中，引起诗歌从内容到形式的巨变。南宋叶梦得《石林诗话》说：

　　　　欧阳文忠公诗始矫昆体，专以气格为主，故其言多平易流畅。

　　和散文一样，他的诗歌创作也是在反对"西昆体"流弊的过程中，逐渐形成了个人的风格特征。平易质朴，自然疏畅，以文为诗，好发议论，是欧阳修诗歌最突出的特点。尽管过多的散文化、议论

445

化有时会减弱诗歌的形象性和抒情性,但欧阳修诸多情韵优美的诗作生动有力地证明了这种创新的意义和价值,同时也促使有别于"唐音"的"宋调"的定型。

在欧阳修生活的时代,兴起于晚唐、五代的词还只是一种用于应歌侑酒、"聊佐清欢"(《西湖念语》)的游戏笔墨。欧阳修以余力作词,"而风流闲雅超出意表"(宋·李之仪《跋吴思道小诗》)。今存二百四十多首词作,男女恋情、相思离别是其突出的题材内容,体现了词的传统与特质,反映了"诗庄词媚"的传统观念。在宋初词坛上,欧阳修和晏殊都受到五代词人冯延巳的影响,但"晏同叔(晏殊字同叔)得其俊,欧阳永叔得其深"(清·刘熙载《艺概·词曲概》),晏殊词以清新俊朗见长,欧阳修词以真挚深情取胜,两人并称"晏欧",构成宋初词坛上占居主导地位的晏欧词派。然而,作为文学革新家,欧阳修对词坛的贡献又不止于此。他用词感慨身世、伤时叹老、描写景物、吟咏性情,他还有意识地学习民间新腔,写作了不少质朴清新的俗词,从内容、风格、意境、语言、形式多方面,对词体的革新进行了初步的尝试,"疏隽开子瞻(苏轼字子瞻),深婉开少游(秦观字少游)"(清·冯煦《蒿庵论词》),在词史上产生了一定的影响。

除了诗、词、文创作的杰出成就,欧阳修还主持了《新唐书》的编撰,并独立完成了《新五代史》,在我国众多的史学家中,成就卓著。他以《易童子问》、《诗本义》等经学著作,开创了以务明大义、疑古辨伪为特征的"宋学",与传统的神化经典、恪守传注的"汉学"相抗衡。他又是金石考古学的开拓者,我国第一部诗话著作的作者。他当之无愧地荣膺散文家、诗人、词人、历史学家、经学家、考古学家、诗歌评论家等多种称号。

文化创造的巨大成就,既得益于他澎湃的才情与过人的勤奋,

结束语　风神奕奕立当朝,德业煌煌传万世

更得益于他志存高远、不追时好、不慕荣利的非凡品格。欧阳修论文十分重"道",认为"道胜者文不难而自至"(《答吴充秀才书》)。这里的"道",既是指对社会现实的关注和了解,也是指正气凛然、独立不回的人格精神,一种与五代以来卑弱士风相对立的立身处世原则。他曾说:

> 修于身者,无所不获;施于事者,有得有不得焉;其见于言者,则又有能有不能也。施于事矣,不见于言可也。自《诗》、《书》、《史记》所传,其人岂必皆能言之士哉?修于身矣,而不能施于事,不见于言,亦可也。(《送徐无党南归序》)

"修于身"(立德)是每个人力所能及的,只要努力,必有收获;"施于事"(立功)、"见于言"(立言),却因客观条件、主观能力等因素,不是人人都能办到。而"立德"是根本,"立功"、"立言"都是第二位的。因此,他谆谆告诫苏轼:

> 我所谓文,必与道俱。见利而迁,则非我徒!(宋·苏轼《祭欧阳文忠及夫人文》)

坚守着富贵不淫、贫贱不移、威武不屈的高尚品节,欧阳修刚直耿介,充满了"以天下为己任"的责任感和使命感,"开口揽时政,议论争煌煌"(《镇阳读书》),努力于经世济时的功业建树中实现自我的生命价值。他不避仇怨,直言谠论,"颜有必犯,阙无不缝"(宋·韩琦《祭少师欧阳公永叔文》)。为此,他饱受政敌的攻击和陷害,但矢志不改,直道而行。坎坷逆境之中,他超然豁达,意气自若,不作戚戚自怜之态;德隆位高之时,他恬淡自守,急流勇退,不做贪禄恋宠

447

之徒。欧阳修的崇高气节和伟大人格,影响了整个宋代乃至久远。"自欧阳子出,天下争自濯磨,以通经学古为高,以救时行道为贤,以犯颜纳谏为忠"(苏轼《六一居士集叙》),尽去五代陋习,风气焕然一新。

士气的振作,带来了文化与文学领域的全新气象。嘉祐前后,人才辈出,名士云集,而"欧阳子之功为多"(同上)。北宋诗僧惠洪《冷斋夜话》说:

> 欧阳文忠喜士,为天下第一。尝好诵孔北海"座上客常满,樽中酒不空"。

虽然文章独步当世,但欧阳修毫无忌贤好胜之气,"奖引后进,如恐不及,赏识之下,率为闻人"(元·脱脱《宋史·欧阳修传》)。曾巩、王安石、苏洵、苏轼、苏辙等崭露头角,无不有赖于欧阳修的热情揄扬和大力提携。嘉祐时的汴京,全国的文学精英几乎全都聚集在欧阳修的门下。一时间,"宋六家"并立文坛,如群星璀璨,大放异彩,北宋时期的第一个文学高潮也随之出现!

> 卿云烂兮,纠缦缦兮,日月光华,旦复旦兮。(《尚书大传》)

如今,欧阳修逝去快一千年了,他的品格、精神和他留下的巨大的文化遗产依然保持着永久的生命和魅力,影响着一代又一代的人们!

附录

一 欧阳修生平创作简表

皇帝年号	公元	年龄	生平经历	主要作品
宋真宗景德四年	1007	1	六月二十一日寅时生于绵州，父亲欧阳观为绵州军事推官。	
大四祥符元年	1008	2		
大中祥符二年	1009	3		
大中祥符三年	1010	4	父亲欧阳观卒于泰州任，与母亲、妹妹往随州投奔叔父欧阳晔。家贫，母亲以荻画地，教以书字。	
大中祥符四年	1011	5		
大中祥符五年	1012	6		
大中祥符六年	1013	7		
大中祥符七年	1014	8		

皇帝年号	公元	年龄	生平经历	主要作品
大中祥符八年	1015	9		
大中祥符九年	1016	10	与大姓李氏子彦辅游,得韩愈文六卷。	
天僖元年	1017	11		
天僖二年	1018	12		
天僖三年	1019	13		
天僖四年	1020	14		
天僖五年	1021	15		
乾兴元年	1022	16		
宋仁宗天圣元年	1023	17	秋,应举随州,试《左氏失之诬论》,因落官韵被黜,而警句为人传诵。	
天圣二年	1024	18		
天圣三年	1025	19		

附 录

皇帝年号	公元	年龄	生平经历	主要作品
天圣四年	1026	20	秋,自随州荐名礼部。初赴京师。	
天圣五年	1027	21	春,试礼部,不中。	《高楼》、《舟中望京邑》、《南征道寄相送者》
天圣六年	1028	22	携文谒知汉阳军胥偃,得其赏识。冬,随胥偃往京师。	
天圣七年	1029	23	春,试国子监,为第一,补广文馆生。秋,赴国学解试,又第一。于京师初识苏舜钦、石延年。	《晓咏》、《早夏郑工部园池》、《柳》、《小圃》
天圣八年	1030	24	正月,礼部试,为第一,时晏殊知贡举。三月,殿试,以第十四人及第。五月,授将仕郎、试秘书省校书郎,充西京留守推官。	《贾谊不至公卿论》
天圣九年	1031	25	在西京留守推官任。与梅尧臣、尹洙、谢绛等唱酬。娶胥偃女。	《七交七首》、《答杨辟喜雨长句》、《普明院避暑》、《杂说三首》、《游大字院记》、《伐树记》、《临江仙》
明道元年	1032	26	在西京留守推官任。	《答梅圣俞杏花》、《游龙门分题十五首》、《嵩山十二首》、《雨后独行洛北》、《秋郊晓行》、《黄河八韵呈圣俞》、《非非堂记》、《戕竹记》、《养鱼记》、《送陈经秀才序》、《送梅圣俞归河阳序》、《书梅圣俞稿后》

453

皇帝年号	公元	年龄	生平经历	主要作品
明道二年	1033	27	在西京留守推官任。胥氏夫人卒,年十七,生子未逾月。	《早春南征寄洛中诸友》、《花山寒食》、《绿竹堂独饮》、《代书寄尹十一兄杨十六王三》、《巩县初见黄河》、《述梦赋》、《上范司谏书》、《少年游》(去年秋晚此园中)
景祐元年	1034	28	西京任满。五月往京师,召试学士院,授宣德郎、试大理评事、兼监察御史、充镇南军节度掌书记、馆阁校勘。预修《崇文总目》,冬,娶杨大雅女。	《书怀感事寄梅圣俞》、《答钱寺丞忆伊川》、《远山》、《晚过水北》、《徽安门晓望》、《送丁元珍峡州判官》、《李秀才东园记》、《洛阳牡丹记》、《与黄校书论文章书》、《玉楼春》五首(风迟日媚烟光好、西亭饮散清歌阕、春山敛黛低歌扇、尊前拟把归期说、洛阳正值芳菲节)、《浪淘沙》(把酒祝东风)
景祐二年	1035	29	在京任馆阁校勘。七月,妹夫张龟正卒。妹携张前妻女来依。九月,杨氏夫人卒。	《送子野》、《送张屯田归洛歌》、《与石推官二书》、《送子子履赴绛州翼城序》

皇帝年号	公元	年龄	生平经历	主要作品
景祐三年	1036	30	五月,朋党之论起,贬夷陵县令。十月至夷陵。	《晚泊岳阳》、《夷陵岁暮书事呈元珍表臣》、《江行赠雁》、《江上弹琴》、《黄溪夜泊》、《初至夷陵答苏子美见寄》、《与高司谏书》、《原弊》、《读李翱文》、《与尹师鲁书》、《黄杨树子赋》、《送王圣纪赴扶风主簿序》
景祐四年	1037	31	在夷陵。春,往许州,娶薛奎女。十月,移光化军乾德县令。	《戏答元珍》、《夷陵九咏》、《与荆南乐秀才书》、《答吴充秀才书》、《答祖择之书》、《送田画秀才宁亲万州序》、《峡州至喜亭记》、《谢氏诗序》
宝元元年	1038	32	三月赴乾德	《离峡州后回寄元珍表臣》、《游儵亭记》
宝元二年	1039	33	六月,复旧官,权武成军节度判官厅公事。解官后,先赴邓州,再至襄城。	《和圣俞百花洲二首》、《答孙正之第二书》
康定元年	1040	34	春,赴滑州,任武成军节度判官。六月,召还复充馆阁校勘,仍修《崇文总目》。八月,至京师。	《答李诩书》、《正统论》、《纵囚论》、《张子野墓志铭》
庆历元年	1041	35	在京城。	《哭曼卿》、《忆山示圣俞》、《圣俞会饮》、《赠杜默》、《送唐生》、《晏太尉西园贺雪》、《释惟俨文集序》

皇帝年号	公元	年龄	生平经历	主要作品
庆历二年	1042	36	九月,通判滑州。闰九月至滑州。	《立秋有感寄苏子美》、《送黎生下第还蜀》、《答朱寀捕蝗诗》、《喜雪示徐生》、《和对雪忆梅花》、《为君难论》、《释秘演诗集序》、《送曾巩秀才序》、《准诏言事上书》、《画舫斋记》、《本论》
庆历三年	1043	37	三月,召还,转太常丞,知谏院。九月赐绯衣银鱼。十月,擢同修起居注。十二月,召试知制诰,辞,有旨不试,直以右正言知制诰,仍供谏职。	《归雁亭》、《滑州归雁亭》、《王彦章画像记》
庆历四年	1044	38	三月,兼判登闻检(鼓)院。四月,出使河东。七月还京师。八月,除龙图阁直学士,河北都转运按察使。	《绛守居园池》、《登绛州富公嵩巫亭示同行者》、《水谷夜行寄子美圣俞》、《再至西都》、《过钱文僖公白莲庄》、《朋党论》、《吉州学记》
庆历五年	1045	39	春,权知成德军事。八月,贬知滁州。十月,至滁州。	《自勉》、《班班林间鸠寄内》、《自河北贬滁州初入汴河闻雁》、《镇阳读书》、《石篆诗》、《读蟠桃诗寄子美》
庆历六年	1046	40	在滁州。	《啼鸟》、《书王元之画像侧》、《游琅琊山》、《题滁州醉翁亭》、《送荥阳魏主簿》、《读徂徕集》、《菱溪大石》、《醉翁亭记》、《丰乐亭记》、《菱溪石记》、《偃虹堤记》、《梅圣俞诗集序》、《临江仙》(记得金銮同唱第)

皇帝年号	公元	年龄	生平经历	主要作品
庆历七年	1047	41	在滁州。	《丰乐亭游春三首》、《画眉鸟》、《谢判官幽谷种花》、《四月九日幽谷见绯桃盛开》、《琅琊山六题》、《怀嵩楼晚饮示徐无党、无逸》、《怀嵩楼新开南轩与郡僚小饮》、《重读徂徕集》、《沧浪亭》、《新霜二首》、《祭尹师鲁文》、《送杨寘序》
庆历八年	1047	42	闰正月,转起居舍人,依旧知制诰,知扬州。二月,至扬州。	《赠歌者》、《别滁》、《招许主客》、《中秋不见月问客》、《紫石屏歌》、《别后奉寄圣俞二十五兄》、《祭苏子美文》、《尹师鲁墓志铭》、《海陵许氏南园记》
皇祐元年	1049	43	移知颍州。二月,至颍州。	《答通判吕太博》、《西湖戏作示同游者》、《西湖泛舟呈运使学士张揆》、《飞盖桥玩月》、《眼有黑花戏书自遣》、《获麟赠姚辟先辈》、《论尹师鲁墓志》、《采桑子》(西湖念语前九首)、《浣溪沙》(堤上游人逐画船、湖上朱桥响画轮)

皇帝年号	公元	年龄	生平经历	主要作品
皇祐二年	1050	44	七月，改知应天府兼南京留守司事，是月至府。	《人日聚星堂探韵得丰字》、《送焦千之秀才》、《祈雨晓过湖上》、《喜雨》、《答原父》、《纪德陈情上致政太傅杜相公》、《食糟民》
皇祐三年	1051	45	在南京。	《奉答韩子华学士安抚江南见寄之作》、《庐山高赠同年刘中允归南康》、《寄圣俞》、《再和圣俞见答》、《苏氏文集序》、《真州东园记》、《与田元均论财计书》、《桑怿传》
皇祐四年	1052	46	三月，母卒，年七十二。居颍州守制。	《祭资政范公文》
皇祐五年	1053	47	八月，自颍州护母丧归葬吉州之泷冈，胥氏、杨氏二夫人祔葬。	《先君墓表》、《母郑夫人石椁铭》、《五代史伶官传序》、《七贤画序》
至和元年	1054	48	五月，服除，除旧官职，赴京。七月，权判流内铨，方六日，因谗言而罢，命知同州。八月诏修《唐书》。九月，迁翰林学士，兼史馆修撰，又差勾当三班院。	《去思堂会饮得春字》、《去思堂手植双柳今已成荫因而有感》、《酬滑州公仪龙图见寄》、《送徐生之渑池》、《送徐无党南归序》、《范公神道碑铭》
至和二年	1055	49	八月，为贺契丹登宝位国信使。十二月末到契丹。	《和刘原父澄心堂纸》、《边户》、《奉使道中作三首》、《奉使契丹初至雄州》、《奉使契丹道中答刘原父桑乾河见寄之作》、《风吹沙》、《白兔》、《书梅圣俞河豚鱼诗后》

皇帝年号	公元	年龄	生平经历	主要作品
嘉祐元年	1056	50	二月,使契丹还。五月,知通进银台司兼门下封驳事。	《奉使契丹回出上京马上作》、《赠王介甫》、《赠沈博士》、《忆滁州幽谷》、《学书二首》、《感兴五首》、《重赠刘原父》、《鸣蝉赋》、《朝中措》(平山栏槛倚晴空)、《渔家傲·十二月鼓子词》
嘉祐二年	1057	51	正月,权知礼部贡举,取苏轼、苏辙高第。	《礼部贡院阅进士就试》、《答梅圣俞大雨见寄》
嘉祐三年	1058	52	六月,加龙图阁学士,权知开封府。	《归田四时乐春夏二首》、《谢观文王尚书惠西京牡丹》、《浮槎山水记》
嘉祐四年	1059	53	二月,免知开封府,转给事中,同提举在京诸司库务。三月,充御试进士详定官。	《明妃曲和王介甫作》、《再和明妃曲》、《送王闰甫下第》、《依韵奉酬圣俞二十五兄见赠之作》、《秋声赋》、《病暑赋》、《有美堂记》
嘉祐五年	1060	54	七月,《新唐书》成,转礼部侍郎。九月,兼翰林侍读学士。十一月为枢密副使,同修枢密院时政记。	《送吴生南归》、《寄题沙溪宝锡院》、《奉答原甫九月八日见过会饮之作》、《奉送原甫侍读出守永兴》、《哭圣俞》、《祭梅圣俞文》
嘉祐六年	1061	55	闰八月,转户部侍郎,参知政事,进封开国公。九月,同修中书时政记。	《梅圣俞墓志铭》
嘉祐七年	1062	56	在京任参知政事。	《感二子》、《读书》、《集古录目序》

皇帝年号	公元	年龄	生平经历	主要作品
嘉祐八年	1063	57	在京任参知政事。	《夜宿中书东阁》、《记旧本韩文后》、《试笔·苏氏四六》、《跋杜祁公书》、《跋学士院题名》
宋英宗治平元年	1064	58	闰五月,转吏部侍郎,仍参知政事。	《早朝感事》
治平二年	1065	59	在京任参知政事。	《马上默诵圣俞诗有感》、《秋怀》、《相州昼锦堂记》
治平三年	1066	60	在京任参知政事。濮议风波。	《故霸州文安县主簿苏君墓志铭》、《赠苍蝇赋》
治平四年	1067	61	二月,因误于丧服下服紫袄为御史所弹。二三月间,"长媳案"风波。三月,除观文殿学士、转刑部尚书、知亳州。闰三月,过颍州少留。五月底至亳州。	《再至汝阴》、《书怀》、《赠隐者》、《答子履学士见寄》、《戏书示黎教授》、《归田录序》、《思颍诗后序》、《仁宗御飞白记》、《牡丹记跋尾》
宋神宗熙宁元年	1068	62	八月,转兵部尚书,改知青州,充京东东路安抚使。十月至青州。	《忆焦陂》、《新春有感寄常夷甫》、《升天桧》、《游太清宫出城马上口占》、《赠许道人》、《驯鹿》、《晓发齐州道中二首》、《表海亭》
熙宁二年	1069	63	在青州任。	《春晴书事》、《读易》、《青州书事》、《留题南楼二绝》
熙宁三年	1070	64	七月,改知蔡州,过颍州,留月余。九月,至蔡州。	《山斋戏书绝句二首》、《嘲少年惜花》、《泷岗阡表》、《六一居士传》、《题青州山斋》、《岘山亭记》、《续思颍诗序》

皇帝年号	公元	年龄	生平经历	主要作品
熙宁四年	1071	65	六月,以观文殿学士、太子少师致仕。七月,归颍州。	《解官后答韩魏公见寄》、《西湖念语》
熙宁五年	1072	66	七月,编定《居士集》五十卷。闰七月二十三日卒,年六十六。	《戏石唐山隐者》、《初夏西湖》、《绝句》
熙宁七年	1074		八月,谥文忠。	
熙宁八年	1075		九月,葬开封府新郑县旌贤乡。	

二　欧阳修著作重要版本

全集：

《诗本义》,影宋本,明刻本
《新唐书》,中华书局点校本
《新五代史》,中华书局点校本
《欧阳文忠公集》,宋庆元二年周必大刻本,《四部丛刊》影印元刻本;《四库全书》本
《欧阳修全集》,中国书店影印本;李逸安点校,中华书局2001年
《欧阳修诗文集校笺》,洪本健校笺,上海古籍出版社2009年
《六一词》,明汲古阁刻本;文学古籍刊行社1955年
《醉翁琴趣外篇》,双照楼影宋本;四印斋刊本
《欧阳修词》,《彊村丛书》本;《全宋词》本
《欧阳修词笺注》,黄畲笺注,中华书局1986年

选本：

《欧阳修选集》,陈新、杜维沫选注,上海古籍出版社1986年
《欧阳修散文选集》,王宜瑷选注,百花文艺出版社1995年
《欧阳修文选》,杜维沫、陈新选注,人民文学出版社1982年
《欧阳修散文选集》,陈必祥编撰,上海古籍出版社1997年
《欧阳修诗文选注》,宋心昌选注,上海古籍出版社1994年

后 记

几年前我们写完了《苏轼传》后,就开始从事这部《欧阳修传》的写作了。这是顺理成章的。欧阳修是苏轼的恩师,是苏轼成长道路上一位影响深远、举足轻重的人物;而苏轼则是欧阳修之后的又一位文坛领袖,从"欧门"到"苏门",不仅保持着文学发展的连续性和一贯性,而且是北宋文学高潮的集中表现。欧、苏二人都是统摄兼擅各个文化领域的综合性人才,是北宋文化高度发达繁荣的结晶和代表。苏轼的"全才"特征实导源于欧,欧才是北宋文化史乃至中国文化史上第一位"百科全书式"的文化巨星。南宋杨万里之子杨伯子(东山)说:

> 文章各有体,欧阳公所以为一代文章冠冕者,固以其温纯雅正,蔼然为仁人之言,粹然为治世之音,然亦以其事事合体故也。如作诗,便几及李、杜。作碑铭记序,便不减韩退之。作《五代史记》,便与司马子长并驾。作四六,便一洗昆体,圆活有理致。作《诗本义》,便能发明毛、郑之所未到。作奏议,便庶几陆宣公。虽游戏作小词,亦无愧唐人《花间集》。盖得文章之全者也。其次莫如东坡,然其诗如武库矛戟,已不无利钝。且未尝作史,藉令作史,其渊然之光,苍然之色,亦未必能及欧公也。(宋·罗大经《鹤林玉露》丙编卷二)

这里提出一个颇有兴味的问题,即欧、苏比较。杨伯子认为,第一,二人都是"全才",他列举了欧氏在诗歌、碑志文、史书、骈文、经学、奏议和词七个方面的成就,推为"得文章之全者"。第二,苏不及欧,苏诗虽佳,但或有不如人意者,而且他不曾作"史",不像欧有《新五代史》(其实欧还主持《新唐书》的编撰),即使作史,也未必能达到欧的史学境界。杨伯子的第一条意见人们都能认同,第二条意见却会引起争论。他可能是有某种针对性的。苏轼在世时,就有人认为苏高于欧,苏轼坚决予以拒绝。他的《答舒尧夫》说:

> 欧阳公,天人也,恐未易过,非独不肖所不敢当也。天之生斯人,意其甚难,非且使之休息千百年,恐未能复生斯人也。世人或自以为似之,或至以为过之,非狂则愚而已。

欧、苏并称,这已是经过历史检验的称谓,强予轩轾并无必要,杨伯子的抑苏扬欧疑有崇尚乡贤的感情因素在起作用(杨也是江西庐陵人);苏轼认为欧氏是天才,是千百年难得一现的天人,有人若以为可与他并肩甚或超过,那简直是狂妄与愚蠢,"非狂则愚"了,苏轼尊师的态度,终生未变。欧、苏年龄相差正好三十岁,整整一"世",是两代之人,各自承担并出色完成历史赋予他俩的文化使命。若要勉强相较,则从开创性而论,欧氏始终处于"既开风气又为师"的崇高地位,他于"宋学"、"金石学"、"诗话学"等均允称第一人,于宋代文学包括文、诗、词、赋,都是居于文坛前沿、引领风尚的伟大作家。苏轼则在文学的成熟性与艺术造诣上具有非凡的成绩,甚或超越乃师。然而他又是在欧氏奠定的基础上进一步开拓前行的。人们说:"名师出高徒",也可以反过来说:"高徒出名师",这在他们二人身上尤为适用。要之，北宋出现的欧、苏二人是中国文化史上的光荣，他们先后辉映，融为一体，具有深刻的内在一致性和连续性，因此，我们写的这两部传记自然地成了同一系列的"姐妹篇"。

这部《欧阳修传》在写作原则与方法上，一仍旧章，都依照《苏轼传》。我们仍坚持两个原则：即遵循"无一'事'无来历"的"信史"宗旨，却不主张"无一'字'无来历"，也就是说，既追求叙事的文献根据，而又允许做适度的想象和推演，此其一。同时注意传主的文学创作的介绍，采取类似"以译代注"的方式予以阐释，注意叙述的一气呵成的文脉，也把著者对文本的一份理解和体悟与读者交流。除了这两点相同外，在叙述风格、章节结构上也都没有很多变化，读者如有兴趣，不妨两传连读，不仅能读出欧、苏二人的同异，也能在时间和空间上对北宋社会、政治、文化面貌有更多的了解。当然，我们在写作欧传时，也对传记写作问题另有一些体会。

形神兼备，以形传神，应是传记作者追求的最高目标。为欧阳修立传，也就是为他画像，应该包括外貌形象和内在特质。欧氏任扬州知州时曾请画家来嵩为梅尧臣画像，梅氏诗云："广陵太守欧阳公，令尔（来嵩）画我憔悴容，便传仿佛在缣素，只欠劲直藏心胸。"（《画真来嵩》）同时来嵩也为欧氏画像，梅氏《观永叔画真》云："良金美玉不可画，可画惟应色与形，除却坚明尽非宝，世人何得重丹青？"看来梅尧臣对肖像画评价不高：画像只能大致描摹出外在的"色与形"，对于内在的"劲直"或"良金美玉"般的品节却无能为力。梅氏的看法有些偏颇，优秀的画师是能够以形传神，即以"写照"达到"传神"，从而臻至形神兼备的境界，只是需要艰苦磨砺而已。人物传记的写作也是如此。

细节的选择和描绘在为传主传神写照中具有特殊的作用，这一点西方传记更显优长。近读四川学者刘咸炘（1896—1932）写于上世纪二十年代的《文学述林》,他说:"汇传多以辅史乘,止载大端;小说止以供燕闲,惟取奇事。余亦大抵详于高行,而略于庸德;详于国政,而略于家常。"在我国旧时图书分类"经史子集"四部中,各类叙文属于史部,作为正史的辅助史料,因而着眼于"高行",倾力于"国政",而对"日常生活"忽视或轻视。刘咸炘认为这一传记观念造成两大缺失:"一则蔽于习见,以为琐事不足称;一则不知记录,久而忘之也";他提出应向西方传记学习:"以西方文较吾华描写之作,此不及彼,固不可为讳也。"这位僻处边陲、声名颇寂的饱学之士,他的识见和勇气,至今仍是对我们的切实提醒。

  本书在传述欧阳修时,一方面注重其政治大节、学术业绩和文学艺术创造等,另一方面也注重人物的细节,用细节描写来揭示人物内心的深层结构。比如说他的身体状况。欧阳修的文化伟人身份和他体弱多病的状况是个强烈的对比。从他自己笔下,我们已知他早年白发,目疾严重,后又患有糖尿病等多种疾病。他在参加进士考试时,给主考官晏殊的第一印象是"一目眊瘦弱少年独至帘前",尤其是一头白发,成了他诗词吟咏的最常用的题材。本书中引及的有"白发新年出"(30岁)、"今日逢春头已白"(31岁)、"四十白发犹青衫"(实为35岁)、"自然须与鬓,未老先苍苍"(39岁)、"到今年才三十九,怕见新花羞白发",四十岁以后更是连篇累牍,不绝于口:"某年方四十有三,而鬓须皆白,眼目昏暗。"他的一头银发引起宋仁宗的"恻然":"怪公鬓发之白";也屡屡逗引起苏轼的感慨:"谓公(欧阳修)方壮须似雪。""多忧发早白,不见六一翁!"他年四十而以"醉翁"自称,更是具有标识性意义之举。富弼曾调侃他"公年四十号翁早",他自己也说:"四十未为老,醉翁偶题篇。醉中遗万物,岂复记吾年",具体年龄实不重要,重要的是一种迟暮心理,一种人生姿态。这与苏轼在黄州贬居时期自号"东坡居士"是相似的。

后 记

透过欧阳修的体羸早衰的外形,可以探求与其思想性格形成之间的因果之链。这对他的精神世界的塑造产生了相辅相成的作用:对生命有限性的无尽悲哀和对事功永恒性的不懈追求。这似乎是潜在的、隐性的,却又是深刻的、无法抹去的。他说过:"春寒、秋热、老健,如此三者,终是不久长之物也",对青春不驻、英华难留的感受深深地烙在他的内心,"少年把酒逢春色,今日逢春头已白。异乡物态与人殊,惟有东风旧相识",俯仰今昔、物是人非的感叹,在他的一生中时时涌上心头。这份生命体验,是他散文中"六一风神"独特情韵的最主要的构成要素,也是他未到退官年龄而提前一再要求致仕的内驱力。但情况并非只有一个向度,羸弱的身体又刺激他追求生的永恒,抓住有限生命建立不朽事功,才能化有限为无限:"生而为英,死而为灵"(《祭石曼卿文》),"虽死而不朽,愈远而弥存"(《送徐无党南归序》)。因而他立朝的伟度峻节,治民的鞠躬尽瘁,因羸弱的身体而显得富有悲情色彩,也更突显他对生命的一种历经沧桑的超常了悟。本书的副标题"达者在纷争中的坚持",其含义即此。他是一位超越政治险境、同时超越自身困境而坚守自得的"达者",若能联系他的身体状况来理解,不失为一个新颖的视角。

历史和历史人物的叙写,如无大量的经过选择、提炼的细节,极易概念化和抽象化。好在有关欧阳修的资料遗存十分丰富,不仅有他自己的文集(《欧阳文忠公文集》是宋人文集中编辑最好的一种),各种正史,更有其他宋人数量众多的笔记、书简、题跋、诗话、词话、文话等,足供我们采择。然而我们对待这些遗闻逸事,似不能停留在趣味性上,而应深入发掘其更深的内蕴。例如众所周知的他母亲教他识字的故事,就颇堪玩味。沙滩画荻识字始,这个童年时代的难忘经历,成为欧阳修一生文字生涯的起点。但人们往往不大留意,这一孤贫力学的异样形式,促使他对笔、纸、墨、书特别珍重和爱惜。他幼年在邻家与一群儿童玩耍,只有他一人在破筐中发现了韩愈文集;青年时代两次结伴游玩嵩山,也是他对古碑石刻情有独钟。前者是他终身学习、服膺韩愈的契机,后者是他编撰金石学巨著《集古录》的诱因,两件事都在偶然中存在一种必然,即对书籍、字画的极度敏感和敬畏,我们将之与幼年画荻识字的经历做一点联想,恐怕不算过分穿凿吧?至少能增加我们阅读的兴趣。

历史人物传记的写作近年已成热点,亟需加强对相关问题的思考和研究,我们愿意继续努力。

著　者

2007年2月